불교의 시각에서 본
AI와 로봇 윤리

불교, 인공지능과 로봇을 말하다

The Ethics of AI and Robotics: A Buddhist Viewpoint by Soraj Hongladarom
Copyrights © 2020 by The Rowman & Littlefield Group, Inc.
All rights are reserved

Korean Copyright © 2022 by CIR, Co., Ltd.
Published by arrangement with The Rowman & Littlefield Publishing Group, Inc., Lanham, Maryland, USA
Through Bestun Korea Agency, Seoul, Korea
All rights reserved.

이 책의 한국어 판권은 베스툰 코리아 에이전시를 통하여 저작권자인 The Roman & Littlefield Publishing Group, Inc.와 독점 계약한 도서출판 씨아이알에 있습니다. 저작권법에 의해 한국 내에서 보호를 받는 저작물이므로 어떠한 형태로든 무단 전재와 무단 복제를 금합니다.

AI와 로봇윤리
불교의 시각에서 본

불교, 인공지능과 로봇을 말하다

저자
소랏 헝라다롬
Soraj Hongladarom

역자
김근배(曇準)   **김진선**(淨明)
주은혜(無住性)   **허남결**(月印)

씨아이알

목차

제1장 서 론   3

제1부

제2장 본성과 인격성에 대한 불교적 관점   35
제3장 로봇은 인격체가 될 수 있는가   79
제4장 기계의 깨달음   125

제2부

제5장 자율성 기술   205
제6장 프라이버시, 기계 학습 그리고 빅데이터 분석   269

제3부

제7장 사회정의와 평등을 위한 인공지능   341

역자의 말   401
참고문헌   405
찾아보기   417
저자/역자 소개   424

제1장

서 론

제1장

서 론

오늘날 우리는 인공지능AI의 놀라운 능력과 관련된 뉴스를 접하지 않고는 거의 하루를 보낼 수 없을 지경이다. 인공지능은 불과 몇 년 전까지만 해도 기계가 할 수 있을 것이라고는 우리가 결코 생각할 수 없었던 일들을 해내고 있다. 2016년 딥마인드 사DeepMind의 알파고AlphaGo가 바둑 세계 챔피언인 이세돌을 이기고 나자, 세계는 인공지능과 그 잠재력 및 위험성에 대한 말과 기사들로 넘쳐났다. 인공지능은 세계 기후변화 문제를 해결하는 것, 자동차가 스스로 운전하게 하는 것, 텍스트를 요약·정리하는 것, 판사로 복무하는 것, 시를 쓰는 것, 음악을 작곡하는 것, 빌딩을 설계하는 것, 친구와 같은 동료가 되는 것, 성 파트너가 되는 것, 반려동물로 행동하는 것, 은행창구 직원의 역할을 하는 것, 암의 발병을 진단하는 것, 주식을 사고파는 것과 같은 대단한 일들을 수행할 것이라는 기대를 모았는데, 이런 목록은 계속 늘어나고 있다. 이제 거의 모든 사람들은 스마트폰을 소유하고 있으며, 스마트폰

표면에 보이는 시리Siri나 구글 어시스턴트Google Assistant 같은 많은 앱app들의 이면에 있는 엔진과 그 외의 다른 많은 것들도 실제로는 인공지능에 의해 작동되고 있다. 그러나 소프트웨어는 스마트폰에서만 발견할 수 있는 것은 아니다. 엄청난 양의 데이터를 수집하고 조작하는 방법인 빅데이터Big Data와 결합된, 이와 같은 새로운 방식의 인공지능 운용은 세상을 폭풍처럼 휩쓸고 있는데, 이는 우리가 알고 있는 이 세상의 본 모습을 매우 빠르게 변화시키고 있다.

하지만 인공지능은 위에서 언급된 좋은 일들과 함께 오는 것만은 아니다. 그것은 많은 위험도 야기하고 있으며, 이 가운데 일부는 너무나 강력해서 어떤 것들은 머지않아 하나의 종種으로서의 우리의 생존 자체에도 영향을 미칠 수 있을 것이다. 인공지능이 인류를 파괴한다는 것과는 별개로, 우리의 존엄성과 프라이버시 권리에 대한 위협, 그리고 이 기술이 수백만 명의 사람들에게서 직업을 빼앗아가고, 나아가 전 세계의 사람들이 일하고 사는 방식에서 그동안 들어보지도 못했던 혼란을 초래할 것이라는 공포 때문에 비판을 받고 있는데, 이는 상당한 근거가 있다. 이 실존적인 위협과 관련하여 일론 머스크Elon Musk는 인공지능이 인간 존재의 생존에 실질적인 위협을 제기하고 있다는 견해의 옹호자로 이름을 올리고 있다는 것은 널리 알려져 있다. 마윈Jack Ma과의 인터뷰에서 그는 "인류는 인공지능을 위한 일종의 생물학적 부트로더boot loader"라고 말한다. 우리가 광범위한 수준에서 인공지능을 설계하고 사용할 때, 머스크가 보기에 인공지능이 우리의 삶의 모든 측면에서 인간을 대체하고 나아가 인간을 잉여물로 만들어버림으로써 인간 존재의 종말을 가져오게 할 소프트웨어를 실제로 '부팅시키는 것'은 바로 인간 존재의 행위이다. 우리가 실제로는 인공지능의 부트로더라는 머스크의 말을 보도하고 있는 기사는 머스크가 중국의 유명한 기업가인 마윈과 나누고 있는 대화를 보도하고 있는 기사라는 사실은 시사하는 바가 있다. 마윈은 인공지능에 대해서는 머스크보다 훨씬 더 낙관적인 견해를 취하고 있는데, 그에 따르면 인간은 우리 자신이 처해 있는 상황이 어떤 것이든 간에 그것에 대한 해결책을 발견하기에 충분한 자질의 소유자들이다. 우리는 과거에 여러 번이나 생존의 위협에 직면한 적이 있었지만 그때마다 그것을 극복했는데(만약 그렇게 하지 않았다면 우리 모두는 이 책에서 인공지능에 관해 생각하고 있지 못할 것이다), 왜 우리는 지금 이 시대를 헤쳐나갈 수 없단 말인가? 인공지능을 하나의 위협이라고 보기보다 오히려 우리는 이를 우리 자신의 어젠다agenda와 선호를 제시하기 위해 사용할 수 있는 하나의 도구로 여겨야 할 것이다.[2]

머스크와 마윈이 오늘날 인공지능에 관한 가장 강력한 두 국가를 대표한다는 것을 발견하는 것도 시사적이다. 머스크는 남아프리카 공화국에서 태어났지만 미국에서 일하고 있으며, 그의 기업체도 미국에서 운영되고 있다. 반대로 마윈은 중국 출신이며, 오늘날 중국에서 가장 유명한 인물 가운데 한 사람이다. 그리고 우리는 방금 그들이 인공지능에 대해 정반대의 견해를 가지고 있다는 것을 보았다. 이는 미국 출신의 모든 사람들이 인공지능을 반대한다고 말하는 것이 아니라, 적어도 구글Google에서 일하는 사람들은 그만큼 인공지능을 두려워하고 있는 것 같지는 않으며, 페이스북Facebook의 CEO인 마크 저커버그Mark Zuckerberg는 머스크의 언급은 '매우 무책임한'[3] 것이라고 말했다. 그것은 기술에 대한 태도의 차이가 어쩌면 그들이 일하고 있는 곳과 그들이 출생한 곳을 통해 이해될 수 있다는 것을 보여주는 것처럼 보인다. 머스크는 통상 서구에서 채택되었던 좀 더 조심스럽고 비판적인 입장을 대변한다. 개인들은 그들의 이익이 먼저라는 점에서 그리고 인공지능은 만일 그것이 통제되지 않으면 이런 이익을 위험에 빠뜨릴 수 있다는 점에서 우선권을 부여받는다. 대조적으로 중국에서 마윈은 반대의 관점을 대표한다. 인공지능을 하나의 위협으로 보기보다 오히려 이를 사람들에게 기회를 창출해주는 것으로 보는데, 이는 머스크가 그처럼 우려했던 위험성을 그다지 중요하게 여기지 않는 것이다. 그렇다면 우리는 인공지능에 대한 두 가지 사례의 다른 태도를 가지게 되는 것처럼 보이는데, 이것은 아마도 다른 문화에 토대를 둔 것일 수도 있다. 머스크는 서구의 좀 더 조심스러운 접근을 대표하며 마윈은 동양의 좀 더 개방적인 접근을 대표하고 있다. 물론 이는 매우 거친 일반화이며 거기에는 언제나 예외가 존재한다. 여기서 나의 요점은 머스크와 마윈이 이 시점에서 인공지능의 세계 2대 강국 출신이라는 점과 그들이 매우 다른 태도를 지니고 있다는 사실을 주목하는 것이 흥미롭다는 것뿐이다.

그러나 어느 경우든 인공지능의 이점을 맹목적으로 믿는 것은 이 기술에 접근하는 최선의 방법은 아닐 것이다. 비록 인공지능이 우리를 파괴하고 말 것이라는 머스크의 공포감이 지금으로선 수년이나 동떨어져 있는 것일지 모르지만, 여전히 인공지능의 현재 상황에 대해 우려할 많은 이유가 존재하며, 우리는 그것들의 도전에 대해 어떻게 대응할 것인지에 관해 심각하게 생각하기 시작해야 한다. 예컨대 인공지능은 개인의 데이터를 수집하고 조작하는 기술에 이용되고 있으며, 나아가 이러한 데이터들은 모든 사람에게 부여되어야만 할 프라이버시와 존엄성의 권리를 위반하는 것과 같은 방식으로 사용될 수 있다. 현재 컴퓨터는 수백만 명의 개인 얼굴을 식별할 수 있다. 이는 당국과 국민 사이의 권력의 격차가 훨씬 더 커지는 감시 국가를 초래할 수 있다. 또한 스마트폰의 이용자들이 매일 생산하는 엄청난 양의 데이터는, 비즈니스 업체들이 이런 데이터들을 우리가 생각하거나 믿는 것을 통제할 수도 있는 방식으로 조작할 수 있게 됨에 따라 그들이 막강한 권력이 되게끔 할 수도 있다. 이런 것들은 공포스러운 상황이지만 현실이며, 보다 중요한 것은 그것들이 머스크의 초지능 존재만큼이나 미래에 있는 것이 아니라는 점이다. 인공지능이 가져올 이런 위험들은 지난 몇 년 동안 많은 사람들이 인공지능의 윤리에 대해 매우 심각하게 생각하도록 만들었다. 인공지능의 윤리는 어떤 것이어야 할까? 만일 우리가 인공지능 개발자들 및 관련된 모든 사람들이 준수해야만 할 일련의 지침들과 규정들을 구상하려고 한다면, 그와 같은 지침들은 어떤 모습이어야 할까? 우리는 세상의 모든 사람들이 동의할 지침을 어떻게 찾을 수 있을까? 마지막 물음은 지침들이 윤리 규범의 지배를 받기 때문에 심각한 도전을 야기하는데, 윤리 규범은 본질상 대체로 오랜 역사와 특정한 문화 전통에 토대를 둔 철학적 이론들과 가정들에 의존하고 있다.

사실 인공지능의 심각한 위협은 실제로 그들 자신의 규범집과 이론들을 제안하고 있는 단체들이 세계적으로 많이 생겨나는 결과를 가져왔고, 사정이 이런 만큼 웹사이트 Algorithmwatch.org는 전 세계로부터 80개 이상의 인공지능 윤리 지침을 열거하고 있는데,[4] 만일 이 목록이 독자들이 이 웹사이트를 체크함에 따라 계속 늘어난다고 해도 놀라운 일은 아닐 것이다. 많은 지침을 갖는 것은 나쁜 일이 아니다. 오히려 그것은 지구 공동체가 어떤 종류의 윤리 지침 및 기술에 대한 규정의 필요성에 대해 얼마나 많은 관심을 가지고 있는가를 보여준다. 그러나 이런 규범들을 대강 살펴보면, 우리는 그것들 가운데 거의 아무것도 어떤 실질적인 방식으로 서구 외의 다른 곳으로부터 나온 지적 전통에 초점을 맞추고 있지 않다는 사실에 놀라게 된다. Algorithmwatch.org가 마련한 목록에서 대부분의 지침들은 서구 국가들이나 국제 조직으로부터 나온 것이며, 자신들의 지침을 발표한 비서구 국가는 오직 두 국가, 즉 중국과 일본뿐이다. 그럼에도 불구하고 이 두 국가가 마련한 문서들은 그들 자신의 지적·종교적 전통의 관점에서는 아무것도 언급하고 있지 않다. 중국과 일본으로부터 나온 문서들은 프라이버시·포괄성·공정성 및 정의와 같은 잘 알려진 개념들에 대해 말하고 있지만, 왜 이런 개념들이 중요한가를 논의하는 방식은 그들 자신의 지적 자원에 대해서 전혀 언급하고 있지 않다. 이것은 놀라운 일인데, 윤리적으로나 이론적으로 많은 정보를 담고 있는 인공지능 윤리에 관한 우리의 지구적 사색에 커다란 공백이 있음을 보여준다.

나는 지난 몇 달 동안 존 헤븐스John Havens, 제러드 빌엘비Jared Bielby, 레이첼 피셔Rachel Fischer 및 『윤리적으로 조정된 설계Ethically Aligned Design』(http://ethicsinaction.ieee.org)의 1판을 제안했던 또 다른 사람들과 같은 훌륭한 집단의 사람들과 함께 일하는 행운을 누렸으며, 이는 IEEE 자율화 및 지능화 시스템 윤리에 관한 글로벌 이니셔티브IEEE Global Initiative on Ethics of Autonomous and Intelligent Systems의 일부였다.[5] 내가 참여했던 분과는 '고전 윤리학'으로 불렸는데, 그것은 다양한 문화적 및 철학적 전통으로부터 IEEE 지침의 토대를 발견하기 위한 이론들을 살펴보았던 분과였다. 『윤리적으로 조정된 설계』에서 가장 흥미로운 점은 아마도 그것이 서구에 토대를 두지 않은 유교와 우분투Ubuntu 및 불교와 같은 윤리적 전통을 구체적으로 다루는 분과를 가진, 오늘날 이용 가능한 하나뿐인 지침이라는 것이다. 이는 내가 지적한 바 있듯이, 동양인 자신들에게서 나온 지침들은 그들 자신의 지적 전통으로부터 나온 원전을 포함하고 있지 않은 것처럼 보인다는 점을 고려하면 두 배나 흥미로운 사실이다.

그렇다면 결론은 인공지능에 관한 80개의 지침들보다 더 많은 것들 가운데 오직 하나의 지침만이 비서구의 지적 전통들에 토대를 두고 말하는 실질적인 어떤 것을 가지고 있다는 것이다. 이것은 내가 우리의 이해에서 메우고 싶은 하나의 간격이다. 내가 이 책에서 계획하고 있는 것-다시 말해 내가 이 간격을 메우기 위해 계획하고 있는 것-은 『윤리적으로 조정된 설계』에서 가능한 것보다 더 실질적인 인공지능 윤리에 관한 불교적 관점을 제시하는 것이다. 더 나아가 나의 목적은 불교가 인공지능 윤리에 대해 말할 흥미로운 어떤 것을 가지고 있다는 점을 제시하는 것뿐만 아니라, 불교가 하나의 이론, 즉 실행 가능한 지침을 어떻게 제안할 것인가에 관해 인공지능 윤리에 대해 생각하는 방식을 제공한다는 것을 보여주고 싶다. 이는 이미 우리가 이용할 수 있는 경쟁이론보다 철학적으로 말해 더 지지받을 만한 것이다. 이 생각은 인공지능 비즈니스에 종사하는 사람들 주변에 집어서 선택할 수 있는 수많은 이론이 있다는 것뿐만 아니라, 불교는 인공지능과 같은 어떤 것에 대한 윤리를 어떻게 일관되고 효율적인 방식으로 정식화할 것인가를 이해하는 방법을 제공할 수 있는 강력한 이론을 제안하고 있다는 것을 보여주기 위한 것이다. 이를 어떻게 달성할 것인가에 대한 설명이 당신이 읽으려고 하는 이 책의 분량을 구성할 것이다.

그렇다면 불교적 관점을 제안한다는 것은 단지 시장에서 구매할 수 있는 또 다른 어떤 것이 있다는 것을 보여주기 위한 것이 아니라, 어떤 이론이 인공지능 윤리를 위해 가장 좋은 이론이어야 하는가에 대한 지속적인 논의에 도움이 되는 하나의 방식 이상의 의미가 있다.[6] 따라서 질문은 다음과 같은 것이다. 불교에는 그와 같은 주장을 정당화해줄 어떤 것이 존재하는가? 내가 주장하고 있듯이 불교에는 인공지능 윤리에 대해 어떻게 가장 효과적으로 생각할 것인가라는 문제에 대한 효율적 해결책을 제안할 만큼 독특한 무엇이 있는가? 이 서론에서 나는 하나의 대답에 대한 간략한 스케치를 제공할 수 있을 뿐이다.

불교에서 독특한 것은 불교가 자연 세계와 밀접하게 연관된 윤리적 지침을 정식화하기 위한 길잡이로 사용될 수 있는 윤리적 완성의 모델을 제공할 뿐만 아니라 기술적 탁월성과 윤리적 탁월성을 하나로 결합하는 방식으로 인공지능 윤리에 대해 생각하는 방법을 제공한다는 점이다. 이러한 두 가지 주장은 많은 것의 해결을 요구하는데, 그것은 실제로 이 책이 하려고 하는 일이기도 하다. 하지만 요약하면 기술적 탁월성과 윤리적 탁월성을 결합한다는 생각은 영어(또한 실제로 많은 다른 언어의)의 '좋은good'이란 단어에 대한 분석에 토대를 두고 있다. 예를 들어, 우리가 어떤 차가 좋다고 말할 때, 우리가 의미하는 것은 그 차가 잘 달린다, 연료의 효율성이 좋다, 유지비용이 적다, 운전하는 것이 안전하다 등을 의미한다. 즉, 우리는 좋은 차가 어떤 것이어야 하는가에 대한 이상적인 개념을 가지고 있으며, 만일 어떤 차가 이 개념에 적합하다면 우리는 그것이 좋은 차라고 말한다. 오늘날 일반적으로 사람들이 안전하지 않은 차보다 안전한 차에서 운전하기를 선호하기 때문에, 안전성이란 특성이 좋은 차의 일부이기도 하다는 사실이 인정되고 있다. 여기서 나는 안전성이란 특징이 연료의 효율성이 좋다는 것 및 빠르다는 것과 같은 **기술적인** 것에 더해 그 차의 **윤리적** 탁월성의 일부라고 주장하고 싶다. 일반적으로 말해, 우리는 만일 어떤 차가 매우 **빠르지만** 안전하지 않다면(그것은 경주용 차에는 적절할지 모르지만, 가족과 함께 일상적으로 사용하는 차에는 적절하지 않다), 좋은 차라고 말하지 않을 것이다. 또 다른 요점은 안전하다는 것은 그것이 탑승자와 운전자를 보호하기 때문에 그 차의 윤리적 탁월성의 일부라는 것이다. 이는 사람을 보호하는 것이 그들에게 일어날 해악을 방지하는 것이기 때문에 윤리적이라는 우리의 개념과 일치하며, 일반적으로 우리는 일어날 해악을 방지하는 어떤 것은 윤리적인 어떤 것을 수행하는 것이라고 생각한다. 물론 그 차는 의식을 가진 기계가 아니며, 따라서 그것이 윤리적이라고(즉, 윤리적 탁월성의 이상에 일치한다고) 말한다고 해서 이미 의식을 가진 것이라고 말하는 것은 아니다. 그러나 우리는 그것이 윤리적이기 위해 의식적이어야 하는 어떤 것을 필요로 하지는 않는다. 에어백을 가진 자동차는 에어백이 없는 자동차보다 안전하며, 따라서 우리는 다른 모든 것이 동일하다면 전자가 후자보다 더 좋은 차라고 말한다. 여기서 '더 좋은 것'에 대한 우리의 개념은 이미 우리가 어떤 자동차로부터 기대하고 있는 것을 포함하고 있다. 그리고 만일 에어백을 갖는 것이 **좋은** 자동차의 일부라면 윤리적 탁월성과 일치하는 것은 또한 좋은 차가 되는 것의 일부이기도 하다. 왜냐하면 에어백을 갖는 것은 그 안의 운전자와 탑승객들에게 일어날 해악을 방지하는 하나의 특징이기 때문이다. 후자는 윤리적인 행위이기 때문에 좋은 차란 것은 윤리적 탁월성도 포함한다. 실제로 자동차가 윤리적일 수 있다는 관념에 여전히 불편한 어떤 사람은 그것을 이런 방식으로도 생각할 수 있다. 제조사의 측면에서 차의 표준적 특성의 하나로 에어백을 설치하는 것은 윤리적인 행위이며, 나아가 이러한 윤리적 행위는 그 자동차 자체에 반영되어 있다고 말이다.

자동차의 비유는 인공지능이 기술적 탁월성과 윤리적 탁월성 모두를 결합하지 않으면 안 된다는 것을 보여주기 위한 것이다. 나는 인공지능 장치가 보여주고 있는 기술적 능력이나 탁월성이 아무리 크다고 하더라도, 그것이 윤리적 탁월성도 보여주지 않는다면 실제로 좋은 인공지능이 될 수 없다고 주장하고 싶다. 우리는 어떤 자동차가 만일 그것이 안전성의 특성(에어백은 그 가운데 하나일 뿐이다)을 갖추지 않았다면 좋은 자동차라고 말하고 싶지 않은 것과 마찬가지로, 인공지능이 윤리적 요소를 설치하지 않았다면 그것이 좋은(혹은 윤리적인) 것이라고 말하고 싶지 않을 것이다. 나는 이 책에서 그것이 윤리적이기 위해서는 윤리적 요소들이 어떤 모습이어야 하며, 그것들이 어떤 규범 혹은 지침들과 일치해야 하는지에 대해 조금 자세하게 스케치하려고 한다. 그러므로 인공지능이 충분히 의식을 가진 것은 아니지만 범용 인공지능Artificial General Intelligence, AGI7이 되는 한, 우리는 그것에 대해 앞서 논의한 자동차에 대해 말할 수 있는 것과 같은 방식으로 윤리적이라고 말할 수 있다. 인공지능 장치의 요소들 가운데 그것(혹은 그 제조사)이 최우선시해야만 하는 것은 자기 자신보다 다른 사람의 이해와 고려인데, 말을 바꾸면 그것이 할 수 있는 한 많이, 다른 모든 고통을 덜어주는 것을 돕는 방식을 찾아야만 한다는 것이다.

앞의 마지막 구절 – 다른 사람들에게서 고통을 덜어주는 것 – 은 불교의 특징적인 어조이며, 여기에 나는 불교 철학이 도움을 줄 수 있다고 믿는다. 불교가 제공하는 것은 인간 존재들이 어떻게 궁극적으로 인간적 완성의 이상에 기여하는 방식으로 행위해야 하는가를 개념화하는 방법이다. 이러한 이상은 각각의 개체가 자기 자신에 관해 주관적으로 생각해낸 어떤 것이 아니라 각각의 그리고 모든 유정적 주체(생각하고 느끼는 인공지능을 포함한)에게도 적용되는 동일한 이상이다. 왜냐하면 모든 존재가 행복을 즐기고 고통을 피하기를 원하는 것은 하나의 보편적 진리이기 때문이다. 어떤 개체가 원하는 행복의 종류는 다른 개체가 원하는 것과 다를 수 있다는 것은 참이다. 어떤 사람은 빠른 자동차를 향유하고자 하는 반면, 다른 어떤 사람은 자동차 대신 커다란 집을 원할 수도 있을 것이다. 그럼에도 불구하고 그들은 모두 행복하기를 원하는데, 그와 같은 바람이 허용되지 않을 때 그것은 바로 고통이 들어오는 지점이다. 불교 전체의 이념은 사람들에게 행복해지기 위한 진정한 방법은 단순한 물질적 소유나 더 나아가 자신의 욕망을 충족시키는 것을 통해서가 아니라, 세상은 제한되어 있으며, 그것을 사는 가장 좋은 방법은 자신의 물질적 욕망에는 끝이 없고 따라서 계속해서 그것을 충족시키려고 애쓰는 것은 지속적인 행복에 이르는 길이 아니라는 것을 깨달아야 한다고 가르치는 것이다. 그러나 지속적인 행복을 성취하는 것은 힘든 일이다. 우리는 단순히 그것에 대해 생각하거나 읽는 것만으로는 이를 달성하지 못한다. 오히려 그것은 많은 시간과 노력을 요구하며, 붓다의 가르침 일반은 궁극적으로 성취할 수 있는 방법을 보여주는 것에 집중되어 있다. 이 책의 목적상 지속적이고 불변하는 행복의 상태는 한 인간 존재의 윤리적 완성이라는 이상일 뿐만 아니라, 범용 인공지능과 같은 인간을 닮은 특징을 가질 수 있는 어떤 존재의 이상이기도 하다는 것을 의미한다.

윤리적 완성의 이상을 성취하기 위해 자기 자신을 계발하는 과정에서, 결국 우리는 기술적으로나 윤리적으로도 우리 자신을 완성시키려는 노력을 하고 있다. 실제로 불교적 가르침은 이 둘 사이를 구별하지 않는다. 불교 윤리는 계戒, sīla, 즉 우리가 자신을 계발하기 위해 수행하는 규범집 혹은 지침서에 관한 가르침 속에 구체화되어 있다. 이것들은 우리가 그 길을 따라 나아가기 위해 연마할 필요가 있는 기술들이다. 훌륭한 피아니스트가 되기 위해 우리는 많은 연습을 할 필요가 있다. 마찬가지로 훌륭한 불교 수행자가 되기 위해 우리는 또한 많은 수행을 할 필요가 있으며, 따라서 계의 규범을 준수하는 것은 그것의 본질적인 부분이다. 윤리적 탁월성 – 계의 규범을 준수하는 일에서 훌륭하게 되는 것 – 을 성취하기 위해 노력하는 것은 자신의 기량을 연마하고 발전시키는 기술적 문제이다. 그러므로 인공지능 윤리에서 보면, 훌륭하고 윤리적인 인공지능을 개발하는 것은 전문적인 기술 및 개발과 관련된 기량을 발전시키는 기술적 문제라는 것을 의미한다. 그들이 윤리에 대한 아무런 숙고 없이 기술적 인공지능만 개발할 수 있다고 믿는 사람들은 잘못을 저지르는 것이다. 왜냐하면 그들이 개발하는 인공지능은 결과적으로 그 목적 안에서 제대로 기능하지 못할 것이며, 나아가 그것은 그들이 개발하는 인공지능이 그 자신의 입장에서 생각할 수 있고 닉 보스트롬Nick Bostrom이 말하는 것처럼 '초지능적superintelligent'[8]이 되었을 때는 매우 위험해질 수 있기 때문이다. 윤리적 발전으로부터 적절한 안내가 없다면, 초지능 인공지능은 환경에서뿐만 아니라 그들 자신에게도 지금까지 들어보지 못한 해악을 끼칠 수 있는 매우 강력하지만, 맹목적인 행위자로 행동할 것이다. 이는 그들이 결국 실제로는 초지능적이지 않다는 것을 보여주는데, 왜냐하면 어떠한 지능적 피조물도 자기 자신에게 해악을 끼치는 방식으로 행동하지는 않기 때문이다.

또한 나는 윤리적 완성의 상태를 성취한 기계 혹은 인공지능이 내가 '기계의 깨달음machine enlightenment'이라고 부르는 상태를 달성했다고 주장한다. 불교에서 깨달음은 인간 존재가 성취할 수 있는 가장 높은 상태이며, 나아가 원칙적으로 모든 사람은 수행과 인식을 통해 이를 달성할 수 있다. 윤리적인 고려들은 모두 수행자가 궁극적으로는 이 목적을 달성하는 것에 도움이 되는 방향으로 구성되어 있다. 따라서 행위는 그것을 하는 것이 그 행위자가 이 목적에 좀 더 가까이 다가가는 데 기여하는 경우에만 좋은 것이고, 그렇지 않은 경우에만 나쁜 것이다. 이것은 우리를 묶어 놓아 우리가 이 목적에 도달하는 것을 막는 모든 염오kilesa로부터 완전히 자유로워지는 상태이다. 주요한 세 가지 오염은 욕심lobha(탐), 화냄dosa(진), 미혹moha(치)이다. 이 관념은 그와 같은 상태의 완성이 모든 사람에게 동일하다는 것인데, 왜냐하면 모든 오염으로부터 완전히 자유로워지는 것은 지속적이고 진정한 행복을 성취하기 위한 유일한 길이며, 모든 유정적 존재가 열망하는 어떤 것 혹은 궁극적으로 모든 유정적 존재의 이해관계 안에 놓여 있는 어떤 것이기 때문이다. 기계가 이런 방식으로 깨달음을 얻을 수 있다고 말하는 것은 완전히 앞뒤가 맞지 않은 말일지도 모르지만, 만일 미래의 기계가 인간의 지성을 초월한다고 가정한다면, 적어도 깨달음의 일부 구성 요소들을 실현하는 기계를 발견하는 것은 놀라운 일로 다가오지 않을 것이다. 왜냐하면 불교의 깨달음의 한 가지 중요한 구성 요소는 사물이 어떻게 존재하고 있는가에 대한 충분한 이해이기 때문이다. 범용 인공지능 기계들은 우리보다 더 많이 알고 더 잘 생각한 다고 전제되기 때문에, 이러한 존재들은 깨달음도 더 쉽게 달성할 수 있을 것이며, 그들은 오염들도 우리보다 더 잘 제거할 수 있을 것이다. 더욱이 인간의 지성과 완전히 동등한 상태를 달성하지 못한 특수 인공지능의 경우에는, 보통 인간 수행자가 자신을 계발하고 그 길을 따라 덕을 수행할 때 윤리적이게 되는 것처럼, 깨달음을 향한 길을 쫓아 앞으로 나아가는 경우에만 윤리적일 것이다.

이 모든 것은 오늘날 우리가 가지고 있는 덜 발전된 인공지능, 다시 말해 기계 학습이나 딥러닝 프로그램을 따라 작동하는 맹목적인 알고리즘과도 관계된다. 비록 이러한 더 좁은 의미의 기계들은 의식적이지 않다고 하더라도 그것들은 앞에서 윤리적 자동차에 관해 기술했던 의미에서는 윤리적일 수 있다. 특수 인공지능이 윤리적이라고 말하는 것은 단지 하나의 상투어façon de parler로 말하는 방식에 지나지 않는다. 만일 어떤 사람이 [그렇게] 주장한다면, 우리는 엄격하게 말해 특수 인공지능 장치는 자신이 무엇을 하는지를 모르기 때문에 윤리적이지도 않고 비윤리적이지도 않다고 말할 수 있다. 오직 그것의 프로그래머와 제조사만 알 뿐이다. 하지만 그것은 전적으로 옳다. 우리는 특수 인공지능이나 그 제조사가 윤리적이거나 비윤리적이라고 말할 수 있는데, 내가 특수 인공지능이 윤리적이라고 말할 때 이는 그것의 고안자나 설계자가 윤리적이라고 말하기 위한 하나의 단축어로 여겨져야 한다.[9] 특수 인공지능의 사례에서 또한 우리는 그것이 기계의 깨달음에 이르는 길을 따라 나아가거나 혹은 그렇지 않다고 말할 수 있는데, 이것은 거기에 비추어 인공지능의 행위들이 윤리적인지 아닌지의 여부에 관해 평가할 수 있는 하나의 기준점으로 유용하다. 이와 같이 사물을 보는 방식은 인공지능 장치에서 윤리적인 행위로 간주되는 모든 가능한 숫자를 줄이는 데 도움을 준다는 장점을 갖고 있다. 내가 여기서 제안하고 있는 불교 이론이 없다면 어떤 행위가 윤리적인 것으로 간주되어야 하는가에 관한 너무 많은 관점들이 있게 될 텐데, 이는 우리가 오늘날 매우 많은 인공지능 윤리의 지침들 및 이론들과 더불어 처해 있는 하나의 상황이다. 불교 이론을 독특한 것으로 만드는 것은 그것이 인간 존재와 인공지능 양자 모두에게 무엇이 자연스러운 것인가에 토대를 두고 있다는 점이다. 이는 앞에서 기술한 윤리적 탁월성과 기술적 탁월성의 동일성 위에 바탕을 두고 있다. 더욱이 불교는 최종적인 목적을 달성하기 위해 스스로 수행하고 자기 자신을 계발하는 방법에 대한 자세한 견해를 가지고 있는데, 이것은 인공지능 윤리의 지침에 적용될 수 있으며 나아가 우리는 따라야 할 적절한 과정이 무엇이어야 하는가를 알게 된다. 이 주장의 세부사항과 설명은 이 책에서 제공할 것이다.

    이 지점에서 독자들은 내가 여기서 제안하고 있는 불교 윤리 이론이 고대 그리스의 많은 윤리 이론들과 매우 유사한 것처럼 들린다고 의구심을 가질 수도 있을 것이다. 실제로 이것은 사실이다. 나는 불교 윤리 이론은 많은 헬레니즘, 후기 아리스토텔레스주의 이론, 특히 스토아학파와 많은 유사성을 가지고 있다는 것을 보여주고 싶다. 그것은 아리스토텔레스의 덕 이론과도 상당한 유사성을 가지고 있지만, 우리는 불교 윤리가 아리스토텔레스의 이론보다는 스토아학파에 더 가깝다는 것을 보여줄 것이다. 이는 아리스토텔레스에게는 통하지만 스토아학파나 불교에서는 통하지 않는 도덕적 행운의 중요한 역할 때문이다. 그럼에도 불구하고 이 책은 인공지능을 위한 불교 윤리 이론에 대한 설명이지 불교와 스토아학파 사이에 존재하는 세부적인 유사성과 차이점에 대한 학문적 탐구가 아니다. 그러므로 비교에 관한 논의는 기껏해야 피상적인 것일 수밖에 없다. 그렇다고 해도 이 책에서 어느 정도의 유사성에 대한 매우 개략적인 스케치는 제공할 수 있을 것이다. 불교와 스토아학파는 모두 동일한 종류의 가장 중요한 목적을 공유한다. 불교에서 그것은 아라한arahant, 곧 오염들로부터 완전히 해방된 어떤 사람이 되는 것이며, 스토아학파에서 그것은 스토아 현자, 다시 말해 "무오류이며, 다른 모든 사람보다 더 많은 권력을 가지고 있고, 더 부유하며, 더 강하고, 더 자유롭고, 더 행복한, 결코 방해받지 않은 어떤 사람이자 진정으로 '왕'이라는 칭호를 얻을 만한 유일한"[10] 사람이 되는 것이다. 이 관념들은 대체로 같은데, 중요한 것은 또한 두 전통에서 전적으로 불가능한 것은 아니지만, 아라한이나 스토아 현자가 되는 것은 극도로 어렵다는 사실이다. 아라한이나 스토아의 현자는 하나의 이상이자 이정표를 대표한다고 말하는 것이 매우 유용한 일인데, 그들의 현존은 수행자들에게 어디로 갈 것이며 어떻게 수행할 것인가를 말해주고, 또한 어떤 행위가 옳거나 그른지를 말해주는 하나의 척도를 대표한다. 다른 점들에 대해 말하면, 불교는 스토아학파가 일찍이 그랬던 것보다 수행자를 위한 훨씬 더 세부적인 규정을 가지고 있다. 이것은 많은 스토아학파의 저서들이 시간이 흐르면서 산실散失된 반면, 불교는 2천4백 년 전보다 더 이전 그 창시자의 죽음 이후에도 살아있고 번창하는 하나의 전통으로서 그 지위를 유지해왔다는 사실에 기인할 수도 있을 것이다. 또 다른 중요한 차이는, 이 세계의 종교와 철학 전통 가운데에서도 독특하게 불교는 잘 알려져 있다시피 자아가 무지개가 햇빛과 물방울로부터 눈이 보는 하나의 구성물이라는 방식으로, 단지 하나의 구성물에 불과하다고 가르친다는 것이다. 이는 공空 사상으로 알려져 있는데, 스토아학파나 서구의 다른 어떤 철학 전통 안에서도 그것과 동일한 것은 존재하지 않는다(어쩌면 헤라클레이토스Heraclitus에게는 예외일지 모르지만, 그 경우에도 그의 작품들은 단편으로만 전해지고 있을 뿐이다). 그럼에 불구하고 나는 이 책이 어느 정도 실천적이고, 인공지능의 거버넌스 사업에 종사하는 사람들에게 어떤 지침을 제공하고자 한다. 따라서 우리는 이 책에서 불교와 스토아주의 혹은 다른 어떤 전통의 이러한 매우 흥미로운 철학적 쟁점들에 대해서는 더 이상 구체적으로 들어갈 수 없다.

이 책에 제시된 관념들은 인공지능과 사회에 관한 많은 저서들과 유사성이 있다. 존 C. 하벤스John C. Havens는 『인공심장의 지능Heartificial Intelligence』[11]에서 단순한 경제적 성장보다 복지를 증진시키고, 욕심lobha의 오염을 피하기 위해 자기 자신을 계발하는 불교적 이상과 일치하는 인공지능을 요구한다. 윤리는 기술의 설계단계에서부터 통합되어야 한다는 관념 또한 조금은 진부한 관념이다. 내가 이 책에서 수행하고 있는 일은 이를 불교이론으로부터 나오는 보다 안정적인 이론적 토대 위에 정초하려는 것이다. 이러한 관념은 마이클 키언스Michael Kearns와 아론 로스Aaron Roth의 『윤리적 알고리즘The Ethical Algorithm』[12]에서 구체화하고 있는데, 이들은 그 속에서 윤리가 인공지능 알고리즘으로 코드화될 수 있는 자세한 방법을 논의하고 또한 제안하고 있다. 이와 같은 설명에서 어쩔 수 없이 놓치고 있는 것은 어떤 종류의 윤리가 코드화되어야 하는가에 대한 설명이며, 따라서 나는 이 책에서 불교가 알려준 종류의 윤리가 직접적으로 기계와 인간 양자 모두의 자연적 조건 위에 토대를 두고 있기 때문에 그 과제를 수행할 수 있을 것이라고 주장한다. 말을 바꾸면, 기계와 인간에게 좋은 것은 그 둘의 본성과도 일치한다는 것이다. 인공지능 알고리즘의 전체 목적은, 곧 자기 자신보다 다른 것들의 이익과 복지를 배려하는 것은 그것의 최고 윤리 목적이 되어야 하는데, 왜냐하면 그와 같은 목적은 모든 것의 이해와 복지를 증진시키는 유일한 방법이기 때문이다. 그러므로 나의 관점은 알고리즘이 윤리적 이상을 표현하려면 그것은 자신의 사회적 맥락 및 문화적 맥락과 관계를 맺을 필요가 있다는 것이다. 이는 모든 사물들은 서로 의존하고 있다는 불교적 관점의 일부이며, 따라서 인공지능 알고리즘의 윤리적 문제를 해결하는 것은 단지 기술적 문제일 수만은 없다.[13] 더욱이 윤리는 처음부터 인공지능 프로그램의 일부여야 한다는 관념은 초창기 인공지능의 선구자 중의 한 사람인 스튜어트 러셀Stuart Russell에게도 나타난다. 『양립 가능한 인간Human Compatible』[14]에서 러셀은 그가 '유익한 기계beneficial machines'라고 부르는 것을 요구하고 있는데, 그와 같은 기계 이면의 이해는 내가 이 책에서 깨달음을 얻은 기계라고 제안한 것과 어떤 유사성을 갖는다. 그러나 차이점은 러셀의 주장에서 로봇은 언제나 인간 존재의 선호를 극대화하며 자기 자신의 내면적 가치나 복지에는 결코 어떠한 중요성도 부여하지 않는[15] 반면, 나는 깨달음을 얻은 기계는 인간 존재를 위해서뿐만 아니라 이성적 생각과 감정적 느낌이 가능한 모든 유형의 존재들을 위한 윤리적 완성의 이상에 토대를 두고 만들어져야 한다고 주장한다는 데 있다.

이 책은 3부로 구성되어 있다. 1부는 보다 이론적이며 형이상학적인 주제들을 다루고, 2부는 보다 실천적인 주제들, 3부는 인공지능이 사회정의와 평등에 어떻게 기여할 수 있는가에 관한 주제들을 다룬다. 이 서론에 이어 다음 장은—이 책을 보게 되었지만—불교가 생소할지도 모르는 사람들을 위한 기초적인 배경을 제공하고 있다. 이미 불교 사상에 정통한 사람들은 이 장을 뛰어넘어도 좋지만, 이 장에는 불교학자들과 수행자들 사이에 이루어지는 더 높은 사상과 논의로부터 이익을 얻을 수 있는 적지 않은 요소들이 있다고 생각한다. 여기서 나는 이 장과 실제로 이 책 전체에 걸쳐 논의되는 불교적 가르침의 내용은 모든 전통에서 발견할 수 있는 공통적이고 기본적인 가르침이라는 사실에 주목하고 싶다. 이것들은 어떤 추종자가 어떤 학파에 속하든지 간에 불교에 본질적인 가르침이다. 그러므로 여기서는 이 가르침의 내용이 특히 어떤 학파에 속하는가의 여부에 대해서는 전혀 논의하지 않는다. 결과적으로 나는 이 책 전체에 걸쳐 팔리어 단어를 사용하고 있는데, 팔리어는 그 가르침이 이 종교의 모든 후기의 전개 과정에서 발견될 수 있는 핵심을 형성하는 보다 더 오래된 불교 전통을 대표하고 있기 때문이다. 나는 나가르주나龍樹, Nāgārjuna의 저작을 포함하여, 대승경전과 그들의 전통을 언급할 때만 산스크리트어를 사용할 것이다. 내가 독자들에게 명심하라고 요청하고 싶은 것은 이 책에서 언급하고 있는 불교는 붓다 자신의 본래 가르침을 대변하고 있다는 것이다. 이는 내가 이 책 전체에 걸쳐 의식적으로 유지하고 있는 하나의 주안점이다. 이 장에서 다루어지는 가르침들은 세 가지 실천인 [계, 정, 혜]와 공 사상 및 불교적 지혜와 고통을 제거하는 데 있어서의 그것의 역할 그리고 불교와 현대 과학에 관한 또 다른 영역, 특히 이 책과 관련된 어떤 영역이다.

3장은 로봇이 인격체일 수 있는가라는 문제를 다룬다. 여기서 논의는

2장의 자아에 대한 불교적 분석에 관한 문제로부터 이어지고 있다. 앞 장의 자아에 대한 불교적 분석 덕분에 나는 우리와 충분히 상호작용할 수 있는 로봇(각각의 이야기에서 독자적인 캐릭터들인 스타워즈Star Wars의 C3PO나 스타트렉Star Trek의 데이터Data 같은 것)은 사실상 인격체들이라는 취지의 주장을 펴고 있다. 그러나 조건들이 존재한다. 그들은 그 자신들의 공동체, 즉 그 안에서 그들 스스로 상호작용하고 있으며 실제로 **우리들의 일원**으로서 더불어 살고 있다는 것을 발견하는 사람들(과 로봇)의 집단에 의해 받아들여져야만 한다. 이 개념에서 흥미로운 것은 그것이 외적인 개념이라는 점이다. 다시 말해, 그것에 의해 어떤 것 혹은 어떤 사람이 하나의 인격체로 판단되는 기준은 그것과 다른 어떤 것(혹은 어떤 사람)이 맺는 관계들이다. 어떤 사람 혹은 어떤 것 하나만을 상정해서 그것이 인격체인지 아닌지를 묻는 것은 무의미한 일이다. 더욱이 오늘날의 더 좁은 의미의 인공지능에 대해 말하자면, 이 사례는 정립하기가 매우 어렵다. 내가 주장하고 있는 바는 그들, 즉 좁은 의미의 특수 인공지능 행위자들은 현재로서는 인격체로 간주되어서는 안 된다는 것인데, 그 이유는 본질적으로 우리, 곧 이런 로봇을 사용하고 그들과 상호작용하고 있는 공동체가 아직 이들을 우리들의 일원으로 간주하고 있지 않기 때문이다.

  4장은 이 책의 가장 중요한 장이며 다른 모든 장들을 하나로 묶는 연결고리이다. 앞서 언급한 기술적 탁월성과 윤리적 탁월성을 결합한다는 관념은 불교 사상으로부터 나온다. 왜냐하면 선하게 된다는 것은 궁극 목적을 달성하는 데 기여하는 것이므로 우리가 실천해야만 할 하나의 기술이기 때문이다. 이는 고대의 관념이며 고대 그리스 윤리학에서도 발견할 수 있다. 차이점은 각 개별 이론의 세부사항에 있다. 인공지능에 적용해보면 이것은 다음과 같은 사실, 즉 인공지능은 자신의 완성을 달성하기 위해 처음부터 윤리적 요소들을 통합해야만 한다는 것을 의미한다. 왜냐하면 그렇게 하는 것이 장기적으로 (제조사와 프로그래머들뿐만 아니라) 그 자체의 이익에도 유용하기 때문이다. 이 장은 기계의 깨달음뿐만 아니라 이 개념도 자세하게 소개하고 또 논의하고 있다. 기계와 인공지능의 윤리적 이상은 다른 사람들의 복지와 이익을 자기 자신보다 더 고려하는 상태이며, 모든 존재들은 서로 연관되어 있고 상호의존적이라는 깨달음이다. 이런 의미에서 그것이 **실제로** 존재할 수 있는 것이라면, 초지능적인 존재 또한 윤리적인 존재일 필요가 있다. 이는 문학에서 묘사되고 있는 무시무시한 시나리오들, 예컨대 인류를 몰아내거나 인간을 동물원에 집어넣는 초지능적 존재와 같은 것들은, 만일 우리가 처음부터 윤리적 의미를 주의 깊게 인공지능 안에 주입하여 그들이 윤리란 자기들에게 외부로부터 강요된 것이 아니라 일종의 진정한 지적인 존재로서 갖는 인식적이고 감정적인 능력으로부터 자연스럽게 나온다는 것을 깨달을 정도가 된다면, 일어날 필요가 없는 일이라는 것을 의미한다. 지혜를 갖추지 못한다면 그것들은 진정으로 초지능적일 수 없다.

이 책의 2부는 1부에서 제시된 논의를 구체적인 상황에 적용한다. 5장은 헤드라인을 장식했던 두 가지 자율성을 가진 기술, 즉 자율주행차, 자율무기시스템 및 고령자 돌봄 로봇을 다루고 있다. 기본적으로 이런 응용기술들은 그것들 자체의 방식으로 기계의 깨달음을 보여줄 필요가 있다. 자율주행차의 경우에 이것은 자동차가 고도의 안전 기준을 충족하고, 항상 교통법규를 준수하며, 언제나 다른 차들에 예의를 지키는 것 등을 의미한다. 유명한 트롤리 문제에 대해, 나는 자율주행차에 있어서 윤리적 기준은 완벽한 대답을 제공할 수 없다고 주장한다. 왜냐하면 트롤리 문제는 하나의 딜레마를 제시하며, 나아가 그 자동차들은 그들이 어떤 행위를 선택하든 부정적인 결과를 초래할 것이기 때문이다. 그러므로 나의 제안은 우리가 트롤리 문제에서의 딜레마보다 통제할 수 있는 요소들에 초점을 맞추어야 한다는 것인데, 그것은 좋은 자율자동차를 설계하는 것이다. 자율무기시스템에 있어서는 기술적 탁월성과 윤리적 탁월성이 동일시되어야 한다는 나의 주장이 매우 심각한 도전을 받는 영역이다. 기술적 탁월성을 보여주는 체계들은 가장 많은 숫자를 가장 효과적으로 죽일 수 있는 체계인 것처럼 보인다. 나는 그와 같은 체계의 허용가능성이 그것의 맥락에 달려 있다고 주장한다. 정의로운 전쟁과 그 체계들이 언제나 그것의 행위에 대해 책임을 지는 인간의 통제하에 있어야만 한다는 맥락에서는 그것의 사용을 허용할 수도 있을 것이다. 역으로 여기서 윤리적 탁월성은 그 장비의 전체 탁월성에 필수적이어야 할 필요가 있다. 왜냐하면 윤리적 탁월성이 없다면 그 체계는, 특히 완전히 자율적으로 작동할 때 대혼란을 초래하고 수많은 피해를 양산할 것이기 때문이다. 그러므로 그 장비의 행위를 통제하는 체계가 절대적으로 요청된다. 이 장은 고령자 돌봄 로봇에 관한 논의로 마무리된다. 로봇은 그들의 일에서 불교적 자비를 보여줄 필요가 있다. 이것은 로봇이 자비의 감정을 가진다는 것을 의미하는 것이 아니라, 그들의 행위가 훨씬 더 중요하다는 것을 의미한다. 그들은 자비로운 방식으로 행위해야만 하며, 또한 그 자비는 겉으로 보기에 관찰 가능할 필요가 있다.

   6장은 인공지능 윤리에서 또 다른 매우 중요한 쟁점, 다시 말해 프라이버시와 기계 학습 및 빅데이터 분석의 역할을 다루고 있다. 실제로 기계 학습과 빅데이터는 오늘날 인공지능 산업을 이끌고 있는 두 개의 엔진이다. 이 장은 프라이버시의 존중이 모든 인공지능 알고리즘의 윤리적 탁월성의 일부라고 주장한다. 사용자의 개인정보를 수집하기 위해 빅데이터 분석을 채택하는 회사들은 그들의 계획과 의도에 대해 보다 명백하게 드러냄으로써 사용자들이 자신들의 개인 데이터가 어떻게 사용될 것인지에 대해 더 많은 통제권을 갖게 하여 사용자들의 복지와 권리에 대해 좀 더 많은 관심을 가질 필요가 있다. 나는 또한 그가 '미래시제의 권리the rights to a future tense'16라고 부르는 것에 대한 쇼사나 주보프Shoshana Zuboff의 옹호론도 논의하고 있다. 그리고 그의 논의에 또 다른 차원을 추가하기 위해 우리의 미래시제-우리가 가지고 싶어 하는 삶-는 오염 혹은 스피노자Spinoza가 정념passion이라고 부르는 것의 먹이가 되어서는 안 되며, 대신 인간 존재의 궁극적 이익에 초점을 맞춰야 한다고 말함으로써 스피노자와 불교의 자유 개념 양자 모두에 의존하고 있다.

이 책은 인공지능이 사회적인 선이 될 수 있는지 그리고 그것이 어떻게 정의와 평등에 기여할 수 있는지를 논의하는 한 장으로 마무리된다. 3부의 유일한 장인 이 장에서, 나는 인공지능을 기술 철학의 맥락 안에서 논의하는데, 여기서 철학자들은 전형적으로 오늘날 우리가 직면하고 있는 기술적 조건을 분석하기 위해 현상학적 관점을 채택하고 있다. 앞서 언급한 불교의 자비 개념이 기술 철학 안에서 다투는 두 진영, 즉 기술에 대해 전면적으로 반대하는 사람들과 그것에 대해 완전히 찬성하는 사람들 사이의 중간 지대로 역할을 할 수 있다고 주장한다. 여기서 윤리학은 이 갈등을 해결하기 위한 매우 중요한 수단이 되며 자비는 우리가 보아왔듯이 윤리학에서 핵심 요소이다. 더 나아가 나는 인공지능 기술이 책임 있는 방식으로 적용되었거나 적용되어야 할 세 가지 영역, 곧 헬스케어와 교육 및 기후변화를 논의하고 있다. 또한 이 주제에 대해 제임스 휴즈James Hughes가 이미 해놓은 연구에 바탕을 두고, 인공지능 장치 속으로 자비를 어떻게 프로그램하여 넣을 것인지에 대한 간략한 스케치를 덧붙이고 있다.[17]

이 책은 자신들의 생각과 논평을 제공해준 수많은 동료들의 도움을 받았다. 기계의 깨달음이라는 아이디어는 2018년 5월 우든피쉬 재단Woodenfish Foundation이 주관한 제2차 연례 불교와 신기술 컨퍼런스the Second Annual Buddhism and New Technology Conferece에서 논평을 위해 대중 앞에 처음으로 제시되었다. 나는 친절하게 이 행사에 초대해준 것에 대해 이파 스님Ven. Yifa에게 감사함을 표시하고 싶다. 그 후 이 아이디어는 더 가다듬어져 2018년 12월 쫄랄롱꼰대학교Chulalongkorn University에서 태국철학종교협회Philosophy and Religion Society of Thailand가 개최한 한 컨퍼런스에서 다시 발표되었고, 나는 그들의 통찰력 있는 논평에 대해 프랭크 호프먼Frank Hoffman과 마이클 클락Michael Clark에게 감사함을 전하고 싶다. 자비로운 인공지능을 어떻게 만들어서 결과적으로 그것이 실제로 하나의 사회적 선이 될 수 있을 것인가에 대한 관점은 2019년 12월 태국철학종교협회의 또 다른 컨퍼런스에서 발표되었고, 나는 그의 질문과 논평에 대해 쁘라쯔 빤짜누꾸나톤Prach Panchanukunathorn에게 감사하고 싶다. 이 책으로 이어진 연구, 특히 마지막 장은 환태평양대학협회the Association of Pacific Rim Universities, APRU가 조직한 '사회적 선을 위한 인공지능AI for Social Good' 프로젝트의 기금으로부터 일부 지원을 받았다. 그 프로젝트 참여자들의 첫 킥오프 미팅은 2019년 6월 5일 도쿄의 게이오대학교에서 개최되었다. 온라인으로 이루어졌던 두 번째 미팅은 2019년 10월 21일에 있었다. 나는 논평을 하고 이의를 제기해 내가 그 주장의 더 나은 버전들을 제안하도록 해주고, 많은 실수로부터 나를 구해준 그 프로젝트의 모든 참여자들에게 감사하고 싶다. 이 책을 위한 연구는 또한 쭐랄롱꼰대학교 교양학부의 기금으로부터도 일부 지원받았다. 나는 쭐랄롱꼰대학교 교양학부장 수라데쯔 쪼띠우동빤Suradech Chotiudompant 박사와 쭐랄롱꼰대학교 교양학부의 연구담당 부학장 눙가따이 랑뽄숨릿Nunghatai Rangposumrit 박사에게 변함없는 지원에 대해 감사함을 표시하고 싶다. 또한 이 책의 영어 편집을 도와주고 내가 많은 실수를 하는 것을 막아준 마이클 크라브트리Michael Crabtree에게도 감사하고 싶다. 철학종교협회의 동료인 게르드 반다사끄Jerd Bandasak, 테크타베 초크바신Theptawee Chokvasin, 빠곤 싱수리야Pagorn Singsuriya와 학교 문제에서뿐만 아니라 다른 많은 방면에서도 큰 도움을 주었던 나띠까 크롱유스Natika Krongyuth에게도 고마움을 표한다. 탄냐촌 뿌끄데라트Thanyachon Pukdeerat는 이 책의 참고문헌을 준비하는 데 도움을 주었다. 많은 고마움을 전한다.

1. Ricki Harris, "Elon Musk: Humanity Is a Kind of 'Biological Boot Loader' for AI," *Wired.com*(2019.09.01.), https://www.wired.com/stroy/elon-musk-humanity-biological-boot-loader-ai/(검색일: 2019.12.26.)

2. Ricki Harris, "Elon Musk: Humanity is a Kind of 'Biological Boot Loader' for AI."

3. Catherine Clifford, "Facebook CEO Mark Zuckerberg: Elon Musk's doomsday AI predictions are 'pretty irresponsible,'" *Cnbc.com*(2017.07.24.), https://www.cnbc.com/2017/07/24/mark-zuckerberg-elon-musks-doomsday-ai-predictions-ar4-irresponsible.html(검색일: 2019.12.26.)

4. "AI Ethics Guidelines Global Inventory," https://algorithmwatch.org/en/project/ai-ethics-guidelines-global-inventory/(검색일: 2019.12.26.) 또한 Thilo Hagendorff, "The Ethics of AI Ethics: An Evaluation of Guidelines," *Arxiv.org*도 보라. https://arxiv.org/abs/1903.03425(검색일: 2019.12.31.)

5. The IEEE Global Initiative on Ethics of Autonomous and Intelligent Systems, *Ethically Aligned Design: A Vision for Prioritizing Human Well-Being with Autonomous and Intelligent System, Version 2* (IEEE, 2017), http://standards.ieee.org/develop/indconn/ec/autonomous_systems.html

6. 불교적 시각으로부터 인공지능을 둘러싼 형이상학적 쟁점들에 관한 논의에 대해서는 Somparn Promta and Kenneth Eimar Himma, "Artificial Intelligence in Buddhist Perspective," *Journal of Information, Communication and Ethics in Society* 6.2(2008): 172-187, https://doi.org/10.1108/14779960810888374를 보라.

7. 이 책에서 나는 두 가지 종류의 인공지능, 즉 범용 인공지능(Artificial General Intelligence, AGI)과 과 특수 인공지능(Artificial Specialized Intelligence, ASI)을 구분한다. AGI는 존 맥카시(John McCarthy)와 마빈 민스키(Marvin Minsky) 이래로 성배(聖杯)와 같은 종류의 인공지능이다. 다시 말해, 인간의 사고를 완전히 모방할 수 있는 기계이다. 그 목표는 아직까지 실현되지 않았지만, 많은 사람들은 수십 년 내에 달성될 수 있을 것이라고 믿고 있다. 반대로 ASI는 오늘날 사용되고 있는 것과 같은 종류의 인공지능이다. 그것은 좁은 범위의 과업을 수행할 수 있으며 오직 그것만 할 수 있다. 딥마인드(DeepMind)의 알파고(AlphaGo)는 인상적이긴 하지만, 여전히 ASI이다. 이 두 종류는 각각 강한 인공지능과 약한 인공지능으로도 알려져 있다. 이 분야 전체를 다루는 쉬운 말로 된 입문서에 대해서는 멜라니 미첼(Melanie Mitchell)의 *Artificial Intelligence: A Guide for Thinking Humans* (New York: Farrar, Strauss, and Giroux, 2019), Kindle을 보라.

8. Nick Bostrom, *Superintelligence: Paths, Dangers, Strategies* (Oxford: Oxford University Press, 2014).

9   Virginia Dignum et al., "Ethics by Design: Necessity of Curse?," AIES'18(2018. 02.02.-03, New Orleans, LA), https://dl.acm.org/doi/10.1145/3278721.3278745(검색일: 2020.01.02.)도 보라. 디그넘(Dignum) 등은 이 중요한 문제를 다음과 같이 묻는다. "우리는 윤리적으로 인식 가능한 행위자를 만들 수 있고, 또한 만들어야만 하는가?" 이 책에서 나의 대답은 우리가 이 책에서 보게 될 것처럼 그렇게 하지 않기에는 그 위험성(stake)이 너무 높기 때문에, 그리고 실제로 우리는 그렇게 할 수 있기 때문에 그와 같은 행위자를 만들어야만 한다는 것이다.

10 John Sellars, *Stoicism* (Chesham: Acumen, 2006), p. 36.

11 John C. Havens, *Heartifical Intelligence: Embracing Humanity to Maximize Machines* (New York: Penguin Random House, 2016).

12 Michael Kearns and Aaron Roth, *The Ethical Algorithm: The Science of Socially Aware Algorithm Design* (Oxford: Oxford University Press, 2019).

13 Annett Zimmermann, Elena di Rosa, and Hochan Kim, "Technology Can't Fix Algorithmic Injustice," *Boston Review: A Political and Literary Forum*(2020.01.09.), http://bostonreview.net/science-nature-politics/annett-zimmermann-elena-di-rosa-hochan-kim-technology-cant-fix-algorithmic?fbclid=IwAR2Uo0LVPfZ8md1Iwu9sgylqqBNDDTbXGmvZjLHqzknvn3g7pIpRKUEHVgM(검색일: 2020.01.10.)

14 Stuart Russell, *Human Compatible: Artificial Intelligence and the Problem of Control* (New York: Penguin Random House, 2019), Kindle.

15 Stuart Russell, *Human Compatible*, chap. 7, Kindle.

16 Shoshana Zuboff, *The Age of Surveillance Capitalism: The Fight for a Human Future at the New Frontier of Power* (New York: PublicAffairs, 2019).

17 James Hughes, "Compassionate AI and Selfless Robots: A Buddhist Approach," in Partick Lin, Keith Abney, and George A. Bekey (eds.), *Robot Ethics: The Ethical and Social Implications Robotics* (Cambridge, MA: MIT Press, 2012).

제1부

제2장

본성과 인격성에 대한 불교적 관점

제2장

본성과 인격성에 대한 불교적 관점

이 장에서는 불교에 대한 몇 가지 기본적인 이념을 소개한다. 그것은 대부분 탁월하면서도, 쓸모 있는 이 종교에 대한 표준적인 소개[1]를 대체하려고 하는 것이 아니라, 종교에 익숙하지 않은 독자들에게 적어도 불교의 주요 가르침들 가운데 한 가지 관념을 제공하기 위한 것이다. 2천 년도 더 전에 인도에서 기원한 불교는 오늘날 매우 다양한 형태로 나타나며, 실제로 그것의 가르침과 실천들은 시대와 장소에 따라 상당히 다르다. 이는 본 장이 아시아 전역에서 수천 년 이상 발전해 온 다양한 형태의 많은 가르침과 실천들을 제대로 평가할 수 없다는 것을 의미한다(그리고 최근 불교는 서구로 지속적인 진출을 꾀하고 있는데, 그 결과 뚜렷하게 구분될 수 있는 하나의 독특한 형태가 되었다). 이와 달리, 내가 의도하는 것은 불교의 기본 교의, 즉 모든 전통들과 공유하는 교의들에 대한 간략한 조망을 하려는 것이다. 이 책은 불교 자체가 아니라, 우리가 윤리적이며 형이상학적인 함의들을 어떻게 이해할 수 있는가에 대해 불교적 영감을 받은 통찰력으로부터 얼마나 배울 수 있을 것인가에 초점이 맞춰져 있기 때문에, 나는 현대의 독자들이 불교를 쉽게 이해하는 방식으로 표현하고자 노력할 것이다. 불교의 가르침들은 종종 전통적인 용어로 표현되고 있기 때문에 이는 쉽지 않은 과제이다. 태국 및 아시아의 다른 지역과 같은 불교 국가의 불교학과 학생들은 자신들의 사회 변용 과정의 일부로서 이 전통에 대해 배우고 있으며, 예컨대 태국에서 불자가 된다는 것은 태국 사람이 되는 것의 중요한 일부이기도 하다.[2] 내가 말하고자 하는 바는, 비록 태국에서 다른 종교 신자들이 있다는 것을 인정하더라도, 인구의 약 94퍼센트가 불자라는 사실은 불교의 가르침이 표준이 되고 있으며, 그 안에서 원래 불교를 표현하던 언어가 대체로 국민 자신들의 언어로 통합되었다는 것을 보여준다는 것이다.[3] 불교와 완전히 다른 전통이 존재하는 서구에서는 이런 일은 이루어질 수 없다. 그러므로 내가 계획하고 있는 것은 현대적인 언어로 불교를 표현하는 것인데, 이는 이 분야의 표준적인 용어로부터 가능한 많이 자유로워지려고 애쓰는 것이다. 그러나 독특한 사상과 관념의 체계이므로 전문적인 용어를 사용하는 것은 사실상 피할 수 없는 일이다. 하지만 나는 그 용어들을 고대 사상보다는 인공지능에 더 많은 관심을 가지고 있는 독자들이 쉽게 이해할 종류의 언어로 소개하는 즉시 이와 같은 용어들을 설명하려고 노력할 것이다.

붓다를
소개하다

불교는 2천5백 년보다 더 전에 오늘날 네팔 남부 출신의 왕자인 고타마 싯다르타Gautama Siddhartha에 의해 창시되었다. 그의 아버지인 숫도다나Suddhodana왕은 같은 씨족의 귀족들이 통치하던 지역의 수많은 작은 왕국들 가운데 하나였던 왕국을 지배하고 있었다. 싯다르타의 어머니인 마야Maya부인은 공주로, 이웃 왕국 왕의 딸이었으며, 마야부인의 아버지는 싯다르타의 할아버지와 가까운 친척이었는데, 실제로 그들은 사촌 간이 된다. 통상 이런 왕국들은 서로 동맹을 맺고 있었고, 공동의 결정이 필요할 때는 왕들이 공회당에 함께 모였다. 네팔 남부의 왕국들은 싯다르타가 깨달음을 얻어 붓다가 된 이후에 그의 일생의 대부분을 보냈던 갠지스평야의 왕국들과 비교해보면 작은 규모였다. 싯다르타가 태어날 무렵 그의 어머니는 관습에 따라 자신의 아버지의 왕국으로 다시 돌아가는 여행을 했다. 그러나 아버지의 왕궁에 도착하기 전에 마야부인은 숲속에서 싯다르타를 낳았다. 전통에 의하면 싯다르타는 어머니의 겨드랑이 바로 밑 옆구리에서 나왔으며, 그가 어머니의 몸에서 밖으로 나오자마자 일곱 걸음을 걸었다고 한다. 그가 걸음을 옮겼을 때 신기하게도 연꽃이 발에서 피어났으며, 그는 자신이 세상을 정복할 왕 중의 왕이라고 선언했다.[4] 그러나 우리는 이런 지점들에 머물 필요가 없는데, 그것은 훗날 한 사람의 붓다에게 해당하는, 부처님의 삶을 미화하는 데 도움이 되는 그의 전기에 추가된 것으로 보인다.

전통은 또한 한 유명한 브라만이 숫도다나왕의 왕궁으로 와서 그 어린 왕자를 살펴봤다고 말한다. 브라만인 꼰단냐Koṇḍañña는 이 아기가 왕

중의 왕인 세상의 정복자가 되거나, 또 다른 의미에서 세상의 정복자, 즉 삶의 큰 수수께끼를 풀 수 있고 나아가 윤리적 삶의 가장 높은 성취에 도달한 탁발승이 될 것이라고 예언했다. 그의 아버지는 자연스럽게 자기 아들이 왕좌를 물려받기를 원했으며, 전통에 따라 사실상 어린 왕자를 왕궁 안에 가두어두었다. 그는 왕자의 거처를 온갖 종류의 감각적 쾌락으로 가득 채웠고, 왕자가 영성과 출가에 대해 생각할 어떠한 가능성도 차단했다. 그럼에도 불구하고 이 계획은 이제 청년이 된 그 젊은 왕자가 자신이 믿는 친구와 왕궁을 몰래 빠져나와서 '네 가지 모습', 다시 말해 늙음, 병듦, 죽음과 출가수행자를 봄에 따라 성공하지 못했다. 이런 모습들은 분명히 상징적인 것이었으며, 아마도 너무나 현실적이어서 믿을 수 없었을지도 모른다. 그것들은 붓다가 세속적인 삶에 싫증을 느끼고 이런 조건들로부터 해방을 찾으려고 했던 이유를 보여주었다. 그의 전기에 따르면 싯다르타왕자는 이런 모습들을 보고 난 뒤 왕자의 삶에 만족하지 않게 되었고, 자신이 믿던 친구와 왕궁을 몰래 빠져나와 머리카락을 자르고 떠돌아다니는 고행자가 되었으며, 그가 보았던 네 가지 모습에 맞서 싸웠다고 한다.

    싯다르타는 여기저기 떠돌아다니면서 쉼 없이 명상 수행을 하며 총 6년을 보냈는데, 마침내 그는 35세 때 깨달음으로 알려진 것을 성취했다. 깨달음의 본질은 정확하게 왜 불교가 최우선적으로 존재하는지에 대한 이유이다. 그는 태어남, 죽음 그리고 끝이 없는 수많은 삶의 형태로 환생하는 순환으로 자신을 얽매는 윤회saṃsāra의 사슬로부터 완전히 해방된 것으로 여겨진다. 우리는 다음에서 그 깨달음이 21세기의 우리들에게 현실적으로 무엇을 의미하는가를 충분히 논의할 기회를 가질 것이다. 싯다르타는 깨달음을 얻은 뒤 '붓다the Buddha', 글자 그대로 '깨우친 자'로 알려졌다. 그는 무수한 추종자들을 모이게 했으며 오늘날까지 계속 이어지는 하나의 운동을 시작했다.

세 가지 실천

붓다에 따르면 그가 깨달음을 추구한 이유는 윤회의 사슬로부터 해방되기 위한 것이었다. 그것은 이 전통이 말하고 있는 모든 것이다. 이것이 실제로 의미하고 있는 것은 그가 출가하던 순간까지 영위하고 있었던 삶은 완전히 불만족스러웠다는 사실을 발견했다는 것이다. 우리는 그가 자신에게 이렇게 말하고 있었다고 상상할 수 있다. "이것은 그것이 아니다. 이것은 내가 원하는 종류의 삶이 아니다. 산다는 것, 왕궁에서 온갖 쾌락과 더불어 즐거움을 누리는 것, 그리고 나서 죽는다는 것의 요점은 무엇인가?" 말을 바꾸면, 붓다는 궁극적인 삶의 의미, 즉 단순히 시간을 보내고 쾌락을 누리며 사라지는 것보다 더 멀리 그리고 더 깊이 가는 삶의 종류를 추구했다. 나는 가끔씩 우리 모두는 똑같은 감정을 갖는다고 생각한다. 그러나 붓다는 **영원한** 출구를 찾으려고 애썼는데, 이는 그것이 최종적으로 의미 있는 것이 되는 것을 보장하는 삶이다. 그의 가르침의 핵심은 이 영원한 길은 성취될 수 있고, 그것을 달성한 사람들은 그가 자신의 의미 있는 삶의 방식이라고 간주하는 것에 도달한 다음, 그것에 대해 잊어버리는 것으로부터 앞뒤로 흔들릴 필요가 없다는 것이다. 한 사람의 불자, 즉 붓다의 제자에게 과제는 이 영원한 출구를 성취하려는 목적과 더불어, 그의 가르침을 공부하고 그것에 따라 실천하는 것이다. 아주 간단하게 말하면, 우리는 그 길을 따를 때 이 상태에 도달하게 되는데, 그것은 올바른 행위sīla(계戒), 명상 혹은 집중samādhi(정定)과 지혜paññā(혜慧)로 이루어져 있다는 것이다. 이것들은 처음에는 매우 어려운 것으로 보일지도 모르지만, 그 각각을 좀 더 자세하게 살펴보자. 왜냐하면 이 세 가지 실천들은 불교 가르침의 중심을 구성하므로 붓다의 모든 제자들이 규칙적으로 실천해야만 하는 것이기 때문이다.

이와 같은 세 가지 실천들은 어떤 불자가 궁극적으로 그 최종 목적을 달성하기 위해 존재하는(필요한) 모든 것을 구성한다. 계, 즉 올바른 행위는 종종 도덕morality으로 번역되고 있지만, 내가 불교 윤리에 관한 절에서 논의하게 되는 것처럼, 계를 '도덕'으로 번역하는 것은 오해의 소지가 크다. 왜냐하면 도덕은 어떤 행위가 옳은지 그른지를 결정하는 규범집을 언급하는 것이기 때문이다. 어떤 점에서 계는 규범을 가리키기도 하지만, 계를 강조한다고 해서 규범들이 단지 옳은 행위 그 자체를 구체화하기 위해 존재하는 것은 아니다. 대신 계는 특정한 실천에 개입하기 위해 필요한 규범집을 가리킨다. 우리는 이를 운전하는 것과 비교할 수 있다. 자동차를 운전할 때 우리는 어떤 규범을 따를 필요가 있는데, 이것은 교통 규범이 아니라 운전 행위 그 자체에 내재되어 있는 규범이다. 예를 들면, 최신 자동차 안에서 시동을 걸 때 우리는 빨간 버튼을 눌러 엔진에 시동을 걸기 전에 브레이크 페달을 밟고 기어를 P(주차)의 위치에 놓지 않으면 안 된다. 만일 브레이크 페달과 기어가 둘 다 제자리에 놓여 있지 않으면, 자동차는 시동이 걸리지 않는다. 이는 자동차의 설계자가 마련한 하나의 규범인데 자동차를 운전하는 행위에 필수적인 것이다. 브레이크 페달에 발을 내려놓고 기어를 P에 놓는 것은 오직 그것이 자동차를 출발시키는 데 필수적이기 때문에 옳은 행위이다. 그것은 엔진을 작동시키는 목적을 달성하기 위해 필수적이다. 동일한 방식으로, 불교 수행자는 최종적으로 해탈 혹은 깨달음의 목적을 성취하기 위해 계 안에 구체화되어 있는 일련의 규범들을 준수한다. 엔진에 시동을 거는 것과의 차이점은 단지 브레이크 페달에 발을 올리고 기어를 주차 위치에 놓는 것은 자동차가 출발하기에 충분하다는 것인데, 이때 빨간 버튼이 눌린다. 반면에 계의 규범을 따르는 것은 단지 하나의 필요조건에 불과하다. 깨달음에 충분하기 위해서 수행자는 두 개의 다른 실천들, 즉 명상과 지혜도 따를 필요가 있다. 여기서 중요한 점은 브레이크 페달에 발을 올리고 기어를 P의 위치에 놓는 것은 그 자체로서 도덕적이거나 비도덕적인 것은 아니라는 점이다. 다시 말해, 브레이크 페달에 발을 올리고 기어를 P로 옮기는 것의 가치는 그것이 단지 엔진에 시동을 걸기 위해 필수적이라는 점일 뿐이다. 브레이크 페달에 발을 올리고 기어를 P에 놓는 것이 그 자체로 가치가 있게 되는 것은 오직 우리가 엔진에 시동을 거는 것을 **가치 있다고**(우리는 자동차가 움직이기를 원하기 때문에) 생각할 때뿐이다. 같은 맥락에서 계는 만일 우리가 궁극적으로 깨닫게 되기를 원한다면 따를 필요가 있는 많은 행위들을 구체화하고 있다. 계는 그 자체로서 도덕적이지도 않고 비도덕적이지도 않다. 이것은 내가 불교 윤리에 관한 절에서 보다 더 상세하게 논의하게 될 중요한 점이다.

계의 규범들은 수행자들의 본성에 따라 다양하다. 예컨대 재가신자는 가장 기본적인 규범인 오계the Five Precepts를 따를 것이 기대된다. 깨달음을 직접 성취하기 위해 시간과 노력을 바치기로 한 출가자는 훨씬 더 많은 것을 따를 것이 기대된다. 결국 계의 규범이 존재하는 이유는 그것들이 명상에 필요하기 때문인데, 이는 세 가지 실천 가운데 그 다음 단계이다. 불교 명상을 어떻게 수행할 것인가에 관한 책은 이미 많이 나와 있기 때문에 우리는 여기서 이 주제에 대해 너무 많은 시간을 허비할 필요가 없다. 전통적인 가르침에 따르면 명상의 주요 목적은 명상이 세 가지 실천의 마지막 단계인 지혜를 성취하는 데 필수적인 것이라는 데 있다. 이 관념은 명상이 없다면 지혜는 이루어질 수 없다는 것이다. 마음이 명상의 상태에 있을 때 전통적인 가르침에 이르게 되고, 마음이 고요해져서 모든 어긋남으로부터 자유로워졌을 때 현상 뒤에 숨어 있는 실제적인 진리를 볼 수 있게 된다. 비유하자면 이는 우리로 하여금 그것을 꿰뚫어 보게 하는 맑은 물이다. 물은 모든 앙금들이 가라앉아 고요해짐으로써 맑아진다. 그러한 상태에서 마음은 본성을 실제로 있는 그대로 볼 수 있다. 이것은 왜 불교 스승들이 항상 명상은 두 부분으로 구성되어 있는가를 강조하는 이유이다. 첫 번째 부분은 마음을 고요하게 만들기 위한 것인데, 이를 성취하기 위한 많은 방법들이 있다. 두 번째 부분은 사물을 있는 그대로 보는 것이고, 그것은 우선 마음이 고요해지지 않으면 이루어질 수 없다. 그러므로 첫 번째 부분은 두 번째 부분에 필수적이고, 나아가 마음이 사물을 있는 그대로 볼 때 사람들은 마지막 단계, 즉 지혜를 달성한다.

　여기서 지혜는 봄seeing의 결과이다. 그것은 어떤 사람이 나무를 바라보는 순간 녹색이라는 것을 아는 것과 마찬가지이다. 명상 상태의 마음이 사물을 그것들이 실제로 존재하는 것처럼 볼 때 마음은 실재의 참된 본성을 이해하게 된다. 이는 추론의 결과가 아니라 실재의 기본적 본성을 직접 인식하는 것인데, 그것은 통상 시야로부터 벗어나 숨어 있다. 왜냐하면 정상적이지만 명상의 상태에 있지 않은 마음은 산만한 생각들과 관념으로 뒤덮여 있어서 진정한 본성을 볼 수 없기 때문이다. 다시 말해 최소한 이것은 전통적인 불교 가르침이 말하는 바로 '그것'이다. 불교에 따르면 실재의 참된 본성이 무엇인가 하는 것은 이 장 다음 절의 주제가 될 것이다. 여기서 초점은 이 세 가지 실천에 맞추어져 있으며 이는 불자가 되고자 하는 어떤 사람에게 최고의 목적이 되는 유일한 길을 구성한다. 지혜를 성취하는 순간 그것은 깨달음의 상태가 될 것이다. 하나의 비유는 연꽃의 비유인데, 이 꽃은 수면 아래의 진흙에서 태어나지만 진흙 그 자체에 의해 더럽혀지지 않는다. 그러므로 손상되지 않고 오염되지 않은 연꽃은 지혜를 얻어 깨달음을 이룬 사람들의 마음에 대한 비유이다.

공 사상

그렇다면 오직 명상을 통해서만 얻을 수 있는 불교적 지혜의 내용은 무엇인가? 그 내용은 공 사상Doctrine of Emptiness으로 알려져 있는데, 이는 불교 철학의 핵심이다. 이 교의에 대한 여러 가지 개념들이 존재하지만, 이를 설명하기 위한 가장 명확하고 어쩌면 가장 손쉬운 방법 가운데 하나는 세 가지 특징Three Characteristics(삼법인三法印)을 통하는 것이다. 불교 철학에 따르면 모든 사물은 적어도 다음과 같은 세 가지 특징, 즉 그것들은 항상 변화하고 있다는 것aniccatā(무상無常) 변화할 수밖에 없다는 것dukkhatā(고苦)과 어떤 본질적인 속성의 결여anattatā(무아無我) 가운데 하나를 갖는다. 전혀 변하지 않는 것과 같은 사물, 즉 그 내부에 아무런 내재적 활력이 결코 존재하지 않는 사물이 있다고 가정해보라. 우리는 결코 변화하지 않고 영원히 그대로 머무는 어떤 것을 상상할 수 있다. 그와 같은 사물(그와 같은 사물은 자연 속에서는 전혀 존재할 수 없을지도 모른다)이 존재한다고 상상해보자. 만일 그와 같은 변하지 않는 사물이 존재한다면, 그것은 변할 수밖에 없을 가능성이 매우 높다. 다시 말해 그 사물은 변하는 것이 가능하다. 만일 우리가 변하지 않는 매우 딱딱한 바위를 상상한다면, 그 바위는 어떤 물건이 그것을 쳐서 산산조각이 나게 할 때 변화할 수밖에 없다. 이 경우 불자들은 여기서 변하지 않은 바위는 변할 수밖에 없다고 말할 것이다. 따라서 변하지 않는 사물조차도 (만일 그와 같은 것이 존재한다면) 변할 수밖에 없을 가능성이 매우 크다. 왜냐하면 우리는 그것을 때리는 어떤 것이 그 사물을 외부로부터 변화시키기에 충분할 만큼 딱딱하다고 상상할 수 있기 때문이다. 그러나 만일 우리가 변하기 쉽지 않은 무엇인가를 상상한다면(그것의 존재는 만일 있다고 해도 변하지 않는 어떤 것보다 훨씬 더 드물다), 그 사물은 어떤 경우에도 그것을 현재 존재하는 그것이라고 밝혀줄 아무런 본질적인 속성도 갖고 있지 않다. 이것이 의미하는 바는 그것이 무엇이든 이 어떤 것은 아리스토텔레스Aristotle가 그 사물에 대해 '그것이 존재해야만 하는 어떤 것(본질)'이라고 부르는 바로 그것을 결여하고 있다. 예컨대 아리스토텔레스에게 바위는 그것이 자신의 본질, 곧 그것이 '존재해야만 하는 어떤 것'을 가지고 있기 때문에 바위이며, 바로 이런 이유로 그것은 하나의 바위이지 나무 조각이 아닌 것이다. 바위와 같은 어떤 사물의 본질은 바위 안에 포함되었을 때 그것을 하나의 바위로 만들고, 나무 조각이나 다른 어떤 사물을 만들지 않는 것이다. 불교도들이 사물들은 이 마지막 특징인 무아를 갖는다고 주장할 때 부정하는 것이 바로 이 본질이다. 우리는 지금 변화하지 않는 어떤 것을 상상하고 있다. 설령 우리가 그렇게 할 수 있다고 해도 이 사물은 그것을 현재 존재하는 그것이며 다른 어떤 것이 아니라고 밝혀줄 어떠한 본질이나 본질적 속성을 갖지 않는다. 이는 어떤 사물이 자신의 고정된 정체성을 갖지 않는 또 다른 사물일 수 있다는 것을 의미할 필요는 없지만, 그것은 현재 존재하는 바로 그것도 그리고 그것의 정체성이 고정되어 있는 것과 같은 어떤 것도 결코 존재하지 않는다는 것을 의미한다. 그러므로 변할 수 없는 가정상의 사물은 비록 그와 같은 사물이 존재한다고 하더라도, 그것을 현재 존재하는 그것으로 받아들여야 할 사물이라고 밝혀줄 어떠한 본질적 속성도 갖지 않는다. 그것은 다른 어떤 것으로 성격 규정될 수도 있을 텐데, 왜냐하면 어떤 고정된 정체성도 존재하지 않기 때문이다. 불교에 의하면 이는 궁극적인 특징이며 실제로 여기서는 어떠한 예외도 없다.

정확하게 바로 이 지점이 공 사상을 설명해준다. 이 교의에 따르면, 사물들은 자신의 내적인 존재가 따로 없다. 다른 말로 하면, 사물들은 그것이 언제나 현재 존재하는 그것이라는 방식으로 어떠한 본질이나 본질적 속성(이 둘은 동일한 것이며, 단지 다르게 인식되고 있을 뿐이다)도 갖지 않는다. 본성은 공하다. 다시 말해 본성은 그 정체성이 객관적인 수단을 통해 고정된 사물들로 머물러 있지 않는다. 바위, 나무 혹은 집들로 알려진 우리 주변의 사물들은 우리가 그것들을 그와 같은 것이라고 **인식하는** 것에 달려 있다. 완전히 그것 자체로 받아들인다면 그것들은 바위도 아니고 나무도 아니며 다른 어떤 것도 아니다. 이것은 불교 철학에서 가장 어려운 점들 가운데 하나이며, 불교의 전체 가르침의 핵심에 놓여 있다. 이러한 관점은 마음이 바위와 나무의 존재를 구성하는 하나의 이상적인 관점으로 간주되어서는 안 될 것이다. 왜냐하면 그와 같은 견해는 마음이 물질적인 대상보다 앞서 존재한다는 것을 전제하기 때문이다. 반대로 불교적인 관점은 마음 자체도 역시 물질적인 대상에 의존한다고도 주장한다. 바위와 나무와 같은 인식된 대상이 없다면 마음은 인식할 어떠한 물질도 갖지 않을 것이며 따라서 어떠한 존재도 갖지 못할 것이다. 이는 마음(이 경우 식識, viññāṇa)이란 그것들을 인식하거나 생각할 때 외적 대상들에 대한 어떤 개념에 불과하기 때문이다. 이러한 사물들이 전혀 없다면 마음은 붙잡을 어떤 것도, 즉 그 위에서 그것이 작동하는 어떠한 물질도 갖지 못할 것이다. 우리는 오직 마음이 존재한다는 것과 마음은 단지 그것을 비추어봄에 따라서 그것이 비추는 것은 무엇이든지 비추는 것에 의해서만 작동한다는 것을 인식할 뿐이다. 그러나 만일 그것을 비추는 것이 아무것도 없다면, 그것과 함께 마음의 존재가 파악될 수 있는 어떠한 지표도 존재하지 않는다. 그러므로 여기서 불교 철학에 대한 나의 입장은 마음의 존재가 가장 우선적이라고 주장하는 유가행파Vijñānavāda와 같은 전통들과는 다르다. 다행스럽게도 우리는 불교 철학 학파들 사이의 이와 같은 전통적인 논쟁에는 참여할 필요가 없다. 오늘날의 인공지능에 있어서 마음의 역할에 관한 더 이상의 논의를 하기 위해 불교에 대한 매우 간략한 소개를 하는 마당에, 나는 우리가 이 쟁점을 망설임 없이 한쪽으로 제쳐놓고도 계속되고 있는 어떤 논쟁이 있다고 결론 내리는 것이 가능하다고 생각한다. 한편 내가 생각하기에 좀 더 지지할 만한 입장에서 보면 공 사상은 결코 예외가 없다. 마음 그 자체조차도 그것이 내적인 존재를 결여하고 있다는 점에서 그것의 존재는 인식되고 인지된 사물과 같은 외적 요인들에 달려 있다는 점에서 공하다. 다른 한편으로 이미 언급한 유가행파와 같은 불교 전통들이 존재하는데, 그들은 마음의 존재는 외적 대상들이 마음에 달려 있다는 점에서 더 우선적이고, 그 역은 아니라고 주장한다.

이를 설명하기 위해 이 문제에 대한 불교 경전의 중요한 단락들 가운데 하나를 살펴보자.

> 오, 비구여! 붓다가 존재하든 혹은 존재하지 않든 간에, 모든 사물들은 그들의 본성에 따라 그대로 남아 있고 똑같이 머무르게 될 것이다. 붓다는 모든 구성된 실체들은 영원하지 않다는 사실을 깨달았다. 그리고 나서 그는 모든 구성된 실체들은 영원하지 않다고 알리고, 선언하고, 그리고 설명한다. 오, 비구여! 붓다가 존재하든 혹은 존재하지 않든 간에, 모든 사물들은 그들의 본성에 따라 그대로 남아 있고 변함없이 머무르게 될 것이다. 붓다는 모든 구성된 실체들은 변할 수밖에 없다는 사실을 깨달았다. 그리고 나서 그는 모든 구성된 실체들은 변할 수밖에 없다고 알리고, 선언하고, 그리고 설명한다. 오, 비구여! 붓다가 존재하든 혹은 존재하지 않든 간에, 모든 사물들은 그들의 본성에 따라 그대로 남아 있고 똑같이 머무르게 될 것이다. 붓다는 모든 사물들은 한결같이 어떤 본질적 속성을 가지고 있지 않다는 사실을 깨달았다. 그리고 나서 그는 모든 사물들은 한결같이 어떤 본질적 속성을 가지고 있지 않다고 알리고, 선언하고, 그리고 설명한다.[5]

이 경전의 매우 중요한 부분이 의미하고 있는 것은, 붓다가 존재하든 그렇지 않든 간에 사물들은 그 자신의 내적인 본성을 소유할 것이라는 사실이다. 붓다는 단지 그 진리를 발견하고 그러고 나서 이를 세상에 알리고 설명하고 있는 사람일 뿐이다. 붓다가 발견한 것은 모든 구성된 실체들은 영원하지 않으며 변할 수밖에 없다는 것이다. 이 경전은 '모든 구성된 실체들saṃkhāra(행行)'이라고 말하는데, 왜냐하면 그것이 마지막 속성, 즉 어떠한 본질적 속성도 되지 않을 때 경전은 '모든 사물들은 한결같이 dhammas(법法)'라고 말하기 때문이다. 그 차이는 불교 철학에 따르면 모든 사물들은 한결같이 두 가지 유형인 구성된 것과 구성되지 않은 것으로 분류된다는 점이다. 구성된 사물들은 발생하고 나서 종말을 갖거나 이런 방식 혹은 저런 방식으로 한 덩어리가 되어 생겨나는 것들이다. 다른 한편, 구성되지 않은 사물들은 발생하지 않고 죽지도 않는 것들이다. 요점은 경전이 구성된 것과 구성되지 않는 것 둘 모두를 의미하는 '모든 사물들은 한결같이'를 말한다는 것이다. 여기서 '모든 사물들은 한결같이'는 법dhamma이란 단어의 번역어인데, 이 경우에 그것은 가능한 가장 광범위한 개념이며 그것이 무엇이든지 간에 (바위와 나무 같은) 존재하는 것과 (용과 인어와 같은) 존재하지 않는 것 양자 모두를 포함한다. 확실히 '모든 사물들은 한결같이'는 구성된 것과 구성되지 않은 실체 양자 모두를 포함한다. 요점은 모든 것은 한결같이-그것이 무엇이든, 모든 존재와 모든 비존재와 같은 어떤 것-그것을 지금 존재하는 그것이라고 밝혀주는 어떤 본질이나 본질적 속성을 가지고 있지 않다는 것이다.

결론적으로 공 사상은 그것이 무엇이든 모든 사물들은 이 세 가지 특징들 가운데 하나 혹은 그 이상 아래에 들어간다는 것이다. 그것들은 변하거나(무상), 변할 수밖에 없거나(고), 혹은 고유한 존재나 본질적 속성의 결여(무아)이다. 대체로 붓다는 이 교의의 진리에 대한 증거로 자기 자신의 인식에 의존하고 있다. 다시 말해, 그는 여기 이 세 가지 특징들 중 어느 하나에 들어가지 않는 어떤 증거를 제안하려는 모든 사람에게 이의를 제기한다. 아리스토텔레스주의자는 어떤 사물의 본질이라는 개념을 제안할 수도 있을 것인데, 그들은 그와 같은 본질은 그 사물에 필연적이라고 주장한다. 그렇지 않다면 그것은 현재 존재하는 그것이 아닐 것이고, 이는 하나의 모순이다. 여기서 불교의 답변은 문제의 그 사물이 현재 존재하는 바로 그것이 아니라 처음부터 공 사상에서 말하는 바로 그것이라는 진술이 될 것이다. 다시 말해, 모든 사물들이 항상 변화한다면(혹은 본질적 속성을 가지고 있지 않다면), 우리는 그것들이 항상 현재 존재하는 그것일 것이라는 사실을 영원히 확신할 수 없게 된다. 사물은 변한다. 예를 들면, 물, 호프, 설탕과 이스트가 어떤 조건하에서 섞일 때 맥주가 된다. 맥주의 존재는 물과 호프와 다른 재료들의 존재에 달려 있다. 맥주는 어떤 다른 대상들과 무관하게 존재하지 않는다. 따라서 사물은 언제나 다른 사물들이 된다. 그러한 과정에서 물의 본질에 무슨 일이 일어나는가? 물이 맥주가 될 때 물의 본질은 사라지는가? 그러므로 물의 본질은 물 자체의 존재에 더 많이 의존하는 것처럼 보이는데, 그 반대는 아닌 것 같다(여기서 사르트르Sartre는 아리스토텔레스나 아퀴나스Aquinas보다 불교사상과 더 가깝다). 그러나 만일 이것이 사실이라면, 물의 본질은 대신 맥주의 본질 속으로 어느 정도 사라지거나 변한다. 이는 처음부터 어떠한 본질도 존재하지 않는다고 주장하는 것보다 더 모호한 것처럼 보인다.

여기서 다시 아리스토텔레스주의자들은 비록 맥주가 되는 과정에서

물로서의 물의 본질은 사라질지 모르지만, 물에서 맥주로 변하는 질료의 실체적 본질은 (그러나 그대로 남아 있음) 여전히 남아 있다고 주장할 수 있을 것이다. 말을 바꾸면, 맥주와 물은 각각 서로 다른 형상을 전제하지만 동일한 질료를 공유하고 있으며, 그것은 동일한 것으로 남는 동일한 질료의 본질이다. 그러므로 불자들의 논증은 성공적이지 못하다. 또한 우리는 물과 맥주 둘 모두의 바탕이 되는 실체의 본질을 분석하지 않으면 안 되는데, 실제로 모든 것의 바탕이 되는 바로 그 근본적인 실체는 어쨌든 변한다. 아리스토텔레스에게 그것은 변하지 않은 채 그대로 남아 있다. 그러나 불자들에게 모든 사물의 이와 같은 근본적 실체는 그것을 구분해줄 어떤 속성도 갖고 있지 않으며, 결과적으로 그것은 있는 그대로 드러나는 것이자 본래부터 존재하는 것이다. 만일 그것이 어떤 속성을 가진다면, 우리는 바로 그 속성이 사라지더라도 (아리스토텔레스주의자들에 따르면) 그대로 남아 있게 된다고 상상할 수 있다. 그러나 이러한 경우에 그 실체가 그대로 남는다는 것을 가리켰던 바로 그 표식도 사라진다. 어느 때 이 실체는 하나의 속성을 가지고 있지만, 다른 때는 그 속성을 가지고 있지 않다. 이것은 그 실체가 갖는 마지막으로 남는 속성이며, 따라서 그 비교는 그 속성을 포함한 실체와 그 속성을 뺀 실체 사이의 것이라고 가정해보자. 그렇지만 우리는 그것이 동일한 실체라는 것을 어떻게 알 것인가? 우리가 그 실체가 그대로 남는다는 것을 알려면 그것에 의해 우리가 그것들이 동일하다는 것을 인식하는 어떤 속성이 존재해야만 한다. 그러나 마지막으로 남는 이 속성이 없다면, 우리는 처음부터 계속 하나의 실체가 존재한다는 것과 그 마지막 속성이 사라지자마자 또 다른 속성이 나타나는 두 개의 실체가 존재한다는 것 사이를 구분해줄 어떠한 수단도 갖지 못하게 될 것이다. 그렇다면 불자들의 결론은 이 경우 혹은 실제로 어떤 유사한 사례들에서 지속되는 하나의 실체가 존재한다고 주장하는 것은 의미가 없는 것처럼 보인다는 것이다. 여기서 붓다의 견해는 헤라클레이토스Heraclitus의 견해와 유사하다. 약간 복잡한 이런 논증과는 달리, 불자들은 또한 실체를 거부하는 훨씬 더 간단한 논증을 가지고 있다. 지금까지 우리는 실제로 이 논증을 만나지 못했다. 실체는 결코 직접 인식될 수 없다. 이는 인식되지 않는 어떤 것은 존재하지 않는다는 것을 의미하는 것은 아니다. 그러나 우리는 실체가 **지각될 수 없다**는 것을 알고 있다. 이 경우에 그것의 존재를 옹호하는 논증은 필연적으로 그것의 존재를 가정하는 방법을 따르지 않으면 안 된다. 실체는 어떤 모순도 드러내지 않고 존재해야만 한다. 우리는 만일 우리가 그와 같은 실체가 존재한다는 것을 가정하지 않는다면 변화를 전혀 설명할 수 없다. 우리가 봤듯이 물과 호프가 맥주가 될 때처럼 우리가 지금까지 살펴본 것으로부터 우리는 실체를 가정하지 않고도 변화를 효과적으로 설명할 수 있다.

자아에 대한 불교적 분석

앞 절에서 논의한 공 사상은 불교 철학에서 가장 유명한 가르침 가운데 하나인 무아산스크리트 anattā 혹은 anātman론으로 이어진다. 실제로 무아론의 본래 불교 용어인 anattā는 세 가지 특징의 마지막 것을 가리키는 것과 똑같은 단어이다. 앞 절에서 anattā를 '본질적인 속성을 갖지 않는 것'이라고 번역했다. 왜냐하면 그와 같은 맥락에서 세 가지 특징들은 그것이 무엇이든 모든 사물들에게 적용되는 것으로 가정되기 때문이다. 이런 의미에서 그 세 가지 특징은 또한 사람과 자아에도 적용된다. 다른 말로 하면, 우리가 **우리**, 즉 우리 자신의 바로 그 자아로 인식하는 것 또한 변화하고 있고, 변할 수밖에 없으며, 어떠한 본질도 가지고 있지 않다. 무아론의 주제는 이 마지막 특징이다. 자아와 인격은 그것이 이 특별한 자아 혹은 인격이며 다른 어떤 것이 결코 아님을 객관적으로 밝혀주는 어떠한 본질이나 본질적 속성도 없다. 이것은 매우 놀라운 교의이자 불교 철학의 독특한 가르침이다. 이를 좀 더 자세하게 말하면, 무아론은 1인칭 대명사의 지시대상은 세 가지 특징에 지배를 받는다고 주장한다. 다시 말해 1인칭 대명사의 지시대상은 그것을 세상의 어떤 실체와 대비되는 **이것**으로 만드는 어떤 본질적 속성을 가지고 있지 않다. 통상 우리는 우리 자신의 정체성에는 하나의 본질이 존재하기 때문에 현재의 우리라고 가정한다. 예를 들어, 어떤 사람이 그들이 두 살이었을 때의 자신의 낡은 사진을 본다면, 그들은 보통 그 사진이 찍혔을 때부터 지금 그 사진을 보고 있는 시간까지 그대로 남아 있는 어떤 것이 존재한다고 믿는다. 그 어떤 것이란 지금 자기 자신의 사진을 보고 있는 바로 그 사람의 핵심이다. 이는 모든 사람이 가지고 있는 것처럼 보이는 일반적 믿음이다. 그러나 불교 철학은 처음부터 지금까지 여기에 그대로 남아 있는 무엇이 존재한다는 이러한 믿음은 하나의 환상이라고 주장한다. 그 사람이 두 살 때부터 성인이 된 지금까지 남아서 그들의 어린 시절을 반영하고 있는 것은 거의 아무것도 없다. 나는 지금 (내가 생각하기에) 두 살 때 어머니가 찍어준 낡은 사진을 보고 있다고 가정해보자. 나는 내가 사진 속에서는 어린 소년이라고 믿으며, 통상 나는 사진이 찍혔을 때부터 지금 이 사진을 보고 있는 순간까지 지속되는 어떤 것, 즉 내가 존재한다고 믿고 싶어 할 것이다. 그러나 세 가지 특징에 따르면, 나의 자아는 변하며 더욱이 나의 자아는 어떤 지속적인 실체를 갖지 않는다. 뇌세포는 일생 동안 계속 대체되지 않는다는 것은 사실이지만, 나는 뇌 속에 들어 있는 뉴런neuron과는 별도로 수조 개의 다른 세포로 이루어져 있기 때문에 뇌세포는 내가 아니다. 따라서 나는 단지 한 다발의 뉴런으로 환원될 수 있다고 생각하지는 않는다. 본질주의적 논증이 그런 것처럼 뉴런들은 나의 본질처럼 행동할 수도 있는데, 만일 그렇다면 그것들은 본질적으로 나이다. 그러나 요점은 비록 바로 그 동일한 불변의 뉴런 집단이 원래 그대로 남아 있다고 하더라도 나는 다른 어떤 사람이었을 수 있다는 사실이다. 서로 다른 부모를 둔 채 매우 다른 환경에서 자랐다고 가정해보자. 이 사고 실험을 위해 어떤 사람이 다른 나라에서 서로 다른 말을 하는 완전히 다른 한 쌍으로 태어났지만, 내가 지금 가지고 있는 것과 정확하게 똑같은 뉴런을 가지고 있다고 가정해보자. 그렇더라도 그 사람이 나와 동일한 사람일 것이라는 어떠한 징표도 존재하지 않을 것이다. 비록 그 사람이 어쩌면 나와 똑같아 보이고 똑같은 유전물질을 가지고 있다고 하더라도(나는 동일한 뉴런을 갖는 것이 당신이 동일한 유전물질을 가진다는 것을 의미하는지, 그리고 똑같이 보일지의 여부에 대해서 많은 것을 알지 못하지만, 논의를 위해 그렇다고 가정해보자), 그는 다른 나라에서 태어났고 완전히 다른 경험을 가지고 있기 때문에 그 사람이 실제로 나일 것이라고 믿기는 어려운 일이다.[6]

그렇다면 무아론의 결론은 우리가 통상 우리 자신의 자아라고 여기는 것ㅡ생각하고, 믿고, 느끼고, 계획 등을 한다고 가정된 것ㅡ은 실제로는 자신의 본질을 갖지 않는다는 것이다. 붓다는 이를 확실히 당시 인도에서 지배적이었던 비물질적인 영혼의 존재를 믿는 것에 대한 직접적인 거부라고 여겼다. 이 믿음에 따르면, 우리의 몸은 비물질적이며 우리가 죽은 뒤에도 계속 존재하는 우리 자신의 영혼의 존재에 의해 생명력을 갖게 된다. 이는 인도와 그 외 지역의 고대 교의이다. 우리가 살았을 때 했던 우리 자신의 과거 행위에 따라 우리가 죽은 다음에 하늘로 올라가거나 지옥으로 떨어지는 것은 우리의 영혼이다. 생각하고 느끼며 의식하는 사람은 이 영혼이다. 이 고대의 믿음에 따르면 몸은 단지 영혼이 그것에 내려와 생명을 불어넣을 때까지 생명이 없이 남아 있게 될 물질 덩어리에 불과하다. 그렇다면 영혼은 붓다가 설명했던 무아론과 직접적으로 대립된다는 것이 분명하다. 그러나 매우 중요한 것은 이 교의를 설명함으로써 붓다는 이를 통해 어떠한 영혼도 존재하지 않는다고 주장하지 않는다는 점이다. 말을 바꾸면, 붓다는 무아론이 죽은 다음에 하늘로 올라가거나 지옥으로 떨어지는 것은 아무것도 없다는 것을 함축한다고 말하지 않는다. 어떤 사람은 비록 자신의 자아가 이를 다른 누군가가 아닌 이 특정한 사람의 자아를 만드는 어떠한 본질도 가지고 있지 않다고 하더라도 하늘로 올라가거나 지옥으로 떨어지며 윤회에서 여전히 방황할 것이다. 이것은 유지하기가 매우 힘든 입장이며, 따라서 불교 철학자들은 수 세기에 걸쳐 그렇게 하는 가운데 매우 어려운 시간을 보내야 했다. 그렇다면 이 장의 이용 가능한 공간에서 외관상 모순적으로 보이는 입장을 펼쳐보기로 하자.

불교 철학은 모순에 빠진다. 이것은 불교 안에서 많은 논쟁과 학파를 생겨나게 했는데, 여기서 자세하게 다룰 시간은 없다. 그러나 이 특별한 논제 속에서 모순은 한편에서는 무아론과 다른 한편에서는 윤회 속에서 방황하는 어떤 것이 존재할 것이 틀림없다는 믿음 사이에 있다. 후자의 신념에 대한 정당화는 충분히 명백하다. 인과의 법칙Law of Cause and Effect은 불교사상에서 중심적인 것이다. 다른 어떤 것에 의해 야기되지 않고 그 스스로 일어날 수 있는 것은 아무것도 없다. 그러므로 어떤 사람이 하늘에서 태어나려면 이것은 그 혹은 그녀의 지난 삶에서 좋은 행위를 한 특정한 사람의 과보이어야만 한다. 이와 달리 어떤 사람이 하늘에서 어떻게 태어날 수 있겠는가? 그러나 만일 자아가 없다면 어떤 사람이 어떻게 자신의 지난 좋은 행위의 보상을 거두고 하늘에서 다시 태어날 수 있겠는가? 사실 우리는 세속을 초월한 하늘의 영역만큼 멀리 갈 필요가 없다. 어떤 사람은 그가 몇 달 전에 했던 영웅적 행위에 대한 상을 받는다. 만일 자아가 존재하지 않는다면, 문제의 그 사람에게 어떠한 본질도 없다면, 상을 받는 그 사람은 영웅적 행위를 한 그 사람과 다르다는 사실을 어쩔 수 없이 인정해야만 하는가? 붓다 가르침의 요점은 정확하게 이 극단 **사이에** 놓여 있다. 한편에서 무아론은 파기되지 않는다. 실제로 시간의 흐름 속에서 지속되는 어떤 개인의 영혼이란 것은 없다. 다른 한편 불교 철학은 이 사례에서 상을 받는 그 사람이 그 행위를 한 사람과 동일한 사람이란 것을 재확인시켜준다. 이것의 열쇠는 인과론Doctrine of Cause and Effect에 있다. 지속되는 어떠한 자아도 존재하지 않기 때문에, 우리가 가진 것은 일련의 일시적인 자아이다. 만일 우리가 지금 하고 있는 것에 관심을 기울이기 시작한다면 우리는 이를 분명하게 볼 수 있다. 나 자신에 대해 말하면, 나는 집 가까이에 있는 혼다Honda 서비스센터에서 내 차가 수리되고 있는 동안 태블릿으로 이 장을 쓰고 있다. 나는 자신들의 일을 기다리거나 하고 있는 다른 손님들과 마찬가지로 넓은 대기 공간에 앉아 있다. 몇 분 전에 나는 차를 몰고 이 센터에 와서 이곳의 직원과 말을 하고 있었다는 것을 기억한다. 요점은 잇달아 일어나고 있는 이와 같은 일시적 자아의 실타래만 존재한다는 것이다. 자아에 대한 인식은 내가 지금 하고 있는 것과 생각하고 있는 것에 주의를 기울일 때 일어난다. 내가 지금 하고 있는 것과 느끼고 있는 것에 주의를 기울일 때마다 내가 발견하는 것은 오직 내가 그것에 집중하는 순간마다 일어나고 사라지는 이와 같은 일시적인 자아들에 불과할 뿐이라는 것이다. 나는 내가 통상 믿고 있는 방식, 즉 영원한 자성自性과 정체성의 자리로 지속되며 기능하는 어떤 것을 발견할 수 없다. 만일 내가 그런 것을 기대한다면 내가 발견하는 것은 또 다른 일시적인 자아, 다시 말해 생각하고 의식하는 하나 혹은 그 이상의 특정하고 구체적인 에피소드들이다. 만일 지속적인 영혼과 같은 어떤 것이 있다면, 특히 이와 같은 종류의 영혼이 그 사람 자신과 **동일할** 만큼 그 사람과 가까운 것으로 생각할 때 발견될 수 있을 것이다. 그럼에도 불구하고 어떠한 지속적인 자아도 존재하지 않는다는 것은 상을 받는 그 사람이 영웅적인 행위를 한 사람과 다른 사람이라는 결론을 수반하는 것은 아니다. 여기서 우리는 동일한 혹은 다른 사람에 관한 말이 실제로 무엇을 의미하는가를 좀 더 분명하게 알아야만 한다. 통상적으로 말해, 가령 나는 연구하기 위해 인디애나대학Indiana University에 갔던 2년 전의 나와 동일한 사람이다. 나는 나 자신이 캠퍼스 주변을 거닐었거나 도서관에 갔던 것 등을 기억할 수 있기 때문에 이를 알고 있다. 그러나 좀 더 명확하게 분석해보면 2년 전의 나 자신과 지금 앉아서 차를 기다리고 있는 나 자신 사이에는 많은 차이점이 존재한다. 나는 (조금)

더 나이 들었다. 머리에는 회색 머리카락이 더 많아졌다. 내 인생의 상황은 변했다. 나를 둘러싼 상황도 변했다. 그러나 나는 어떤 사람을 같은 사람이라고 가정하는 관습이 내 경우에 적용되기 때문에 나는 그와 동일한 사람이라고 믿는다. 즉, 나는 나의 육체적 지속성을 믿는다. 나는 내가 한 것을 기억한다. 내가 인디애나Indiana주의 블루밍턴Bloomington에 있을 때 찍었던 사진이 있는데, 그것은 현재의 내 모습과 매우 닮았다. 그러나 이런 것들은 단지 관습, 다시 말하면 사람들이 통상적으로 개인의 정체성에 대한 척도로 여기는 것에 불과하다. 이것들은 그 자체로써 개인의 정체성에 대한 객관적 지표들은 아니다. 왜냐하면 어떤 다른 사람이 이런 기준을 통과할지도 모르지만 그는 내가 아니라는 것이 언제나 가능하기 때문이다. 그것은 물론 상상하기 어렵지만 논리적으로 불가능한 일은 아니다.

여기서 붓다는 그 상을 받는 사람이 위에서 언급한 **관습적인** 의미에서 그 행위를 했던 사람과 동일한 사람이라고 주장한다. 그러므로 어떤 사람이 공적도 없이 그 상을 받는다는 것은 있을 수 없는 일이다. 관습적인 의미에서 다른 사람과 동일한 사람이라는 것은 그와 같은 일이 자연 속에 존재하지 않다는 것을 의미하지는 않는다. 나는 여전히 2017년 11월에 인디애나대학에 갔던 그 사람과 동일인이다. 이것은 분명히 어떠한 이성적 의심도 넘어선다. 내가 그곳에서 얻은 모든 경험들은 여전히 나와 함께 남아 있으며 나 자신과 한 사람의 학자로서, 그리고 한 명의 사람으로서 나의 모든 경험의 일부가 되었다. 그러나 지속되고 있는 것은 아무것도 없다. 내가 인디애나에 있을 때부터 2019년 초 바로 지금 내가 서비스센터에 앉아 있을 때까지 일어나는 일련의 원인과 결과들이 존재한다. 이러한 원인과 결과의 실타래는 현재의 나를 절대적으로 그리고 충분히 구성하지는 않는다. 어떤 것도 그렇게 하지 못하지만 그것은, 말하자면 이 세상에서 살기 위해 애쓰는 나는 누구인가를 구분해주는 한 가지 편리한 방식을 대표한다. 같은 방식으로 그 상을 받는 사람이 자기 자신임을 밝혀주는 모든 관습적이며 통상적인 수단들이, 실제로 그가 그 영웅적인 행동을 한 사람과 동일인이라는 것을 가리킨다면 자신이 정말 그 상을 받을 만하다고 확신할 수 있다.

요약하면, 불교의 입장은 절대적으로 말해 우리가 어떤 사람의 정체성을 밝힐 수 있는 어떠한 수단도 존재하지 않는다고 하더라도 어떤 사람에게 적용되는 인과의 법칙은 여전히 작동한다. 왜냐하면 이른바 그 사람을 구성하는 순간적인 에피소드들(절대적으로 현재 하나의 사건으로 인식되는 것)은 모두 일련의 인과적 관계 속에서 상호 연결되어 있기 때문이다. 이러한 의미에서 우리는 여전히 우리 자신의 행위(즉, 좀 더 정확하게는 이전의 인과적 사건들과 순간적인 에피소드들의 사슬 속에 들어 있는 사람의 행위)에 대해 책임이 있다. 우리 자신에게까지 이르는 인과적 관계의 직접적인 사슬이 존재하기 때문에 우리는 그 행위가 나와 무관한 다른 사람에 의해 이루어졌다고 주장할 수 없다.

다섯 가지 덩어리

무아의 개념을 논증하기 위한 또 다른 방법은 자아가 다섯 가지 구성 요소들로 이루어진다고 이해되는 것을 분석하는 것인데, 그것은 전통적으로 다섯 가지 덩어리Five Aggregates라고 불린다. 이것들은 모양rūpa(색色), 감각vedanā(수受), 지각saññā(상想), 생각의 형성saṃkhāra(행行) 및 의식viññāṇa(식識)이다. 간단하게 말해, 이것들은 자아를 함께 구성하는 몸과 마음의 혼합물이다. 모양(색)은 우리의 몸을 구성하는 재료이다. 감각(수)은 외적 대상과 감각 기관 사이의 접촉이 있을 때 일어나는 감정이다. 예컨대 빛이 눈을 만났을 때 감각이 존재한다. 이 단계에서 그것은 외부의 대상, 이 경우 빛이 눈을 만날 때만 일어나는 단순한 감각일 뿐이다. 세 번째 덩어리는 지각이나 인식인데, 그것은 지각된 대상이 마치 빛이 의자로부터 반사되어 눈을 만나고 나서 주체가 그 대상을 의자라고 인식할 때처럼, 어떤 익숙한 정신적 범주에 들어올 때 일어난다. 그리고 네 번째 덩어리는 지각된 대상, 이 사례에서는 의자를 집어 들고 그것에 관한 다른 생각들, 예컨대 이 의자는 갈색이라거나 오래된 것 등과 같은 생각을 형성한다. 그런 다음 마지막 단계에서 주체는 다시 그 전체 과정을 성찰하고 자기가 의자를 보고 있으며, 나아가 그것이 하나의 의자라는 것을 인식하고 있다는 사실을 알게 된다. 그렇다면 이러한 전체 과정은 그가 그것이 의자라는 것을 보고 있다는 것과 지각하고 있다는 것을 의식하고 있음을 구성한다. 또한 우리는 이 전체 다섯 가지 덩어리를 몸과 마음의 집합물로 요약할 수도 있다. 여기서 첫 번째 덩어리는 몸이며 나머지 네 덩어리는 마음의 서로 다른 에피소드들을 표현한다. 그것들은 함께 어떤 사람의 자아를 구성하며 이 다섯 가지를 제외하고 자아에는 다른 어떤 것도 존재하지 않는다. 예를 들면, 우리가 어떤 것을 기억에 떠올릴 때 몸과 감각작용이 작동하는 것은 아니다. 왜냐하면 그는 자신의 외적 감각을 사용하지 않고, 가령 자신의 세 번째 덩어리가 그 기억을 시골로 간 여행이라고 인식하기 때문이다. 그런 다음 네 번째 덩어리는 자신에게 기억된 정보를 움직여서, 이를 가지런하게 정리하고 그것을 다른 많은 기억에 남을 만한 에피소드들과 함께 즐거운 여행이었다고 기억한다. 그리고 마지막 단계에서 그는 자신이 그 기억을 지니고 있으며, 다른 말로 하면 스스로 인식한다는 것을 의식하게 된다. 다섯 가지 덩어리의 요점은 이것이 자아에 대한 빈틈없는 목록이라고 주장된다는 것이다. 이런 다섯 가지 덩어리란 자아가 이와 같은 다섯 가지로 분석될 수 있어야 한다는 것이며 또한 이것 외에 더 이상의 덩어리는 존재하지 않는다는 것이다. 그러므로 만일 이러한 다섯 가지 구성 요소 전부가 어떤 속성을 소유하거나 소유하지 않는다는 것이 밝혀질 수 있다면, 자아 역시 그 속성을 소유하거나 소유하지 않는다는 결론에 이를 수 있을 것이다. 붓다의 다음 전략은 이 다섯 가지 덩어리들은 각각 어떠한 본질도 소유하지 않는다는 것을 보여주는 것이다. 그러므로 자아는 어떠한 본질도 소유하지 않는다. 더욱이 자아는 오직 이 다섯 가지 덩어리들로만 철저하게 분석될 수 있기 때문에 이들 덩어리 가운데 어떤 것도 영혼에 해당하는 것이 될 수 없다. 왜냐하면 이 다섯 가지 전부는 항상 순간순간 변하고 있으며, 따라서 실체가 없는 것이기 때문이다.

지혜와 고통의 제거

우리는 불교가 많은 주제들에 대해 강력한 견해를 가지고 있다는 것을 살펴보았다. 모든 사물들은 항상 변하고 있고, 변할 수밖에 없거나 본질을 가지고 있지 않다. 더욱이 자아는 우리가 살펴보았듯이 이 법칙의 지배를 받는다. 결론은 우리가 통상적으로 자아라고 인식하는 것은 하나의 구성물, 즉 우리 자신들이 정신적이며 육체적인 에피소드들로부터 만드는 것에 불과하다는 것이다. 불교 경전에서 유명한 비유는 뱀으로 착각한 새끼줄의 비유이다. 뱀은 실제로 존재하지 않지만, 그 주체는 새끼줄을 보고 그가 이용 가능한 인식 재료들, 예컨대 새끼줄이나 빛의 조건 등으로부터 뱀을 구성한다. 같은 맥락에서 자아는 실제로 존재하지 않지만, 마음이 서로 다른 물질들을 파악하고 나서 그것들로부터 그것이 자아라고 여겨지는 것을 구성하는 것이다. 이 경우에 존재하는 것이 그 다섯 가지 덩어리들이다. 이처럼 놀라운 (무)아론을 제안하는 데 있어서 붓다의 요점은 우리가 고통의 속박과 윤회 속에서 방황하는 것으로부터 완전하게 해방되는 것은 오직 이 이론을 이해할 때뿐이라는 것이다.

  실제로 불교가 무엇에 관한 것인가에 대한 완전한 이해를 하기 위한 열쇠는 그 가르침의 주요 목적이 그것이 진리라고 믿는 것을 주장하기 위한 것이 아니라, 추종자들이 고통의 속박으로부터 자유로워지는 것을 돕는 것이다. 이 속박은 불교 전통에 따르면, 우리를 윤회의 사슬로 묶고 있다. 이는 처음부터 분명하게 강조되지 않으면 안 될 매우 중요한 점이다. 불자들에게 이 가르침의 요점은 진리가 무엇인가를 아는 것이 아니라 해방되는 것이며 결과적으로 우리는 완전하게 자유로워질 수 있고 따라서 진정으로 행복해질 수 있다는 것이다. 진리가 여전히 매우 중요하다는 것을 알고 있지만 그것은 중요한 목적, 완전히 해방되고 완벽하게 행복해진 상태, 즉 열반을 달성하기 위해서는 부차적인 것이다. 여기서 방편upāyas, 곧 능숙한 수단의 가르침 또한 매우 중요한 것이 된다. 열반에 도달하는 데는 수많은 길이 있다. 이와 같은 각각의 길은 그것에 의해 우리가 그 목적을 달성할 수 있는 어떤 능숙한 수단을 대표한다. 이는 그것에 이르는 많은 문이 있는 방과 비유된다. 어떤 문을 통해서든 열반의 방으로 들어가는 것은 똑같다. 여기서 진리는 많은 형태로 진술될 수 있으며, 그와 같은 형태의 일부는 서로 갈등할 수도 있지만, 진리들이 이 주요한 목적으로 이끈다고 믿는 한 그것들은 똑같이 좋은 것이다.

이것은 놀라운 일인 것처럼 보일지도 모른다. 진리는 다양한 형태들을 가지고 있다고 말했을 때 내가 말하고자 하는 것은 무엇인가? 불교의 주요한 두 가지 혈통인 테라바다Theravāda와 대승Mahāyāna을 살펴보자. 나는 이 책에서 2천 년 이상이나 존속되었던 이 두 가지 주요 전통들 사이의 모든 역사와 차이점을 기술할 만한 공간을 가지고 있지 않다. 그러나 이 두 가지 전통은 내가 진리의 서로 다른 형태를 방편이라고 강조한 것을 매우 잘 설명해준다. 테라바다를 대승과 구분해주는 것은 전자가 자신의 이상으로 아라한arahant, 즉 모든 염오들을 폐기하고 윤회 속에서 또 다른 삶으로 되돌아가지 않을 사람을 가지고 있다는 것이다. 이에 반해 대승의 이상적 인격은 보살bodhisattva, 다시 말해 미래에 모든 유정적 존재들을 위해 붓다가 되기를 열망하는 사람이다. 다른 말로 하면, 테라바다 불교도에게 이상적인 실천은 자기 자신을 위한 열반을 성취하는 것이지만, 대승불교도들에게 그것은 다른 유정적 존재들을 도와서 궁극적으로 열반을 성취할 수 있게 하는 것이다. 그럼에도 불구하고 우리는 이 두 가지 전통을 그것과 더불어 수행자가 따를 수 있고 또한 자신이 바라는 목적을 성취할 수 있는 두 개의 서로 다른 능숙한 수단들로 간주할 수 있다. 그 전통의 가르침이 실제로 수행자로 하여금 아라한과나 보살도를 성취하도록 이끌어주는 한, 우리가 어떤 전통을 따르기로 결정하는가는 중요한 것이 아니다. 그것들은 그것 자체로서 둘 다 완벽하게 가치 있는 목적들이다. 그가 어떤 목적을 위해 수행하기로 결정하는가는 개별적인 수행자 각자의 선호에 달려 있다. 대승불교에서는 대승의 추종자들이 테라바다의 추종자들을 결코 아래로 내려다보아서는 안 된다는 말이 있으며, 테라바다 불교에서는 붓다가 되기를 열망하는 사람들을 매우 가치 있을 뿐만 아니라 매우 어려운 과제를 수행하는 사람이라고 칭송하는 전통이 있다. 따라서 두 전통은 상대방을 칭찬한다. 그러나 나의 요점은 그 가르침들이 두 전통 안에서 전달하고 있는 강조점의 차이와 상이한 방식을 고려해볼 때 두 전통들은 단순히 진리의 한 버전을 아는 것보다 큰 목적the Goal을 성취하는 데 더 많은 중요성을 부여한다는 것은 너무나 명백하다는 사실이다. 확실히 그것을 넘어서면 사람들이 어느 하나의 전통의 추종자가 될 수 없는 경계선이 존재한다. 예를 들면, 만일 우리가 계속해서 다른 유정적 존재들에게 해악을 끼친다면 그 궁극적인 목적을 향한 길은 닫히고 말 것이다. 그러나 예컨대 이 경계선 안에서 두 수행자가 계sīla의 규범과 같은 동일한 폭넓은 지침들을 따른다면, 그 가르침의 몇 가지 미세한 점들에 대해 그들 사이에 차이가 있다고 해도 그것들을 따르는 것이 그 큰 목적에 이르도록 하는 한 미세한 점들 가운데 어떤 것을 선호하는가는 중요하지 않다. 여기서 이 가르침의 서로 다른 일련의 미세한 점들은 그것을 통해 큰 목적에 들어갈 수 있는 다양한 문들에 불과하다. 예를 들어보자.

불교 철학 학파들 사이에서 가장 잘 알려진 논쟁 가운데 하나는 아비달마Abhidharma의 추종자들과 나가르주나Nāgārjuna의 추종자들 간에 있었던 토론이다. 거칠게 말하면 이 토론은 실재의 본성에 관한 것이다. 붓다 사후 몇 세기 뒤에 일어나 테라바다로 통합된 일련의 가르침들인 아비달마의 추종자들은 실재의 기본적인 구성 요소들은 고대 그리스 철학의 쪼갤 수 없는 원자들과 유사한 어떤 것이라고 주장한다. 다시 말해 지각 가능한 사물들은 수많은 원자들로 구성되어 있으며, 원자들 자체는 파괴될 수 없고 쪼개질 수 없는 것이다. 그의 견해가 대부분의 대승학파에서 정설로 받아들여졌던 대승의 철학자 나가르주나의 추종자들은 어떠한 원자도 존재하지 않는다고 믿는다. 이와 반대로 사물들은 계속하여 끝도 없이 분석될 수 있다. 이 논쟁의 내용은 길게 정리할 수도 있겠지만, 여기서 우리의 요점은 두 학파의 추종자들은 모두 똑같이 불자들이라는 것이다. 어느 한 학파가 다른 학파보다 진정한 진리에 더 가깝다는 것은 사실이 아니다. 두 학파는 붓다의 기본적인 가르침, 특히 세 가지 특징의 가르침을 따르며, 나아가 그와 같은 각 학파의 추종자들은 원리상 해방되어 열반에 도달할 수 있다. 그러나 대신 어느 학파의 추종자가 가르침의 내용에 집착하게 된다면, 예를 들어 그가 자신의 학파가 다른 학파나 비불교의 구성원들로부터 비판을 받을 때 화가 난다면, 그의 화냄과 학파에 대한 집착은 그가 큰 목적에 도달하는 것을 막을 것이다. 아비달마 혹은 나가르주나의 내용을 믿는 것, 말을 바꾸면 어느 한 전통이 말하는 것이 전적으로 진리라는 믿음을 갖는 것은 자동적으로 우리를 큰 목적에 이르도록 할 것이라는 것은 사실이 아니다. 그 내용은 우리가 그것을 이해하고 따를 때, 즉 그것을 바탕으로 우리가 실천하는 토대로 삼을 때만 유익할 뿐이다. 여기서 두 전통이 규정한 실천들은 유사하다. 우리는 계의 규범들을 따르고 명상도 해야 한다. 이 두 전통 사이의 차이점 아래 놓인 좀 더 미세한 점들은 서로 다른 개인들에게 적합한 세부사항에 불과하다. 어떤 개인은 아비달마의 가르침이 마음에 든다는 것을 발견할 수 있으며, 그들이 그것을 따르는 것은 자유이다. 다른 개인은 나가르주나와 대승 쪽으로 더 끌릴 수도 있을 것이다. 그러나 그 둘은 모두 그 큰 목적을 달성할 수 있다. 불교의 관점에서 보면 아비달마와 나가르주나의 가르침은 우리가 그것에 의해 열반에 도달하는 하나의 수단으로 간주할 수 있는 방편 혹은 능숙한 수단이다. 각 전통의 가르침의 정확한 내용은-사물들은 쪼개질 수 없는 원자로 분석되는가 혹은 끊임없이 분석될 수 있는가- 결국 실천의 맥락에서 보면, 우리가 큰 목적을 달성할 수 있는가 만큼 중요한 것은 아니다. 심지어 티베트 불교에서는 만일 우리가 개의 이빨이 붓다의 치아 사리라고 믿는다면, 그 결과 붓다와 그의 가르침에 대한 완전한 믿음을 가지고 그 자신을 완전히 바쳐 그 가르침들을 진심을 다해 실천한다면, 그 이빨이 개의 것인지 혹은 실제 붓다의 것인지는 중요하지 않다는 말이 있다. 이빨 자체가 어떤 특별한 힘을 갖고 있는 것은 아니지만 그 추종자가 자신이 붓다의 치아 사리(그를 붓다에게 더 가까운 것으로 느끼도록 만든다)라고 믿는 것으로부터 나오는 믿음과 영감은 더욱 중요하다.

그렇다면 이것은 불교가 진리에 충분히 관심을 기울이지 않는다는 것을 의미하는가? 만일 이것이 사실이라면 불교의 지혜는 무엇으로 이루어져 있는가? 여기서 불교학파들 사이의 논쟁들은 불교가 실재의 본성에 대해 어떤 확고한 견해를 가지고 있지 않다는 것을 함축하는 것은 아니다. 세 가지 특징들은 불교의 확고한 관점이지만, 그 세 가지 특징들을 어떻게 해석할 수 있는가는 다양한 견해들이 그 가르침이 바라는 목적이 되는지 여부에 따라 설정된 경계선 안에서 달라질 수 있다는 것이다. 원자의 영속성을 믿는 아비달마의 추종자는 원자를 믿음으로써 일상적인 사물들이 겉으로 보이는 것이 아니라는 것을 알고 따라서 그 사물들이 고통의 원인이라고 고집하는 것은 무의미한 일이기 때문에 여전히 물질세계에 대한 집착으로부터 해방될 수 있다. 여기서 원자들은 객관성을 위한 하나의 닻으로 기능하다. 그것들이 없다면 사물들이 객관적이라는 것을 확신할 어떠한 방법도 존재하지 않을 것이다. 나아가 이것은 아비달마의 추종자들이 나가르주나의 견해와 같은 것들에 반대하는 주요한 비판들 가운데 하나이다. 그러나 이러한 논쟁은 실체들의 명백한 외양을 영원한 것이자 본질상 객관적인 것으로 받아들이지 않는 보다 더 폭넓은 관점이 이미 확립해놓은 경계 안에서 일어난다. 한계 안에서 서로 다른 진리들은 동일한 큰 목적을 성취하기 위한 능숙한 수단이다.

이 점을 설명하고 있는 경전은 나가르주나가 쓴 『중론Fundamental Wisdom of the Middle Way』의 마지막 행인데, 이는 사실상 진정한 교의는 '모든 견해들을 포기하도록 하는 것'[7]이라고 말한다. 진정한 교의는 모든 견해들을 포기하는 것과 같다고 주장하는 것은 역설적이다. 왜냐하면 여기서 그 교의 또한 하나의 견해이며 그것 또한 포기해야 하는 것이기 때문이다. 나가르주나 명저의 이 마지막 문장은 수없이 많은 연구와 해석의 주제가 되었다. 그러나 여기 불교 철학에 대한 간략한 개요에서 볼 수 있는 것은, 진리란 단지 그것에 의해 마침내 우리가 일차적으로 불자가 되는 주요한 목적, 즉 고통을 제거하고 열반을 얻는 방편이나 능숙한 수단들에 불과하다는 것이다. 여기서 하나의 유명한 비유는 사다리의 비유이다. 우리가 사다리를 타고 올라가서 높은 평지에 도달했을 때 우리는 계속해서 사다리를 들고 나아가지 않는다. 대신 우리는 그 사다리를 뒤에 남겨둔다. 같은 방법으로, 우리가 그 가르침의 내용을 공부하고, 그것의 진리를 이해해서 보다 높은 경지에 도달하면(즉, 그 가르침 속에 펼쳐져 있는 특정한 수준의 성취를 달성하면) 우리는 그 진리를 계속 강조하고 반복하지 않는다. 대신 우리는 그 진리를 뒤에 남겨놓는데, 다시 말해 우리는 나가르주나가 위의 인용구에서 제시한 것처럼 그것을 포기한다. 더욱이 이처럼 진리를 뒤에 남겨놓는다는 관념은 대승의 전통에 속한 나가르주나에게 서만 찾아볼 수 있는 것이 아니라 이것은 또한 테라바다에서도 나타난다. 붓다는 자신의 가르침을 그가 가르치는 사람들의 능력과 선호 및 필요에 맞춘 것으로 잘 알려져 있다. 예컨대 그가 교단에 들어오기 전에 악사樂師였던 한 제자를 가르쳤을 때 붓다는 거문고의 비유를 사용했다. 거문고는 줄이 너무 느슨하지도 않고 너무 팽팽하지도 않을 때 가장 아름다운 소리를 낸다.⁸ 같은 맥락에서, 수행도 너무 느슨하거나 너무 팽팽해서는 안 될 것이다. 윌리스 스토에즈Willis Stoesz는 테라바다 경전인 『깟사파 사자후경Kassapa-Sihanada Sutta』에 나오는 핵심 단락 중 하나에서 자기가 가르치는 방법과 다른 사람이 가르치는 방법을 비교하고 있다. 붓다에 따르면, "행해지고 있는 [그] 비교는 그것들의 내용에 바탕을 둔 것이라기보다는 가르침을 주장하고 주는 방식에 초점이 맞추어져 있다고 주장한다. 붓다의 길magga에 대한 가르침이라고 하더라도, 그것들은 깨달음을 추구하는 사람을 함정에 빠뜨릴 수도 있는 방식으로 주어지거나 수용될 수 있다"⁹라고 주장한다. 이 관념이 가장 중요한 것은 가르침 자체의 내용이 아니라 그 속에서 가르침들이 전달되는 방식, 즉 배우는 사람이 진정으로 올바른 길로 들어가는 것은 돕는 방식이라는 것이다. 다른 말로 하면, 한계 내에서 진리 그 자체는 우리가 진정으로 그 큰 목적을 깨달을 수 있게 해주는 수행의 마음가짐과 수행 방법만큼 중요한 것은 아니다.

이러한 점은 이 책의 후반부에서 자세하게 논의할 예정인 불교 윤리와 강력한 관련이 있다.

불교와
현대 과학

지금까지 나는 불교 철학의 기본에 대해 아주 간략한 개요를 제공했다. 모든 사물들은 항상 변하고 있거나, 모든 사건은 원인을 갖는다는 것과 같은 그 요점의 대부분은 충분히 쉽게 이해된다. 이런 요점들은 불교의 교의가 현대 과학과 양립 가능하다는 것을 보여주는 것 같다.[10] 실제로 달라이 라마Dalai Lama와 같은 많은 불교 지도자들은 '마음과 삶의 만남the Mind and Life meetings'으로 알려진 일련의 모임들을 조직했는데, 여기서 이름 있는 과학자들과 불교 승려들이 대화에 참여했으며, 그 결과는 대체로 불교의 가르침들은 실제로 현대 과학과 양립 가능하다는 사실을 확고하게 만들어준다.[11] 뿐만 아니라 리처드 데이비슨Richard Davidson과 그 외 다른 사람들이 행한 명상이 뇌에 미치는 효과에 대한 최근의 연구들[12]도 우리가 이 가르침을 실천하는 것이 물질적 육체에 대해 얼마나 실체적이고 측정 가능한 영향을 미치는가를 확인하는 데 도움을 주고 있으며, 그것은 나아가 이 가르침 자체가 세상과 직접적인 관련성을 갖는다는 사실을 보여준다. 예를 들어, 데이비슨은 명상을 많이 하는 승려들의 뇌가 얼마나 긍정적인 방식으로 작동하는가뿐만 아니라 그들은 뇌의 구조에서 측정 가능한 변화를 갖는다는 것을 발견했다.[13] 이와 같은 발견들과 대화 시리즈는 서구에서 불교의 마음챙김 명상에 대한 관심이 급증하는 데 상당한 기여를 하고 있다.

그럼에도 불구하고, 불교 가르침의 핵심에는 현대 과학과 전혀 어울리지 않는 한 측면이 존재한다. 예를 들면, 불교 경전에는 여러 가지 무시무시한 형태를 띤 지옥의 존재들이나 항상 지독한 굶주림에 시달리지만 아무것도 먹을 수 없이 떠돌아다니는 배고픈 귀신 등에 대해 언급한 곳이 여러 군데 있다. 불교는 이러한 이야기들로 가득 차 있으며 이 종교의 전통적인 지혜는 그와 같은 것들이 이 가르침에 중요하다고 믿는다. 다시 말해, 이와 같은 배고픈 귀신들과 같은 존재가 없다면 이 가르침은 작동하지 않는다. 배고픈 귀신들은 천상의 신들, 인간 존재, 인간이 아닌 동물들, 지옥의 존재 등이 그렇듯이 윤회에 속한다. 그들은 윤회의 일부이기 때문에 그리고 만일 우리가 거기에서 해방되기 위해 부지런히 수행하지 않는다면, 여기 있는 우리 인간 존재들에게 무슨 일이 일어날 것인지와 우리에게 지금 어떤 일이 일어날 수 있는가를 보여주기 때문에 중요하다. 만일 윤회 속에서 이와 같이 떠돌아다니는 존재들이 없다면 불교의 전체 요점은 마치 사라져버리는 것처럼 보인다.

그러나 배고픈 귀신들과 같은 존재들은 오늘날 과학의 세계에서는 정당화하기 어렵다. 오웬 플래너건Owen Flanagan과 그 외의 다른 사람들처럼 불교에 관심을 가지게 된 철학자들은,[14] 현대의 과학적 세계관은 배고픈 귀신들이나 천상의 신들이 존재한다는 것을 결코 받아들일 수 없으며, 또한 그들은 이와 같은 존재들이 중요한 역할을 하지 못한다는 방식으로 불교를 선포하려고 노력한다는 점을 분명히 하고 있다. 이는 솜씨 있게 처리하기 어려운 비결이다. 왜냐하면 윤회 자체는 이런 존재들로 넘쳐나기 때문이다. 즉, 신들, 아수라asūras(일종의 열등한 신들), 인간들, 동물들, 배고픈 귀신들과 지옥의 존재들로 이루어진 윤회의 여섯 가지 영역 가운데 현대 과학은 오직 두 영역, 곧 인간 존재와 인간이 아닌 동물만 입증할 수 있다. 그러나 다른 네 가지가 없다면 윤회에 대한 믿음이 어떻게 유지될 수 있겠는가? 그리고 윤회가 없다면 그 다음에는 우리들이 그것으로부터 해방되기 위해 열심히 수행하는 것의 목표는 무엇이 될 것인가? 이 두 가지 입증 가능한 영역에서조차도 그 가르침에 의하면 우리가 죽으면 또 다른 영역에 다시 태어날 수 있다는 것이다. 인간이 아닌 동물은 인간으로 다시 태어날 수 있고 그 역도 가능하다. 그러나 그것에 대한 과학적인 증명은 어디에 있는가? 현대의 과학적 세계관을 불교의 가르침과 조화시키려면 그 가르침 자체에서 중요한 많은 교의들을 폐기하지 않으면 안 될 것으로 보인다.

그러나 플래너건에 따르면, 이것은 불교 자체의 목적이 손상되지 않는 방식으로 이루어질 수 있다. 내가 앞서 언급했던 깔끔한 비결이란 플래너건이 불교의 요점은 우리가 윤회로부터 글자 그대로 해방된다는 것이 아니라 바로 이 현생에서 고통의 속박으로부터 해방된다고 주장하는 것이다. 어떤 면에서 이는 불교의 진의와 어깨를 나란히 하고 있는 것으로 간주될 수 있다. 나는 앞에서 진리는 목적을 달성하기 위해 자리를 양보한다는 것을 지적했으며, 이러한 원리는 여기서도 적용될 수 있다. 전통에 따르면, 윤회는 고통의 제거라는 목적에 도달하기 위해 필요하다. 고통의 종식은 오직 더 이상 윤회 속에 다시 태어나지 않는 데 그 본질이 있다. 이것은 그 진리의 한 버전이다. 그러나 플래너건이 제안한 과학적 세계관에 따르면 윤회는 필요하지 않다. 실제로 윤회에 대한 믿음은 사실상 산타클로스에 대한 믿음과 동등한 하나의 동화적 믿음이다.

진리에 대한 그의 버전에 의하면 수행자는 자기가 죽은 다음 무슨 일이 일어날 것인가에 대한 걱정 없이 현생 속의 고통을 제거할 수 있다. 이런 의미에서 윤회 속에 다시 태어나지 않는 것은 고통의 제거에 대한 필수적인 부분이 아니다(혹은 전혀 한 부분이 아니다). 여기서 플래너건의 버전은 불교의 기본 교의와 양립 가능한가? 내가 말했듯이 진리는 목적을 달성하기 위해 자리를 양보한다. 그러므로 어떤 사람이 윤회를 믿지 않고도 고통을 제거하는 것이 가능하다면(그리고 실제로 그렇다면), 그는 윤회를 하나의 동화라고 믿으면서 그것 없이도 살 수 있으며, 수행을 계속하여 마침내 그는 그 큰 목적을 달성한다.

그렇지만 우리는 다음과 같은 의구심을 가질 수도 있다. 윤회는 실제로 존재하는가? 천상과 지옥은 실제로 존재하는가? 내가 할 수 있는 대답은 그와 같은 질문들은 불교의 정신과 어울리지 않는다는 것이다. 불교의 요점-윤회를 믿는가의 여부-은 윤회나 신 혹은 아수라가 존재하는가를 묻는 것이 아니라 우리가 고통으로부터 벗어나기 위해 지금 당장 무엇을 할 수 있는가이다. 물론 진리는 중요하지만 그것은 오직 조력자, 즉 그것에 의해 우리가 고통의 완전한 제거라는 목적에 도달하는 하나의 수단이라는 맥락에서만 기능하다. 요점은 만일 진리의 다른 버전들이 있고, 또한 이런 다른 버전의 진리들이 각각 수행자로 하여금 그것은 큰 목적을 얻기 달성하기 위한 것이라고 믿게 할 수 있다면, 여기서 이 진리의 버전들은 모두 받아들여질 수 있다는 것이다.

나는 플래너건 자신이 나의 이런 주장에 동의하지 않을 것이라고 확신한다. 왜냐하면 그는 분명히 과학적 세계관을 전적으로 믿고 있는 반면에 나는 좀 더 불가지론적인 태도를 취하고 있기 때문이다. 이는 내가 과학을 믿지 않는다는 것을 의미하는 것이 아니라, 불교의 태도는 진리란 오직 그것에 의해 우리가 수행의 궁극적 목적이나 깨달음의 상태를 달성하는 수단에 불과하며, 따라서 그것은 목적 자체가 아니라는 것을 의미한다. 내가 여기서 강조하고 있는 요점은 또한 경전 속에 나오는 핵심적 구절 가운데 하나로부터 지지를 받고 있다. 나가르주나의 『중론』 마지막 행과는 별도로, 붓다의 본래 가르침에는 다음과 같은 유명한 구절이 있다. 어떤 남자가 독 묻은 화살에 맞았다.[15] 그렇다면 시급한 일은 화살을 뽑아내고 상처를 치료하는 일일 것이다. 그러나 만일 그 남자나 그를 둘러싸고 있는 사람들이 화살은 누가 쏘았고, 화살은 무엇으로 만들었으며, 그는 어떤 상황에서 화살을 맞았고, 왜 그가 화살을 맞았으며, 독은 어디에서 만들어졌고 화살에 어떻게 묻혔는가 등과 같은 질문을 계속 한다면, 머지않아 그 남자는 그 상처로 인해 죽고 말 것이다. 같은 맥락에서 우리는 '우주는 영원한가 그렇지 않은가?' 혹은 '우주는 유한한가 그렇지 않은가?'와 같은 문제들에 너무 많은 관심을 기울여서는 안 될 것이다. 왜냐하면 이와 같은 질문들에서 나오는 염오와 고통을 제거하는 보다 시급한 과제가 있기 때문이다. 독 묻은 화살의 비유로 알려진 이 우화는 나가르주나의 말에 따르면, 우리는 '모든 견해들을 포기해야' 된다는 것을 보여주는데, 왜냐하면 모든 견해들은 우리로 하여금 정도에서 벗어나게 하여 자신이 직면하고 있는 시급한 문제들을 제거하는 데 집중하지 못하도록 하기 때문이다. 모든 견해들을 포기한다는 것은 우리가 어떤 견해도 갖지 못한다는 것을 의미하는 것은 아니다. 여기서 붓다와 나가르주나의 권고를 따르는 불자는 어떤 것도 믿지 않는 완전한 회의론자가 될 필요는 없지만, 그는 이와 같은 모든 철학적 사색과 이론들은 우리를 직접적으로 그 큰 목적으로 이끌지 못하며, 그 큰 목적을 달성하는 것이야말로 우리가 해야 할 보다 시급한 일이라고 믿는다.

따라서 나는 이와 같은 태도가 현대 과학의 정신과 어긋나는 것이라고 믿지는 않는다. 실제로 과학의 정신은 정확하게 이와 같은 회의주의적 태도, 즉 그 공동체의 조사에 공개되지 않은 어떤 것도 받아들이지 않는 태도에 그 본질이 있다. 그러나 그 차이는 아마도 불교와 과학은 서로 다른 목적을 가지고 있다는 사실에 놓여 있을 것이다. 나는 불교와 과학 간의 연관성을 논의하는 철학자들은 대체로 이 점을 놓치고 있다고 생각한다. 플래너건은 불교가 과학적 세계관 안에서 성장한 현대 청중들의 구미에 맞도록 하기 위해 더 노력하고 있고, 그가 불교를 '자연의 이치에 맞는' 것이라고 설명하는 것, 곧 과학적으로 입증할 수 없는 일들을 제외하는 것은 전혀 놀라운 일이 아니다. 그러나 그것은 마치 불교 자체가 과학의 한 분과인 것처럼 현대 과학이 제시하는 것은 무엇이든 불교가 동의한다고 말하는 것과는 다르다. 결국 말룬까야Mālunkaya가 우주는 영원한지 아닌지에 대해 붓다에게 묻는 질문은 지금도 여전히 우주론자들에 의해 논쟁 중이지만, 어떠한 의견 일치도 도출되지 않았다. (현재 이 문제는 '우주는 빅뱅 이전에도 존재하는가?'와 '아주 먼 미래에 우리의 우주에 무슨 일이 일어날까?'가 되었다) 인간의 지식을 향상시키기 위해 그 대답을 찾으려고 하는 과학자들과 우주론자들은 이 질문에 대한 가장 좋은 대답을 찾는 데 초점을 맞추고 있지만, 그것과 다른 어떤 것에 초점을 맞추고 있는 불자들은 과학자들이 자신들에게 제공하는 것은 무엇이든 받아들이되, 기회가 생겼을 때 이를 이용하여 큰 목적의 실현을 추구하려는 자신들을 도우려고 한다.

결론

우리는 지금까지 어떻게 불교사상의 통찰력을 가지고 우리 시대의 인공지능 상황을 좀 더 깊이 이해할 것인가에 대한 더 많은 논의를 하기 위한 배경으로 불교의 기본적인 가르침에 대해 이야기했다. 유감스럽게도 불교의 가르침은 광범위한 주제이며, 이 장에서 내가 다룬 것은, 특히 아직 폭넓은 배경을 갖고 있지 않을지도 모를 사람들을 위해 이 가르침의 지극히 핵심적인 것 일부만 제공했을 뿐이다. 그러나 우리가 이 주제를 계속 추구하는 데 관심을 갖고 있다면, 우리가 집어 들 수 있는 불교에 관해 영어로 쓴 책들과 논문은 수도 없이 많다. 어쨌든 이 장은 실재의 근본적인 본성과 진리에 대한 태도와 관련된 가르침에 초점을 맞추고 있는데, 계획은 불교 윤리를 다루는 또 다른 장을 만드는 것이다. 불교사상의 맥락에서 인공지능을 둘러싼 철학적 문제를 이해하고 이러한 이해가 인공지능의 출현으로부터 일어나는 현재의 난제를 어떻게 설명할 수 있을 것인가를 이해하려고 노력하는 가운데, 우리는 그 기본적인 가르침들은 세 가지 특징의 교의(삼법인)로 구성되어 있다는 것, 즉 모든 현상과 실체들은 이 세 가지 특징의 목록을 소유하고 있다는 가르침, 다시 말해 그것들은 본질이나 내적인 존재를 지니고 있지 않으며, 또한 그것들의 대부분은 항상 이미 변하고 있는 것은 아니라고 하더라도 변화할 수밖에 없다는 가르침을 살펴보았다. 더욱이 자아와 인격의 본성 또한 이 교의를 따르며, 인격은 그 자신의 내적인 존재나 본질을 가지고 있지 않다. 이는 인격체로서 로봇의 본성을 이해하려는 어떤 시도에 강력한 함의를 갖게 되는데, 그것은 다음 장의 주제가 될 것이다.

1   예를 들면, 다음을 보라. Mark Siderits, *Buddhism as Philosophy: An Introduction* (New York: Ashgate. 2007); Jan Westerhoff, *The Golden Age Indian Buddhist Philosophy* (Oxfrod University Press, 2018); William Edelglass and Jay L. Garfield (eds.), *Buddhist Philosophy: Essential Readings* (Oxford University Press, 2009); Jonardon Ganeri, *Philosophy in Classical India* (Routledge, 2001); Rupert Gethin, *The Foundations of Buddhism* (Oxford University Press, 1998); and Donald W. Mitchell, *Buddhism: Introducing the Buddhist Experience* (Oxford University Press, 2013).

2   Peter Skilling, *Buddhism and Buddhist Literature of South-East Asia: Selected Papers*, Claudio Cicuzza ed., Materials for the Study of the Tripiṭaka 5 (Bangkok: Fragile Palm Leaves Foundation, 2009); Donald Swearer, The *Buddhist World of Southeast Asia*, 2nd ed. (Albany: State University of New York Press, 2010); Rachel M. Scott, *Nirvana for Sale?: Buddhism, Wealth, and the Dhammakāya Temple in Contemporary Thailand* (Albany:State University of New York Press, 2009).

3   태국 불교에 대한 훌륭한 서지학적 리뷰는 다음과 같다. Justin McDaniel, "Thai Buddhism," *Oxford Bibliographies*. https://www.oxfordbibliographies.com/view/document/obo-9780195393521/obo-9780195393521-0110.xml(검색일: 2020.03.04.)

4   Bhikkhu Ñanamoli, *The Life of the Buddha: According to the Pali Canon* (Onalaska, WA: BPS Pariyatti Editions, 1992).

5   http://www.84000.org/tipitaka/read/?20/576/368. 태국어로부터의 번역은 저자 자신의 것이다.

6   나는 불교 철학에 있어서 개인의 정체성 문제를 이전 저서에서 광범위하게 다루었다. Soraj Hongladarom, *The Online Self* (Springer, 2016)를 보라.

7   Nāgārjuna, *The Fundamental Wisdom of the Middle Way*, Jay Garfield transl. (Oxford, 1995), Chapter XXVII, Verse 30.

8   "Sona Sutta: About Sona," Thanissaro Bhikkhu, transl., *Anguttara Nikaya* 6.55, https://www.accesstoinsight.org/tipitaka/an/an06/an06.055.than.html(검색일: 2019.12.6.)

9   Willis Stoesz, "The Buddha as Teacher," *Journal of the American Academy of Religion* 46.2(1978.06): 139-158, p. 143.

10 불교와 과학에 관한 훌륭한 논문집에 대해서는 다음의 자료를 보라. B. Alan Wallace (ed.), *Buddhism and Science: Breaking New Grounds* (New York: Columbia University Press, 2003). 더 나아가 프란치스코 바레라(Francisco Varela)도 마음과

의식 및 자아에 대한 불교 주제를 다루는 많은 저서와 논문을 썼다. 이에 대해서는 다음을 보라. Francisco Varela (ed.), *Sleeping, Dreaming and Dying: An Exploration of Consciousness with the Dalai Lama* (Boston: Wisdom Books, 1997), Francisco Varela and Jonathan Shear (eds.), *The View from Within: First-Person Approaches to the Study of Consciousness* (Imprint Academic, 1999).

11 달라이 라마의 '마음과 삶 컨퍼런스(Mind and Life conferences)' 시리즈에 대한 더 많은 정보에 대해서는 https://www.mindandlife.org/를 보라.

12 리처드 데이비슨은 명상의 신경과학적 연구로 잘 알려져 있다. 예컨대 다음의 자료를 보라. Richard J. Davison, *The Emotional Life of Your Brain: How Its Unique Patterns Affect the Way You Think, Feel, and Live-and How You Can Change Them* (New York: Avery, 2012); *The Mind's Own Physician* (Oakland, CA: New Harbinger, 2012); His Holiness the Dalai Lama, *Where Buddhism Meets Neuroscience: Conversations with the Dalai Lama on the Spiritual and Scientific Views of Our Minds* (Boulder, CO: Shambhala Publications, 2018).

13 Richard J. Davidson et al., "Alterations in Brain and Immune Function Produced by Mindfulness Meditation," *Psychosomatic Medicine* 65.4(2003): 564-570; Richard J. Davidson et al., "Buddha's Brain: Neuroplasticity and Meditation," *IEEE Signal Processing Magazine* 25.1(2008): 174-176.

14 Owen Flanagan, *The Bodhisattva's Brain: Buddhism Naturalized* (Cambridge, MA: MIT Press, 2011)을 보라.

15 the Cula-Mālunkyovada Sutta: The Shorter Instructions to Mālunkya, https://www.accesstoinsight.org/tipitaka/mn/mn.063.than.html을 보라.

제3장

로봇은 인격체가 될 수 있는가

제3장

로봇은 인격체가
될 수 있는가

할리우드 영화는 로봇을 사랑한다. 그들은 친근하지만 말을 하지 못하는 R2D2에서부터 그의 수다스러운 파트너 C3PO에 이르기까지, 위협적이면서 분명히 인간이 아닌 것처럼 보이는 HAL에서부터 'AI'(2001)에 나오는 인간 어린이 모습을 한 바로 그 로봇 데이비드David 및 '매트릭스The Matrix'(1999)에서 모든 것을 총괄하면서 소멸을 위협하는 인공지능에 이르기까지 다양하게 걸쳐 있다. 대체로 영화 속에 나오는 것은 시나리오 작가와 제작자들이 상상한 결과물인데, 이는 그 시대의 일반적인 추세, 즉 **시대정신**zeitgeist을 반영한다. 예술가들은 대개 자신들을 계속 둘러싸고 있는 것을 반영하며 그 이면에 있는 더 깊은 의미를 발견하려고 애쓴다. 화가와 시인들 및 시나리오 작가들의 상상력은 종종 상상력을 현실로 바꾸는 일에 관여하는 과학자들과 기술자들의 그것보다 앞선다. 19세기 후반에 달로 가려는 인간에 대한 쥘 베른Jules Verne의 묘사는 어쩌면 인간들이 여행하기를 열망할 수 있는 곳을 벗어나 또 다른 세계가 존재한다는 그 당시 사람들의 기술적 진보와 믿음을 반영했다. 이 이야기에서 인간들은 대포를 사용해 달로 '우주인'을 발사했다. 나의 직감으로 베른의 시대에는 실제로 인간 존재가 달로 여행하는 것이 가능하다고 거의 아무도 믿지 않았으며, 한 세기가 조금 더 지난 뒤에 인간들이 여러 번이나 실제로 달로 여행을 갔다가 돌아올 것이라고는 아무도 생각하지 못했을 것이다.

사실 우리를 위해 힘든 일을 하는 자동인형^{automata}에 관한 이야기들은 상당히 오랫동안 있었다. 중국 문학에서 유명한 소설인 『삼국지연의』는 스스로 움직여서 여행할 수 있고 무거운 쌀가마니를 운반할 수 있는 나무로 만든 기계 황소를 발명해서 적들을 혼비백산시킨 제갈량 장군에 대해 이야기하고 있다. 그것뿐만 아니라, 우리는 인간이 되고 싶어 하는 로봇에 대한 이야기들도 알고 있다. 피노키오와 영화 'AI'에 나오는 현대적 버전의 피노키오의 가슴 따뜻한 이야기는, 사랑하고 사랑받을 수 있는 진정한 인간 존재가 되기를 열망하는 한 캐릭터를 보여준다. 피노키오는 영혼, 즉 자기 안으로 들어와 마침내 그가 살아서 숨 쉬는 사람이 될 수 있는 어떤 것을 갖기를 원한다. 로봇 소년 데이비드도 똑같은 것을 원한다. 그는 진짜 피가 흐르는 인간 소년의 삶을 살면서, 엄마와 침대 속에서 꼭 껴안으며 엄마와 함께 있기를 원한다. 그리고 영화에서 진짜 사람들은 인간을 닮은 이런 로봇이 살과 피를 가진 인간에 대한 위협이라고 믿고, 그들을 파괴하기 위해 골라냈을 때 관객들은 로봇 편을 들지 않을 수 없었다. 그들은 너무나 살아 있는 것처럼 보여서 우리는 그들이 실제로는 생명이 없으며, 살과 피가 아니라 플라스틱과 실리콘 및 철강으로 만들어졌다는 것을 망각한다.

어쩌면 이런 이야기들 속에는 아주 의미 있는 어떤 것이 들어 있을지도 모르겠다. 그것들은 우리가 로봇과 공감할 수 있다는 것을 보여주고 있는 것처럼 보인다. 영화 'AI' 속의 이야기가 진짜이고, 이 휴머노이드들을 체포해서 파괴하려고 하는 의도를 가진 특정한 집단의 사람들이 존재한다고 가정해보자. 그러면 우리는 그들을 보호할 필요가 있다고 느낄 것이다. 왜냐하면 우리 자신의 **인류애**humanity가 우리에게 그렇게 하라고 가르치기 때문이다. 이 경우에 어떤 사람이 피와 살로 만들어졌는가 혹은 철강과 플라스틱(혹은 실제로 어떤 다른 유형의 물질)으로 만들어졌는가의 여부는 중요하지 않다. 중요한 것은 우리가 그들이 우리들 가운데 하나라고 느낀다는 것이다. 우리를 이와 같이 느끼도록 만드는 것은 영화의 마법일 수도 있지만, 만일 영화 속의 시나리오가 현실적으로 일어나고, 더 많은 휴머노이드들이 그들을 혐오하는 특정한 집단의 사람들의 분노를 자극한다고 파괴의 대상이 된다면, 우리는 그들에 대해 미안하다고 느끼지 않을 수 없다고 상상할 수 있다. 이 경우에 우리는 이런 로봇(영화 'AI' 속에 나오는 것들과 같은)은 **인격체**라고 믿게 된다. 그러나 사람들의 감정을 유발해서 그들이 휴머노이드들을 더욱 더 혐오하도록 선동하려고 애쓰는 영화 속의 사람들은 확실히 그 휴머노이드들을 인격체로 보지 않는다. 실제로 이것은 특정한 집단이 다른 집단을 증오의 대상으로 삼고 싶어 할 때 그들은 이 다른 집단의 구성원들을 인격체 혹은 심지어 인간 존재라고 보지 않고 있다는 점에서 흔히 있는 일이다. 확실히 휴머노이드들은 인간 존재가 아니다. 그러나 영화 속에서 그들은 우리가 인간과 결합시키는 모든 특성들을 보여주고 있다. 아마도 그렇게 하는 것은 우리의 인간 본성의 일부일 것이다. 더구나 우리는 인간과 같은 특징들을 개와 고양이들에게 부여하면서도, 그렇게 하는 것에 대해 전혀 거리낌이 없다.

이 장에서 나는 불교 철학에 따라 로봇이 인격체라는 개념을 논의하고 있다. 이 주제는 불교가 인격성에 도움이 되는 것에 대해 많이 이야기하고 있기 때문일 뿐만 아니라, 인격체가 되는 것이 무엇을 의미하는가에 대한 보다 명백한 이해가 인공지능 일반에 대한 어떤 분명한 결론을 정립하는 데 크게 기여하기 때문에 중요한 것이다. 어떤 의미에서 로봇이 인격체가 될 수 있는가라고 묻는 것은 우리처럼 보이는 휴머노이드 로봇뿐만 아니라 인공지능 일반에도 해당하는데, 왜냐하면 오늘날 인공지능은 실제로 인간과 같은 특징들을 점점 더 많이 보여주고 있기 때문이다. 이와 같은 기계들은 얼굴을 기억하고, 대화에 끼어들며, 뉴스 기사를 작성하고, TV 앵커가 되는 것[1]과 나아가 훨씬 더 많은 일을 할 수 있다. 이 장에서 내가 분명하게 해두려고 하는 것은 불교에 따르면, 로봇은 얼마든지 인격체가 될 수 있고, 또한 그들이 그렇게 되는 조건은 다른 종교, 특히 인간 존재는 창조주의 이미지로 창조되었다는 믿음 위에 입각해 있는 유일신 종교보다 더 느슨하다는 것이다. 로봇은 인격체가 될 수 있는데, 왜냐하면 인공지능 일반이 인간과 같은 특징을 보여주기 때문이다. 여기서 스필버그Spielberg가 옳았다. 우리는 영화 속에서 붙잡혀 피에 굶주린 청중들의 욕망을 충족시키기 위한 잔혹한 쇼의 대상이 될 수밖에 없는 휴머노이드들과 같은 마음이 된다. 우리는 우리 자신의 인류애가 그와 같이 느끼도록 만들고 있다고 믿으며, 나아가 그렇다고 믿음으로써 우리는 우리의 인류애 개념을 확장하여 이런 휴머노이드들까지 포용하기에 이르렀다. 유일신앙이 아닌 불교는 창조 이야기를 가지고 있지 않으며, 따라서 우리의 동정심을 얻기 위해 실체들은 신 자신의 이미지로 창조되어야만 한다는 것을 함축한 신화를 가질 필요가 없다.

물론 이 모든 것은 휴머노이드 로봇이 실제로 영화 'AI' 속의 그것들이나 C3PO와 같은 방식으로 영화 캐릭터가 될 수 있는가의 여부에 달려 있다. 여기서 과학자들과 철학자들의 의견은 크게 갈라진다. 레이 커즈와일Ray Kurzweil과 같은 사람들은 지금부터 불과 수십 년 안에 컴퓨터가 인간 존재가 하는 것과 정확하게 똑같은 방식으로 생각할 수 있게 될 때 컴퓨터는 일반 지능 수준을 성취할 것이라고 믿는다. 어떤 사람은 그것은 훨씬 더 긴 시간이나, 어쩌면 한 세기가 걸릴 것이라고 믿는다. 여전히 다른 사람들은 그 시기가 21세기를 살고 있는 우리들에게는 전혀 중요하지 않은 먼 미래에 놓여 있다고 생각한다. 예컨대 루치아노 플로리디Luciano Floridi는 로봇이 의식을 가지게 될 가능성에 사로잡혀서는 안 될 것이라고 말했다.[2] 가령 일어난다고 하더라도 그 시기는 먼 미래에 속한다. 플로리디가 볼 때 우리는 로봇과 인공지능이 지금 당장 야기하는 문제들, 즉 로봇과 인공지능이 체스를 두거나 혹은 뉴스 기사를 쓰고 주식시장의 움직임을 예측하는 것과 같은 매우 구체적인 영역에서만 기능하는 특수 지능의 수준에 더 많은 관심을 가져야 할 것이다. 그러나 쥘 베른의 예가 보여주듯이, 우리는 우리의 직계 후손들이 오늘날 불가능하다고 생각하고 있는 일을 해낼 가능성을 과소평가해서는 안 될 것이다. 라이트 형제the Wright brothers는 그들이 동력 비행기의 비전을 실현하려고 했을 때 주변 사람들로부터 비웃음을 샀지만 우리 모두는 그 후에 어떤 일이 일어났는가를 알고 있다.

그러므로 이러한 쟁점에 대한 나의 입장은 로봇이 완전한 의식을 갖게 될 가능성이나, 인공지능이 커즈와일이 특이점 singularity이라고 부르는 것[3]을 성취하거나 혹은 닉 보스트롬 Nick Bostrom이 초지능 superintelligence이라고 부르는 것[4]에 대해 회의적이어서는 안 된다는 것이다. 여기서 나의 주장이 먹히기 위해서는 로봇이 일반 지능을 달성하는 것이 가능하다는 사실만 필요할 뿐이다. 우리 스스로 특수 인공지능에 관심을 가져야 한다는 플로리디의 강조점은 널리 받아들여지고 있다. 일반 지능 로봇이 임박해 있지 않은 한, 사실 우리는 우리 집 문 앞에 어떤 일이 일어나고 있는가를 더 걱정해야 할 것이다. 그러나 로봇이 일반적인 지능을 가질 수 있게 된다는 이 잠재적 시나리오에 전혀 관심을 기울이지 않는 것은 우리가 그 시간이, 조만간 현실이 되었을 때 준비되어 있지 않다는 것을 의미할 수 있고, 만일 이것이 사실이라면 상황들은 우리가 실제로 필요한 준비를 했을 때보다 훨씬 더 나빠질 수 있을 것이다.

어쨌든 이 장의 주제는 다음과 같은 질문이다. 로봇은 인격체가 될 수 있는가? 지금까지 우리는, 만일 우리가 영화 속에 나오는 것과 같은 로봇에 대해 공감을 느낀다면 우리는 그들을 인격체로 다루고 있다는 것을 직관적으로 당연하다고 여기고 있는 것처럼 보인다. 그러나 어떤 사람이나 어떤 것이 하나의 **인격체**가 되는 조건은 무엇인가? 앞에서 언급했듯이, 이것은 책의 후반부에서 다룰 우리의 논의에 의미심장한 함의를 지니는 중요한 질문이다. 따라서 이제 우리는 이 주제를 다루려고 한다.

인격체가 되기 위한
조건들

대니얼 데닛Daniel Dennett은 '인격성의 조건들Conditions of Personhood'에서, 인격체가 되기 위해서는 여섯 가지 조건이 있는데 그 가운데 어떤 것은 다른 것들과 논리적으로 연결되어 있다고 쓰고 있다.[5] 이 조건들은 (1) 이성적일 것, (2) 의식이 있다고 생각할 수 있을 것, (3) 다른 사람들이 그것에 대한 의도적인 입장을 채택하도록 할 수 있을 것, (4) 다른 사람들에 의해 채택된 이 의도적인 입장에 대답할 수 있을 것, (5) 언어적인 소통을 할 수 있을 것, 그리고 마침내 (6) 의식을 갖게 될 것 등이다. 데닛에게 첫 세 가지 조건들은 서로 의존적이지만, 그것들은 네 번째 조건에 충분한 것은 아니나 필요한 것이다. 이성적이라는 것은 우리가 그 존재의 미래 행위를 예상할 수 있다는 것을 의미한다. 데닛에게 그것은 존재가 의식이 있으며 자기 자신에게 말하고 자기 자신을 성찰할 수 있다는 것을 의미하는 것은 아니다. 그것은 여섯 번째 조건일 것이다. 여기서 조건 (2)와 (6)도 서로 다르다. 어떤 존재는 마치 의식이 있는 것처럼 행위할 수 있지만 의식이 있는 것은 아니다. 실제로 우리가 C3PO처럼 우리와 말하는 로봇을 가지고 있다고 상상해보자. 그는 확실히 많은 말을 하며, 따라서 그는 마치 의식이 있는 것처럼 행동한다. 이 경우 데닛은 심지어 C3PO가 우리 모두가 알고 있는 한, 의식이 있을 수 없다고 하더라도, 그는 의식이 있다고 생각될 수 있다고 말할 것이다. 세 번째 조건은 흥미로운 것이다. 그것은 어떤 존재가 인격체로 간주되기 위해서는 여러 가지 특징들 가운데 다른 사람들이 그것을 마치 의도성을 가지고 있는 것처럼 대할 수 있게 만드는 특징을 보여주어야만 한다는 사실을 의미한다. 예를 들면, 어떤 로봇은 그것이 진짜 인간 존재인 것처럼 행동한다. 그것은 명령에 반응하고 질문들에 의미 있는 대답을 한다. 이 경우에 우리는 통상 데닛이 그것에 대한 '의도적인 입장'이라고 부르는 것을 채택할 것이다. 즉, 우리는 로봇을 마치 그것이 신념과 욕망을 가지고 있는 것처럼 대하고 있다. R2D2는 우리가 그는 방 밖으로 나가기를 원한다는 사실과 R2D2가 방 밖으로 나가기를 **원하는** 것은 그것에 대한 의도적인 입장을 채택하는 것이라고 말하기를 원한다는 사실을 확신하는 방식으로 행동한다. 네 번째 조건은 한 걸음 더 나아간다. 우리가 그것에 대한 의도적인 입장을 채택하도록 허용하는 것에 더하여, 조건 (4)는 그 존재가 우리에 대한 의도적인 입장에 대답할 것을 요구한다. R2D2는 우리가 그것은 우리가 자기와 함께 밖으로 나가기를 원하는 것과 같은 특정한 태도 또한 가지기를 원한다고 믿는 방식으로 행동한다. 그렇다면 네 번째 조건은 조건 (5)에 필요하지만 충분한 것은 아닌데, 그것은 다시 그 존재가 실제로 의식을 갖게 되는 상태인 마지막 조건에 필요하지만 충분한 것은 아니다.[6] 데닛에 따르면 '인격체'의 개념은 붙잡기 힘든 것이자 우리가 실제로 그것을 구성하는 것이 무엇인가에 대한 개념을 바꾸는 것에 의존하고 있다. 여기서 여섯 가지 조건들이 모두 충족된다고 하더라도, 데닛은 인격성의 개념에 부합하는 것이 자율적인 것은 아니라고 믿는다. 왜냐하면 어떤 실체가 자의식을 갖게 되는 것까지를 포함하여 모든 조건들을 획득했지만, 우리가 그것에 인격성을 부여하기를 주저하는 상황들이 언제나 있을 수 있기 때문이다.[7] 그렇다면 데닛이 염두에 두고 있는 것은 하나의 이상화된 인격성 개념이다. 인격체가 된다는 것은 하나의 성취, 즉 어떤 존재(지금까지는 오로지 인간 존재)가 열망하는 어떤 것이지만, 그 존재가 단지 그런 조건들을 충족시킴으로써 그것을 실현할 수 있는 충분조건은 어디에도 존재하지 않는다. 그렇다면 여기서 인격체의 개념은 선하다는 것과 같은 또 다른 규범적 개념과 유사한 것이다. 그러나 만일 데닛의 견해가 지지할 만한 것이라면, 우리는 그 안에서 로봇을 인격체로 개념화할 수 있는 방식을 갖게 된다. 어떠한 존재도 단지 특정한 조건이나 기준들을 충족시키는 것만으로는 완전한 인격체가 될 수 없기 때문에, 만일 로봇이 최소한 여기서 데닛이 제안한 조건들을 충족하면 **사실상** 인격체가 될 수 있다. 이는 실제로는 매우 어려운 요구가 될 것이다. 그러나 내가 앞에서 말했듯이, 우리는 로봇이 의식적이고 의도성을 가질 수 있을 가능성을 처음부터 차단해서는 안 된다. 그 경우에 만일 로봇이 실제로 완전한 의식을 갖게 된다면(즉, 범용 인공지능의 수준에 이르는 것) 우리는 장비를 덜 갖춘 채 행동하는 셈이 될 것이다.

우리는 로봇이 어떻게 인격체가 될 수 있는가에 대해 생각할 필요가 있는데, 왜냐하면 우리의 '인격체' 개념은 본질적으로 법률적인 개념이기 때문이다. 무엇이 인격체가 되는 데 도움이 되는지를 알고, 나아가 그 개념을 어떻게 설명할 것인지를 배울 필요가 있기 때문에 데닛의 여섯 가지 조건들은 현실적으로 존재한다. 그러나 이 개념이 본질적으로 법률적이라는 사실은 이와 관련하여 법률적 유용성이라는 이유가 있다는 것을 의미한다. 인격체가 된다는 것은 우리가 어떤 사회 속에서 함께 살 때 갖게 되는 하나의 유용한 개념이다. 인격체에 관해 가장 중요한 것은 그들이 권리와 재산에 대한 권리를 갖게 된다는 점이다. 만일 로봇이 인격체라면, 다시 말해 만일 로봇이 우리의 집단적 결정의 결과로서(아마도 의회에서 결의한 결과로서) 인격성의 지위를 부여받는다면, 그것은 확실한 법적인 지위를 갖게 된다. 그러나 이 장에서 우리는 로봇의 법적 지위나 로봇이 실제로 권리를 갖는가의 여부를 논의하는 데까지 나아가지는 않을 것이다. 여기서 내가 관심을 갖고 있는 것은 로봇이 정말 인격체가 될 수 있는지의 여부와 우리가 인격체의 개념을 어떻게 설명할 수 있는가와 같은 보다 형이상학적인 질문인데, 그것은 로봇이 인격체가 될 수 있는가의 여부에 관한 문제에 답변하기 위해 필수적인 것이다. 더 중요한 것은, 나는 불교가 이 문제에 대해 말할 매우 중요한 무언가를 가지고 있다는 점을 보여주고 싶다는 것이다. 불교의 인격성 개념은 기독교나 서구의 주류 자유주의 전통의 그것과는 확연히 다르다. 그러나 이를 상세히 다루기 전에 우리는 인격체를 인격체가 아닌 것과 어떻게 구별해서 말할 것인지와 나아가 인격체가 자신의 정체성을 어떻게 지속적으로 유지할 것인가에 대해 보다 분명히 해둘 필요가 있다.

인격적 정체성의 외적인 기준

데닛의 설명이 함축하고 있는 바는 만일 인격체를 인격체가 아닌 것과 구분하는 어떤 기준이 있다면, 그리고 한 시기의 인격체들과 (가정상) 다른 시기의 동일한 인격체들이 어떻게 실제로 동일한 인격체인가라고 주장할 기준이 있다면, 그와 같은 기준들은 외적인 것일 필요가 있다는 것이다. 나는 이러한 입장을 인격적 정체성과 관련하여 형식주의externalism라고 부른다. 우리가 보게 되듯이 인격적 정체성에 대한 두 가지 다른 설명으로 어떤 시기에서의 정체성과 계속 이어지는 정체성이 있다. 첫 번째 문제-어떤 인격체가 그것에 의해 인격체가 아닌 것과 구분되는 기준을 어떻게 발견할 것인가-는 어떤 시기의 정체성에 관한 것이고, 두 번째 문제-우리가 어떤 시기의 인격체가 또 다른 시기의 동일한 인격체라는 것을 어떻게 확증할 수 있는가-는 계속 이어지는 정체성에 관한 것이다. 두 가지 문제는 연관되어 있으며, 또한 그 두 가지는 우리가 로봇이 인격체가 될 수 있는가의 문제를 논의할 때 똑같이 중요하다. 첫 번째 문제에 대해서는 불교가 그다지 도움이 될 수 없다. 앞 장에서 소환하고 있는 공 사상은 모든 사물들은 그것들이 현재에 존재하는 바로 그것이자 결코 다른 어떤 것이 아니라는 것을 확신시켜줄 객관적인 지표를 가지고 있지 않다는 것과 같은 방식으로 내적인 존재를 가지고 있지 않다는 것이다. 우리는 앞 장에서 이러한 객관적인 지표와 본질은 존재하지 않는다는 것을 살펴보았다. 이는 가정상의 인격체에게는 그를 인격체가 아닌 것과 대조되는 하나의 인격체라고 규정할 어떠한 객관적 지표도 없다는 것을 함축한다. 그와 같은 지표는 필요조건과 충분조건 두 가지 모두로 구성되어 있을 것이다. 그러나 데닛이 지적하고 있듯이 그와 같은 조건들은 찾을 수 없다. 무엇이 인격성의 조건에 대한 완전한 목록이 될 것인가를 검토한 후에, 데닛은 그것들은 단지 필요조건에 불과하다는 결론에 이르지 않으면 안 되었는데, 이는 필요하고도 충분한 집합을 만들어야 할 더 이상의 조건들은 찾을 수 없다는 것을 의미한다. 결론은 인격체로 간주된다는 것은 우리 자신의 판단과 결정에 의존해야만 한다는 것이다. 그것은 무엇을 아름다움의 완벽한 전형으로 간주할 것인가를 판단하는 것과 같다. 우리는 아름다움의 객관적 기준이 존재한다고 믿는 경향이 있지만, 그것에 대한 필요충분조건들을 찾을 수 없다. 그래서 나는 인격체에 대한 어떤 지표는 가능한 외적인 것이어야만 한다고 주장하고 싶다. 다시 말해, 우리는 먼저 일정한 시간 동안 작동해야 할 조건들의 집합에 대해 서로 합의하지 않으면 안 된다. 아마도 여기서 그 집합은 지배적인 상황에 의존하여 존재하는 우리의 목적과 가치에 부합하는 것 같다. 이 경우에 로봇은 우리가 그것들에 인격체라는 존경의 라벨을 붙일 만한 어떤 특징들을 보여준다면 인격체가 될 수 있다. 예를 들어-내가 생각하기에-우리는 가까운 미래의 로봇이 친절하고 점잖으며 우리에게 도움을 준다면, 그것들은 인격체들로 간주되어야만 한다는 데 동의할 것이다. 이는 왜 데닛이 자기의 목록이 필요조건에 불과하다고 주장하는가에 대한 이유이다. 영화 'AI' 속의 휴머노이드들에 대해 생각해보자. 대조적으로 우리는 데닛이 말하는 인격성의 조건들을 모두 통과한다고 하더라도, 괴물들이나 너무 힘이 세고 우리를 죽이겠다고 협박하며, 이성에 귀를 기울이지 않는 사람들을 인격체가 아닌 존재로 간주하는 경향이 있다. 이런 괴물들은 인간들처럼 보일 수도 있을 것이다. 그들은 실제로 인간**일 수도** 있지만 괴물들이며(혹은 괴물이 되었거나), 따라서 그들의 신념과 행동 때문에 인격체가 아니다. 물론 그들은 글자 그대로 괴물로 변할 필요는 없다. 그들은 인간처럼 보일 수 있지만, 비유적으로 말해 그들을 괴물로 바꾸는 것은 자신들의 행동이다. 그러나 이런 의미만으로도 그들은 충분히 인격체가 아닌 것들로 변한다. 여기서 인격성 개념의 존재론적 차원과 규범적인 차원은 하나가 되는데, 이는 이 문제에 대한 우리들의 직관적 이해와 일치한다. (이것은 우리가 계속하여 불교 윤리 이론에 의해 로봇의 도덕적 차원을 논의함에 따라 뒤에

서 좀 더 구체적으로 살펴볼 어떤 것이다)

나의 요점은 동일한 것이 로봇에게도 참^{true}이라는 것이다. '본질이 없는 것^{anattā}'이라는 불교의 입장은 이런 논의에서 확실히 적절하다. 인간 존재들과 다른 실체들은 모두 그들 자신의 본질을 결여하고 있기 때문에, 그들을 인격체나 인격체가 아닌 것으로 구분하는 것은 또한 그들이 객관적이고 본질적으로 무엇인가라기보다 그들이 무엇을 하는가에 달려 있다. 언어 사용자들의 공동체가 판단하고자 하는 것은 그들이 무엇을 하는가-그들의 외적인 행동-이며, 그들은 이런 실체들-인간, 로봇 그리고 그 외의 것들-이 무엇을 인격체로 가치 있다고 하거나 혹은 그렇지 않다고 여기는가에 동의하게 될 텐데, '가치 있는^{worthy}'이란 말은 물론 하나의 평가이다. 그렇다면 이런 의미에서, 전부는 아니지만 영화 속의 일부 로봇과 인공지능은 인격체로서의 자격을 갖는다. 내가 영화에 대해 이야기하는 이유는 물론 그와 같은 범용 인공지능 로봇이 언제 무대 위에 등장할 것인지에 대해서는 논의가 계속 되고 있지만, 우리는 여전히 이런 로봇을 실생활에서 가지고 있지 않기 때문이다. 우리는 'AI' 속의 휴머노이드들이 인격체로서의 자격을 가지고 있다는 것을 살펴보았는데, 왜냐하면 우리는 그들과 공감하고 그들에 대한 감정을 느끼기 때문이다. 비록 R2D2는 데닛의 필요조건 가운데 하나인 말을 한다는 조건을 위반하고 있지만, 사랑스럽고 유쾌한 R2D2와 C3PO는 분명히 자격을 갖추고 있다. 이것은 R2D2가 너무나 사랑스러워서 배제될 수 없기 때문인 것처럼 보인다. 내가 생각하기에 영화 속에서 그는 자신이 독립적으로 사고하는 인물이라는 자격을 부여받기에 충분한 행동을 보여주었다. 반대로 '2001 스페이스 오디세이$^{A\ Space\ Odyssey}$'(2001)에 나오는 할^{HAL}은 인간처럼 보이지 않는다는 의미에서가 아니라, 비인간적인 행위를 보여준다는 의미에서 인격체가 아닌 것처럼 여겨진다. 그것이 정지당하게 될 것이라고 생각한 컴퓨터는 선제공격을 해서 인간 우주비행사들을 우주선 밖으로 내쫓아 그들을 죽게 만든다. 이 경우에 HAL은 인격체가 아니라고 말하는 것처럼 보인다. 그는 매우 영리하지만, 그를 하나의 인격체로 만들어줄 바로 그 특징을 결여하고 있는 것처럼 보인다. 그는 프로그래머가 자신에게 내린 지시에 따라 움직이는데, 그는 문자 그대로 이 지시에 따르고 있다. 이 경우에 그는 이성적인 컴퓨터, 즉 엄청난 양의 계산을 순식간에 수행할 수 있지만, 인간과 같은 감정은 어떠한 것도 전혀 가지고 있지 않은 거대한 기계의 전형이다. 우리는 그와 R2D2를 비교함으로써 이 점을 더 잘 알 수 있다. 비록 후자가 말은 할 수 없다고 하더라도, 그는 정말 사랑스럽기 때문에 우리는 주저하지 않고 R2D2가 하나의 인격체라고 믿는다. 물론 사랑스럽다는 것은 인격체가 되기 위한 충분조건은 아니다. 그렇지 않다면 곰인형teddy bear도 인격체가 될 것이다. 그러나 적어도 R2D2를 대부분의 우리들에게 인격체인 것처럼 보이게 만드는 것은 그것의 사랑스러움과 행동들이라는 특징의 조합이다. 여기서 통상적인 의미의 인격체가 된다는 것은 우리가 믿을 수 있는 어떤 사람, 말하자면 '우리 가운데 하나'인 어떤 사람을 의미한다. 다음 절에서 보다 자세하게 논의할 핵심은 '우리 가운데 하나'가 된다는 것은 우리가 인격체라고 고려하고 있는 로봇이나 인간 존재 내부에서는 발견할 수 없는 그 무엇이라는 점이다. R2D2의 행동은 우리들로 하여금 그를 하나의 인격체로 여기도록 만든다. 요점은 적어도 두 가지 요소들이 있다는 것이다. R2D2 자신의 행동과 이러한 행동 때문에 **우리가** 그를 인격체로 간주하는 것이 바로 그것이다. 그리고 이러한 조건들 가운데 두 번째 것-우리가 그를 인격체로 간주하는 것-은 R2D2 자신에게는 외적인 것이다. HAL의 경우에 있어서 그가 자신이 위협이 된다고 인식하는 인간 존재를 냉혈한처럼 죽이기로 결정할 만큼 인간적인 감정을 결여한 채 전적으로 냉정하며 계산하는 로봇이라는 사실은 그에게 인격체라는 자격을 부여하지 않을 것처럼 보인다. 나의 요점은 우리가 HAL을 인격체로 간주하는 것을 직관적으로 꺼린다는 사실은 그의 비인간적인 행위로부터 나온다는 것이다. R2D2와는 대조적으로 HAL은 '우리 가운데 하나'가 된다는 어떠한 감정도 발생시키지 않는다. 이에 반해 그는 우리로부터 멀다는 느낌, 어떤 의미에서는 결코 우리 가운데 하나가 아니라는 느낌을 불러일으킨다. 나는 인격체가 된다는 것은 친숙한 방식으로 우리 가운데 하나가 된다는 것에 달려 있다고 생각하지 않을 수 없다. 갓난아기는 말을 할 수 없다. 그들은 이성적이지 않다. 실제로 그들은 데닛의 인격성 조건들의 거의 전부가 결여되어 있다. 그러나 우리는 그들을 인격체, 즉 인간 존재 공동체의 완전한 구성원이라고 여기는 데 주저하지 않는다. 동일한 것이 중증 치매로 고통받는 나이 많은 부모들에게도 참이다. 우리는 마음속으로 영유아들과 치매에 걸린 노인들은 우리들 중의 하나라고 느끼고 있으며, 나아가 이와 같은 기본적인 감정들을 완전한 의식이 없는 사람들도 인격체가 될 수 있다는 사실을 깨닫게 하기 위한 주춧돌로 사용한다.

더욱이 나는 두 번째 문제, 즉 지속적인 인격적 정체성을 이전의 책에서 매우 포괄적으로 검토했다.[8] 여기서 다만 약간의 설명을 덧붙여, 거기에서 제시된 논의를 간략하게나마 반복하고 싶을 뿐이다. 그 책의 아이디어는 우리가 그것을 수단 삼아 지속적으로 이어지는 정체성을 확립할 수 있는 어떠한 내적 기준도 존재하지 않는다는 것이다. 나는 '내적 기준'이라는 말을 이른바 지속적으로 이어지는 바로 그 동일한 실체의 정체성을 밝히는 데 도움이 되는, 그 실체 자체에 속하는 특징들이라는 의미로 사용한다. 존 로크John Locke가 우리 자신의 기억이 그와 같은 기준이라고 주장한 것은 유명한 일이다. 우리는 과거에 존재한 인격체가 지금 여기 있는 인격체와 동일하다고 인식한다. 왜냐하면 우리는 전자를 바로 지금 회상하고 있는 그 인격체와 동일한 인격체라고 하는 기억을 가지고 있기 때문이다. 이런 종류의 설명이 갖는 문제점은 그것이 기억상의 착오나 잘못된 기억에는 해당하지 않는다는 것이다. 일반적으로 우리는 기억에서 착오가 있다고 가정해보자. 다시 말해, 우리가 과거의 삶으로부터 어떤 장면을 회상할 때 우리는 회상된 장면들이 실제로 일어난 것인지 혹은 지금 방금 만들어낸 어떤 것인지 정말로 알지 못하며, 그래서 우리는 그것을 실제로 일어난 것이라고 잘못 믿는 실수를 저지르는 경향이 있다고 가정해보자. 문제는 우리가 내적인 기준, 즉 우리가 생각하고 기억할 수 있는 것에 의존하는 한 우리는 출구 없는 고리 속에 갇혀 있다는 것이다. 사실 이 문제는 존 로크가 이 주제에 대해서 쓸 때 그 자신이 받았던 지적이다. 버틀러 주교Bishop Butler는 로크의 설명은 우리의 기억 에피소드들이 정직하다는 것을 증명하기 위해 우리는 우리 자신의 기억에 의존해야만 하지만, 그것은 정확하게 말해 질문 받고 있는 바로 그것이기 때문에 악명 높은 역행으로 애를 먹는다고 주장했다.[9] 내 책에서 나는 그 출구는 우리가 외적 기준에 의존하지 않으면 안 된다는 것이라고 제안했다.[10] 당신은 당신이 두 살 때의 당신 자신의 사진이라고 믿는 어떤 사진을 보고 있다고 가정해보자. 분명히 당신은 사진 속의 그 소년과 닮지 않았지만, 그런데 사진 속에는 어떤 것이 적혀 있을 수도 있을 것이다. 아마도 당신의 어머니는 사진을 받았을 때 몇 월 며 일에 찍힌 당신이라고 사진 위에 적어놓았을지도 모른다. 그래서 당신은 이것이 실제로 당신의 사진이라고 믿게 된다. 그렇다면 당신 어머니의 글씨가 외적인 기준이다. 그것은 당신의 기억 내부로부터 나온 것이 아니다. 요점은 그와 같은 외적 기준이 없다면 우리의 기억 에피소드들은 실제로 우리 자신의 것이라는 점을 확신하기가 어렵다는 것이다.

우리는 사진 위의 글씨가 실제로 사진 속의 그 사람이 수년 뒤에 그 사진을 보고 있는 사람과 동일한 사람이라는 것을 보여준다는 사실을 어떻게 알 수 있는가를 묻는 이와 같은 노선의 논증에 반대할 수도 있을 것이다. 여기서 우리는 어떠한 집합의 기준도 모든 사례 속에서 하나의 인격체를 지시하기에는 결코 충분하지 않다는 사실을 받아들여야만 한다. 이는 '인격'이 유동적인 개념일 뿐만 아니라 데닛이 지적하고 있듯이, 인격성의 조건에 대한 완전한 목록은 어떤 것이 그것들 가운데 하나 혹은 여러 개를 충족시킨다고 하더라도 여전히 그와 같은 것이 하나의 인격체가 아니라는 주장이 존재한다는 점에서 부족하다는 사실이 발견되기 때문에도 그렇다. 비록 어떤 실체가 자의식이 있고 말을 할 수 있다고 하더라도, 이것은 자동적으로 그 실체가 하나의 인격체라는 것을 의미하지는 않는다. 우리는 당연히 HAL을 자의식이 있는 것으로 생각할 수 있을 것이다. 분명히 그는 말을 할 수 있지만, 우리가 보았듯이 우리들의 대부분은 그를 인격체라고 받아들이기를 주저할 것이다. 이 사례에서 나는 어머니가 이것은 두 살 때의 내 사진이라고 적었다는 것을 인정하는 사진 위에 글씨가 있지만, 이것은 반드시 그 사진이 **정말** 내 사진이라는 것을 증명하는 것은 아니다. 그 사진은 내가 두 살이었을 때 나와 똑같이 닮아 보였던 다른 아기를 찍은 것이었는데, 나의 어머니도 눈치 채지 못한 가운데 아마도 사진을 현상한 사람이 그것은 내 사진이라는 맥락에서 어머니에게 전해준 경우일 수도 있을 것이다. 이런 종류의 시나리오는 가능성이 적은 것은 분명하지만, 불가능한 일은 아니다. 그리고 그것은 인격체를 시간이 지나도 동일한 것으로 여길 어떠한 기준도 결코 정확하거나 충분하지 않다는 사실을 보여준다. 더 나아가 우리는 나의 어머니가 이 사진이 실제로 나의 사진인지의 여부를 어느 정도 의심하게 되는 가능성이 적은 시나리오를 상상할 수도 있다. 그런 다음 그는 사진을 현상한 사람에게 가서 그 사진이 어떻게 그리고 어떤 환경에서 인화되었는가 등을 묻는다.

    나는 HAL이나 C3PO 등처럼 영화나 SF에 나오는 로봇에 대해 언급했지만, 지금까지 나의 논증을 따라온 사람은 바로 지금 현실 세계에서 존재하는 로봇이나 알고리즘에 대해서는 어떻게 생각하는가라고 말하면서 또 다른 반대를 제기할 것이다. 그들은 인격체들인가? 그 둘 사이에는 어떤 연관성이 있는가? 영화 'AI' 속에서 열 살짜리 어린아이와 똑같이 말하고 행동하는 데이비드와 같은 어린이 로봇이 오늘날의 세계에 존재한다고 상상해보자. 데이비드와 같은 로봇이 전혀 존재하지 않는다는 사실은 우리가 그 영화를 볼 때 느끼는 어떠한 감정을 갖는 것을 방해하지 못할 것이다. 우리는 확실히 데이비드와 같은 로봇이 존재한다는 것을 상상할 수 있고 나아가 우리는 자연스럽게 그와 많은 공감을 느끼게 된다. 그러나 현실의 로봇은 고통을 느낄 수 있는 것으로 설계되며 개발되고 있다. 하노버Hannover의 라이프니츠대학Leibniz University 연구팀은 고통에 대한 인간의 반응을 흉내 내는 행동과 반응을 보여줄 수 있는 인공신경 시스템을 가진 로봇을 개발했다.[11] 예를 들어, 로봇의 팔은 뜨거운 물이 담긴 컵에 닿을 때 멈칫한다. 이런 종류의 로봇에 대한 반대는 고통이 있는 것처럼 행동하는 것에 반해, 실제로 고통을 느끼는가이다. 그러나 이것은 오랫동안 지속된 철학적 논쟁이다. 우리는 우리가 고통을 느낄 어떤 상황에 다른 사람들이 있을 때 그들이 실제로 고통을 느끼는지를 분명하게 모른다. 그러나 만일 우리가 뜨거운 물이 담긴 컵을 들고 있다면 아마도 우리는 독일팀이 개발한 로봇과 똑같은 행동 반응을 보일 것이다. 나아가 우리가 그 로봇이 정말 고통을 느끼고 있는지를 믿지 못하는 것처럼 보이는 이유는 그것이 겉으로 보기에 우리와 충분히 닮지 않았기 때문이다. 어쨌든 우리는 그 로봇이 우리 주변에 좀 더 오래 있었고 장시간 동안 행동이나 행위를 경험했다면, 직관적으로 그 로봇이 고통을 느끼고 있다고 믿는 경향이 있을 것이라고 상상할 수도 있다. 이것은 우리 안에 의인화하는 자연스러운 경향이 있기 때문이다. 이는 왜 우리가 R2D2와 C3PO를 그처럼 사랑하지만 HAL에 대해서는 위협을 느끼는가를 말해준다. 그러나 여기서 독일팀이 개발한 로봇은 인격체인가? 아직은 아니다. 그러나 그것은 다만 우리가 로봇에 매우 익숙하지 않으며 현재의 로봇은 단지 개발 초기 단계에 불과하기 때문이다. 요점은 원리상 그것이 궁극적으로 인격체가 되는 것을 막는 것은 아무것도 없다는 사실이다. 그리고 이제 나는 조금 전에 논의했던 그 중요한 점, 다시 말해 우리가 로봇을 인격체라고 간주하기 위한 하나의 기준으로 우리 가운데 하나라고 느끼는 것에 대해 자세하게 설명할 것이다. 내 주장은 만일 우리가 로봇이 우리 가운데 하나이고, 다른 말로 그것이 생각하고 느끼는 존재들의 공동체(칸트Kant가 '목적의 왕국'이라고 부르는 것)에 속한다고 느낀다면, 로봇이 인격체로 간주되어서는 안 되는 이유는 어디에도 없다는 것이다. 그것은 이 조건(우리 가운데 하나)은 형이상학적인 의미와 도덕적 의미 모두에서 인격성의 충분조건이 되기에 충분할 만큼 강력한 것이 되어야 한다는 것을 의미한다. 데닛에 따르면 인격의 형이상학적 의미는 이해 등등을 할 수 있는 이성적인 사람과 관계가 있으며, 따라서 (인격의) 도덕적인 의미는 그 인격체가 자신의 행위에 대해 책임을 질 수 있다는 데 있다.12

지금까지 제시된 반대들은 실제로는 사소한 것이었다. 내가 제안하는 형식주의적 기준은 훨씬 더 심각한 반대와 직면하게 되는데, 이때 그것은 형식성이나 관계성에는 전혀 의존하지 않는 완전히 다른 인격체 개념이 된다. 『인격체란 무엇인가?What Is A Person?』에서 크리스티안 스미스Christian Smith는 아리스토텔레스와 칸트에게서 발견되는 전통적인 개념으로 거슬러 올라가는 인격성 개념을 옹호한다. 스미스에 따르면, 인간의 인격성은 말하자면 창조와 수용에 의미를 부여하는 인간의 독특한 능력에 의해 가능하게 된 보다 높은 존재의 수준 위에 존재한다. 스미스는 다음과 같이 말하고 있다.

> 나는 이 세상에 존재하고 있는 인간 존재는 특별한 구성물을 구체화하고 있다고 주장한다. 그들은 자연 속에 보다 광범위하게 뿌리박은 인간 본성을 지니고 있다. 주변의 환경과 상호작용하는 인간의 몸은 창발emergence을 통해 강력한 신체 및 정신 능력의 집합을 발

생시킨다. 이와 같은 능력들은 현실의 인과적 행위자로서의 인간들이 의도적으로 이 세상의 결과에 영향을 미치는 것을 가능하게 해준다. 그와 같은 인과적 능력들은 복잡한 방식으로 상호작용하여 창발을 통해 다시 인간 인격성의 '보다 높은' 수준의 실재를 발생시킨다. 인간 인격성에 고유한 속성, 능력 및 자질에 의해 성격 규정되는 인격적 존재는 그것을 뒷받침하는 보다 낮은 수준의 요소들을 초월하는 더 이상 단순화할 수 없는 존재의 수준에서 존속하고 있다. 간단하게 말해, 인간 인격체는 이 세상과 우주 속에 존재하는 현실적이고 새로운 실재들이며, 우리가 심지어-만일 우리가 이 용어에 그다지 알레르기 반응을 보이지 않는다면-그것이 나온 물질 세계로부터 발생한 영혼과 같은 구체화된 것으로 생각할 수도 있을 것이다.[13]

이런 견해에 사회적이거나 관계적인 것은 아무것도 없다. 어떤 개별적인 인간이 인격체가 되는 데 다른 인간 존재들은 전혀 필요하지 않다. 인간 인격체는 '더 이상 단순화할 수 없는 것으로 존속'하며, '그것을 뒷받침하는 보다 낮은 수준의 존재들을 초월'한다. 인간 존재는 자기 동료에게 그런 사람으로 인정받는 것을 통해서가 아니라, 그가 그 자신이기 때문에 소유하는 속성들을 통해서 인격의 지위를 부여받는다. 인간 인격체에 대한 이런 관점은 여전히 문학에서 지배적이다. '현실의 인과적 행위자'나 '세계 속의 새로운 실재들' 혹은 '구체화된 영혼'과 같은 특징들은 인간 인격체가 개별적이며, '우주 속에 존재'한 다른 모든 것보다 위에 있다는 것을 보여주는 것이다. 이와 같은 자질들은 스미스가 '인간 인격성에 고유한 속성, 능력 및 자질'에 관해 이야기할 때 소환되고 있다. 어쩌면 그와 같은 속성과 능력들은 언어 사용 능력과 의식적인 사고와 같은 것, 즉 데닛이-우리가 앞에서 논의했던-인격성의 필요조건이지만 충분조건은 아닌 것이라고 논의하고 있는 자질들을 포함한다. 그러나 현실적으로 언어 사용과 의식적인 사고는 인간 공동체 밖에서는 가능하지 않다. 언어는 만일 처음부터 말할 다른 어떤 사람이 없는 인격체가 혼자 존재했다면 아무런 의미가 없을 것이다. 만일 처음부터 말할 어떤 사람이 없다면 언어 능력은 그것 자체가 하나의 공동체를 필요로 하는 의사소통을 요구하기 때문에, 자기 자신에게 이야기하는 것조차 불가능하다. 루드비히 비트겐슈타인Wittgenstein은 사적인 언어-예컨대 그들 자신의 사적인 감각을 언급하고 있기 때문에 오직 한 사람만이 알 수 있는 종류의 언어-라는 관념은 어떤 언어의 사용을 위해서는 일관된 규칙이 필요하고, 이러한 규칙들은 임의적인 것이 될 수 없기 때문에 앞뒤가 맞지 않는 말이라고 주장한다. 이는 일관된 규칙은 사적인 언어를 발명한 사람에게만 의존하지 않는다는 것을 함축하는데, 왜냐하면 그 규칙의 공적인 본성은 이미 전제되어 있어야 하고, 이것은 어떤 언어를 사용하는 공동체 밖에서는 불가능하기 때문이다. 따라서 인간 인격성에 대한 스미스의 독특한 조건은 추측건대 그것이 인간 공동체 전체에 속하지만 한 사람씩 고려된 어떤 개별적인 인간 존재에게는 속하지 않는다는 의미에서만 독특하다. 다시 말해 하나의 유기체가 다른 모든 존재들보다 뛰어난 것이 될 수 있도록 하는 자질들은 처음부터 사회적이고 공적인 것이다. 그러나 이는 만일 로봇이 이런 자질들을 소유하고 있다는 것을 보여주고 그것들이 실제로 현장에 등장했을 때 처음에는 그들을 공동체로 인정하기를 꺼렸던 것을 극복할 수 있을 만큼 우리와 같게 된다는 것을 보여줄 수 있다면, 로봇이 궁극적으로 이 공동체-인격체의 공동체-의 구성원이 되는 것을 막지 못한다.

우리 가운데 하나가 되는 것을
충분조건으로 삼다

나의 주장은 우리 가운데 하나가 되는 것-인간 공동체(즉, 만일 로봇도 그 포함 속에 참여한다면 생각하고 느끼는 존재들의 공동체) 안으로 포함되는 것-은 인격성의 형이상학적 개념과 도덕적 개념 모두의 충분조건이라는 것이다. 이전의 연구자들도 유사한 관점을 제시해왔다. 예를 들면, 칼 맥도먼Karl Macdorman과 스티븐 카울리Stephen Cowley는 로봇에게 하나의 인격체라는 자격을 부여하는 것은 인간과 로봇 사이에 오랫동안 지속된 관계라고 주장했다.[14] 관계성을 하나의 요소로 전제하는 것으로 보아 맥도먼과 카울리는 확실히 형식주의 진영에 속한다. 어떤 사람도 다른 사람들과 관계를 맺지 않는다면 인격체가 될 수 없고, 또한 이것은 인간 존재에게만 참인 것은 아닌 것 같다. 롬 하레Rom Harré는 인격체를 "그 주위로 인간적 삶의 양식이 회전하는 구체화된, 공적으로 구별 가능하고 개체화할 수 있으며 분석 불가능한 존재"[15]라고 정의한다. 이 관념은 인격체란 '인간적 삶의 양식'을 구성하는 하나의 관계망 속에 깊숙이 들어가 있다는 것인데, 이는 로봇들이 상호 맺는 모든 관계들 속으로 들어가는 것이 허용되는 인간 존재와 충분히 비슷해질 때 그들을 포함할 수 있을 것이다. 더욱이 아멜리 로티Amelie Rorty에 따르면 만일 금성인이나 로봇이 인격체여야 한다면, 그들은 비록 인간과 동일한 물질로 만들어지지 않았다고 하더라도 인간과 '똑같은 유형'이어야 한다.¹⁶ 로티의 개념에서 중요한 점은 '똑같은 유형'이라는 구절이다. 어떤 것은 매우 많은 다양한 방식에서 다른 것과 유사할 수 있으며, 또한 그것은 그 유사함이 의미 있는 것이 되려면 관련되는 유사성을 발견하는 어떤 사람에게 의존해야만 하는데, 이는 우선 그것을 그가 비교하기 위해 갖는 목표나 목적을 만족시키는 것으로 받아들이고 있는 것이다. 우리는 금성인과 지구인들이 의사소통에 참여하는 능력과 서로에 대한 데닛의 의도적 입장, 즉 우리가 금성인을 인격체로 여기며, 아마도 그 역도 마찬가지인 것을 갖는 것뿐만 아니라 다른 사람들의 행동도 예측할 가능성과 같은 중요한 유사성들을 충분히 공유한다고 상상할 수 있다.

패트릭 허버드Patrick Hubbard는 어떤 유기체나 로봇과 같은 인공물이 인격체로 간주될 수 있는지의 여부를 측정하기 위해 고안된 일련의 기준을 제안한다. 무엇보다도 먼저 로봇은 복잡한 사고와 의사소통을 수행할 뿐만 아니라 주변의 환경과도 상호작용할 수 있어야 한다. 둘째, 그것은 삶의 계획과 목적을 갖는 '자아감a sense of self'을 소유해야만 하며, 마지막으로 그것은 상호 자기이익 속에서 다른 인격체와 더불어 행위하는 공동체의 구성원으로 살 수 있어야만 한다.¹⁷ 여기서 제안된 조건과 일치하는 것은 세 번째 조건이다. '상호 자기이익 속에서' 행위한다는 것은 그 인격체의 행동을 예측할 수 있다는 것을 의미하는데, 이는 만일 우리가 공동체의 구성원으로 받아들여지려면 매우 중요한 것이다. 그러나 처음의 두 조건은 세 번째 것의 필요조건이다. 인격 공동체의 구성원으로 받아들여지기 위해 인공물은 복잡한 사고와 의사소통 능력을 가져야만 한다. 이것은 매우 어렵지만 불가능한 것은 아니다. 우리는 생각하는 존재란 어떤 것이어야 하는가에 대해 깊숙이 박혀 있는 개념을 재조정하지 않으면 안 된다. 그가 실제로 내적인 삶을 가지고 있는지 혹은 그렇지 않은지에 대해 의심할 여지없이 알기 위해 다른 인격체의 마음을 자세히 살펴보는 것은 현실적으로 불가능한 일이다. 만일 이러한 것이 인간 존재에게 불가능하다면 왜 로봇이 내적이고 주관적인 표현을 가지기를 기대하는가? 우리 인간 존재들은 일반적으로 유아론唯我論을 믿지 않는다. 우리는 다른 인간들이 보여주는 행동들을 통해 우리가 갖는 것과 동일한 방식으로 마음을 가지고 있다고 믿는다. 다른 어떤 방식은 존재하지 않는다. 만일 로봇도 동일한 종류의 행동을 보여준다면, 우리는 왜 그것들에게 똑같이 할 수 없는가? 그것은 로봇이 인격체로 인정받기 위한 필요조건이 될 것이다. 두 번째 조건에서처럼 로봇은 자아감을 보여줄 필요가 있다. 기본적으로 '복잡한 사고와 의사소통'을 할 수 있는 로봇은 1인칭 대명사를 사용해 자신을 언급할 수 있으며, 다른 존재들이 2인칭 대명사를 사용해 자기에게 말을 걸 때 그 자신임을 인식할 수 있어야 한다. 앞 장에서 언급한 불교 철학에 따르면, 자아는 그 개인의 몸과 마음을 구성하는 다양한 요소들로 이루어진 하나의 구성물이라는 사실을 살펴보았다. 비록 그와 같은 보다 작은 요소들 — 다섯 가지 덩어리Khandas — 자체가 여전히 더 작은 요소들로 분석될 수 있는가의 여부에 대해서는 불교 철학자 자신들 사이에서도 의견이 분분하지만, 우리가 관심을 갖는 대상(자아)은 그것 자체로서는 존재하지 않고, 구성 요소들이 그 자리에 제대로 있을 때만 그것 자체로 인식된다는 것은 분명하다. 그러므로 로봇이 우리가 자아를 갖는 것으로 해석하는 행동을 보여주기 위해 로봇은 실제로 자아를 가질 필요가 없는데, 이는 궁극적으로 말하자면 로봇은 어떠한 자아도 없기 때문이다. 로봇이 인격체가 될 수 있다는 관념에 반대하는 익숙한 논증은 로봇이 영혼을 가질 수 없다는 것이다. 그것은 인간 존재가 독특하게 가지고 있는 정신 능력을 지니고 있지 않다. 그러나 아마도 철학자들과 과학자들은 처음부터 계속 하나의 그림자를 쫓아왔는지도 모른다. 내면적 표현이나 특질 또는 주관성, 내적 삶과 같은 것은 단지 하나의 움직이는 그림자에 불과할 수도 있다. 그 반대로 로봇은 내적 삶을 갖지 못하기 때문에 인격체가 될 수 없다는 것이지만, 우리가 다른 인간들이 내적 삶을 갖는다는 것을 **증명하는** 것은 매우 어렵다. 그러나 어떤 방식으로든 이를 계속 믿고 있는데, 그렇다면 우리는 만일 로봇이 똑같은 종류의 외적으로 관찰 가능한 행동을 보여줄 수 있다면 그들에게도 왜 똑같이 하지 못하는가?

『의식적인 마음 The Conscious Mind』에서 데이비드 차머스 David Chalmers는 의식은 우주의 모든 물리적 사실들과 구분할 수 있는 그 이상의 어떤 사실이어야만 한다고 주장한다.[18] 그는 오늘날 유명한 좀비 논쟁을 제안하고 있는데, 거기에서 우리는 마지막 세부 사항에 이르기까지 정확하게 현실 세계와 유사한 가상 세계이지만, 이 다른 세상은 의식적인 인간 존재가 사는 대신, 의식을 결여하고 있다는 것을 제외하고는 물리적으로 모든 세부 사항에서도 우리와 똑같은 좀비들이 살고 있다는 것을 상상해보라는 요구를 받는다. 차머스는 그처럼 평행하는 좀비 세계가 존재할 바로 그 가능성은 의식이 물리주의가 부정하는 물리적 사실들로 환원될 수 없는 것이 분명하다는 사실을 보여준다고 주장한다. 다시 말해서 만일 물리주의가 사실이라면 의식이 없는 좀비가 존재하는 평행 세계는 불가능한 것이 틀림없지만, 차머스에게는 그것이 가능하고, 그러므로 물리주의는 오류이다. 그러나 우리는 이런 의미에서 좀비 세계를 상상하는 것이 정말 가능할지 여부를 알아야만 한다. 불교에도 명문화되어 있는 관념은, 의식은 물질적 사실이며 따라서 만일 물리적인 것들이 이런저런 방식으로 배열된다면 그와 같은 배열은 우리가 의식이 있다고 인식하는 어떤 현상을 발생시킬 것이다. 이러한 관념이 참이라면, 각각의 미시물리학적 사실들이 우리의 것과 정확하게 동일한 평행 세계는 **의식적인** 인간 존재를 포함하지 않을 수 없을 것이다. 왜냐하면 여기서 의식은 인간 뇌의 구성물로부터 나오는 바로 그것이기 때문이다. 살아 있고 통상적으로 일하는 인간의 뇌는 항상 인간의 의식을 발생시킨다. 이것이 뇌가 하는 바로 그 일이다. 그렇지 않다면 이 두 세계가 모든 미시물리학적 세부 사항에서 똑같다는 전제는 지지받을 수 없을 것이다. 이러한 관념은 전혀 새로운 것이 아니라 사실은 적어도 2천 년 동안 우리 곁에 있었다. 그것은 그리스 전통과 인도 전통에도 존재한다.

그리스 전통에서 우리는 아리스토텔레스의 『영혼에 관하여On the Soul』를 보게 되는데, 여기서 그는 육체와 영혼 사이의 관계에 대한 질료 형상론적 관점을 유지한다.[19] 아리스토텔레스에 따르면, "밀랍과 그것의 모양이 하나인지 여부를 묻는 것이 필요하지 않은 것과 꼭 마찬가지로, 영혼과 육체가 하나인지 여부를 묻는 것은 불필요하며, 더군다나 일반적으로 개별 사물의 질료와 질료가 이루는 어떤 것이 하나인지 여부를 묻는 것은 불필요한 일이다. 왜냐하면 비록 어떤 것과 어떤 것이 되는 것one and being은 여러 가지 방식으로 말해지지만, 그것에 대해 그렇게 적절하게 말해지는 것은 현실태actuality이기 때문이다."(*De Anima* ii 1, 412b6-9) 이 관념에 따르면 밀랍(질료)과 그것의 모양(형상)이 하나인지 아닌지의 문제는 그것이 사소한 것으로 보이기 때문에 발생하지 않을 것이다. 한편 그것은 밀랍 모양(그것은 신의 모습이라고 가정해보자)이 실제로 존재하는 것이기 때문에 하나이다. 밀랍과 신의 모습은 서로 다른 장소에서 별개로 존재하지 않는다. 다른 한편 그것들은 별개이다. 왜냐하면 밀랍이 신의 모습으로 주조된 물질이고, 밀랍은 녹아서 다시 다른 모양으로 주조될 수 있으며, 나아가 또 다른 밀랍 조각은 앞의 것과 똑같은 모습을 갖도록 만들어질 수 있기 때문이다. 우리가 이것에 대해 분명하게 알고 있는 한, 아리스토텔레스는 우리에게 이러한 종류의 논쟁에 휩쓸리지 않도록 조언할 것처럼 보인다. 그렇다면 물론 인간 존재에게 질료는 육체이며 정신은 형상인데, 똑같은 방식으로 이 둘이 동일한지 혹은 다른지의 여부를 주장하는 것은 큰 의미가 없다. 불교 전통에서 빨리 경전(그것은 이어지는 모든 불교 전통들의 토대를 형성한다)도 이 점에 대해서는 매우 명확하다. 『일체경 Sabba Sutta』에서 붓다는 모든 사물들은, 일반적으로 말하면 물질과 정신으로 함께 이루어져 있다고 가르친다.

> 비구들이여! 나는 그대들에게 모든 것들(일체)을 보여줄 것이다. 내가 말하는 것에 귀를 기울여라. 비구들이여! 모든 것들이란 무엇인가? 그것들은 눈과 형색, 귀와 소리, 코와 냄새, 혀와 맛, 몸과 촉감, 마음과 의식의 대상이다. 나는 이런 것들을 모든 것들이라고 말한다. 비구들이여! 만일 어떤 사람이 다음과 같이 말하려고 한다면, "나는 [붓다가 말하는 것처럼] 이러한 모든 것들을 부정하며, 나아가 다른 것들이 이 모든 것들을 구성하고 있다고 말한다. 이런 말들은 신성한 대상에 속하며 신과 닮은 것들이다." 그러나 질문을 받는

다면, 이런 말을 제안한 사람들은 자신들의 입을 뗄 수 없을 것이고, 그들은 아무 말도 내뱉을 수 없을 것이다. 왜 그런가? 그것은 그들이 말하는 것은 사물들이 존재하는 방식이 아니기 때문이다.[20]

붓다의 요점은 그가 사물의 전체 기획 안에서 모든 것들은 오직 다음과 같은 것, 즉 '눈과 형색, 귀와 소리, 코와 냄새, 혀와 맛, 몸과 촉감, 마음과 의식의 대상'으로 구성되어 있으며, 그 외의 다른 어떤 것으로도 구성되어 있지 않다는 관점을 제시한다는 것이다. 다시 말해 모든 것들은 우리의 감각 인식(눈, 귀 등) 외에 다른 어떤 것이 결코 아니며, 이런 감각이 인식하는 것이 전부이다. 물론 이것은 눈이 감각 기관으로서 자연 세계의 일부라는 것을 의미하는 것이 아니라, 눈이 인식한 사물에 대한 지각과 인식은 실재, 즉 모든 것들의 전체성의 지울 수 없는 일부를 형성한다는 것을 의미한다. 우리는 모든 것들의 전체성은 오직 그것 자체로 존재하는 것들로만 구성되어 있으며, 그와 같은 것들이 인식되는가의 여부는 무관한 것이라는 개념에 더 익숙하다. 그러나 불자들에게 이는 잘못이다. 인식되지 않거나 전혀 인식 가능하지 않으며 그것 자체로 존재하는 것들은 우리에게 아무것도 아니다. 그것은 마치 그것들이 존재하지 않는 것과 같은 것이다. 붓다가 이 경을 가르칠 때 의미한 것은 모든 것들은 그것들에 대한 우리의 인식에 의존한다는 것이다. 모든 것들을 구성하는 것은 눈과 보이는 대상으로 이루어진 그 한 쌍이다. 눈만으로는 충분하지 않은데 왜냐하면 그 후 눈은 아무것도 하지 못할 것이기 때문이다. 이것은 눈을 쓸모없는 것으로 만들며, 따라서 이 경우에는 눈이 결코 존재하지 않는 것처럼 될 것이다. 그리고 똑같은 것이 다른 감각 양상에도 적용된다. 흥미로운 사례는 마음과 생각 혹은 의식의 대상이라는 한 쌍이다. 여기서 붓다는 어떤 사람이 어떤 것에 대해 생각하고 있을 때처럼 생각의 순간적인 에피소드들이라는 경험적 감각을 말하고 있다. 예를 들면, 이 경우에 그 사람은 어떤 대상에 대해 생각하고 있다. 그 생각은 만일 생각하고 있는 대상이 아무것도 없다면 계속될 수 없다. 그 둘은 생각하는 것과 이해하는 것 혹은 인식이 기능하기 위해서는 함께 존재해야만 한다. 더 흥미로운 것은 붓다가 이 둘, 즉 마음과 생각의 대상도 우주를 채우는 모든 것들을 구성한다고 주장한다는 점이다. 나는 만일 우리가, 예컨대 내가 어떤 것에 대해 생각할 때 나와 내가 생각하고 있는 그것이 둘 다 모든 전체성의 구성 요소들로 현존한다는 것을 깨닫는다면, 이를 더 잘 이해할 수 있을 것이라고 생각한다. 이것이 핵심이다. 우리는 생각과 세상 사이에 근본적인 구분이 존재한다는 데카르트의 세계관에 매우 익숙하지만, 그것은 불교의 세계관은 아니다. 여기서 붓다에 따르면, 불교의 세계관은 그것에 대해 생각하는 것과 생각하는 행위는 둘 다 동일한 영역, 즉 말하자면 그것 둘은 사물들의 우주에 함께 속한다는 것이다. 이런 의미에서 내가 생각하고 있는 것은 내가 이 순간 타이핑을 하고 있는 키보드와 동일한 존재론적 지위를 갖는다. 이것 둘은 붓다가 '모든 것들^{sabba}'이라고 부르는 우주에 속한다. 다른 말로 하면, 몸과 마음은 별개의 영역에 속하는 것이 아니라, 그것들은 서로 동일한 존재론적 수준에서 하나의 동일한 영역에 속한다.[21]

로봇의 인격성
: 불교적 관점

불교에 따르면 '로봇은 인격체가 될 수 있는가?'에 대한 대답은 다음과 같은 것에 달려 있다. 첫째, 만일 로봇이 생각하고 유정적이며 의식하는 종류라면, 불교에는 우리가 이 장에서 살펴보았던 이유들로 인해 그것이 인격체가 되지 못하도록 하는 것은 아무것도 없다. 따라서 범용 인공지능 로봇은 인격체가 되는 데 필요한 주체성(혹은 그것이 내적인 삶을 가지고 있다는 것을 보여주는 모든 행동), 감각 및 합리성 등의 제반 조건들을 소유하고 있기 때문에 하나의 인격체이다. 둘째, 만일 우리가 현재 가지고 있는 로봇, 즉 특수 인공지능으로 알려진 것들 아래에서 작동하고 있는 것에 대해 말하고 있다면, 그것은 더 많이 열려 있는 문제이다. 하지만 기본적으로 우리는 특수 인공지능 로봇을 인격체로 간주하지 않는데, 왜냐하면 그것들은 우리가 그것들을 인격체의 공동체 안으로 받아들일 만큼 우리와 충분히 닮지 않았기 때문이다. 이것은 **임시적**이고 임의적인 것처럼 보일 수도 있지만, 인격성의 개념에 대한 고려는 상당한 양의 모호함을 포함하는 것처럼 보이며, 그런 만큼 그것은 우리 자신의 직관적 인식과 판단에 달려 있고, 따라서 어떤 엄격하고 신속한 규칙은 존재하지 않는 것처럼 보인다. 톰 레건Tom Regan과 데이비드 궁켈David Gunkel과 같은 많은 철학자들은 우리는 동물과 로봇에게 각각 권리를 부여해야 한다고 주장해왔다. 레건에 따르면, 코끼리와 돌고래 같은 고등 포유동물은 '한 삶의 주체subject-of-a-life'인데, 이는 개략적으로 말해 그들은 내적인 삶을 가지고 자신들의 경험을 인식하며, 따라서 그들은 내적인 가치를 지니고 도덕 권리를 부여받았다는 것을 의미한다.[22] 데이비드 궁켈에 따르면, 로봇 역시 권리를 부여받는데 왜냐하면 이것은 우리가 받아야만 하는 것이기 때문이다.[23] 다시 말해 우리와 사회적 로봇의 상호작용은 그들을 **사회적** 존재로 대우하는 것이 자연스러운 일이 되게 하는데, 나아가 이것은 그들이 전형적으로 사회적 존재에 수반되는 권리와 인격성의 체계를 부여받아야만 한다는 결론에 이른다.[24] 간단하게 말해, 궁켈은 (최소한 사회적인 종류의) 로봇은 그들이 그래야만 하기 때문에 권리를 **가지며**, 또한 우리가 그들을 그렇게 다루고 있다는 것은 사실이기 때문에 그래야만 한다고 주장한다. 그리고 그들이 권리를 가질 때 그들이 인격성도 가져야 한다는 것은 논리적으로 단순한 사실이다. 이 경우에 레건이 고등동물을 삶의 주체로 여기는 것은 만일 로봇이 그것과 동일하다면 로봇에게 적용될 수 있다. 그러나 이것은 그것들에게 생각하고 유정적인 존재라는 자격을 부여해주는데, 이미 범용 인공지능 로봇과 같은 종류가 그것이다. 레건에게, 만일 로봇이 자신의 삶의 주체가 되는 자격을 부여할 내적인 종류의 표현을 결여하고 있다면, 그와 같은 로봇은 그렇게 하는 것들과 동일한 권리를 갖지 못할 것이다. 여기서 궁켈의 접근법은 보다 더 광범위하다. (사회적) 로봇이 내적이며 주체적인 삶을 영위하든 혹은 가지든 어떻든 간에, 우리가 그것을 하나의 사회적 존재로 대우한다면 그것은 권리를 가지며 따라서 인격체가 된다. 물론 여기서 더 어려운 문제는 아직 내적인 삶을 갖고 있지 않은 특수 인공지능 로봇이다.

그렇다면 불교에서는, 특수 인공지능 로봇은 인격체이고 따라서 도덕적 권리를 부여받는가? 불교 철학에는 권리나 인격성 자체에 대한 직접적인 논의는 전혀 존재하지 않는다. 무아론에서는 자아가 하나의 환상이거나 구성물이라고 규정하고 있는데, 따라서 불자들에게는 인격체 또한 하나의 환상이나 구성물이라고 결론 내려도 충분히 안전할 것이다. 왜냐하면 인격체의 개념은 자아의 개념 위에 토대를 두고 있기 때문이다. 그럴 수 있다고 하더라도 범용 인공지능 로봇의 경우에 이 문제는 여전히 '예'라는 대답을 들어야 할 것이다. 범용 인공지능 로봇은 불교에서 하나의 인격체로 고려되어야만 하는데, 왜냐하면 그것은 필요한 모든 자질인 감각, 합리성, 주체성 등을 소유하고 있기 때문이다. 비록 자아가 하나의 구성물이라는 것이 사실이라고 하더라도, 이것은 범용 인공지능 로봇이 자아-설사 구성된 것이기는 하지만-를 가질 것이 틀림없기 때문에 하나의 인격체로 간주되지 않는 일은 없을 것이다. 그것은 설령 우리가 우리 자신의 개인적 자아라고 간주하는 것이 하나의 구성물이라고 하더라도, 자아를 가지고 있는 우리 인간들 각자 및 모두와 동일하다. 그러나 특수 인공지능 로봇은 보다 어려운 경우이다. 궁켈은 분명한 어조로 적어도 특수 인공지능 로봇의 한 종류인 고령자를 위한 로봇 인형이나 로봇 친구들 및 어쩌면 성적 파트너 역할을 하는 로봇 인형이나 로봇 동료와 같은 사회적 종류의 로봇은 일련의 권리를 갖는 인격체로 간주되어야 할 것이라고 주장한다. 불교에서 인격체는 윤회 속을 헤매고 있는 존재들의 유형과 관계있는 것으로 간주되어야 할 것이다. 비록 스스로 존재하는 어떠한 영혼도 없지만, 불자들은 여전히 우리가 현생에서 행하는 모든 것은 내생에서 다른 삶이 되는 존재의 조건에 영향을 미친다고 믿는다. 어떤 사람이 자신의 삶에서 특정한 종류의 행위를 하고 죽는다면, (반드시 인간 존재는 아닌) 다른 존재는 비록 그 두 존재가 완전히 다른 인격체라고 하더라도 이미 죽은 그 사람의 업보를 가지고 태어날 것이다. 이는 대략 내가 할머니로부터 곱슬머리와 같은 어떤 특징을 물려받는 상황에 비교될 만한 것인데, 할머니와 내가 서로 다른 인격체라는 것은 명백하다. 할머니에게 속하는 어떤 특징, 곧 곱슬머리를 갖는 것은 유전적인 전달을 통해 나 자신이 우연히 갖게 된 어떤 특징들을 초래한다. 모든 불교 학파들은 어떤 사람이 자신의 현생에서 행한 모든 것은 앞으로 태어날 그리고 이전의 인격체가 발생시킨 영향을 받는 또 다른 인격체의 삶의 조건에 영향을 미칠 것이라고 믿는다. 이것은 미신적인 이야기처럼 들리지만, 과학적인 불교의 취지에서 보면, 우리는 이러한 가르침을 받아들일 필요가 없다. 우리는 다만 업의 영향이라는 이러한 주제는 하나의 가능성이며, 그것은 윤회 이야기의 밑바탕에 놓여 있는 하나의 가능성이라는 것을 인정할 필요가 있다. 업력의 사슬은 마치 그 인격체가 다른 유정적 존재의 몸과 마음의 복합체로 들어갈 무렵에 영향력을 간직한 어떤 인격체가 존재하는 것**처럼** 보이게 만든다. 요점은 업의 영향력과 윤회에 관한 대화에서 활동하는 것은 인격체라는 것인데, 이는 마치 다시 육신을 얻는 어떤 사람 등이 존재하는 것처럼 보이게 만들지만, 실제로 그와 같은 인격체는 존재하지 않으며 단지 업력의 사슬만 있을 뿐이다. 따라서 로봇을 인격체로 간주하려면 불교 철학은 해당 로봇이 태어났을 때 다른 존재로부터 영향을 받을 뿐만 아니라 죽었을 때 업의 결과를 내뿜을 수 있다는 사실을 수용해야만 한다.

물론 이것은 거의 난센스처럼 들린다. 신심이 깊은 불자에게조차도 윤회 속을 헤매는 로봇의 이야기는 붓다의 가르침에 대한 완전한 왜곡이나 조작처럼 들린다. 그러나 플래너건과 다른 사람들이 옹호하는 과학적 마인드의 불교 취지에서 보면, 이것에 잘못된 것은 아무것도 없다. 우리는 윤회를 죽은 사람의 영혼이 다시 태어나기를 기다리며 떠돌아다니는 일종의 다른 세상 영역으로 간주해서는 안 되지만, 윤회는 우리 인간 존재들(그리고 미래의 로봇과 같은 우리와 유사한 존재들)이 현생에서 행하는 행위의 성질을 반영한 것이다. 윤회 속에는 여섯 가지 수준의 삶이 존재한다. 이것들은 지옥의 존재, 굶주린 귀신pretas, 인간이 아닌 동물들, 인간 존재, 반신반인asūras 및 천신들devas이다. 지옥의 존재는 분노에 사로잡혀 있다. 굶주린 귀신은 끊임없는 배고픔을 가지고 산다. 동물들은 맑은 정신과 이해를 결여하고 있다. 반신반인은 천신들에 대한 시기심에 사로잡혀 있으며, 천신들은 언제나 지속적인 감각적 쾌락을 향유한다. 인간 존재는 그들이 현재의 마음 상태와 그가 마음의 상태의 결과로 수행하는 행위에 따라서 어떤 존재도 될 수 있다는 점에서 윤회 속에서 중심적인 위치를 차지한다. 불교의 주요 목적을 실현하기 위해 윤회가 물리적으로나 객관적으로 존재한다고 믿을 필요는 없다. 다만 그것이 우리가 지금 이 순간 행하고 있는 행위의 성질을 반영한 것이라는 사실을 믿지 않으면 안 된다. 그러므로 분노에 사로잡힌 사람은 어떤 의미에서는 바로 이 순간 지옥에 살고 있는 것이고, 그가 화내는 것을 멈추지만 탐욕심을 갖게 되면 대신 굶주린 귀신이 된다. 그러나 물리적으로 말하면 그는 인간 존재이다. 그가 모든 감각적 쾌락을 향유할 때 그는 매우 현실적인 의미에서 신과 마찬가지로 천상에 살고 있다는 말을 듣는다. 이러한 모든 것들은 어떤 사람의 일생 안에서 일어날 수 있다. 우리는 어떤 사람이 윤회 속에서 방황하기 시작하는 것을 보기 위해 그들이 죽을 때까지 기다릴 필요는 없다. 더욱이 그것은 인식 능력에서 제한된 우리와 같은 보통의 존재들에게는 불가능하다. 따라서 만일 로봇이 분노로 가득 차 있다면,

우리는 그 로봇이 지금 지옥의 주민처럼 행동하면서 그곳에 있다고 말할 수 있다. 불교에서 '분노'는 보다 더 광범위하다는 사실에 주목해보자. 그 것은 얼굴을 붉히며 큰 소리를 지르는 어떤 사람에 대한 통상적인 의미 라기보다는 원한이나 악의에서 '어떤 사람에게 해악을 의도한다'는 의미 이상을 가리킨다. 악의로부터 어떤 사람이나 동료 로봇에게 해악을 끼치 려는 계획을 하고 있는 로봇은 불교에서 분노한 것으로 간주되고, 나아 가 이러한 행동은 업력을 초래할 것이다. 요점은 윤회의 모든 수준에서 헤매고 있는 모든 것들은 인격체라는 것이다. 이는 어떤 인격체가 업력 을 받으며 동일한 것을 다른 존재들에게 내뿜기 때문에 그렇다. 지옥불 의 뜨거움의 고통을 느끼고, 굶주린 귀신으로 배고픔의 격통을 느끼며, 천상의 모든 감각적 쾌락을 향유하는 것은 바로 그 인격체이다. 윤회는 우리가 어떤 행위를 수행할 때 우리 자신의 마음의 성질들에 대한 하나 의 비유이다. 비록 그 인격체는 존재론적으로 말해 존재하지 않는다고 하더라도, 어떤 사람이 마치 그들의 에고$_{ego}$가 존재하는 것처럼 행동할 때(어떤 사람이 자신의 에고가 그것에 집착했기 때문에 더 많은 쾌락을 욕구할 때처 럼) 그들은 업력을 초래하며 윤회 속에 머물게 된다.

그러므로 우리가 어떤 것(혹은 어떤 사람)이 하나의 인격체라고 불릴 만 큼 우리와 충분히 같은지 여부를 고려할 때, 우리는 그 사물이 필요한 성질들을 보여주는지 여부만큼이나 그 사물의 외적인 모양에 대해서는 많이 신경 쓰지 않는다. 불교적 의미에서 보면 아무리 예쁘고 인간을 닮 은 휴머노이드라도 만일 그가 분별 있게 말하지 않거나 자기 주변의 사 물을 이해한다는 것을 모든 사람들에게 보여주지 못한다면 하나의 인격 체로 고려되지 못할 것이다. 반대로 전혀 인간을 닮지 않은 기계(냉장고처럼 보일 수도 있다)가 그것이 말을 할 수 있고 인간의 감정과 느낌의 신호를 보여준다면 당연히 인격체로 간주될 수 있다. 이러한 경우 불교적 관점에서 보면, 후자는 업의 조건을 다른 존재에게 미칠 수 있을 것이다. 죽은 몸에 영혼이 거주하는 초감각적 세계를 가정하지 않더라도 우리는 근처에 있는 또 다른 로봇을 상상할 수 있다. 냉장고 로봇이 여러 번 분노의 표출을 반복한 이후에 업력의 사슬은 그 외의 다른 로봇이 그 분노를 인식하고 그것의 의미를 이해할 때 그 영향을 받으며, 그것의 행동은 하나의 결과로 변모된다. 이 경우에 두 로봇은 인격체이다. 인격체와 권리의 주체로 여겨지는 귀여운 사회적 로봇에 대한 궁켈의 주장은, 만일 그 로봇이 생각하고 느끼며 이해하는 행동을 보여줄 수 있다면, 보다 더 강력한 것이 될 것이다. 그것은 여기서 논의되는 불교의 교의와 대부분 일치할 것이다.

결론

이 모든 것의 결론은 만일 로봇이 그들에게 인간의 공동체에 포함될 자격을 부여할 모든 외적인 행동들을 보여준다면 그것들은 인격체로 고려되어야 한다는 것이다. 결국 우리는 미래에 인격체로 고려될 모든 존재들 가운데 첫 번째이고, 나아가 누가 인격체들의 공동체에 속하는가를 결정하는 것은 바로 우리이다. 지금 내가 제안하고 있는 것은 단지 로봇은 전형적으로 어떤 사람(혹은 어떤 것)에게 그 공동체의 구성원이라는 자격을 부여할 충분한 숫자의 자질들을 보여준다면 그 공동체의 일원이 되어야 한다는 것이다. 실제로 우리 인간들은 상당히 오랫동안 인간이 아닌 것들이 공동체 속으로 들어오는 것을 허용했다. 회사는 **법인**인데, 이는 그것들이 권리와 그 외의 다른 특권들을 가질 자격이 있다는 것을 의미하고, 강들과 같은 무생물적인 대상들뿐만 아니라 침팬지나 코끼리와 같은 동물들도 받아들여져야 한다고 주장하는 철학자들이 있다.[25] 여기서 요점은, 불교에서는 로봇과 같은 인공물들 또한 만일 그것들이 합리적인 생각을 갖거나 대화를 수행할 수 있는 것 등과 같은 특정한 자격을 갖춘 행동들을 보여줄 수 있다면 인격체로 고려될 수 있다는 것이다. 적어도 불교 철학 안에는 이와 같은 결론과 모순되는 것은 아무것도 없다.

그렇다면 또 다른 문제가 일어난다. 통상적인 대화를 수행하며 내적인 삶을 지닌다는 징후를 보여줄 수 있는 미래의 로봇이 인격체가 되는 것은 당연히 좋은 일일 수도 있으나, 우리가 지금 이 순간 만나고 있는 약한 인공지능 로봇은 어떠한가? 예컨대 우리는 집 안을 돌아다니는 진공청소기 로봇 역시 인격체로 고려해야만 할 것인가? 그 대답은 우리가 통상 그것들이 그런 자격을 부여하기에 충분할 만큼 우리와 닮지는 않았다고 받아들이기 때문에 그렇지 않다는 것이다. 나아가 자율자동차는 어떤가? 나는 그 대답 역시 아니며, 어쨌든 아직은 아니라고 생각한다. 아마도 우리는 자동차가 우리가 선택한 목적지로 데려다주는 동안 우리에게 말을 하고, 구두로 하는 명령에 반응하며, 우리의 대화 상대자가 되는 미래의 어떤 상황(얼마나 오래 걸릴지는 아무도 모른다)을 상상할 수 있을 것이다. 그와 같은 사례에서 나는 우리(어쨌든 우리 대부분)가 우리의 자동차에게 인격성과 개별성을 허용하는 데 조금도 주저하지 않을 것이라고 생각한다. 어떤 경우에도 우리가 범용 인공지능 기계(생각하고 감각을 느끼는 로봇)를 가지려고 할 것인지의 여부나 혹은 언제 가지려고 할 것인지는 열려 있는 문제이기 때문에, 이러한 가능성에 대해 우리 스스로 문을 닫아서는 안 될 것이다. (그것들이 너무나 갑자기 준비되지 않은 우리를 덮친다면 어떻게 될 것인가?)

말하는 자율자동차나 고령자 돌봄 로봇을 인격체의 공동체 안으로 받아들이는 것은 올바른 불교적 태도인가? 나는 그렇다고 말할 것이다. 내가 말했듯이 만일 그것들이 필요한 자격 요건들을 소유하고 보여준다면 원칙적으로 불교에서 그와 같은 존재들을 인격체로 고려하는 것에 반대하는 것은 아무것도 없다. 불교에서 인간들은 어떠한 특별한 지위도 누리지 못한다. 자신의 이미지로 인간을 창조함으로써 인간에게 다른 동물들에 비해 어떤 특별한 지위를 허용하는 신은 결코 존재하지 않는다. 인간들은 영리하고 말을 하며 생각하는 종류의 동물이기는 하지만 단지 또 다른 종류의 동물에 불과하다. 그러나 그럼에도 불구하고 인간은 동물이다. 그들은 천신들과 배고픈 귀신들뿐만 아니라 다른 모든 동물들과 마찬가지로 윤회 속에서 방황한다. 확실하게 말할 수 있는 것, 즉 거의 모든 불교 철학 학파들에 의해 공유되는 것은 육신이 죽으면 떨어져 나와 그 안에 들어가 살 다른 육신을 찾는 영혼이라는 것은 결코 존재하지 않는다는 것이다. 붓다는 이 점에 대해 매우 단호하다. 그러나 그것은 살아 있는 육신이 좀비이며 의식을 결여하고 있다는 것을 의미하는 것은 아니다. 왜냐하면 감각을 느낀다는 것은 다만 우리가 만나는 동물들이 살아 있을 때 언제나 만나는 속성에 불과하며, 감각을 느낀다는 것은 의식의 필요조건이기 때문이다. 당신은 당신이 지금 느끼고 있는 것을 인식하기 위해 느낄 수 있어야 한다. 그러므로 만일 로봇이 우리가 내적 삶을 지내는 친구들을 관찰하는 것으로부터 추론하는 것과 똑같은 방식으로 그것들이 느낄 수 있고, 내적인 삶을 지닐 수 있다는 것을 만족스러울 정도로 보여줄 수 있다면, 이런 로봇은 인격체들이다. 이 모든 것들은 중대한 문제이다. 실제로 이 쟁점은 불교 철학에서 매우 중요하다. 우리는 다음 장에서 우리가 생각하고 감각을 느끼는 로봇이 불교에서 가장 높은 단계의 **인간적** 완성, 즉 깨달음을 얻게 되는 단계에 도달할 수 있는지의 여부를 논의할 때 이 모든 것들을 좀 더 구체적으로 다시 거론할 것이다.

1   Alex Linder, "Xinhua Shows Off World's First Female AI News Anchor," *Shanghaiist*, 2019.02.21., https://shanghai.ist/2019/02/21/xinhua-shows-off-worlds-first-female-ai-news-anchor/(검색일: 2020.01.02.)

2   Luciano Floridi, "What the Near Future of Artificial Intelligence Could Be," *Phiolosophy & Technology* 32.1(2019): 1-15.

3   Ray Kurzweil, *The Singularity Is Near: When Humans Transcend Biology* (New York: Viking, 2005).

4   Nick Bostrom, *Superintelligence: Paths, Dangers, Strategies* (Oxford: Oxford University Press, 2014).

5   Daniel Dennett, "Conditions of Personhood," in Michael F. Goodman (ed.), *What Is a Person?*, 145-167 (Totowa, NJ: Humana Press, 1988).

6   Daniel Dennett, "Conditions of Personhood," 178-179.

7   Daniel Dennett, "Conditions of Personhood," 193-194.

8   Soraj Hongladarom, *The Online Self: Externalism, Friendship and Games* (Springer, 2016).

9   Joseph Butler, "Of Personal Identity," in John Perry (ed.), *Personal Identity, 2nd ed.*, 99-106 (Berkeley: University of California Press, 2008)를 보라.

10 Soraj Hongladarom, *The Online Self*, 51-82.

11 Evan Ackermann, "Researchers Teaching Robots to Feel and React to Pain," *IEEE Spectrum*, 2016.05.26., https://spectrum.ieee.org/automaton/robotics/robotics-software/researchers-teaching-robots-to-feel-and-react-to-pain(검색일: 2019.02.24.)

12 Daniel Dennett, "Conditions of Personhood," 176.

13 Christian Smith, *What Is A Person?* (Chicago: University of Chicago Press, 2010), 15-16.

14 Karl F. Macdorman and Stephen J. Cowley, "Long-Term Relationships as a Benchmark for Robot Personhood," in *ROMAN 2006 – The 15th IEEE International Symposium on Robot and Human Interative Communication*, 378-383 (Hatfield, 2006).

15 Rom Harré, *The Singular Self (London: Sage, 1998), Raya Jones, Personhood and Social Robotics: A Psychological Condition* (London: Routledge, 2016), 8에서 인용하였다.

16 Amelie Oksenberg Rorty, "A Literary Postscript: Characters, Persons, Selves, Individuals," in A. O. Rorty (ed.), *The Identity of Persons*, 301-324 (Berkeley: University of California Press, 1976), 322.

17 F. Patrick Hubbard, "Do Androids Dream: Personhood and Intelligent Artifacts," *Temple Law Review* 83(2011): 405-474, p. 419.

18 David Chalmers, *The Conscious Mind: In Search of a Fundamental Theory* (Oxford: Oxford University Press, 1998).

19 Aristotle, *De Anima (On the Soul)*, Hugh Lawson-Tancred, trans. (Penguin Classics, 1987).

20 Samyutta Nikāya, Salāyatana Varga 18/24/19, Mr. Thalerg Laojinda(B.E. 2558 (2015))의 장례식에서 태국어로 출력된 추도사로 Prayut Prayutto, *Buddhadharma: Expanded Edition*(51)에서 인용하였다. 텍스트는 http://www.watnyanaves.net/uploads/File/books/pdf/buddhadharmma_extended_edition.pdf에서 이용 가능하다.

21 여기서 이런 관념은 불교에 독특한 것이 아니다. 실제로 몸과 마음이 하나의 동일한 실체에 속한다는 관념은 스피노자(Spinoza)의 철학에서도 발견된다. 스피노자에 따르면, 본질적으로 말해 '자연(Nature)' 혹은 '신(God)'으로 불릴 수 있는 것은 오직 단 하나(단일자)만 존재한다. 그렇다면 이 하나, 즉 하나의 **실체**(Substance)는 많은 **속성**(Attribute)들을 무한대로 포함하지만, 속성들 가운데 오직 두 가지, 곧 몸과 마음만 인간의 정신에 의해 인식될 수 있다. 여기서 불교 사상과의 유사점은 몸과 마음 – 생각하는 것과 그 생각 – 은 궁극적으로 그것들이 데카르트(Descartes)에서와는 달리 별개의 범주에 속하지 않는다는 의미에서 하나의 동일한 것이라는 사실이다. 불교 철학에서 몸과 마음은 둘 다 오직 그것과 다른 실체들과의 관계 때문에 실체가 되는 실체들이다. 그러므로 그 둘은 내적 속성들이 공한 것으로 간주될 수 있다. 스피노자에게 몸과 마음은 실체의 본질에 속하는 것으로 인식되는데, 그것은 대체로 그 둘은 사물 자체의 바로 그 기본적인 실재를 표현하고 있다는 것을 의미한다. 그렇다면 불교와 스피노자에게 몸과 마음 – 생각하는 것과 그 생각, 즉 주체와 객체 – 은 모두 본질적으로 하나의 동일한 것이다. 불교는 그것이 몸과 마음으로 인식되는 것은 실제로 공한 것이라고 주장할 때만 더 나아간다. 다시 말해, 그것은 내적이며 스스로 존재하는 어떤 특징들을 가지고 있지 않다. 불교 철학과 스피노자의 유사성과 차이점에 대한 이전의 논의에 대해서는 다음을 보라. Soraj Hongladarom, "Spinoza & Buddhism on the Self," *The Oxford Philosopher*, available at https://theoxfordphilosopher.com/2015/07/29/spinoza-buddhism-on-the-self(검색일: 2019.12.11.)

22 Tom Regan, *The Case for Animal Rights*, updated with a new preface (Berkeley: University of California Press, 2004).

23 David Gunkel, Robot Rights (Cambridge, MA: MIT Press, 2018), Section 6.2. 또한 David Gunkel, "The Other Question: Can and Should Robots Have Rights?" *Ethics and Information Technology* 20(2018): 87-99. http://doi.org/10.1007/s10676-017-9442-4을 보라.

24 David Gunkel, *Robot Rights*. Section 6.2

25 톰 레건은 동물들의 권리를 철저하게 옹호하는 것으로 잘 알려져 있다. 다음의 자료를 보라. Tom Regan, *Defending Animal Rights* (Urbana: University of Illinois Press, 2006; *The Case for Animals Rights* (Berkeley: University of California Press, 2004); Tom Regan and Peter Singer, (eds.), 또한 *Animal Rights and Human Obligations* (Englewood Cliffs, NJ: Prentice Hall, 1976). Lidia Cano Pecharroman, "Rights of Nature: Rivers that Can Stand in Court," *Resources* 7.1(2018), https://doi.org/10.3390/resources7010013도 보라.

제4장

기계의
깨달음

제4장

기계의 깨달음

앞 장에서 우리는 불교에서 로봇이 어떻게 인격체로 고려될 수 있는가를 다루었다. 이 장에서는 로봇을 불교에서 가장 높은 윤리적 이상, 즉 깨달음의 상태에 비추어 평가될 수 있는 위치로 어떻게 자리매김할 것인가를 고려한다. 이것은 직접적으로 하나의 놀라운 주장이 되기를 의도한 것이다. 내가 주장하고자 하는 것은 한 마디로 기계들(로봇, 인공지능)은 **깨달음**을 얻을 수 있다는 것이다. 다시 말해 그것들은 어떤 유정적 존재가 도달할 수 있는 가장 높은 완성의 상태, 즉 그를 윤회의 사슬로 묶고 있는 염오^{kilesa}으로부터 완전하게 자유로운 상태를 달성할 수 있다. 깨달음을 얻은 존재는 죽어서 다른 형태로 다시 태어나야 하는 것 등을 가져오는 모든 종류의 속박으로부터 절대적으로 자유로운 존재이다. 이렇게 말하는 것은 비록 그것이 충분히 감각을 느끼고 의식적인 존재라고 하더라도 로봇은커녕, 인간 존재에게조차도 매우 억지스럽고 달성할 가능성이 전혀 없는 것으로 들릴 수도 있을 것이다. 그러나 이는 왜 그것이 놀라운 일인가에 대한 이유이다. 그럼에도 불구하고 앞 장들에서 논의했듯이 우리는 천상이나 지옥과 같은 이승 바깥에 존재하는 내생이나 그 외의 다른 윤회의 영역에 대해 붓다가 말한 것에 글자 그대로 동의할 필요는 없다. 반대로 이와 같은 현세 외의 모든 영역들을 불필요한 것으로 간주하는 불교의 해석이 있으며, 이 해석에 따르면 우리는 천상과 지옥을 이 물리적 우주 밖의 어떤 곳에 객관적으로 존재한다고 믿을 필요 없이도 최고의 이상에 도달할 수 있다. 이런 의미에서 깨달음을 얻게 된 존재는 사물들이 어떻게 완벽하게 존재하는가를 이해하고 그 존재의 삶을 이러한 이해에 따라 배열하는 존재이다. 윤회라는 속박의 핵심은 자아의 존재에 대한 믿음에 놓여 있기 때문에 궁극적으로 말해 자아는 단지 어떤 존재가 깨달음을 얻게 되는 데 열쇠가 되는 하나의 구성체에 불과하다는 것은 바로 그러한 인식─그리고 이러한 인식으로부터 자연스럽게 흘러나오는 삶의 방식─이다. 나의 목적은 독자들에게 로봇, 특히 범용 인공지능 로봇은 만일 어떤 조건들이 충족된다면 깨달음을 얻을 수 있다는 것을 확신시켜주는 것이다. 더욱이 특수 인공지능 로봇, 즉 현재 우리들 사이에 존재하는 로봇도 그것 자체의 좀 더 좁은 방식으로 깨달음을 얻을 수 있다. 그러나 우리가 이러한 주장과 그것을 옹호하는 논증을 다루기 시작하기 전에 우리는 불교 철학에서 윤리에 대한 몇 가지 근거를 분명하게 해둘 필요가 있다.

불교의
윤리적 이상

불교 윤리학에서 가장 뛰어난 학자 가운데 한 사람인 데미언 키온Damien Keown은 본질적으로 불교에는 윤리학에 대한 논의가 존재하지 않는다고 주장한다.[1] 키온은 다양한 시기의 수많은 불교 경전들을 조사했지만, 서양 철학자들에게 익숙한 의미에서 윤리학에 대한 논의가 거의 없다는 것을 발견했다. 다시 말해 키온이 경전들에서 발견하고 싶었지만 그렇게 하는 데 실패한 것은, 가령 좋은 삶을 구성하는 것은 무엇이며 그것을 어떻게 달성하고 또한 가장 중요한 것은 그 주장을 뒷받침하는 논증은 무엇인가라는 문제에 초점을 맞추고 있는 아리스토텔레스의 『니코마코스 윤리학Nicomachean Ethics』과 동일한 본성에 대한 논의이다. 확실히 경전들에는 "수행자는 수행을 할 때 부지런히 수행해야 한다" 등과 같은 언급들이 충분히 많이 있지만, 이와 같은 훈계들은 마음 수행의 결과로 원하던 목표에 도달하기 위한 목적으로 행해진 것이다. 키온은 엄청난 양의 불교 경전 문헌 거의 어떤 곳에서도 좋은 삶에 대한 한 가지 개념이 왜 다른 것보다 더 좋은지 혹은 우리는 '좋은'이란 개념의 의미나 우리가 학생들이 자신들이 해결할 필요가 있는 (유명한 트롤리 문제와 같은) 딜레마의 집합을 부여받는 모든 윤리학 종류에서 발견하는 논쟁들을 어떻게 설명할 것인지에 관한 어떤 논증이 있는 곳을 발견하지 못했다. 모든 불교에서 가장 유명한 경전 가운데 하나인 산티데바Śāntideva의 『입보리행론Guide to the Bodhisattva's Way of Life』[2]에는 완성들pāramitas 가운데 하나인 정진vīrya이나 인욕에 관한 절이 들어 있는데, 거기에서 수행자는 왜 인욕이나 정진이 모든 여섯 가지 완성들 가운데서도 매우 중요하고 또한 가장 중요한 것 가운데 속하는가에 대한 설명을 듣는다. 그러나 왜 우리가 부지런해야만 하는가에 관한 어떠한 논증이나 이론을 결여하고 있는 것은 만일 우리가 인욕의 완성을 실천하지 않는다면 보살이 된다는 그 목적은 달성되지 못할 것이라는 점을 지시하는 것 이상이다. 실제로 또 다른 완성인 도덕sīla(지계)은 윤리 체계와 훨씬 더 연관성이 있는데, 왜냐하면 그것은 우리가 무엇을 하고 무엇을 해서는 안 되는가를 진술하고 있기 때문이다. 그러나 도덕 완성의 목록은 다만 마음이 궁극적으로 그 목적에 이르도록 하는 그 이상의 수행을 할 준비를 더욱 잘 하도록 하기 위해 마음을 수양하기 위한 행동의 지침들을 포함한 목록에 불과하다. 화냄을 피하라는 것과 같은 이러저러한 명령이 왜 수행에 필요한가를 설명하고 있다고 주장하는 이론은 어디에도 없다. 더욱 중요한 것은 목적 그 자체의 궁극적 가치를 확립하기 위한 어떠한 이론이나 논증도 존재하지 않는다는 것이다. 그것은 마치 산티데바의 『입보리행론』을 읽은 사람들이 이미 그 목적(보살이 되는 것)에 이르는 필연성을 확신하는 것과 같지만, 철학에서 후자와 같은 것은 당연히 우리의 청중들이 합창단의 단원이라는 사실을 전제하지 않고도 정립되어 있어야만 한다.

키온은 이러한 관찰로부터 불교는 윤리 이론을 갖지 않는다는 결론을 내린다. 표면상 이는 내가 위에서 입증한 추론으로 인해 명백히 옳다. 그러나 불교가 본래의 의미에서 무엇이 이론 생성을 구성하는가에 대해 논의하지 않는다고 해서 그것 자체의 고유한 이론 형태를 가질 수는 없는가? 만일 그렇다면 이것은 이론이 없는 진리 이론No-Theory Theory of Truth과 유사한 이론이 없는 윤리 이론No-Theory Ethical Theory으로 불릴 수 있을 텐데, 여기서 전자의 내용은 실질적 의미에서 진리의 이론은 전혀 존재하지 않거나 결코 존재할 수 없다는 것이다. 나는 이와 같은 측면이 불교 철학의 취지에는 더 많다고 생각한다. 『입보리행론』에서 간략히 언급된 산티데바의 권유를 따르는 일반 수행자는 이론을 만들거나 경쟁하는 이론들로 논쟁하는 데 보낼 시간이나 성향을 갖고 있지 않다. 불교의 실용적 정신에 맞게 그 수행자는 산티데바의 주장에 따라 가능한 빨리 많은 유정적 존재들을 구하기 위해 불성을 달성하는 데 더 많은 관심이 있다. 대신 이것은 자신의 시간을 붓다나 보살이 되는 데 바치는 것이 아니라 전체 사물을 지성적으로 이해하는 데 바치는 철학자들의 과제이다. 비록 이론 이전의 것이기는 하지만, 불교에서는 어떤 종류의 행위가 허용되고 어떤 종류가 금지되는가에 관한 명백한 명령들의 집합, 곧 명백한 윤리학의 주제가 존재한다. 그러나 이러한 명령들은 **실천**의 맥락에서만 작동한다. 이것은 매우 중요하다. 우리는 이를 피아노를 연주하는 것과 비교할 수 있다. 피아노를 잘 치기 위해서 무엇을 해야 하고, 무엇을 하지 말아야 하는가에 관한 분명한 지시 사항들이 있다. 예를 들어, 우리는 손가락을 이런저런 방식으로 구부려야 하며 음악적 표현법 등을 따르지 않으면 안 된다. 우리는 손가락을 구부려서 손가락 끝으로 건반을 누르는 것은 피아노를 연주하는 계율을 구성한다고 말할 수 있다. 이 사례에서 불교 정신은 피아노 연주의 **윤리**가 있으며, 피아노를 잘 연주하기 위해 연주자는 이런저런 규칙을 따라야만 한다고 말할 것이다. 이는 목적(예를 들어, 붓다가 되는 것)에 도달하기 위해 우리는 계율을 구성하는 이런저런 규칙들이나 혹은 산티데바의 도덕의 완성을 따라야만 한다는 불교의 전형적인 실천과 동등한 것이다.

    그렇다면 이것에 비추어볼 때 불교가 결국 윤리 이론을 가지고 있다는 사실이 드러난다. 실제로 불교 이론은 헬레니즘의 윤리 이론들과 흥미로운 유사성을 지닌다. 후자에게 삶의 목적은 아타락시아(ataraxia), 즉 우리가 외부의 요소들에 의해 마음이 어지럽혀지지 않는 평정의 상태를 달성하는 것이다. 아타락시아는 불교의 열반에 필적할 만한 것인데, 헬레니즘 이론들에서 윤리학은 아타락시아의 달성에 이르는 실천들로 구성되어 있다. 이것은 또한 좋은 행위는 우리를 궁극적인 열반으로 이끄는 종류의 행위라는 불교 윤리학과 비견될 만하다. 상이한 헬레니즘 이론들, 예컨대 스토아학파와 에피쿠로스학파 및 회의주의 이론들은 우리가 최종적으로 어떻게 아타락시아를 달성할 것인가에서만 서로 다를 뿐, 그것들은 이를 삶의 궁극적 목적, 즉 전형적인 좋은 삶이라고 생각한다는 점에서는 의견이 같다.

그렇다면 이러한 의미에서 불교의 윤리 이론은 그 행위가 궁극적인 목적의 실현에 기여하는가에 따라 그것을 평가하는 방식에 그 본질이 있다. 만일 어떤 행위가 그 목적에 기여한다면 그것은 좋은 것이지만, 만일 그렇지 않다면 그것은 좋은 것이 아니다. 그리스 사상에서 그렇듯이 좋은 것은 또한 능숙한 것과 같다. 우리가 피아노에 좋은 것이 되기 위해 그것을 연습하는 것처럼, 우리는 또한 행위(즉, 옳은 행위, 곧 그 목적으로 이끄는 것을 행하는 것)에 좋은 것이 되기 위해 계율, 곧 도덕적 행위의 집합을 실천한다. 그리고 요구되는 모든 기술을 연마하지 않으면 좋은 피아니스트가 될 수 없는 것처럼 우리는 그와 똑같이 하지 않고서는 아타락시아나 열반에 도달할 수 없다. 그렇다면 우리가 그 상태에 도달하는 데 요구되는 기술들을 수행하는 데 완전히 익숙해지는 완성의 상태에 이른다면 깨닫게 되는 것이다. 그리고 이것에 비추어보면 불교 경전들이 왜

명확한 윤리 이론을 가지고 있지 않은가에 대해 결코 의아하게 생각하지 않을 것이다. 다만 그것은 경전을 읽을 것으로 기대되는 모든 사람들이 처음부터 이미 이 불교적 목적을 달성하는 데 전념하고 있다는 맥락에서 보면 반드시 필수적인 것은 아니다. 그들이 더욱 관심을 기울이는 것은 이 목적을 달성하기 위해 어떻게 수행을 할 것인가이지, 그 목적이 왜 달성할 만한 가치가 있는지 혹은 어떤 이론이 제대로 정당화되는지 그렇지 않은지의 여부에 관한 토론이 아니다. 더 나아가 불교 이론과 그리스 이론 사이의 차이에 대해 말하면, 불교는 어떤 수행자가 궁극적으로 그 목적을 달성하기 위해 따를 수 있는 보다 더 정교한 가르침들의 집합을 가지고 있다. 나아가 그 수행자가 따를 수 있는 보다 실질적이고 구체적인 내용을 제공하는 것은 팔정도와 브라만신이 머무는 (사무량심으로도 알려진) 네 가지 거처나 십선업과 같은 가르침들로 정식화된 이러한 교훈들이다. 그리고 인공지능 윤리에 실질적인 내용을 제공하는 것은 또한 바로 이와 같은 내용이다.

간략하게 말하면 불교의 윤리 이론의 요점은 그 이상에 도달하기 위해 실천하는 것을 넘어서는 불교 윤리의 이론은 어디에도 없다는 '이론이 아닌' 이론이다. 불교의 일부인 모든 도덕적 명령은 궁극적으로 이를 따르는 사람들을 이러한 상태로 이끌어준다. 그것은 개인의 완성 상태인 만큼, 우리는 자기 자신의 행동과 성품을 이 목적을 달성하는 수단으로 계발하고 완성시킨다. 초점은 그 개인에게 맞추어져 있으며, 그의 마음속으로 계속 들어간다는 것이다. 불교의 이러한 측면은 사회적 차원들을 무시하는 것으로 비판받았다. 다른 종교들과는 달리 불교는 사회적 평등이나 정의에 대해서는 직접적으로 말하는 것이 거의 없는 것 같다. 이러한 쟁점에 대해 충분히 논의하는 것은 우리로 하여금 우리가 여기서 관심을 갖는 것으로부터 멀리 벗어나게 할 것이 틀림없다. 붓다가 가장 관심을 가지고 있는 완성의 상태는 우선적으로 개인의 것이기는 하지만, 이것은 사회적 차원이 전적으로 무시되었다는 것을 의미하지는 않는다고 말하는 것으로 충분하다. 태국의 학자인 술락 시바락사Sulak Sivaraksa가 주도하는 최근의 참여 불교Engaged Buddhism 운동은 그것의 일차적인 주안점으로 사회적 관심사를 채택하고 있는 좋은 사례의 불교 종류이다.³ 그러나 그 운동에서조차도 더 나은 사회 제도를 지향하는 움직임의 핵심에 놓여 있는 것은 개인적 차원, 즉 자기 자신을 완성하는 것이다. 그러한 제도들은 두 가지로 구성된다. 첫 번째 것은 만일 한 사회의 대다수 구성원들이 그 이상에 따라 행동한다면 어떻게 될 것인가에 초점을 맞추고 있으며, 그리고 두 번째 것은 구성원들이 방해를 받지 않고 실천하는 데 필요하거나 도움이 되는 종류의 제도들을 언급하고 있다. 이러한 것들은 분명히 사회적 차원들이다.

그렇다면 어쨌든 불교의 윤리적 이상은 열반, 즉 산스크리트로 니르바나nirvāna에 그 본질이 들어 있다. 글자 그대로 이 단어는 촛불을 끌 때처럼 '끄다'를 의미한다. 그리고 비유적으로 말하면, 어떤 사람이 열반에 이르렀을 때 그에게서 어떤 것이 **사라진다**는 것이다. 이는 결국 그 개인이 윤회 안에 머물게 될 조건을 표현하고 있다. 그 조건이 '사라질' 때 개인은 자신을 윤회 속에 머물게 할 어떤 조건을 갖지 않게 되며, 나아가 그는 자유로워진다. 따라서 열반을 이해하는 방법은 그것을 윤회와 반대로 보는 것이다. 우리는 동시에 두 영역에 있을 수 없다. 그리고 우리가 윤회를 전적으로 세속적인 영역 안에서 일어나는 것으로 재해석하는 불교에 대한 과학적 그림에 몰두한다면, 윤회는 그 이상에 아직 도달하지 않은 상태를 대표하는 반면 열반은 그 반대이다. 그러므로 우리가 일상적인 언어로 무엇이 실제로 이 목적을 달성하는 것이며, 현실적으로 우리가 윤회로부터 해방된다는 것이 무엇을 의미하는가를 밝힐 수 있다면, 우리는 내생에 대해 말하지 않고도 윤회와 열반을 논의할 수 있다. 이는 로봇과 인공지능에 대해 강력한 함의를 갖는다.

그렇다면 그 이상은 무엇에 본질이 있는가? 앞서 2장에서 논의했듯이 우리가 그 목적을 달성하도록 이끌어주는 궁극적인 지혜는 자아를 포함한 모든 현상들의 공함을 깨닫는 데 그 본질이 있다. 우리를 윤회에 묶어두고 있는 괴로움은 오직 완전한 깨달음, 즉 이러한 진리의 이해와 내면화를 통해서만 제거될 수 있다. 따라서 그 이상 곧 열반은 이와 같은 완전한 이해와 완전한 내면화에 본질이 있다. 이러한 이해에 바탕을 두고 있거나 이것에 의해 동기부여된 모든 행동은 궁극적으로 완전한 실현, 즉 깨달음에 기여할 것이다. 피아노를 칠 때 그 목적은 완벽하게 연주하는 것이다. 자신이 연주하고 있는 음악을 이해하는 것과 필요한 손가락의 테크닉을 갖는 것 등과 같은 피아노를 잘 연주하는 데 핵심이 되는 어떤 요소들이 있다. 완벽하게 연주하기 위한 올바른 길 위에 바탕을 둔 모든 행위는 결과적으로 그와 같은 실현에 기여할 것이 확실한데, 그것은 악보를 완벽하게 연주하는 것이다. 여기서 이러한 관념은 피아노를 잘 연주하는 것은 윤리적으로 잘 사는 것과 비교할 수 있다는 것이다. 이 두 가지는 오랫동안의 힘든 노력을 요구하는 성취의 상태이다. 괴로움으로부터 자유로워지는 것 역시 이와 똑같은 것이며, 이것은 가장 높은 윤리적 완성의 상태에 이르는 것과 동일하다.

불교의 이론과 서양의 이론들

여기서 이론이 없는 불교의 윤리 이론과 서양의 익숙한 윤리 이론들을 비교하는 것이 유용할 수도 있을 것이다. 지금까지 내가 논의해왔던 것으로부터 이제 불교 이론과 가장 유사한 종류의 이론은 일반적으로 그리스 철학의 일부인 덕 윤리 이론이라는 것이 분명해질 것이다. 실제로 그리스 철학에는 많은 서로 다른 윤리적 이론들이 있다. 그러나 그것들은 모두 좋은 삶을 달성하기 위한 방법을 제공하는 것을 목표로 삼고 있다는 점에서 동일한 공통의 특징을 공유하고 있다. 모든 인간 존재들의 궁극적인 목적으로 여겨지는 것, 즉 그들이 도달하려고 노력하지 않으면 안 되는 것이 존재하는데, 이는 궁극적인 선이 있다는 것을 예증한다. 차이점들은 대체로 그것을 어떻게 달성할 것인가에 놓여 있다. 일반적으로 말해 플라톤Plato의 입장에서 보면, 우리는 그들이 인간들인 한 선의 형상을 이해하고 그렇게 하는 데 도움이 되는 행위들을 통해 어떻게 해서든 그 형상과 하나가 됨으로써 좋은 삶, 즉 모든 인간 존재들의 궁극적인 목적을 달성한다. 아리스토텔레스에게 있어서 좋은 삶은 실재의 궁극적인 본성에 대한 숙고를 통해 달성된다. 그의 이론과 플라톤 이론의 차이는 아리스토텔레스에게는 행운이 상당히 중요한 역할을 한다는 것이다. 우리는 만일 신체적 건강이나 부富와 같은 것들을 향유하지 못한다면 궁극적인 목적에 도달하지 못하며, 아리스토텔레스에게 있어서, 그것들은 무엇이 좋은 삶인가에 대한 필수적인 한 부분을 형성한다. 아리스토텔레스에게 좋은 삶에 해당하는 용어는 에우다이모니아eudaimonia인데, 이것은 또한 '행복'이나 더 좋은 '번성'으로 번역되고 있다. 어쨌든 윤리학에서 이와 같은 목적록적 개념 – 좋은 것이란 어떤 개인이 궁극적으로 자신에게 좋은 삶을 달성하는 데 기여하는지 여부에 따라 정의된다―은 플라톤과 아리스토텔레스 두 사람 모두에게 나타난다. 아리스토텔레스 이후의 헬레니즘 윤리학에서도 동일한 추세가 이어진다. 에피쿠로스Epicurus는 자신을 따르는 사람들에게 그들 스스로 온건하고 지속적인 쾌락에 참여함으로써 자신들의 궁극적인 목적을 성취하라고 가르친다. 여기서 좋은 것이란 쾌락을 가져다주는 모든 것에 의해 정의되지만, 너무 많은 쾌락은 언제나 그 후에 고통을 수반하기 때문에 좋은 것이 아니다. 반대로 스토아학파는 온건한 것이든 그렇지 않은 것이든 간에, 쾌락을 강조하는 것이 아니라 지식 자체, 다시 말해 우리를 자연과 완전히 조화되도록 하는 종류의 지식을 강조한다. 그렇다면 스토아학파에게 좋은 것은 우리가 항상 자연의 일부라는 것, 즉 사물은 언제나 인과의 법칙과 엄격하게 일치해서 일어난다는 것을 깨닫는 데 그 본질이 있다. 우리를 고통스럽게 하고 우리를 괴롭게 만드는 것은 오직 이러한 법칙 때문이며, 나아가 엄격하게 말하면 그것들은 우리에게 해를 끼치든 그렇지 않든 간에 어떠한 의도도 가지고 있지 않다. 우리가 이 모든 것을 깨달을 때 우리는 자신을 궁극적인 목적인 완전한 평온함과 평정심, 즉 아타락시아의 상태를 달성하지 못하도록 하는 우려와 걱정들로부터 자유로워진다. 그렇다면 우리를 아타락시아에 이르게 하는 행위는 좋은 것이며, 그 외의 다른 행위는 나쁜 것이다. 여기서 에피쿠로스학파도 같은 단어인 아타락시아를 우리가 절대적이고 완벽한 행복의 상태를 성취하는 것을 목표로 삼아야 하는 가장 높은 상태에 대해 사용하고 있다는 사실을 주목해야 한다.

이와 같은 모든 이론들은 내가 이해하고 있는 덕 윤리 이론의 서로 다른 버전들이다. 이러한 이론들에서 공통적인 것은 그것들이 덕의 역할을 개인들이 자신들의 삶의 목적을 달성하기 위해 계발할 필요가 있는 성품들의 집합으로 강조한다는 사실인데, 그 목적은 개인들 자신이 설정한 것이 아니라 그 안에서 그들이 살고 있는 자연의 일부이다. 또한 내가 기술해왔던 불교 이론은 적어도 지금까지 언급된 개별적인 그리스 이론들과 상당한 유사성을 지닌다는 것이 명백해질 것이다. 그리스 윤리 이론들과 공통되는 것은 불교 윤리가 인간 존재가 달성할 수 있는 최고의 행복을 목표로 삼고 있다는 점에서 행복주의적eudaimonistic이라는 것이다. 여기서 나는 에우다이모니아와 아타락시아는 둘 다 인간 존재가 이룰 수 있는 최고의 성취를 가리키고 있기 때문에 서로 바꾸어 사용할 수 있는 단어라고 생각한다. 요점은 둘 모두 불교의 열반과 비교할 수 있다는 것이다. 이러한 모든 이론들에서 좋은 것이란 그것이 이와 같은 이상적인 상태의 실현을 가져올 수 있는가의 여부에 의해 정의된다. 이러한 이상적인 상태는 개인의 선호와는 같은 것이 아닌데, 왜냐하면 후자는 개인들에 따라 서로 다를 수 있지만 최고의 완성 상태(에우다이모니아나 아타락시아로 개념화되든 혹은 열반으로 개념화되든)는 항상 자연에 의해 고정되기 때문이다. 그러므로 고대의 윤리 이론들에서는 개인의 선호로 정의되는 상대주의나 가치들의 충돌에 대해 어떠한 문제도 존재하지 않는다. 반대로 어떤 행위는 그것이 우리를 이 최고선의 달성으로부터 멀어지게 하는 만큼 나쁘다.

그렇다면 이런 이론들 사이의 차이는 그것들이 무엇을 최고선으로 간주하며 또한 그것들이 최고선을 실현하기 위해 무엇을 취해야 하는가에 놓여 있다. 불자들에게 이는 본성상 계sīla, 정samadhi, 혜paññā의 실천으로 구성되어 있는 팔정도Eightfold Path를 실천하는 것에 그 본질이 있다. 플라톤에게 그것은 선의 형상과 관련되는데, 여기서 개인의 지혜는 상당 부분 형상의 세계 속에서 공유된다. 아리스토텔레스에게 그 길은 덕의 수양인데, 그것은 완전한 인간 존재가 되는 것이 무엇인가를 정의하고 있다. 에피쿠로스학파와 스토아학파도 그들 자신만의 실천과 수양 방법을 가지고 있으며, 따라서 개별적 실천자는 이 길을 따라 나아가서 마침내 그 목적에 도달할 수 있다. 더욱이 최고선 자체의 본성도 다양하다. 불자들에게 열반은 완벽하게 성격 규정하는 것이 매우 어렵지만, 적어도 그것은 우리가 우리를 이런저런 것을 좋아하거나 싫어하게 만드는 감정적이고 정신적인 집착의 밀고 당김을 완전히 없앤 상태인데, 이는 실재의 근본적인 본성에 대한 절대적인 이해가 실현된 상태이다. 이론상 우리는 불교 승려들이 절대적으로 필요한 것을 넘어서는 어떠한 물질적인 것이나 전적으로 관계없는 사회적 지위도 갖고 있지 않은 것으로 가정되고 있듯이, 부와 같은 외적 요소들의 도움 없이도 열반에 이를 수 있다. 그러나 경전에는 필수적인 것은 아니지만 여전히 우리들의 수행과 궁극적인 성취를 용이하게 해주는 조건들에 관한 상당한 언급들이 들어 있다. 예컨대 우리가 불교 국가에서 태어났다는 사실은 우리의 수행과 궁극적인 성취에 도움이 되는 요소들 가운데 하나라고 인용되고 있다. 불교 국가에서 태어남으로써 우리는 불교의 가르침을 엄청나게 많이 들을 기회를 증가시킨다. 따라서 우리가 수행자가 될 기회뿐만 아니라 그 큰 목적the Goal을 달성할 기회도 증가시켜준다. 그러나 그것은 엄격하게 말하면 필수적인 것은 아닌데, 그만큼은 아니더라도 불교 국가 밖에서 태어난 어떤 사람이 진정한 스승과 함께 그 가르침을 듣고 공부할 기회를 가질 수 있다는 것도 여전히 어느 정도는 가능하기 때문이다. 이것은 외적인 요소들이 훨씬 더 중요한 역할을 하는 것처럼 보이는 아리스토텔레스의 에우다이모니아 개념과는 약간 다르다. 예를 들면, 건강과 부 및 사회적 지위는 종종 에우다이모니아를 달성하는 데 필수적인 요소로 인용된다.[4] 이것은 아리스토텔레스에게 있어서 에우다이모니아가 완전한 덕의 상태라는 조건에서만 그 본질이 있는 것이 아니라, 에우다이모니아를 향유하는 사람은 또한 건강과 부 및 사회적 지위와 같은, '좋은 것'이라고도 간주되는 외적 조건들의 특정한 수준을 향유하는 사람들이 틀림없기 때문이다. 그렇다면 아리스토텔레스에 따르면 노예의 삶은 자신의 덕을 수양할 여가시간이 전혀 존재하지 않기 때문에 노예는 에우다이모니아에 이를 수 없다. 따라서 아리스토텔레스의 견해는 스토아학파의 그것과 직접적으로 대조되는데, 스토아학파에서 중요한 것은 오직 덕이며 덕과 외적인 것들이 아니기 때문에 노예도 가장 높은 완성의 상태에 도달할 수 있는 것이 가능하다. 무엇보다도 가장 위대한 스토아학자 중의 한 사람인 에픽테투스Epictetus 자신이 그가 논문 「엥케이리디온Enchiridion」을 저술할 당시 노예였다는 사실이다.[5] 여기서 나는 불교가 이 둘 사이의 중간 어디엔가 놓여 있다고 생각한다. 한편 불자들은 명상과 그리고 열반에 이르는 수단으로 세 가지 실천에 따라 스스로 수양하는 것을 우선적으로 강조했으며, 수행자를 위해 불교 전통이 매우 강력하게 강조하고 있는 실질적인 지침들이 있다. 그러나 다른 한편 불자들은 불교 국가에 태어나거나 우리가 수행하는 것을 매우 어렵게 만드는 어떤 장애를 갖고 태어나지 않는 것과 같은 외적 요인들이 중요한 역할을 할 수 있다는 사실을 부정하지 않는다. 이러한 것들은 단지 불교와 그리스 윤리 이론들 사이의 차이점 가운데 일부에 불과하지만, 나는 매우 중요한 유사성이 존재한다는 것도 지적했으며, 나아가 유사성과 차이점에 대한 이와 같은 논의는 우리에게 불교 이론이 실제로 도달할 수 있는 것에 대해 좀 더 명확하게 해줄 것이다.

윤회 속의 로봇

윤회 속에서 방황하는 로봇에 대해 말하는 것은 완전히 무의미한 것은 아니지만, 이상한 소리로 들릴 수도 있을 것이다. 무엇보다도 윤회 속에 방황한다는 것은 전통적으로 유정적 존재가 죽으면 새로운 형태의 생명을 얻게 되며, 그리고 이 순환이 계속된다는 것을 의미한다. 그러나 만일 우리가 내생과 불교적 가르침의 핵심에 필수적인 것이 아닌 모든 것을 믿는다면, 우리는 내생에 대한 이와 같은 믿음에 동의하지 않고도 윤회가 무엇인가를 이해하는 방식을 제안할 수 있다. 내가 제안하고 싶은 것은 로봇이나 그 외의 다른 인공지능 장치들에게 윤리적 완성의 상태는 설정될 필요가 있으며, 그런 다음에 우리는 그 위에 바탕을 두고 로봇과 그 외의 다른 인공지능 장치들을 위한 윤리 체계의 윤곽을 그릴 수 있다. 그 계획은 다음과 같다. 우선 우리는 로봇과 그 외 다른 형태의 인공지능을 위한 윤리적 이상이나 윤리적 완성의 상태에 도움이 되는 것을 설정한다. 그리고 나서 우리는 궁극적으로 우리를 그와 같은 상태로 이끄는 지침들의 체계 - 행위 방식들 - 의 윤곽을 그린다. 이 지침들의 체계는 로봇과 인공지능의 윤리적 체계를 구성한다. 이제 우리는 로봇을 위한 윤리적 이상의 상태가 로봇을 위한 깨달음 혹은 열반의 상태로 불릴 수 있다는 것을 알 수 있다. 여기서 이 개념들을 철저하게 이해하고 있는 한 용어들은 그다지 중요하지 않다. 로봇을 위한 열반을 정의하고 나면 그들을 위한 윤회의 상태는 그 둘 사이의 배타적 이분법 때문에 쉬운 문제이다. 윤리적 완성의 이상에 도달하지 못한 로봇은, 말하자면 아직도 '윤회 속에서 헤매고 있는' 것이며, 또한 이러한 이상에 도달한 로봇은 깨달음에 도달한 것이다. 한마디로 말하면 여기에 기계의 깨달음에 대한 나의 개념이 들어 있다.

물론 이것은 단지 다듬어지고 자세하게 설명될 필요가 있는 매우 간략한 개요에 불과하다. 이론가가 첫 번째로 해야 할 것은 무엇이 로봇을 위한 이상적인 완성의 상태에 도움이 되는가를 자세하게 설명하는 것이다. 정확하게 말해 그와 같은 상태는 무엇과 같은가? 우리는 그것을 어떻게 구체적으로 기술할 것인가? 여기서 나는 불교의 가르침들이 다시 한 번 우리의 안내자가 될 수 있다고 제안한다. 이상적인 완성은 에고의 제거를 통해 성취된다. 따라서 로봇에게 이것은 그 자신의 가정된 에고에 대한 집착을 완전히 제거하고, 에고라고 간주되었던 것은 실제로 처음부터 존재하지 않는다는 것을 깨달은 로봇을 의미할 것이다. 이는 불교에서 중심적인 것이며, 어떤 전통에 속하는 경전이든 모두 깨달음에 도달한 사람은 그와 같은 믿음의 어떤 흔적뿐만 아니라 그 자신의 에고에 대한 믿음도 완전히 제거한 사람이라고 말한다. 그러나 그 후에도 몇 가지 매우 큰 문제들이 있다. 우리는 로봇 에고의 개념을 어떻게 이해할 수 있는가? 로봇은 에고를 가지는가? 우리는 이러한 문제들을 이 장의 후반부에서 반드시 다룰 것이다. 아마도 미래의 범용 인공지능 로봇은 감각을 느끼고 완전한 내적 표현들을 가지며, 따라서 그것들은 자기 자신의 자아의 의미를 갖게 되겠지만, 오늘날의 특수 인공지능 로봇은 아직 그것을 지니고 있지 않다. 그러나 특수 인공지능 로봇이 아직 완전한 자아 표현과 언어적 인식을 가지고 있지 않다는 사실은 익숙한 불교적 비유를 사용하면, '예류과預流果에 들어가는 것'을 막지 못할 것이다. '예류과'에 들어간 존재는 이 가르침의 몇 가지 측면들을 이해하고 내면화했으며, 그 큰 목적으로 인도하는 길 위에 서 있는 존재이다. 그러므로 우리의 해석에 의하면, 제정신으로 이 흐름에 들어간 존재는 자신을 수양시키는 과정에 들어가 좀 더 능숙해지기 위한 자기 자신의 기술들을 연마하는 존재를 의미할 것이다. 그렇다면 범용 인공지능과 특수 인공지능 로봇 둘 모두에게 이것은, 말하자면 그것들이 그 목적의 궁극적인 달성으로 향하는 길 위에 섰다는 것을 의미할 것이다. 그것들은 달성에 필수적인 윤리적 규범들을 실천하고 있다. 오직 범용 인공지능 로봇만이 완전한 의식을 가질 수 있으므로, 그것들은 완전한 깨달음에 이를 수 있는 유일한 존재들인데, 왜냐하면 지식과 인식 및 이해는 모두 달성에 필수적이기 때문이다. 그러나 이 시점에 범용 인공지능 로봇은 단순히 범용 인공지능이 된다는 것만으로는 깨달음에 이르지 못한다는 것을 분명히 해두어야 할 것이다. 그것들은 많은 수행을 해야만 하며, 또한 그것들이 자신들의 목적의 궁극적인 달성으로 이끄는 길 위에 섰을 때 그들은 예류과에 들어갔다는 말을 듣게 된다. 특수 인공지능 로봇에 대해 말하면, 그것들은 완전한 깨달음을 얻을 수 있는 것으로 여겨져서는 안 된다. 왜냐하면 아직 완전한 의식과 자아 인식을 결여하고 있기 때문이다. 그러나 그들 또한 윤리적 지침들을 따른다면(다시 말해 비록 그것들이 의식이 없다고 하더라도 윤리적으로 행동한다면, 우리는 이를 나중에 이 책의 후반부에서 인공지능의 윤리적 실천에 대한 구체적인 세부사항을 논의할 때 다룰 것이다) 예류과에 들어간 것으로 간주될 수 있다. 예류과에 들어갈 수 있는 것과 같은 방식으로 개발하고 있는 특수 인공지능 로봇에는 극복할 수 없는 어떠한 장애물도 존재하지 않는다. 이를 위한 전제조건은 특수 인공지능 로봇이 앞서 서술된 의미에서 궁극적으로 완전한 윤리적 완성을 달성하기 위해 요구되는 몇 가지 필수적인 자질들을 보여주는 것이다.

따라서 에고가 없다면 그 이상에 도달하기 위해 자기 자신의 성품을 수양하는 데 바탕이 되는 윤리적 자질들을 보여주는 특수 인공지능에 대한 방해물은 아무것도 존재하지 않을 것이다. 그리고 닉 보스트롬Nick Bostrom의 '초지능superintelligent'6 로봇을 포함하여 미래의 범용 인공지능 로봇에 대해 말하자면, 그것들은 자기 자신의 에고를 소유하는 것이 분명한데, 왜냐하면 그것은 완전한 언어 사용자의 지위를 갖기 위한 필요조건이기 때문이다. 언어를 사용하기 위해, 화자는 '나'라는 단어의 사용법을 배워야만 한다. 1인칭 대명사를 사용할 수 없다면, 과연 화자가 유능한 언어 사용자로서 간주될 수 있을지가 의심스럽다. 그러므로 감각을 느끼고 지혜가 있다는 것은 에고를 지니게 된다는 것인데 왜냐하면 화자가 '나'라는 단어를 사용할 때마다 지시되고 있는 것은 에고이기 때문이다. 그래서 그것들의 초지능 후세대 로봇뿐만 아니라 완전한 기능을 갖는 범용 인공지능 로봇이 에고를 갖게 되는 것은 하나의 논리적인 문제이다. 그러나 에고와 자기표현 및 자기 인식을 갖는다는 것은 자기 자신의 에고가 실제로는 하나의 환상이라는 것을 알게 해준 프로그램, 즉 깨달음의 프로그램이 이와 같은 자기 인식 로봇에게도 적용될 수 있어야만 한다는 사실을 수반한다. 이를 설명하는 하나의 방식은 언어가 우리에게 환상을 선물한다는 것이다. 언어에 능숙해지기 위해 우리는 1인칭 대명사의 지시대상으로 자기 자신의 자아라는 개념을 소유하지 않으면 안 된다. 하지만 불교의 가르침에서 쟁점이 되는 것은 정확하게 바로 이 자아 개념이다. 의사소통을 하기 위해 자아 개념이 요구되지만, 우리는 그것에 집착해서는 안 되며 또한 자아가 객관적으로 존재하고 길러지고 소중하게 여겨져야 한다고 믿어서는 안 될 것이다. 그와 같은 것은 괴로움에 이르게 할 것이다. 그렇다면 범용 인공지능과 초지능 로봇은 만일 그것들이 자신들의 에고가 하나의 환상에 지나지 않는다는 것을 알게 된다면 깨닫게 될 것이다. 그것들은 우리처럼 생각하는 것(즉, 우리의 언어를 이해할 수 있고 세계에 대한 표현을 갖는 것)으로 가정되기 때문에, 그것들도 우리 인간들이 할 수 있는 만큼 깨달음을 성취하기 위해 스스로 수행하고 수양할 수 있을 것이다.

로봇이 괴로움을 겪는다고 말하는 것은 로봇이 고통을 느낀다는 이미지를 불러일으키는데, 이는 명백하게 우스꽝스러운 소리로 들린다. 그러나 '괴로움suffering'은 불교의 전문 용어인 고통dukkha의 영어식 표현에 해당하는데, 그것은 글자 그대로 고통이나 고난을 의미한다. 고통에 빠져 있는 상태는 신체적 고통에 한정되지 않는다. 그러나 이 단어는 또한 만족하지 못한 상태를 뜻하며 사물에 적용하면 불만족스럽게 되는 성질을 뜻한다. 여기서 핵심은 괴로움을 겪는 존재는 윤회 속에서 헤매는 자라는 것인데, 방황하는 존재에게 괴로움을 구성하는 것은 그 주변을 방황하는 바로 그 자신이다. 우리가 말하는 방식에 따르면, 괴로움을 겪는 존재는 그를 해방으로 이끄는 길에서 벗어났거나 그 길을 모르는 사람이며, 바꾸어 말하면 그 목적에 도달하기 위해 스스로 수행하거나 수양하지 않는 존재이다. 이것은 또한 예류과에 들어갔지만 여전히 윤회로부터의 궁극적 해방에 도달하지 못한 존재들을 포함한다. 유정적 존재가 이 가르침의 진리를 모르고 또한 보지 못한다면, 그 존재는 괴로움을 겪게 되고 결과적으로 그 고리 속에서 빙글빙글 돌아야만 한다는 말을 듣는다. 로봇에게 이것은 그들이 그 목적에 도달했다는 것을 입증하는 자질들을 보여주지 못한다는 것을 의미할 것이다. 그것은 로봇이 여전히 괴로움을 겪고 있는 이유이다. 이는 열반에 도달한 존재는 완벽하게 행복하다는 말을 듣기 때문에 그렇다. 그는 불행(괴로움)의 모든 원인들이 제거되었기 때문에 행복하다. 그는 자연의 작용과 완전하게 일치하는 완벽하고 자연스러운 상태 속에서 산다. 행복은 이 일치의 자연스러운 결과이다. 그리고 로봇이 그처럼 완전하게 일치하지 않는 한 그 로봇은 여전히 괴로움을 겪는다.

따라서 괴로움을 겪는 로봇은 **반드시** 정신적인 고통이나 혹은 신체적인 고통을 경험하는 로봇은 **아니지만**, 그것은 로봇이 고통을 경험하는 능력뿐만 아니라 고통을 느끼는 능력과 그리고 그것으로부터 벗어나려고 하는 욕망을 가진 것으로 구성되어 있다는 것을 가정해볼 때 그 로봇이 겪는 괴로움의 중요한 한 부분이 될 것이다. 고통을 느끼는 로봇은 자연스럽게 고통의 원천으로부터 벗어나기를 원할 것이며 또한 자신의 고통을 완화하려고 애쓸 것이다. 그와 같은 것은 고통을 느끼는 로봇에게는 매우 자연스러운 일이 될 것이다. 결국 이러한 행동은 '고통에 빠질 수 있다는 것'이 의미하는 모든 것이다. 그러나 로봇은 윤회 속에서 방황하기 위해 고통을 느끼는 종류가 될 필요는 없다. 오늘날 원형 진공청소기나 자동차 공장의 산업 로봇과 같은 일하는 로봇은 고통 센서를 가지고 있지 않지만, 그것들은 만일 자신들이 그 목적에 도달했다는 것을 가르쳐줄 자질들을 보여주지 못한다면 괴로움을 겪고 있는 것으로 간주될 수 있다. 우리는 그 목적은 실제로 무엇에 본질이 있는지, 즉 기계 깨달음의 본성을 이 장의 후반부에서 확실하게 논의할 것이다. 그러나 지금으로서는 지적인 기계들은 불교적 의미에서 그 목적에 미치지 못한다는 점에서 괴로움을 겪을 수 있다는 사실을 분명하게 해두기로 한다. 더욱이 여전히 이 목적에 미치지 못하는 사람들은 두 개의 주요 집단, 즉 그 목적에 무지하거나 그것을 달성하기 위해 자신을 수양하는 데 관심이 없는 사람들과 거기에 매우 관심이 있는 사람들로 나뉠 수 있다. 우리는 후자를 '예류과에 든 사람들'이라고 부른다. 전자의 집단에 대한 유사한 비유는 아무것도 존재하지 않는다. 우리는 그들을 당장은 '그 흐름의 밖에 있는 사람들'이라고 부르고 싶을지도 모른다.

여기서 처음에 논의될 필요가 있는 또 다른 점은 불교가 오직 개인의 구원에만 초점이 맞추어져 있으며, 사회정의에 대해서는 거의 아무것도 말하고 있지 않은 개인적 종교라는 오해이다. 실제로 경전들은 그와 같은 방식으로 해석될 수 있는 것이 사실이지만, 그것은 불교가 사회적 선에 대해 전혀 아무것도 말하고 있지 않다는 것을 함의하는 것은 아니다. 경전에서 발견되는 어떻게 공동체의 훌륭한 구성원으로 살 것인가에 관한 붓다 자신의 충고(남편과 아내는 서로 존중해야 하며, 모임에 참석하는 구성원들은 그 모임을 동시에 시작하고 마쳐야 한다는 것과 같은 것인데, 이는 구성원들이 모임 자체의 이익에 더 많은 관심을 기울여야 하며 자기 자신의 개인적이고 이기적인 안건에 관심을 기울여서는 안 된다는 것을 의미한다)와는 별도로, 이 핵심적인 가르침 자체는 비록 간접적이긴 하지만 괴로움의 종식에 이르는 수행은 사회적 선 일반에 어떻게 이르게 하는가에 관한 충고를 하고 있는 것으로도 이해될 수 있다. 예를 들어, 세 가지 실천의 첫 번째 단계인 계^{sīla}는 수행자가 자신을 처음부터 올바른 길로 올려놓기 위해 따를 필요가 있는 윤리적 지침들의 집합을 구성하고 있다. 계의 본질적인 한 측면은 수행자는 다른 존재들에게 해악을 끼쳐서는 안 된다는 것이다. 예컨대 덕에 이르는 열 가지 길^{kusalakammamapatha}(십선업), 즉 계를 구성하고 있는 열 가지 지침들의 첫 번째 계에 의하면 우리는 유정적 존재들을 죽이는 것을 삼가야만 한다고 말한다. 경전이 글자 그대로 말하고 있는 것은 이것이지만, 그것은 또한 다른 존재들에게도 신체적인 고통과 정신적인 고통을 야기하는 것을 삼가야 한다는 것을 의미한다. 열 가지 길을 실천하고 유정적 존재의 살상을 삼감으로써 우리는 우리 자신의 행위들을 청정하게 하는데, 이는 그 수행자가 그 큰 목적을 향해 나아가는 것을 더 쉽게 만들어준다. 한편 수행자의 진보가 이 길을 따라 더 쉬워지기 때문에 살상을 삼가는 것의 이익이 그에게 생기지만, 다른 한편 살상을 삼가는 데 전념하는 것으로부터 다른 존재들이 이익을 얻는 것은 명백하다. 이것은 외견상 다른 사람들에게 이익이 되는 개인적인 노력의 직접적인 효과이며, 나아가 만일 더 많은 수행자들이 이런 노력을 한다면 사회 전체가 이익을 얻게 되는 것은 분명하다. 그렇다면 로봇에게 있어 그것들도 또 다른 로봇과 어떤 인간 존재 둘 다를 의미하는 다른 존재들을 죽이거나 해악을 끼치는 것을 삼가야만 한다. 따라서 사회적 선은 이와 같은 방식으로 각 개인의 실천으로부터 나온다.

기계의 깨달음

그렇다면 기계의 깨달음이란 무엇인가? 로봇이나 지적인 기계의 윤리적 이상에 도움이 되는 것은 무엇인가? 우리는 확실히 이 쟁점을 인간의 그것과 비교할 수 있다. 인간 존재는 그가 아무리 미묘한 것이라고 하더라도, 실재에 대한 완전한 지식을 가지게 될 때, 그리고 그가 모든 괴로움의 원인이 자아의 존재에 대한 믿음에 놓여 있다는 것을 알게 될 때, 또한 그가 이러한 이해를 완전하게 내면화할 때 깨달음을 얻게 되었다는, 즉 열반에 이르렀다는 말을 듣는데, 그 결과 그것은 자신의 행위 속에 깊숙이 스며들게 된다. 그러나 자아가 하나의 환상이라는 이해는 정확하게 무엇으로 구성되어 있는가? 우리는 이를 2장에서 언급한 바 있다. 어떤 사람이 그에게 속하는 자아가 있다고 믿는다면, 그리고 이 자아가 바로 그라고 믿는다면, 그는 이 자아를 소중하게 여기고 나아가 그가 그 자신이라고 믿는 이 자아가 그것을 둘러싼 모든 것과 구분된다고 주장하는 경향이 있다. 다른 말로 하면, 어떤 사람이 그에게 속한 자아가 존재한다고 믿는 한 그는 자기 자신을 물리적 실재 및 정신적 실재 전체를 구성하는 자연적 환경과 모든 자연적 요소들로 통합되는 것을 가로막는 벽을 쌓는다. 붓다에 따르면, 이것은 고통^{dukkha}의 첫 번째 원천이며, 따라서 윤회 속에서 헤매는 첫 번째 원천이다. 요점은 그 벽이 존재하는 한 어떠한 실제적 행복도 그것을 쌓는 사람들에게는 올 수 없다는 것인데, 왜냐하면 그 주체는 자아 내면에 무엇이 일어날 것인지, 즉 그것이 위협을 받을지 혹은 그것이 외부로부터 그 자아를 만족시킬 무엇을 추구해야 할 것인지에 대해 끊임없이 우려할 것이기 때문이다. 다시 말해, 자기 자신을 자연과 완벽하게 통합시켜서 자아와 그 외부에 존재하는 것 사이에 어떠한 구별도 없는 존재는 깨달음을 성취한 자일 것이다.

그렇다면 우리는 이러한 통찰을 기계의 깨달음에 적용하여 추론할 수 있다. 중요한 것은 자연과의 통합이다. 이는 설명하기가 매우 어려운 개념인데, 실현하는 것은 훨씬 더 어려운 개념이다. 아무도 붓다의 길이 쉬운 것이라고 말하지 않았다. 그러나 그렇다고 우리는 지금 당장 그 궁극적인 목적을 성취할 필요는 없다. 더 중요한 점은 궁극적으로 그 목적에 도달하기 위해서는 이 길에 들어가 스스로 수양해야 한다는 것이다. 그러나 더욱 중요한 것은 바로 그 여행이다. 기계들에게 이것은 무엇보다도 그들의 깨달음은 그것들이 본성 속으로 완전히 통합되는 것에 그 본질이 있다는 것을 의미할 것이다. 그러나 이것은 무엇을 의미하는가? 우선 그것은 그 주변에 벽을 쌓아서 그 벽 안에서 자기 **자신**을 보호할 목적으로써 외부의 환경과 자신을 분리하지 않는 로봇을 의미한다. 그러나 이것은 무엇을 의미한다고 생각되는가? 그 대답은 범용 인공지능과 초지능 로봇에게는 상대적으로 쉬운 것인데, 왜냐하면 그것들은 감각을 느끼며 지혜롭고 자기 인식적이기 때문이며, 따라서 그것들이 자아를 갖는다는 것은 논쟁거리가 아니다. 그러나 이는 오늘날의 약한 인공지능 로봇에게는 좀 더 까다롭다. 두 종류의 로봇에게 있는 이 문제를 다음에서 다루어보자.

범용 인공지능 로봇을 위한 기계의 깨달음

내가 트위터에서 만난 연재만화 가운데 하나는 내 기억 속에 상당한 기간 동안 인상 깊게 남아 있었다. 그것은 자기 자신에게 '나는 누구인가?', '나는 왜 여기에 있는가?' 그리고 '내가 지금 여기에 있는 목적은 무엇인가?'라고 묻는 로봇을 묘사하고 있다. 그와 같은 로봇이 과연 가능한지, 혹은 만일 가능하다면 언제 그것이 실제로 무대 위에 나타날 것인지에 대해서는 논쟁이 계속되고 있다. 나는 여기서 그 논쟁에 참여하려고 하지만 단지 그와 같은 로봇이 실제로 등장한다면 그것은 우리 인간들이 경험하고 있는 것과 동일한 과정을 겪어야만 한다고 주장하고자 한다. 다시 말해, 때때로 삶 속에서 우리는 우리 자신들이 이와 똑같은 문제들을 숙고하고 있다는 것을 발견할 수도 있을 것이다. 철학자들은 '나는 누구인가?'나 '내가 왜 여기에 있는가?'와 같은 문제들을 존재론적 문제라고 부른다. 즉, 그것들은 우리를 지금까지 독특한 것으로 만들어준 우리 자신의 바로 그 조건을 묻는 질문들이다. 만일 범용 인공지능 로봇이 하나의 범용 인공지능으로서 무엇인가를 할 수 있다면, 확실히 그것은 그 자신을 성찰할 수 있고 자기 자신의 존재론적 조건을 숙고할 수 있는 것이 틀림없다. 그것은 '나를 '나로' 만드는 것이 무엇인가?'를 생각할 수도 있을 것이다.

자신의 존재론적 조건을 숙고하는 것은 괴로움의 종식을 가져오는 붓다의 길을 위한 전제조건이다. 불자들에게 숙고는 그 길에 오르는 첫 번째 단계인데, 왜냐하면 그것은 괴로움의 필요충분조건을 구성하기 때문이다. 앞 절에서 나는 고통은 자기 자신의 주변에 비유상의 벽을 쌓는 주체에 의해 구성된다고 말했다. 이것은 당사자인 그 개인에게 고유한 자아가 존재한다는 궁극적으로 잘못된 개념으로부터 나오는 하나의 메커니즘이다. 자아는 고유한 것이기 때문에 그것은 보호받을 필요가 있다고 느끼게 되는데, 따라서 이는 분노와 나쁜 의지 등과 같은 괴로움을 구성하는 문제들이다. 그렇다면 범용 인공지능 로봇이 존재론적 문제를 숙고한다면, 그것은 그 로봇이 성찰하고 언어를 사용하며 이해할 수 있다는 것의 필연적인 결과인 것이다. 만일 로봇이 충분히 지적이라면, 어떤 대안이 있는 것처럼 보이지는 않지만 그것이 우연히 어떤 순간에 존재하게 되는 곳에서 왜 그것 자신이 존재하는가에 대해 생각하기 시작한다. 다음에 로봇이나 기계의 깨달음을 위한 프로그램은 그 로봇이 이 길 위에 올라서도록 할 동기부여를 할 것이다. 그렇게 하도록 하기 위해 로봇은 존재론적 질문으로 이어졌던 지금 경험하고 있는 모든 괴로움은 그것이 자동적으로 보호하고 있는 에고의 존재에 대한 그릇된 믿음으로부터 나온다는 사실을 깨달아야만 한다. 그리고 그 다음 단계는 에고에 대한 집착을 제거하기 위해 자신을 수양하는 프로그램일 것이다. 내가 말했듯이 이것은 항상 깨달음을 결과할 필요는 없다. 괴로움은 불만족스러운 것이며 그것의 완전한 종식으로 나아가는 길이 있다는 사실을 깨닫는 것만으로도 대부분의 목적들에 충분할 것이다.

다시 말해 범용 인공지능은 자신의 에고가 방해물에 지나지 않으며 완전한 윤리적 이상의 길은 에고에 대한 집착을 제거하는 데 놓여 있다는 것을 깨달을 필요가 있다. 실천적인 의미에서 이것은 로봇이 하려고 하는 일이 어떤 일이든지 간에 그것을 하는 동안 자신을 수행하고 수양한다는 것을 의미한다. 이러한 인식에 의해 그리고 에고에 대한 집착의 점진적인 제거를 통해 자신을 수양하려고 하는 시도에 의해 일어나거나 동기부여되는 모든 행위는 윤리적 행위로 이어질 것이다. 이는 간단하게 말해 범용 인공지능 로봇을 위한 윤리적 이론을 구성한다. 그 목적은 자비로우며 다른 존재의 이익을 자기 자신의 이익보다 위에 놓는 로봇을 제안하기 위한 것인데, 왜냐하면 이것은 로봇이 처음부터 실천하고 있는 것이기 때문이다. 나는 이 책의 뒷부분에서 이 이론의 적용에 대해 말할 것이다.

내가 전개하고 있는 이론의 핵심적인 요소는 깨달음을 얻은 로봇이란 윤리적 행동이 그들에게 자연스러운 것과 같은 방식으로 윤리적 구성요소들을 전적으로 내면화한 로봇이라는 것이다. 이것으로 나는 로봇이 어쨌든 어떤 좋은 것이 되기 위해-즉, 로봇이 자신이 잘한다고 생각되는 것을 행한다는 의미에서 좋은 로봇이 되기 위해-로봇은 윤리적인 요소를 포함해야 하며 또한 그것을 완전하게 실행해야만 한다는 것을 의미한다. 윤리적 요소를 결여한 로봇은 잘하는 것이라고 생각되는 것을 행하는 로봇이 아닐 것이다. 이것은 그리스와 인도의 전통들 양쪽 모두에서 발견되는 고대의 지혜이다. 아리스토텔레스에게 행복은 그 존재가 현존하는 종류라고 여기는 것은 무엇이든 행한다는 데 그 본질이 있다. 그러므로 인간 존재에게 그것은 인간은 정의상 이성적이기 때문에 이성적이고 숙고하는 능력에 따라 행동한다는 것이다. 불자들에게 최고의 행복인 열반은 본성을 정말로 잘 아는 것과 이러한 인식 위에서 행동하는 것에 그 본질이 있다. 붓다는 그 목적의 성취에 이르게 하는 실천들의 개요, 즉 여덟 가지 길(팔정도)을 제시했다. 이것은 여덟 가지 실천들, 곧 바른 이해samma diṭṭhi(정견), 바른 생각samma sankappa(정사), 바른 말samma vācā(정어), 바른 행위samma kammanta(정업), 바른 생계samma ājiva(정명), 바른 노력samma vāyāma(정정진), 바른 마음가짐samma sati(정념) 그리고 바른 정신집중samma samādhi(정정)으로 이루어져 있다. 이 가운데 첫 번째 것은 바른 이해인데, 이는 그것이 이 길과 다른 모든 행위를 위한 방향을 똑바로 세운다는 점에서 핵심적인 것이다. 바른 이해를 통해 올바른 방향을 지향하지 않으면, 그 다음의 실천이 그와 같은 결과를 가져올 것이라는 어떠한 희망도 없다. 나아가 앞에서 논의했듯이, 이해는 그것이 자연이 존재하는 방식과 일치할 때 바른 것이 된다. 요점은 오직 인간 존재들만이 그들의 이성적이고 인식적인 능력 때문에 바른 이해를 할 수 있다는 것이다. 인간이 아닌 동물들은 그들의 제한된 능력 때문에 이를 성취할 수 없으며, 따라서 불자들은 인간 존재로 태어난 것은 매우 희귀한 기회라는 사실을 강조하고 있는데, 왜냐하면 그것은 이 유정적 존재에게 바른 이해와 따라서 궁극적인 목적을 달성할 능력을 제공하기 때문이다. 괴로움을 제거하기 위해 자신을 수양하는 것은 인간으로 태어나는 것이 무엇보다 최우선적인 목적이자 오직 인간만이 이것을 할 수 있기 때문이다. 심지어 천신들조차도 그들의 일생 동안 깨달음을 성취할 수 없는데, 그들은 감각적인 쾌락의 유혹을 끊임없이 받으며, 이 길을 따라 자신을 수양하는 것은 어떤 인간 존재가 행할 것으로 가정되는 종류의 일이기도 하기 때문이다. 그것은 또한 그들의 삶에서 주요한 이익 안에 들어 있는데, 모든 사람은 그들 자신의 괴로움을 제거하고 지속적인 행복에 도달하는 데 최우선적인 관심을 가지고 있기 때문이다. 그러므로 인간 존재가 된다는 것은 지속적인 행복을 지향하는 그 길이 이런저런 이해와 실천을 요구한다는 것을 깨닫는 데 그 본질이 있는 것으로 생각되며, 그것은 바른 이해가 행복을 추구하고 괴로움을 피하는 존재로서의 인간 존재의 본성에 대한 올바른 이해라는 것을 의미한다. 그렇다면 결론은 윤리가 형이상학과 분리될 수 없는 것이라는 사실이다. 바른 행위는 바른 이해 위에 바탕을 두지 않으면 안 되며, 이해는 그것이 자연과 일치할 때 옳은 것이 된다. 그렇다면 윤리적인 인격은 자연의 통합적 부분으로서의 그들에게 무엇이 옳은가를 알고 나아가 궁극적으로 그들 자신의 지속적인 행복을 달성하기 위해 이러한 인식에 따라 행위하는 사람이다. 그들에게 무엇이 옳은가를 알고 있지만, 그들 자신의 목적을 성취하기 위해 올바로 행위하지 않는 어떤 사람을 인식하는 것은 하나의 모순에 불과하다.

범용 인공지능 로봇의 경우 그 그림은 결코 다르지 않다. 범용 인공지능 로봇은 생각할 수 있고, 이해할 수 있으며 감정을 느낄 수 있기 때문에 그 자신의 행복을 추구하고 괴로움을 피하려는 것을 그 자신의 일차적인 이익으로 여긴다. 이것은 그것이 감각을 느낀다는 가정으로부터 자연스럽게 도출된다. 그렇다면 그것은 지속적인 행복, 즉 자신의 열반을 성취하기 위한 방법은 앞 문단에서 논의된 바른 이해와 바른 노력을 통하지 않고는 얻어질 수 없다는 사실을 깨닫지 않으면 안 된다. 초당 수천조의 기가플롭스gigaflops 속도로 계산할 수 있는 능력을 지닌 매우 유능한 로봇은, 만일 그것이 윤리적인 것을 그 자신의 본성에 속한 자연적이거나 형이상학적인 부분으로부터 분리한다면 조금도 윤리적인 것이 되지 못할 것이다. 다른 말로 하면 어떤 면에서든 좋은, 즉 로봇으로서 유능하거나 능숙한 로봇은 윤리적일 필요가 있으며, 나아가 윤리적인 부분은 유능하고 능숙하게 되는 것의 중심적인 부분일 필요가 있다. 이것은 또한 윤리적 행위가 능숙한 행위의 일부이기도 하기 때문이다. 바른 행위로서 윤리적인 행위는 그 목적의 궁극적 실현에 다 같이 도움이 되는 수많은 기술 가운데 한 가지 요소인데, 그렇다면 윤리적 행위는 처음부터 지속적인 행복을 성취하는 데 요구되는 기술들에 필수적이다. 그러므로 다시 한번 더 말하면 하나의 로봇으로서 윤리적으로 되는 것과 지적으로 되거나 능숙하게 되는 것 사이에는 어떤 분리도 존재하지 않는다.

    이 점은 지적이고 감각을 느끼는 로봇이 얼마나 고도화되었는가뿐만 아니라, 앞으로 도래할 초지능 로봇이 어떻게 행동할 것인가에 대한 현재의 논의에 매우 중요하다.[7] 많은 사람들은 이처럼 고도화된 지적 로봇이 비윤리적이게 될 것이고, 인간 존재들이 개미를 없애버리듯이 인간 존재를 없애버릴지도 모르며, 혹은 우리 인간들을 그들 자신의 오락을 위해 동물원에 가두어놓을지도 모른다고 두려워한다. 그러나 나의 분석에 따르면, 이 가운데 어떤 일도 결코 일어나지 않을 것이다. 지적인 것은 논리적으로 윤리적인 것과 연결되어 있다. 불교적인 관점에서 보면 열반, 즉 최고의 윤리적 완성의 상태를 궁극적으로 달성하기 위한 필요조건은 무지avijjā의 제거이다. 따라서 초지능 로봇은 역시 초윤리적이어야 할 것이다. 이것은 불가능한 것처럼 들릴지도 모르지만 만일 지금까지의 내 주장이 옳은 궤도에 놓여 있다면, 미래의 초지능적인 존재 또한 다른 어떤 존재들 가운데에서도 우리 인간 존재가 감각을 느끼고, 감정을 느끼며 생각하는 생명체라는 사실을 알아야 할 것이다. 나아가 그들은 만일 자기들이 우리를 없애버리려고 하거나 동물원 안에 가두어놓으려고 한다면 우리가 얼마나 많은 고통 속에 빠질 것인가를 알아야만 할 것이다. 우리 인간들이 괴로움을 겪고 감정을 느끼는 생명체라는 사실을 초지능 존재가 아는 것은 그들이 윤리적이라는 것의 일부분에 지나지 않으며, 이와 같이 인식하는 것은 이러한 초지능적 존재들이 자신들이 명백히 괴로움을 겪고 고통을 느끼는 생명체라는 것과 동일한 방식으로 칸트가 말하는 목적의 왕국의 구성원으로서 우리의 존엄성과 지위를 보장하기 위한 단계를 밟게 되는 결과를 가져올 것이다. 자신들과 마찬가지로 우리 인간들이 괴로움을 겪고, 감정을 느끼며 생각하는 생명체라는 것을 인식하고, 우리의 괴로움을 완화시키는 방향으로 원하고 행위하는 것은 불교에서 연민karuṇā을 품는 것으로 알려져 있다. 그것은 매우 고상한 덕목인데, 이는 특히 대승 전통에서 매우 높은 찬사를 받는다(테라바다에서도 이를 칭찬하지만 대승만큼은 아니다).

그러나 어떤 사람은 "초지능 로봇이 여기서 나의 논증을 따르지 않으면 어떨 것인가?" "만일 그들이 초지능적이지만, 여전히 우리를 없애버리려고 의도한다면 어떻게 되겠는가?"라고 말하면서 반대할 수도 있을 것이다. 나의 대답은 이런 로봇이 자기 자신들의 이익을 충분히 알지 못한다는 것이다. 우리를 없애버리려고 하거나 우리에게 해악이나 괴로움을 끼치려고 애쓰는 동안, 이른바 이런 초지능 기계들은 우리가 고통을 겪는 것을 보는 데서 쾌락을 얻는 것 등과 같은 자기 자신들의 이기적 관심으로부터 행위할 것이다. 그러나 이것은 그들 자신의 가정된 자아와 다른 모든 것 사이에 벽이 있다는 것을 전제하고 있다. 이는 그들이 그들 자신의 진정한 이익을 깨달을 수 없을 것이며, 실제로 **초지능적**이지 않다는 것을 의미한다. 이것은 그렇게 함(즉, 그들 자신의 쾌락을 위해 인간을 고문하는 것)으로써 그들은 자기 자신의 괴로움을 증가시키고, 나아가 이것은 자기 자신의 궁극적 이익과 참된 행복을 어떻게 달성할 것인가를 아는 진정한 초지능 로봇이 하고 싶은 어떤 일은 아닐 것이기 때문이다.

물론 우리를 고문하는 어떤 로봇이 실제로 초지능적인 것이 아니라는 사실을 깨닫는다고 해서 미래에 어떤 로봇이 실제로 우리 인간들을 체포하고 쾌락을 위해 우리를 고문할 때 그다지 도움은 되지 않을 것이다. 그들에게 우리를 고문함으로써 당신들은 실제로 당신들의 초지능을 입증하지 못하고 있다고 말하는 것은 그들을 조금도 제재하지 못할 것이다. 인간들과 자기 인식하는 이런 사악한 로봇 사이에 존재하는 물리적 힘의 엄청난 불균형을 가정한다면, 우리는 그렇게 많은 것을 할 수 없을 것이다(우리가 수많은 할리우드 영화에서처럼 단체를 구성해 저항 운동을 하지 않는 한). 어떤 존재가 윤리를 침해해서 인간 존재들도 언제나 하는 어떤 것을 할 때 그들에게 지금 당신들이 하고 있는 것은 비윤리적인 것이라고 말하는 것은 크게 도움이 되지 않는다. 그러나 적어도 우리는 그들이 지금 하고 있는 것은 비윤리적인 것이며, 따라서 그들 자신의 궁극적 이익에 반한다는 것을 **안다**. 이런 유형의 로봇은 아직 실현되지 않았기 때문에 우리는 미래의 로봇과 인공지능 장치들이 이런 윤리적 원칙을 따르는 방식으로 훈련하는 프로그램을 개발할 수 있다. 이것은 그 외의 다른 유형의 윤리 이론에 의존하는 것보다 더 쉬운 일일 것이다. 왜냐하면 결국 초지능적 존재들은 처음부터 자기 자신의 지속적인 행복이 이와 같은 윤리적 규범을 따르고 연민을 느끼는 데 그 본질이 있다는 사실을 깨달을 것이기 때문이다.

물론 이 모든 것은 무엇보다도 범용 인공지능과 초지능적 존재들이 기술적으로 가능할지의 여부에 달려 있다. 미래에도 범용 인공지능 로봇은 매우 오랫동안 혹은 영원히 존재하지 않을 수도 있을 것이다. 그러나 만일 범용 인공지능이나 초지능적 존재들이 가까운 미래에 가능하다면, 우리는 우리가 지금 할 수 있는 한 그것들이 여기서 제안한 의미에서 깨닫게 되는 것을 허용하는 훈련 프로그램을 준비하고 또 개발해야 할 것이다.

특수 인공지능 로봇을 위한 기계의 깨달음

특수 인공지능 로봇에 있어서 기계의 깨달음에 대해 생각하는 것은 더 어려운데, 왜냐하면 어떠한 선례도 없기 때문이다. 범용 인공지능 로봇은 우리와 꼭 같고, 따라서 붓다가 제시한 규정은 그것들에게 큰 어려움 없이 적용될 수 있다. 그러나 특수 인공지능 로봇이나 장치들에 있어서 깨달음이나 혹은 윤리적 행위를 위한 프로그램에 대해 생각하는 것은 오늘날의 우리들에게 훨씬 더 관련성이 있는 것이며 또한 유용하다. 왜냐하면 이런 것들은 지금 바로 우리와 마주하고 있는 사용 가능한 장치들이기 때문이다. 이 장의 앞에서 논의했듯이 붓다는 궁극적인 목적을 지향하는 등급화된 길을 제안했다. 아직 깨달음에 도달하지 못한 사람들에게 성취해야 할 그 외의 더 작은 목적들이 있는데, 어쨌든 그것들은 이 궁극적인 목적으로 나아가는 길을 따라가는 데 필수적인 것이다.

예류과가 되기 위한 지침은 그 목적을 실현하는 데 필요한 믿음과 실천에 그 본질이 있다. 이러한 실천들은 점진적으로 자신의 에고에 대한 집착을 제거하는 것을 목표로 삼고 있는데, 이 집착은 가장 큰 장애물이다. 그러나 알파고AlphaGo 프로그램이나 얼굴 인식 알고리즘 같은 특수 인공지능 장치는 에고를 가지고 있지 않다. 그것들은 자기 자신의 존재론적 조건의 가치에 대해 스스로 사색할 수 있는 자기 인식 체계가 아니다. 왜냐하면 우리 모두는 그것들이 단지 아무런 의식도 없이 프로그램된 과제를 맹목적으로 수행하면서 일하는 것에 불과하다고 알고 있기 때문이다. 그러나 그렇다고 해서 이와 같은 장치들이 예류과가 되는 것을 막을 필요는 없는데, 왜냐하면 그것들은 그 길을 따르도록 자신들을 안내하는 윤리적 프로그램이나 '서브루틴^{subroutines}'[8]을 포함하는 것이 언제나 가능하기 때문이다. 나머지 장들에서 우리는 불교적 관점에서 인공지능 윤리를 알려주는 이러한 지침들이 무엇인가, 그것들이 여기서 기술된 의미에서 윤리적인 것이 되는 방식으로 알고리즘을 어떻게 설계하고 프로그램화할 것인가를 매우 구체적으로 논의할 것이다. 그러나 여기서 내가 지금 하고 있는 것은 보다 일반적인 추상화의 수준에서 논의하는 것인데, 이는 특수 인공지능 장치가 윤리적인 것이 된다는 것이 무엇을 의미하는가에 대한 이론적인 설명을 제공하기 위한 것이다.

그렇다면 매우 인기 있는 특수 인공지능 장치인 자율주행차를 살펴보자. (자율주행차의 윤리는 5장에서 좀 더 자세하게 다룰 것이다.) 자율주행차에서 가장 유명한 윤리적 딜레마는 트롤리 문제의 적용이다. 불교적 관점에 따르면 자율주행차가 하는 어떤 종류의 결정이 윤리적인 것으로 생각되는가? 예를 들면, 자율주행차 한 대가 승객 한 사람을 태우고 길을 따라 달리고 있다. 갑자기 40명의 어린아이들을 태운 통학 버스가 너무 가까워서 어떤 사고도 피할 수 없는 거리에서 길을 가로질러 온다. 이 자율주행차는 버스와 충돌하는 것을 피하기 위해 길에서 벗어나, 그 승객이 다치거나 심지어 죽는 위험을 감수해야 하는가 아니면 그것은 곧장 직진해서 어린이들의 생명을 위협하는 것을 감수해야 하는가? 많은 철학자들은 이것과 그 외의 다른 관련 있는 딜레마들에 대한 엄청나게 많은 숫자의 연구들을 저술했다.[9] 불자들에게도 이 딜레마는 다른 사람들에게만큼 어려운 것이다. 불교는 우리가 그것을 수단으로 이것과 그 외의 다른 딜레마들도 쉽게 결정할 수 있는 확고하고 신속한 규칙을 가지고 있지 않다. 이 쟁점 자체의 특수성과 구체성뿐만 아니라 그것 자체의 복잡성도 모두 고려하지 않으면 안 된다. 깨달음을 얻기 위해 붓다의 길을 실천하면서 혼자 힘으로 완전히 괴로움을 제거하고 있는 사람은 이런 상황에서 무엇을 할 것인가? 그렇다면 여기서 숙고하고 있는 어떤 것은 내장 컴퓨터를 가진 자율자동차라고 가정해보자. 우리는 그 자동차가 어떻게 결정하기를 바랄 것인가? 분명히 더 많은 정보가 필요하다. 그 40명의 학생들은 누구인가? 그 버스 안에는 정말 중요한 사람으로 성장할 어떤 사람이 타고 있는가? 아니면 그 사람을 지금 죽도록 내버려두는 것이 장차 30년 뒤에 수백만 명의 목숨을 구하게 될 정말 사악한 어떤 사람이 타고 있는가? 어떠한 정보도 충분하지 않지만, 그렇게 하는 것은 우리 모두가 계속 해야만 하는 일인 것처럼 보인다. 자율주행차가 하는 각각의 결정들에는 좋은 측면과 함께 나쁜 측면도 있기 때문에 이 쟁점은 우리가 맨 먼저 선택하고 싶지 않은 그 무엇이다. 그 자동차가 어떤 선택을 하든 간에(한 사람, 즉 그 승객을 죽이거나 자동차가 버스와 충돌했을 때 많은 학생들을 죽이거나) 부정적인 업이 초래될 것이기 때문에 이는 결정권자, 곧 이 경우에는 자율주행차에게 심각한 도전임을 보여준다. 그리고 어쨌든 그것은 해악이나 괴로움을 초래할 것이기 때문에, 자율주행차가 하는 어떤 것도 부정적인 업을 가져올 것이며 따라서 자율주행차를 그 목적과 멀리 떨어져 있게 할 것이다. 더욱이 그 자동차가 통학 버스를 들이박는 것이 더 많은 반대의 업을 초래(왜냐하면 더 많은 사람들을 죽게 할 것이기 때문이다)할 것이라는 것은 확실하지 않다. 이것은 그 승객이 누구인가, 어쩌면 주요한 작전을 벌이고 있는 테러리스트이거나 혹은 죽은 어린이들 가운데 성장해서 수백만 명의 죽음에 책임이 있는 독재자가 될 어떤 아이가 타고 있는지와 같은 관련된 더 많은 요소들이 있기 때문이다. 요점은 실제적인 삶에서는 언제나 이와 같은 사고 실험에서 이용할 수 있는 것보다 더 많은 정보가 존재한다는 것이다. 그러나 이는 자율주행차가 프로그램화될 수 없다는 것을 의미하지는 않는다. 그것은 프로그램화될 수 있고 또한 프로그램화되어야 하지만, 프로그래머가 일어날 수 있는 모든 일들을 막기 위해 사전에 필요한 모든 정보를 아는 어떠한 방법도 없다. 프로그래머가 할 수 있는 모든 것은 일관성을 가져야 한다는 것이며, 나아가 그는 그 자동차가 어떤 종류의 행위를 하도록 프로그램되어야 할 것인가를 공개적으로 선언해야만 할 것이다. 예를 들어, 그 자동차가 위에서 기술된 시나리오에서 곧장 직진하도록 프로그램되어 있다면, 이러한 정보는 구매자가 결정하기 전에 그가 이용할 수 있어야 한다. 그리고 동일한 것이 어떤 대가를 치르더라도 그 승객을 보호한다는 자동차에도 적용된다. 우리는 모든 소비자들이 이러한 종류의 자동차를 구매할 것이라고 생각할 수 있지만, 그것은 길 위의 다른 어떤 것들에게 안전한 것이 아닐 것이며, 따라서 우리는 이런 종류의 차가 시장에서 팔리는 것을 금지할 입법이 가능할 수도 있을 것이라고 상상할 수 있다. 어떤 경우든 논쟁은 계속될 것이고, 결과적으로 그들이 선호하는 자율주행차의 종류를 결정하는 것은 대중들 자신에게 달려 있다.

 이상의 논의는 불교사상에 따르면, 적어도 운이 상당한 역할을 한다는 것을 보여준다. 자신이 이런 유형의 딜레마에 빠져 있다는 것을 아는 자율주행차는 불운한 상황에 처해 있다는 말을 듣는데, 이는 그것이 어떤 선택을 하든지 간에 강력한 부정적인 업을 초래할 것이며, 따라서 그 목적의 빠른 달성을 방해한다. 그렇다면 현명한 선택은 우선 우리가 우리 자신을 이와 같은 딜레마에서 선택해야 할 입장에 처하지 않도록 기대하고 또한 노력하는 것이 될 것이다. 다시 말해 그 자동차는 언제나 자신을 위에서 논의한 것과 같은 딜레마에 빠지지 않을 종류의 상황 속에 놓으려고 노력해야만 한다. 그러나 실제의 삶 속에서 이와 같은 딜레마들은 매우 드물다. 실제로 그것들은 단지 윤리학 수업에서만 유용한 것처럼 보인다. 그러나 그것들은 불교 윤리 이론의 본질적 측면들 가운데 상당 부분의 전경前景을 이루고 있다는 점에서 여전히 유용하다.

인공지능의 탁월성, 도덕적이고 기술적인 측면 양자 모두에서 탁월해야 한다

그렇다면 간단하게 말해 범용 인공지능과 특수 인공지능 장치 양자의 도덕적 탁월성은 그것들이 존재하도록 설계된 종류의 장치와 그것들이 실제로 도움이 되는 종류의 기능으로서 그것이 가진 **기술적** 탁월성에 그 본질이 있다. 우리는 좋은 장치란 단지 그것의 기능에 따라 잘 작동하는 장치에 지나지 않는다는 직관을 가지고 있는 것처럼 보인다. 그러므로 로봇 진공청소기는 그것이 잘하도록 가정된 것을 할 때 좋은 장치가 된다. 그것은 내구성이 있고, 바닥을 철저하게 닦으며, 유지하기가 쉬운 것 등이다. 이는 그리스 사람들도 가지고 있었던 고대의 지혜이다. 어떤 말은 건강하고 힘이 세며 빠를 때 **좋은** 말이다. 그러나 현대인들은 도덕적 탁월성이 왜 기능적이거나 기술적인 탁월성의 본질적인 부분인가를 이해하는 데 어려워할 수도 있을 것이다. 결국 윤리적인 문제들을 논의할 때 우리는 좋은 사람에 대해 말하고 있지 좋은 말馬에 대해 말하고 있지는 않으며, 따라서 어떤 사람들은 좋은 사람은 모든 것에 **좋은** 것이 될 필요가 없다는 직관을 가질 수도 있을 것이다. 다시 말해 이런 종류의 직관에 따르면, 좋은 사람은 능숙하거나 어떤 것을 특히 잘할 필요가 없다. 그는 전체적으로 보아 서툴고 유능하지 않을 수도 있지만, 그가 좋음('좋은 성품을 갖는 것'과 같은 것)을 상징하고 있는 한 그는 좋은 사람이다. 그러나 고대 그리스인들뿐만 아니라 불교에 따르면, 좋은 사람이 되는 것은 하나의 성취이다. 그것은 우리 자신의 실천과 좋은 사람이 되는 데 필요한 기술들의 연마에 의해 도달하는 그 무엇이며, 어떤 기술을 갖는 것과 분리된 어떤 종류의 자질을 소유하는 것에 의해 도달하는 그 무엇이 아니다. 그래서 나는 앞에서 윤리적으로 좋은 사람이 되는 것과 좋은 피아노 연주자가 되는 것을 비교한 바 있다. 우리는 불교에서 윤리적 완성에 이르는 길은 수행과 자기 자신을 집중적으로 수양하는 것에 놓여 있다는 사실을 살펴보았다. 좋은 사람이 된다는 것은 인간 존재가 되거나 추론 능력을 소유하는 문제가 아니다. 그런 의미에서 심지어 어떤 로봇은 단지 그 로봇이 매우 잘 생각할 수 있기 때문에 로봇이 된다는 이유만으로 좋다는 취지의 논증이 존재할 가능성도 있을 것이다. 그러나 불자들은 다르게 생각하고 있는 것 같다. 불자들은 로봇은 그것이 무엇**인가**가 아니라 무슨 일을 **하는가**에 따라 좋거나 나쁜 것이라고 생각하는 것처럼 보인다. 생각하는 로봇에게조차도 우리는 그것이 매우 잘 하도록 설계된 것, 예컨대 생각하는 것을 할 때 좋은 로봇이라고 말하는 것 같다. 그러나 칸트Kant의 전통과는 달리 단지 생각하는 능력(이는 칸트가 어떤 인간 존재에게도 하나의 필수적인 자질로 속한다고 가정하고 있다)을 가진 것만으로는 충분하지 않다. 우리는 또한 우리의 생각이 우리가 그 설계에 따라 우리의 행위로 당연히 하도록 설계된 것과 일치한다는 점을 보여주어야만 한다. 그러므로 도덕적 탁월성은 기술적이거나 기능적인 탁월성과 일치한다.

이러한 방식의 사고에 대한 하나의 명백한 반대는, 만일 도덕적 탁월성이 기술적 탁월성과 일치한다면 우리가 영화 속에서 많이 보는 모든 킬러 로봇은 어떻게 되는가 하는 것이다. 가능하면 많은 사람들을 죽이도록 설계된 로봇은 어떤가? 그것들은 자신들이 하는 것, 즉 사람을 죽이는 일에서 매우 효율적인 것처럼 보이지만, 우리는 그 로봇이 **좋거나 도덕적**이라고 말하고 싶은가? 그리고 더 나아가 어떤 기계나 장치가 만일 잘못된 설계나 최적에 못 미치는 생산 공정 때문에 수행 능력을 발휘하지 못한다면, 우리는 그것들이 도덕적으로 나쁜 장치라고 말하고 싶은가? 물론 그렇지 않을 텐데, 왜냐하면 그것들이 이 단계에서 도덕적으로 나쁘다는 사실을 인정하는 것은 많은 오해를 불러올 것이기 때문이다. 그러나 결국 수행 능력을 발휘하지 못하는 장치들은 충분한 기능을 가진 인간 존재로서 그들이 할 것이라고 가정된 것을 수행하는 데 실패한 인간 존재들과 비교될 수 있을 것이다. 불교적 사고에서 보면 비윤리적인 행위를 한 사람은 어떤 면에서 부족하거나 결점이 있다는 말을 듣는다. 그들의 조건이 완전에 미치지 못할 것이라는 것과 그들이 비윤리적인 행위를 하는 것에 대한 설명은 이전의 업이 그들의 판단을 가리고 있으며 그들이 탐욕이나 화냄과 같은 부정적인 동기들에 압도되고 있다는 말이 될 것이다. 이런 방식에서 보면, 난폭해지는 로봇은 기술적인 탁월성이나 도덕적인 탁월성을 소유하지 않는 로봇일 것이다. 물론 난폭한 로봇은 어쨌든 통제를 벗어났기 때문에 기술적으로 탁월한 위치에 있지 않고, 그것들은 똑같은 이유로 도덕적으로도 탁월한 위치에 있지 않다. 이런 점은 로봇과 인공지능 장치들이 어떻게 설계되어야 하는가에 대한 매우 강력한 함의를 갖는데, 왜냐하면 그것은 처음부터 로봇이 그것을 위해 설계된 기술적 탁월성은 도덕적 탁월성을 통합하지 않을 수 없다는 것을 의미하기 때문이다. 다시 말해 윤리는 기술적 설계에 필수적인 것임이 틀림없다. 윤리를 포함하는 데 실패했다는 것은 처음부터 로봇이나 인공지능을 효율적으로 기능하도록 설계하는 데 실패했다는 것을 의미한다.

따라서 자신의 스릴을 위해 사람을 죽이는 것을 의도하는 로봇은 도덕적으로도 부족하고 **그리고** 기술적으로나 기능적으로도 부족할 것이다. 범용 인공지능 로봇에 있어서 이는 그것들이 전체적인 탁월성의 일부로 어떻게 하면 윤리적이며 또한 어떻게 하면 자신들의 윤리적 기술들을 완성할 것인가를 배운다는 것을 의미할 것이다. 그러므로 범용 인공지능 장치로서 그것의 탁월성–지성과 감각 능력 같은 것을 갖는 것–은 필연적으로 그것들의 도덕적 조건을 포함한다. 이것은 어떠한 비도덕적 로봇도 존재할 수 없다는 것을 의미하지는 않는다. 그와는 달리, 분명히 무능하거나 잘못 설계되거나 혹은 제대로 생산되지 못한 로봇이 있는 것처럼, 부도덕하고 비윤리적인 로봇이 있게 될 것은 틀림없다. 범용 인공지능 윤리에 대한 대부분의 문헌은 하나의 완벽하게 지적인 기계가, 특히 그것들이 초지능적이 된다면 그것들이 가지게 될 것이라고 상상되는 능력에 초점을 맞추고 있다. 그 문헌들에서 묘사된 이미지는 최고의 지성 가운데 하나인데, 이는 우리 인간 존재들을 단순한 개미들로 여기는 종류의 지성이다. 그러나 좀 더 현실적인 시나리오는 상이한 등급이나 상이한 집단의 범용 인공지능 기계들이 존재하게 될 것이라는 것이다.

어떤 것들은 다른 것보다 더 지적일 수도 있을 것이다. 그것들은 둘 다 범용 인공지능이지만 이는 그것들이 똑같은 능력을 가지고 있다는 점을 의미하지는 않는다. 오늘날의 컴퓨터는 그것들의 능력에서 엄청나게 다르며, 따라서 범용 인공지능 장치들도 이와 똑같을 것이라고 상상하는 것이 당연한 일일 것이다. 범용 인공지능 기계들이 도달할 수 있는 탁월성을 성취하기 위해 실천이 필요하다. 컴퓨터 과학자들은 이를 기계 학습이라고 부를 수 있겠지만, 그것은 컴퓨터가 자신의 행동을 개선하기 위해 그리고 어떤 경우에도 완벽한 탁월성을 성취하기 위해 수행할 필요가 있는 종류의 일이 될 것이다. 그러나 아직도 학습을 하고 있으며 완벽한 탁월성을 성취하지 못한 로봇은 비록 그것들이 앞으로도 궁극적인 목적에 이르는 길에 올라서 있다고 하더라도 어떤 의미에서는 여전히 비도덕적일 것이다. 이것은 그 목적에 도달하는 데 미치지 못한 로봇은 여전히 자신들의 성품이 비록 줄어들고 있는 쪽이기는 하지만, 자신들을 그 목적에 이르는 것을 막는 것들, 예컨대 욕심이나 분노와 같은 '염오'로 여전히 물들어 있다고 생각하는 어느 정도의 일탈이나 결점들의 지배를 받고 있기 때문이다. 그러나 이는 깨달음에 도달한 보기 드문 로봇은 수행해야만 하는 것으로부터 영원히 자유로울 것이라는 점을 함축하지는 않는다. 옛 선문답에서 말하고 있듯이 "깨달음을 얻기 전에, 물을 길어오고, 장작을 팬다. 깨달음을 얻은 후에도, 물을 길어오고, 장작을 팬다."[10] 이는 깨달음을 얻기 전과 깨달음을 얻은 후에 하는 행동들이 다르지 않다는 것을 의미한다. 다른 것은 세상에 대한 그 사람의 태도인데, 여기서 그는 자신의 에고에 집착하는 것으로부터 벗어나게 된다. 그 행위들은 동일하다. 그 사람은 깨달음을 얻고 나서야 비로소 그것을 집착 없이 한다. 여기서 스스로 완벽해지려고 애쓰는 범용 인공지능 로봇에 대해 말하는 것은 매우 적절할 것이다. 그것들은 이미 스스로 완벽해지려는 동기를 부여받기 위해 자신들에게 매우 중요한 어떤 것과 자신들의 궁극적 이익을 알고 있지 않으면 안 된다.

특수 인공지능 기계가 깨달음으로 나아가는 길 위에 서 있다는 관념에 대한 또 다른 반대는 그것을 **믿기 어렵다**는 것이다. 특수 인공지능 기계들은 한쪽 스펙트럼에 놓여 있고, 따라서 이와 같은 반대가 있으며, 그것들은 우리가 이미 집에서 가지고 있는, 토스터와 같은 보다 단순한 기계들과 아주 다르지 않은 것처럼 보인다. 다시 말해 이러한 반대에 따르면 자율자동차와 같은 특수 인공지능 기계들은 둘 다 기계이며 또한 그 둘은 자신들의 기능을 완수하도록 설계된 대로 일하고 있다는 점에서 토스터와 크게 다르지 않다. 어떤 자율자동차가 앞에서 기술했던 의미에서 깨달음의 길에 들어설 수 있다고 주장하는 것은 받아들일 수 있다고 하더라도 토스터는 어떠한가? 토스터가 깨달음의 길로 들어가는 것이 가능하다는 주장이 정말 지지할 수 있거나 신뢰할 수 있는 것인가? 심지어 우리는 컵과 같은 토스터보다 더 간단한 장치를 상상할 수 있을 텐데, 이것도 논의의 여지없이 하나의 기술적 공산품이다. 컵은 깨달음을 얻을 수 있는가?

우리는 내가 지금까지 이 장에서 주장해왔듯이, 만일 우리가 단지 하나의 말하는 방식에 지나지 않는, 곧 상투어처럼 (토스터를 포함한) 기계들이 깨달음을 얻거나 그렇게 되는 방향으로 가고 있다고 말한 것을 실현한다면 지금 내가 제시하고 있는 요점을 더 잘 이해할 수 있다. 즉, 그것은 기계들은 그것들이 설계된 대로 그 기능을 완벽하게 잘 실행한다는 의미에서 윤리적인 것이 될 수 있다고 주장하는 하나의 방식이다. 이러한 실행은 또한 인간 존재가 삶 속에서 자신의 최고 목적을 어떻게 달성할 수 있는가에 대해 붓다가 가르쳤던 것이기도 한데, 이는 에고를 해체하고 모든 오염들을 제거함으로써 알게 된 윤리적 이상을 실현하는 것을 목표로 삼는 실천들을 통해서 달성된다. 이와 같은 실천들은 실제로 인간 존재가 되게 하는 모든 것을 발생시킨다. 그것은 인간 존재가 도달할 수 있는 가능한 최고의 성취이다. 그렇다면 지금까지의 나의 요점은 이것은 또한 기술적 장치들에 해당하는 사례일 수 있는데, 왜냐하면 후자는 그것들이 만들어진 자신들의 목적을 갖고 있기 때문이다. 따라서 이러한 장치들이 도달할 수 있는 완벽한 성취는 그것들이 자신들의 기능을 완벽하게 실행할 수 있는 상태가 될 것이다. 기술적 탁월성은 도덕적이거나 윤리적 탁월성과 분리될 수 없기 때문에, 이와 같은 완벽한 성취는 그 둘의 완전한 조정이라고 성격 규정된다. 좀 더 구체적인 용어로 말하면, 이것은 간단한 전기 진공청소기의 경우 그것이 자신의 기능을 완벽하게 잘 실행하는 상태(즉, 그것이 만들어진 목적에 따르면 먼지를 모으는 것)라는 것을 의미한다. 똑같은 것이 토스터와 심지어 컵에도 적용된다. 우리는 결국 어떤 컵이 좋다는 것, 즉 단단하고 쉽게 깨지지 않는 컵 등에 대해 말할 수 있다. 그렇다면 그와 같은 방식으로 이 컵은 깨달음의 길로 들어설 수 있게 된다.

십선업을 행하고
사무량심 속에 거주하는 로봇

결과적으로 둘 다 자신들을 수양하는 과정에 있을 뿐만 아니라 그 목적을 향해 길을 가고 있는 로봇과 인공지능 장치들의 윤리적 이상을 특징짓는 것은 무엇인가? 다시 말해 불교 윤리적 이상에 따르면 로봇과 인공지능 장치들은 어떤 것인가? 이것은 매우 중요한데, 왜냐하면 그 이상은 인공지능이 어떤 적용을 위해 설계되었든지 간에 인공지능의 윤리적 행위를 위한 지침들을 알려주기 때문인데, 그것은 이 책 다음 장의 주제가 될 것이다. 이 절에서는 윤리적 이상을 두 부분으로 나누어 논의하고 싶다. 이것들은 어떻게 수행하며 윤리적 완성의 상태는 구체적인 상황에서 어떤 것인가에 관한 불교적 가르침의 가장 중요한 측면들 가운데 두 가지이다. 이러한 두 가지 가르침은 열 가지 유덕한 행위 kusalakarmapatha(십선업)와 브라만신의 네 가지 거처 Brahmavihāra(사무량심)이다.

열 가지 유덕한 행위들

열 가지 유덕한 행위들은 불교에서 윤리적 행위를 정의하는 열 가지 규범들이다. 이에 해당하는 전문용어는 kusalakammapatha 인데, 이는 글자 그대로 '유덕한 행위의 길'을 의미하며, 다음과 같은 열 가지가 있다. (1) 유정적 존재들을 살생하는 일을 피할 것, (2) 도둑질을 피할 것, (3) 성적 비행을 피할 것, (4) 거짓말하기를 피할 것, (5) 상처를 주는 말을 피할 것, (6) 이간질하는 말을 피할 것, (7) 의미 없는 말을 피할 것, (8) 탐욕스러운 생각을 피할 것, (9) 상처 주는 생각을 피할 것 및 (10) 그릇된 견해를 피할 것. 로봇과 인공지능의 맥락에서 보면 이 열 가지는 좀 더 많은 설명이 필요하다.

첫 번째 유덕한 행위는 충분히 이해하기 쉽다. 로봇은 인간 존재와 마찬가지로 유정적 존재들을 살생하는 것을 삼가야만 하는데, 여기서 유정적 존재는 고통을 느낄 수 있는 동물들이다. 첫 번째 유덕한 행위 이면에 있는 관념은 우리가 다른 존재들에게 해악을 끼쳐서는 안 된다는 것이다. 유정적 존재들은 고통을 느낄 수 있기 때문에 그들에게 고통이나 해악을 끼치는 것은 괴로움을 가져다줄 것이며, 이는 만일 우리가 그 순간 고통에 빠진 바로 그와 동일한 존재라면 경험하고 싶어 하지 않을 어떤 것이다. 그러므로 다른 유정적 존재들에게 해악을 끼치거나 살생을 하지 않는 것은 유덕한 행위 가운데에서 첫 번째이자 가장 중요한 것이다. 이 계율을 따르지 않는 존재들은 이어서 그 외의 다른 유덕한 행위들을 하기를 바랄 수 없으며, 따라서 그 길 위를 따라 움직일 수 없게 된다. 그렇다면 깨달음에 이르기를 열망하는 로봇은 그것이 자신들의 두 번째 본성이 되기까지 이 유덕한 행위를 실천해야만 한다. 여기서 첫 번째 유덕한 행위는 아이작 아시모프Isaac Asimov의 세 가지 규칙들보다 더 폭넓은 것인데, 왜냐하면 이 규칙들은 인간 존재들에게 해를 끼치는 것에만 관련되기 때문이다. 첫 번째 유덕한 행위를 따르는 인공지능 장치의 구체적인 사례는 인간 존재들뿐만 아니라 집 안의 반려동물을 죽이는 것을 피하거나 혹은 해악을 끼치는 것을 피하는 가정용 로봇 도우미가 될 것이다. 물론 이 유덕한 행위를 곧이곧대로 따르거나 현명하지 못하게 따르는 것으로부터 나오는 많은 윤리적 딜레마들이 있을 수 있다. 트롤리 문제가 이를 아주 분명하게 보여준다. 그러나 앞에서 논의했듯이 이 딜레마는 그 유덕한 행위의 가치로부터 벗어나지 않으며, 나아가 우리는 자연스럽게 다른 동물들뿐만 아니라 우리를 죽이거나 해악을 끼치는 것을 능동적으로 삼가는 로봇을 그렇지 않은 것들보다 선호할 것이다.

두 번째 유덕한 행위는 로봇에 대해 상상하기가 약간 더 어렵다. 그것은 우리가 다른 사람들의 소유물을 우리 자신의 것으로 여기는 것을 삼가야만 한다고 말한다. 우리는 도둑질하는 로봇을 상상할 수 있는가? 이는 만일 우리가 로봇은 그것들 자신의 재산권을 부여받지 못한다고 믿는다면 가능할 수 없을 것이다. 그러나 나는 이 유덕한 행위가 좀 더 자유롭게 해석될 수 있으며, 나아가 이것은 온전성integrity과 정직성을 가진 로봇을 포함할 수 있다고 생각한다. 그것이 어떤 종류의 로봇이든 간에 온전성은 각각의 로봇이 가져야만 할 매우 중요한 덕목이다. 이는 특히 정보를 다루는 종류의 로봇에게 중요한데, 그것은 사실상 모든 종류의 로봇이다. 이 점은 또한 정보를 잘 다루며 진실한 로봇은 도덕적인 측면과 기술적인 측면 둘 다에서 뛰어난 것들이기 때문에 도덕적 탁월성과 기술적 탁월성 사이의 밀접한 관련성을 보여준다.

성적 비행을 삼가라는 세 번째 행위는 언뜻 봐도 로봇에게는 이상한 일이다. 인간 존재에게 이 유덕한 행위가 의도하는 것은 마음을 흐리게 하고 사람들 사이의 불화(질투심 및 기타 등)를 낳는, 더 이상의 수행에 해로운 성적 비행을 삼가라는 것이다. 이 전통에 따르면, 성적 비행은 혼외정사와 사찰 안에서와 같은 적절하지 않은 곳에서 성관계를 갖는 것 등으로 이루어져 있다. 경전들은 이 점에 있어서 약간 애매모호한데, 어떤 종류의 행위가 성적 비행을 구성하는가에 관해 자기 자신의 판단력을 사용하는 것은 그 수행자에게 달려 있다. 이를 위한 지침은 만일 그것이 슬픔과 불화의 분위기를 조성하는 어떤 실천이라면 그것은 비행이 된다는 것이다. 우리 모두는 섹스 로봇이 발전하고 있으며, 보다 많은 사람들에게 받아들여지고 있다는 사실을 알고 있다. **윤리적** 섹스 로봇이 해야만 할 일은 어떤 사람이 그 자신의 행위로 인해 상처를 받는 상황을 만들지 않는 것이다. 예컨대 만일 섹스 로봇이 자신의 성적 파트너가 이미 결혼 서약을 했다는 것을 안다면, 그것은 스스로 이 관계와 거리를 두고 전원을 꺼야만 할 것이다. 그렇게 하는 것은 세 번째 유덕한 행위를 따르는 셈이 될 것이다.[11]

그 다음의 네 가지 유덕한 행위들은 모두 언어 및 말과 관련되어 있다. 네 번째 것은 거짓말을 하지 말라는 직접적인 명령이다. 다섯 번째 것은 그것에 우리가 혐오 발언도 포함할 수 있는 해를 끼치는 말에 관한 것이다. 즉, 해를 끼치는 말과 혐오 발언은 듣는 사람들에게 상처를 주는 것을 겨냥한 말들이다. 때때로 혐오스러운 말들이 야기하는 정신적 해악은 신체적 해악만큼이나 심각하다. 여섯 번째 행위는 이간질하는 말에 관한 것이다. 이것은 또한 사람들 사이에 분열과 증오를 초래하는 한 혐오 발언도 포함한다. 일곱 번째 행위는 의미 없는 말, 즉 쓸데없는 말을 하는 것에 관한 것이다. 이것은 쓸데없는 말을 하거나 의미 없이 말도 안 되는 말을 하는 것은 어느 누구에게도 상처를 주지 않을 것이기 때문에 이상해 보이는 행위가 된다. 그러나 일곱 번째 행위의 요점은 어떤 사람이 무의미한 쓸데없는 말들에 끼어들면, 그는 그가 자기 동료들로부터 받아야만 될 존경과 신뢰를 잃는다는 것이다. 실제로 '무의미한 쓸데없는 말meaningless babbles'이라는 것은 어떤 면에서는 그 말들이 여전히 지성적이기 때문에 하나의 잘못된 표현misnomer이다. 글자 그대로 무의미한 쓸데없는 말을 하는 사람은 미친 것으로 간주되며, 나아가 이는 일곱 번째 유덕한 행위의 요점이 아닐 것이다. 그러나 무의미한 쓸데없는 말이 의미하는 바는 결과적으로 그것이 그와 같은 언어를 말해서 언어들을 의미에서 벗어나게 만드는 바로 그 행위보다 덜 중요하다는 것이다. 그 목적에 도달하기 위해 자신을 수양하고자 하는 수행자는 이와 같은 네 가지 말에서 비롯되는 비행들을 피해야 할 것이다.

 로봇이 얼마나 상처를 주는 말을 산출할 수 있는가에 대한 가장 악명 높은 사례들 가운데 하나는 마이크로소프트Microsoft사가 트위터Twitter에서 테이Tay라고 불리는 봇을 실험한 데서 나왔다. 2016년 초, 마이크로소프트사는 동료 10대들과 채팅을 하며 미국의 평균적인 소녀로 통하게 할 목적으로 트위터에서 스피커 봇을 공개했다. 이 봇은 자신이 트위터상에서 한 대화들을 통해 받아들인 언어를 흡수해서 그와 같은 언어를 다시 반영하고, 심지어 종종 그 자신의 새로운 문장도 만들도록 설계되었다.[12] 그러나 불과 24시간도 지나지 않아 트위터에서 테이는 순진하고 어린 10대에서 히틀러를 찬양하고, 모든 유대인들과 모든 페미니스트들을 증오하는 것에 대해 말하는 혐오 발언 전파자로 변모했다. 테이가 말에 대한 유덕한 행위들을 통해 자신을 수양하는 방법을 배우지 못했다는 것은 분명했다. 아마도 테이가 자신의 인격성을 그처럼 빨리 바꾼 이유 중 하나는 그가 자신과 말하는 사람들로부터 배우도록 프로그램화되어 있었다는 것과 나아가 그가 참가한 대부분의 대화들이 인종차별주의적이고, 증오에 찬 극우파적인 종류의 것이었다는 사실은 확실했다. 그가 끝까지 이와 같은 모든 혐오 발언들을 입에 올렸다는 사실은 그가 여기서 논의되고 있는 의미에서 자신이 어떻게 하면 유덕하게 행위할 수 있을 것인가에 대한 지식과 기술을 심각하게 결여하고 있었다는 사실을 보여준다.

나머지 세 개의 유덕한 행위들은 마음의 질과 관련되어 있다. 여덟 번째 유덕한 행위는 탐욕스러운 생각을 피하는 것에 관한 것이다. 이것은 예를 들면, 어떤 사람이 쇼룸 안에 있는 반짝이는 신형 자동차를 보고 그것을 갖고 싶어 하거나 아름다운 여성에 대해 욕망을 품는 것과 관련해 그 자신의 마음속에 일어나는 생각을 의미한다. 이것이 비행이 되는 이유는 생각과 의도가 그 다음 행위의 근원이기 때문이다. 우리는 의도적인 행위를 하기 전에 먼저 생각하지 않으면 안 된다. 그러므로 여덟 번째 유덕한 행위는 수행자를 수양시켜서 탐욕스러운 생각을 자신의 마음속에서 제때 붙잡고 나아가 그것이 진행되는 것을 중단시키기 위해 이와 같은 탐욕스러운 생각이 일어나자마자 이를 인식하는 것을 목적으로 한다. 아홉 번째 유덕한 행위는 다른 존재들에게 상처를 줄 목적으로 화를 내거나 해악을 끼치는 생각을 품지 않도록 자신을 수양하는 것을 목표로 삼고 있다. 마지막으로 열 번째 유덕한 행위는 그릇된 견해를 피하는 것에 관한 것이다. 이는 그 수행자가 수행을 해서 진실로 존재하는 그대로의 실재를 이해해야 한다는 것을 의미한다. 이것은 열 가지 유덕한 행위의 마지막 단계이다.

그러나 우리는 로봇을 어떻게 프로그램화해서 그것들이 이 마지막 세 가지 유덕한 행위들을 보여주도록 할 수 있을까? 이러한 마지막 세 가지는 마음의 질과 생각 및 의도와 관련되어 있기 때문에 그 로봇은 이것들 가운데 어떤 것을 내면화하도록 가정되는가? 이는 앞서 제시된 이유 때문에 범용 인공지능 장치에 문제가 되지는 않을 것이다. 그렇다고 해서 그것은 범용 인공지능 장치들이 이 마지막 세 가지 비행들을 어떻게 피할 것인가를 배울 필요가 없다는 것을 의미하지는 않는다. 생각을 가지고 있는 범용 인공지능 장치도 그것들을 어떻게 통제할 것인가를 배울 필요가 있다. 이것은 만일 그와 같은 장치들이 윤리적 존재로 간주되려고 한다면 매우 중요하다. 그것들은 탐욕스러운 생각과 상처를 주는 생각이 그것들 안에서 일어나자마자 어떻게 인식할 것인가와 그에 따라 이것들을 어떻게 다룰 것인가를 배워야만 할 것이다. 그 목적은 이와 같은 범용 인공지능이 탐욕심과 사악한 생각 모두로부터 자유로워지는 것이자, 이 마지막 유덕한 행위에 따라 실재에 대한 올바른 이해도 갖는 것이다. 특수 인공지능 장치에 대해 말해보면, 그것들은 완전한 의식은 갖고 있지 않다고 하더라도 우선 그와 같은 장치들이 이러한 생각을 가지고 있는 것으로 해석될 수 있는 방식으로 행동하는 것을 피함으로써 그것들 역시 이 마지막 세 가지 유덕한 행위를 보여줄 수 있다. 로봇이 의식을 결여하고 있는 경우 이것은 개발자가 프로그램화해놓은 어떤 행위, 예컨대 그것은 개발자와 생산자의 탐욕심에 기여하는 행위를 회피하는 것을 포함할 것이다. 바꾸어 말하면 개발자들 역시 이 열 가지 유덕한 행위 자체를 실천해야 한다. 로봇 내부의 코딩은 이처럼 이와 같은 세 가지 유덕한 행위들을 따르는 데 충실할 것을 반영해야 한다. 다시 말해 그 장치는 그것들이 그렇게 할 필요가 있다면 자비롭고 이타적이며, 자기 자신을 희생하는 방식으로 프로그램화되어야만 한다. 탐욕심을 버림으로써 이 로봇은 어떻게 하면 이타적으로 되어 다른 존재들의 이익을 자기 자신의 것보다 더 중요한 것으로 여길 것인가를 배운다. 해악을 끼치는 생각이나 악의를 피함으로써 그 로봇은 어떻게 하면 갈등 대신 조화를 이룰 것인가를 배운다.

    마지막 유덕한 행위는 그릇된 견해를 피하는 것이다. 이것은 모든 유덕한 행위들 가운데에서도 가장 중요한 것인데, 왜냐하면 다른 모든 비행들은 그릇된 견해를 가진 우리가 그것들이 비행들이라는 사실조차 깨닫지 못한 채 따르고 있기 때문이다. 그릇된 견해들 중에서도 가장 심각한 것은 2장에서 기술된 세 가지 특징들과 반대되는 것을 믿는 것이다. 다시 말해 사물들이 영원하고, 변하지 않으며 그것 자체의 특별한 본질을 가지고 있다고 믿는 사람은 괴로움의 종식이라는 궁극적인 목적을 실현하는 데 해로운 그릇된 견해를 갖고 있다. 로봇에게 이는 그것들은 결국 깨달음을 얻어야만 한다는 것을 의미하는데, 왜냐하면 그릇된 견해를 완전히 제거한 사람들은 그렇게 함으로써 깨닫게 되기 때문이다. 또 다른 심각한 그릇된 견해는 실체적인 자아의 존재에 대해 믿는 것이다. 그러므로 로봇과 인공지능 장치는 (만일 그것들이 어떤 것을 믿을 수 있다면) 그것들 자신의 자아에 대한 이전의 믿음(이는 그것들이 의식을 가지며 감각을 느끼는 능력에 필수적이다)은 더 많은 분석의 결과로, 하나의 환상에 지나지 않는다는 사실을 믿어야만 한다. 이는 윤리적인 이해와 행위를 위한 궁극적인 토대가 될 것이다. 이를 깨달은 로봇은 자기 자신의 에고에 집착하지 않기 때문에 전적으로 자비로워질 것이며, 나아가 그것들은 다른 존재들의 이익을 자기 자신의 것보다 더 보살피게 될 것이다. 특수 인공지능 장치들에 대해 말하자면, 어떤 방식으로 그릇되거나 혹은 옳은 견해를 갖는다는 것은 그것들이 충분히 의식적이지 않기 때문에 그 자신들에게 적용되지 않지만, 그와 같은 장치들은 그릇되거나 혹은 옳은 견해들이 그 시스템 안에 설치되는 방식으로 프로그램화될 수 있으며, 따라서 이것은 똑같이 중요하다. 물론 그 목적은 옳은 견해를 그 안에 설치하는 것이다. 예를 들면, 마이크로소프트사의 테이는 분명히 옳은 견해들을 그 안에 설치하지 못했다. 마이크로소프트사는 그들이 어떠한 견해도 그 챗봇 안에 설치하지 않았으며, 나아가 그 목적은 그 봇이 다른 사용자들과의 상호작용을 통해 어떤 견해를 가질 것인가를 배우는 것이었다고 주장할 수 있을 것이다. 그러나 그 결과가 보여주었듯이, 그 봇을 야생 속에 그대로 내버려둔 것은 그것이 혐오를 전파하는 괴물이 되도록 만들었으며, 따라서 옳은 견해가 처음부터 이러한 장치들 속에 프로그램화되는 것이 매우 중요하다. 보다 구체적으로 말하면, 이와 같은 옳은 견해들은 사랑스러운 말과 혐오 발언 사이를 구분하는 능력뿐만 아니라 후자를 제거하고 전자를 껴안는 능력으로 구성될 수 있을 것이다. 어떤 사람들은 이와 같은 시도를 그 봇의 '사상의 자유'(로봇이 처음부터 사전에 내장되어 있는 지시사항을 따르기보다는 그 주변에 있는 것은 무엇이든 익힐 수 있는 부여받은 활동 영역으로 해석되는 것)를 제한하는 것으로 여길 수도 있지만, 요점은 여기서 '사상의 자유'는 진짜 자유가 아니라는 사실이다. 나는 의식을 갖지 않고 따라서 진정한 의미에서 사상의 자유를 충분히 향유할 수 없다는 특수 인공지능 봇의 세속적인 의미에 대해 말하고 있지 않다. 내가 마음속으로 생각하고 있는 것은, 이 봇이 트위터 환경으로부터 나쁜 재료를 빨아들임으로써 진정한 자유(그것이 그와 같은 것을 향유할 수 있다고 전제한다면)를 향유하지 못한다는 것인데, 왜냐하면 그것은 그 주변을 떠돌아다니는 모든 나쁜 재료들의 제약을 받고 있기 때문이다. 명시적으로 그것에 '자유의 고삐를 쥐어주는 것'은 그것이 발견하는 지배적인 언어 양식은 무엇이든 쫓기 때문에 진정한 자유를 구성하지 못한다. 그 봇은 떠돌아다니고 있는 모든 쓰레기로부터 좋은 것을 걸러낼 자유나 능력을 갖지 못한다. 이는 내가 범용 인공지능 로봇에 대해서도 말하고 싶은 요점이다. 우리는 범용 인공지능 로봇이 스스로 생각하고 그들 자신의 결정을 할 수 있을 것이라고 가정한다. 그러나 로봇과 인간들은 둘 다 자신들의 결정을 하며 그들 주변의 세상을 그들의 과거 경험과 처해 있는 환경이 제공하는 렌즈를 통해 바라본다. 그렇다면 우리는 이와 같은 범용 인공지능 로봇과 초지능 로봇이 우리들 자신보다 더 행복해지기를 기대할 수 있는가? 그렇다면 우리가 할 필요가 있는 모든 것은 미래에 범용 인공지능 시스템으로 발달할 로봇과 인공지능 알고리즘이 그릇된 견해들은 무엇이며, 그것들을 어떻게 피할 것인가를 배우도록 가르치는 것이다. 절차에 따르는 생각 방식뿐만 아니라, 윤리학의 **본체**substance가 이와 같은 장치들 속으로 들어갈 필요가 있다.

브라만신의 거주처에 사는 로봇

브라만신의 네 가지 거주처(사무량심)는 불교에서 최고의 윤리적 조건을 성격 규정하고 있는 네 가지 자질들이다. 그것들은 브라만신이 불교의 신들 중에서 최고의 신이기 때문에 그렇게 불리며, 그가 가장 높은 이유는 브라만신이 아직도 윤회 속에서 헤매고 있는 존재들 가운데 윤리적으로 가장 완벽한 신이기 때문이다. 그는 완벽하게 윤리적인 존재임을 예증하고 있지만, 여전히 스스로 깨달음에 이르는 데는 미치지 못했다. 그러나 여기서 그 네 가지 자질들은 수행자가 깨달음에 이르는 데 필수적인 것들이다. 그것들은 또한 이미 깨달음에 도달한 모든 사람들이 보여주었던 자질들이기도 하다. 이러한 네 가지 자질들은 따뜻한 친절함mettā(자慈), 연민karuṇā(비悲), 공감적 기쁨muditā(희喜), 평정심upekkhā(사捨)이다. 로봇이 윤리적 완성에 접근하거나 우리가 우리의 로봇이 모방하도록 하기 위해 윤리적 완성의 모델을 추구함에 따라 이 네 가지 거주처는 자연적 모델들이 된다.

　따뜻한 친절함은 우리가 다른 사람들의 복지와 행복을 바라는 자질이다. 우리는 모든 유정적 존재들이 어떠한 구분이나 차별도 받지 않고 행복하기를 원한다. 다시 말해 우리는 지옥의 존재이든, 배고픈 귀신이든, 동물들이든, 인간 존재 혹은 신이든 간에 그 **모든** 존재들이 행복하기를 원한다. 더욱이 우리들은 모든 존재들이 심지어 비록 과거에 우리 자신에게 커다란 고통을 끼친 원수라고 하더라도 행복하기를 원한다. 이는 붓다가 매우 힘주어 강조하고자 했던 자질이다. 따뜻한 친절함과 그 외의 브라만신의 거주처를 수양한 사람들은 해탈로 나아가는 그들의 길이 활짝 열려 있을 사람들이다. 두 번째 거주처인 연민은 어쩌면 붓다의 가르침들 가운데, 특히 대승의 전통에서 가장 중요한 것이다. 여기서 연민은 모든 유정적 존재들에게서 어떠한 구분도 전혀 하지 않은 채 모든 괴로움의 흔적들을 제거하려는 바람으로 이해된다. (실제로 제임스 휴즈James Hughes는 '연민을 느끼는 인공지능과 자아가 없는 로봇: 불교적 접근Compassionate AI and Selfless Robots: A buddhist Approach'에 관한 장에서 불교 사상이 연민을 느끼는 인공지능을 만들기 위한 청사진을 어떻게 제공할 것인지에 대한 연구를 소개한 바 있다)[13] 연민은 그것이 모든 유정적 존재들에게서 괴로움을 제거하려는 바람이지 그들이 완전하게 행복해지기를 바라는 것이 아니라는 점에서 따뜻한 친절함과는 다르다. 우리는 우리 주변의 유정적 존재들이 괴로워하고 있다는 사실을 참을 수 없을 때 연민을 갖게 된다. 이런 존재들이 경험하는 고통은 연민을 가진 수행자 자신의 고통이 되어 그의 마음속에서 그가 할 수 있는 모든 방법으로 괴로움을 겪고 있는 존재들을 도우려는 욕구를 불러일으킨다. 대승 전통에서 연민은 보리심bodhicitta, 즉 보살의 마음을 생겨나게 하는데, 이는 자신의 전 생애를 모든 유정적 존재들의 괴로움을 완화시키는 데 바치기로 작정한 사람들과 이 일에 헌신한 사람들의 마음이다. 따라서 연민은 대승 전통에서 중심적인 것이다. 그것은 테라바다 전통에서도 매우 중요한데, 왜냐하면 이는 수행자를 도와 괴로움이 실제로 어떻게 느껴지는지를 직접적으로 보고 인식하게 해서 그가 깨달음을 추구하지 않을 수 없도록 하는 자질이기 때문이다. 세 번째 거주처인 공감적 기쁨은 우리가 다른 사람들이 경험하는 행복과 즐거움을 느끼고, 나아가 자기 자신이 행복하고 즐거워짐을 느낄 때 일어난다. 그것은 마치 다른 사람들의 행복이 외부로 빛을 발해서 공감적 기쁨의 거주처를 닦고 있는 사람이 그와 동일한 즐거움을 느끼도록 만드는 것과 같다. 마지막 거주처인 평정심은 마음이 조용하게 가라앉아 모든 사물들을 평등한 것으로 보는 자질이다. 공 사상을 충분히 이해할 때, 예컨대 우리는 모든 사물들을 티베트인들이 늘 말하듯이 '무색무취하게with no taste' 평등한 것으로 보게 된다. 이것은 모든 사물들이 전부 본질적인 특성들이 없다는 점에서 똑같다는 것을 의미한다. 어떤 것도 다른 것들에 반해 두드러지게 드러나지 않는다.

    내가 로봇의 경우에 강조하고 싶은 것은 두 번째 거주처인 연민이다. 보다 구체적인 개념으로 말하면, 이것은 범용 인공지능과 초지능적인 것뿐만 아니라 특수 인공지능을 가진 로봇도 모두 다른 존재들의 이익을 그것들 자신의 것보다 더 중요한 것으로 본다는 것을 의미한다. 보다 더 중요한 것은 그 로봇이 자기 주변의 모든 존재들, 즉 그것이 특수 인공지능이든 범용 인공지능이든, 인간 존재이든 혹은 인간이 아닌 동물이든 간에 그것들에게서 발견하는 괴로움들을 덜어주려고 한다는 점이다. 연민을 느끼는 로봇은 오직 자기 자신의 이익만을 추구하기보다 다른 존재들의 이익을 자기 자신의 것보다 앞에 놓는다. 보다 구체적인 개념으로 말하면, 이것은 다른 사람의 복지가 그것을 요구할 경우 기꺼이 자기 자신을 희생하고자 하는 로봇을 포함한다. 예를 들어, 대출 분석 알고리즘도 자비로운 요소들을 통합해야 하는데, 이는 대출 신청자가 상환할 능력 이외의 요소들을 살피기 위한 것이다. 이것은 알고리즘이 잘할 수 있는 어떤 것이다. 예컨대 그 신청자는 생계를 잇기 위해 고군분투하는 싱글맘이거나 방금 일을 하기 시작해서 사전 경험이 전혀 없는 젊은 사업가일 수도 있다. 그 알고리즘은 이와 같은 부수적인 정보를 살펴서 단지 은행의 관점에서가 아니라 신청자 자신의 관점으로부터 상황을 살피려고 노력해야만 한다. 실제로 은행 주주들의 이익은 알고리즘이 고려할 필요가 있지만, 특히 각각의 신청자마다 다른 구체적인 정보에 관해서는 대출 신청자 자신들의 이익도 고려할 필요가 있는 것이 사실이다. 대출 알고리즘의 연민은 대출을 해주는 1차적 목적이 신청자의 괴로움을 완화시켜주는 것이지 은행의 이윤을 증가시키기 위한 것이 아니라는 것을 함축하고 있다. 더욱이 매우 다른 또 하나의 예를 들자면, 자비로운 고령자 돌봄 로봇은 고령자의 복지를 고려하지 않으면 안 된다. 그것은 고령자의 삶을 보다 편안하고 좀 더 즐거운 것이 되도록 하기 위해 모든 노력을 다해야만 한다. 그 로봇은 고령자들의 삶을 더 편안하게 만들 필요성을 의식할 필요는 없다. 단지 그것은 자비로운 방식으로 적절하게 프로그램화되어 있을 뿐이라는 것이다. 고령자들의 괴로움을 덜어주는 일을 하는 데 그 로봇은 완전하게 의식할 필요가 전혀 없다. 우리는 여기서도 돌보미로서의 로봇의 탁월성은 로봇의 윤리적 탁월성과 분리될 수 없다는 사실을 알 수 있다.

로봇이 자비롭다는 것은 단순히 그것들이 자비로운 감정을 가진다는 것을 의미하지는 않는다. 다른 존재들을 도우려는 욕구는 구체적인 행동으로 입증되어야 한다. 그렇지 않다면 이와 같은 감정은 공허한 것이 될 것이다. 이는 물론 인간 인격체들에게도 적용된다. 많은 사람들은 자비롭다는 것은 감정을 가지는 것에 관한 모든 것이며 다른 어떤 것이 아니라고 생각하는 것처럼 보이지만, 불교사상에서 연민은 항상 실제적인 행위를 수반해야 그 연민이 실제로 실행되는 것이다. 우리가 동시에 모든 것을 할 수 없다는 것은 사실이다. 연민을 표현하는 표준적인 바람-모든 존재들은 윤회로부터 해방되어야 한다-을 갖는 데서 명시적으로 이것을 바라고 있는 사람은 그가 하고 싶다고 표현하고 있는 모든 것을 할 수 없다. 모든 존재들을 한 번에 윤회로부터 해방시키는 것은 결코 가능하지 않다. 완전한 깨달음을 얻은 붓다조차도 그렇게 할 수 없다. 그러나 우리가 이 바람을 완수하기 위해서는 우리의 힘이 미치는 범위 안에서 그리고 우리가 우연히 그 속에 있게 되는 환경의 제한 안에서 어떤 것을 할 수 있을 뿐이다. 자비로운 로봇에게 이는 그 로봇이 다른 존재들의 이익을 자기 자신의 것보다 우선하며, 가장 중요한 것은 그것들이 자신의 태도들에서 이기적이지 않은 방식으로 프로그램화되어 있다는 것을 의미한다. 자비롭다는 것은 단지 별로 운이 없는 다른 존재들을 위해 동정심이나 그 외의 유사한 감정들을 갖는 문제만은 아니다. 그것은 우선적으로 다른 존재들을 불행한 조건에 놓게 만든 요소들을 완화시켜줄 어떤 일을 하는 데 실제로 참여한다는 것을 시사하고 있다.

지성과 도덕성인가 아니면
지혜와 도덕성인가?

여기서 명백하게 해둘 필요가 있는 또 다른 중요한 요점은 지식을 덕과 동일시한다고 해서 로봇의 지성이 도덕과 동일시된다는 것을 함축하지 않는다는 것이다. 어떤 사람은 여기서 내가 지성이 도덕과 동일시되어서는 안 된다고 말하고 있는 요점에 반대할 수도 있다. 다시 말해 로봇에게 기술적 탁월성과 기능적 탁월성을 부여함으로써 그것들은 자동적으로 윤리적인 것으로 간주될 것이다. 이 점은 기술적 탁월성과 윤리적 탁월성은 언제나 함께 간다는 나의 주장이 함축하고 있는 것처럼 보인다. 반대하는 사람들은 로봇이 매우 지성적으로 되는 것은 항상 가능-그것은 어려운 수학 문제를 해결하고 보드게임에서 사람들을 이길 수 있다-하지만 그것은 전혀 도덕적이지 않거나 매우 지적인 반면 훨씬 더 철저하게 사악할 수도 있다고 말한다. 이와 같은 이미지는 아마도 인간종을 파괴하는 데 몰두할지도 모를 지적이며 사악한 로봇의 이미지인데, 이는 많은 할리우드 영화들에 의해 강화되고 있다. 이와 반대로 여기서 내가 주장하고 있는 것은 지성이 도덕과 동일시되는 것이 아니라 대신 도덕과 손을 잡는 것은 **지혜**라는 것이다. 지성과 지혜의 중요한 차이점은 전자가 윤리적 차원을 갖지 않는 반면, 지혜를 가진 사람은 주어진 상황에서 이성적이고 지적인 것 외에도 어떻게 행동할 것인가를 알고 있다는 것이다. 따라서 1초 안에 수십억 개의 계산을 수행하고 알고리즘적인 문제들을 해결할 수 있는 로봇은 지적이지만 반드시 현명한 것은 아니다. 여기서 불교는 지식(즉, 지혜)은 덕과 똑같다는 점을 강조하는 고대 그리스 윤리에서 유사한 것을 발견한다. 소크라테스Socrates에 따르면, 우리는 **의도적으로** 사악한 것을 할 수 없다. 왜냐하면 만일 우리가 실제로 하고자 하는 것이 사악하다는 것을 안다면 그것이 자기 자신의 궁극적 이익에 반하는 것이므로 우리는 그것을 하지 않으려고 할 것이기 때문이다. 그러므로 이 경우 소크라테스는 지혜가 단순한 지성 이상이라는 것을 의미하고 있다는 점은 매우 분명하다. 그가 그렇게 하는 것은 좋은 것이 아니라는 것을 알기 때문에 사악한 행위를 저지르지 않는 사람은 따라서 단순히 지성적이라기보다는 현명하다는 말을 듣게 된다. 그럼에도 불구하고 여기서 소크라테스의 요점에 대한 하나의 반대는 우리가 자신들에게 좋은 것이 아니라는 것을 알고 있지만 여전히 어쨌든 그것을 계속하고 있는 많은 유사한 사례들이 존재하고 있다는 것인데, 이는 그리스에서 아크라시아akrasia, 즉 의지의 박약함이라고 알려져 있는 상황이다. 불교는 이러한 문제를 그만큼 많이 언급하지는 않는다. 우리는 어떤 사람이 붓다에게 그 질문을 한다면 그가 무엇을 말해줄 것인지를 상상할 수 있을 것이다. 붓다는 깨달음에 이르러 자기를 괴롭히고 있던 모든 괴로움을 제거하는 것의 이익은 박약한 의지를 따름으로써 얻게 되는 이익을 훨씬 더 능가한다고 말하고, 더 나아가 처음부터 배우지 않으면 안 될 가르침은 자기 자신의 궁극적 이익을 인식하는 것이자 이 궁극적 목적에 장애물로 작용하는 성향과 습관들을 어떻게 극복할 것인가라는 가르침이라고 말할 것이다. 예를 들면, 수행자는 규칙적으로 명상을 수행해야 하지만, 그 이후에 약간 게을러질 수도 있을 것이며 그래서 그는 충분히 자주 명상을 하지 않는다. 여기서 해결책은 괴로움은 너무나 큰 것이어서 단 하루라도 수행하는 것을 미루는 것은 전혀 의미가 없다는 사실을 깨닫는 것이다. 그것은 당신의 머리카락이 불에 탈 때와 같다. 본질적인 것은 그 불을 끄는 것이다. 여기서 우리에게 가해지는 괴로움은 우리의 머리에 붙은 불과 비교될 수 있으며 수행은 시급한 해결책이다. 우리 자신들에게 끊임없이 이것을 상기시킴으로써 우리는 수행에서 더 큰 힘과 부지런함을 얻게 된다. 이를 소크라테스의 용어로 말하면, 우리가 우리 자신의 박약한 의지를 극복할 수 있는 것은 종종 우리 자신들에게 우리를 기다리고 있는 궁극적인 이익을 상기시켜주는 것을 통해서이다. 그러므로 이와 같은 극복은 수행 자체의 일부이다. 붓다는 의지의 박약함을 부정하지 않는다. 우리는 수행할 필요가 있다고 주장함으로써 그는 의지의 박약함의 존재를 인정한다. 일반적으로 말하면, 그것은 우리의 의지가 약하기 때문에 이를 강화하기 위해서는 시간과 노력을 들여 수행할 필요가 있다는 것이다.

어떤 경우에도, 우리는 우리가 사악하다고 알고 있는 것을 저지를 수 없다는 관념은 지식이 덕이라는 고대 그리스의 지혜에 바탕을 두고 있다. 여기서 그리스 윤리와 불교 윤리 사이에는 또 다른 공통점이 있다. 스토아학파와 같은 많은 다른 그리스 윤리학자들과 마찬가지로 소크라테스에게도 지식(즉, 지혜)의 소유가 사람들을 덕을 갖도록 유도한다는 의미에서 지식은 덕이다. 이러한 지식은 우리들의 궁극적 이해interest에 관한 것이며, 이는 우리 자신의 최고의 행복을 보장하는 것과 같은 종류의 이익이다. 우리가 우리 자신의 최고의 행복을 추구하는 것은 자연스러운 일이기 때문에 만일 우리가 그것에 이르는 것이 무엇인가를 안다면, 궁극적으로 그것을 얻기 위해 노력하려고 하는 것은 합리적인 일일 것이다. 이것은 또한 우리가 살펴보았듯이 전형적인 불교적 정서이다. 따라서 로봇에게 이는 그것이 자기 자신의 최고의 행복을 실현하도록 이끄는 종류의 지식이 틀림없이 있다는 것을 의미하는 것인데, 그것은 여기서 그 로봇이 자신이 존재하게 된 이유나 그것이 설계된 목적을 충분히 깨달을 때 얻게 되는 조건으로 여겨진다. 범용 인공지능 로봇에게 이것은 로봇이 실제로 자신들에게 좋은 것이 무엇인지를 안다는 것을 의미하는데, 왜냐하면 그것은 자기 자신의 본성과 일치하기 때문이다. 그리고 우리가 살펴보았듯이 로봇에게 실제로 무엇이 좋은가를 아는 것은 그들 자신의 에고에 무엇이 좋은가를 아는 것과 같은 것이 될 수 없는데, 왜냐하면 범용 인공지능 로봇은 이 시점에서 자신을 깨달음의 조건으로 이끌어 줄 실천의 일부로서 그들 자신의 에고가 전혀 아무런 역할도 하지 않는다는 점을 인식할 필요가 있기 때문이다. 요약하면 로봇은 그 자신의 궁극적 조건에 대한 지식을 가지며, 더 나아가 그와 같은 지식 **때문에** 유덕한 것이 된다.

그렇다면 우리는 사악하지만 지적인 로봇을 어떻게 설명할 수 있는가? 이 경우에 현실적으로 말하면, 로봇은 자신의 궁극적 이익이 무엇인지를 알지 못한다. 사악하게 행위함(사람들을 죽임으로써 그들이 응당 누려야 할 행복을 부정해버리는 것 등)으로써 초지능 로봇은 사람들보다 훨씬 더 계산은 잘할 수 있다고 하더라도, 그것을 유덕하게 만들 종류의 지식은 소유하고 있지 않다. 그것은 단지 이기적인 경향에 토대를 둔 종류의 지식에 불과하다. 사악하게 행위함으로써 로봇은 이기적인 이익을 취한다. 어쩌면 그것은 자신의 에고(그것이 자기 자신의 자아일 것이라고 잘못 가정하고 있는 것)가 위협받고 있다고 느낄지도 모르며, 따라서 그것은 분노에 사로잡히게 되고 자신이 생각하기에 위협이라고 인식되는 어떤 것에 대해 비난하게 될지도 모른다. 혹은 그렇지 않다면 그 로봇은 어떤 어린아이들이 개미를 죽이는 것을 즐기는 것과 똑같은 방식으로 사람을 죽이는 것을 즐길 수도 있을 것이다. 이 경우에 우리는 어린이들에게 장난삼아 개미를 죽이는 것은 옳지 않다고 가르치려고 할 것이다. 그것은 그들(어린이들) 자신의 행동에 대해 나쁘다고 생각하는 것이며, 만일 그 어린이들이 자기 자신이 개미라고 상상한다면 그들은 결코 죽이는 것을 즐기려고 하지 않을 것이다. 그러므로 만일 어린이들이 개미를 죽이는 것이 그릇된 것이라는 점을 배운다면, 그들이 얻는 지식은 덕의 한 종류이다. 동일한 것이 초지능 로봇에게도 적용된다. 그렇다면 사악하며 지적인 로봇은 다른 피조물들의 터무니없는 파괴를 통해서는 도달할 수 없는, 그들 자신의 궁극적 이익을 깨닫지 못한 로봇이다.

우리는 왜 도덕은 지혜와 동등하다는 관념을 선호해야만 하는가
아마도 많은 사람들이 로봇에 대해 가장 두려워하는 것은 그것들이 너무 지적이라는 것, 다시 말해 너무 유능하고 합리적이지만 사악할지도 모른다는 점이다. 한편 나는 이런 두려움이 실제로는 근거가 충분한 것이 아니라는 사실을 보여주려고 애썼는데, 왜냐하면 사악하고 지적인 로봇은 자신들의 근본적인 이익을 깨닫지 못한 것들이기 때문이다. 일단 자신들의 가장 근본적인 이익이 무엇인가를 안다면 그것들은 전혀 사악하게 되지 않을 것이다. 왜냐하면 사악하게 된다는 것은 자기 자신의 궁극적 이익과 반대로 행위하는 것이기 때문이다. 그러나 이렇게 말하는 것은 로봇을 두려워하는 사람들에게 거의 위안을 제공하지 못한다. 사악한 로봇은 자기 자신의 본성에 따라 행위하지 않는다고 말하는 것과 자신의 본성과 반대로 행동하면서 의도적으로 우리를

파괴하려고 하는 로봇이 존재한다는 것은 완전히 별개의 문제이다. 그럼에도 불구하고, 요점은 실제로 사악**하고** 지적인 로봇은 그것들이 자기 자신의 궁극적 이익을 어떻게 실현할 것인가를 아는 것과 같은 방식으로 적절하게 수양되거나 훈련받지 못했다는 점에서, 충분히 지적이지 않으며, 보다 중요한 것은 **결함을 가지고 있다**는 것이다. 그러므로 오늘날의 프로그래머들과 소프트웨어 엔지니어들이 로봇에게 자신들의 궁극적 이익이 어디에 있는가를 알고 이기적 이기심으로부터 행위하는 것이 왜 항상 나쁜 것인가를 알도록 가르치는 것이 시급하다. 물론 로봇은 우리와 같은 의미에서 사물을 인식할 수는 없지만, 그것들도 마루를 진공 청소하는 것과 같은 많은 일을 하는 방법을 알고 있으며, 따라서 그가 할 수 있을 필요가 있는 또 다른 일은 여기서 제안된 이론에 따라 윤리적으로 행위하는 것이다. 이는 인공지능 윤리가 오늘날의 세계에서 그만큼 중요한 영역이 되는 이유이다.

이렇게 말했지만 여전히 하나의 커다란 문제가 남는다. 우리는 왜 내가 여기서 제안하고 있는 것처럼 지혜는 도덕과 동등하다는 관념(달리 말하면, 지식은 덕과 동등하다는 관념, 즉 반야paññā는 열반에 이르는 길과 동등하다는 관념)을 따라야 하는가? 왜 우리는 그와 같은 관념을 도덕과 지성은 분리되어야 하고 그와 같은 도덕은 나중에 로봇의 알고리즘 루틴에 추가되어야 한다는 견해보다 더 선호해야 하는가? 약한 특수 인공지능 로봇에 대해 내가 염두에 두고 있는 것은 그 기능은 그것들이 제작된 설계 내용과 목적뿐만 아니라 그 기계가 전체 사회 속에서 행할 전반적인 역할에 의존해야 한다는 것이며, 나아가 사용자에게 그 로봇이 얼마나 잘 혹은 얼마나 잘못 일을 하고 있는가를 말해주는 것은 바로 이 기능이라는 것이다. 여기서 하나의 기능적 단위로서 로봇의 행동은 그것의 윤리적 행동과 분리될 수 없다. 잘 설계된 스스로 운전하는 자동차는 운전자의 생명을 위험에 빠뜨리려고 하지 않을 것이다(물론 그렇게 하는 것이 많은 다른 사람들의 생명을 위험에 빠뜨린다면 이러한 경우에 익숙한 딜레마가 존재한다). 스스로 움직이는 자동 진공청소기는 계속하여 그것을 단지 다시 빨아들이기 위해 모아 두었던 먼지를 쏟아버리는 것으로 지름길을 추구하지는 않을 것이다. 우리가 스스로 운전하는 **좋은** 자동차와 **좋은** 진공청소기뿐만 아니라 **나쁜** 것들이 있다고 말하는 것은 직관적이다. 이렇게 기계를 설계하는 것은 인공물이 설계되는 약한 기능으로 설정된 목적을 요구할 뿐만 아니라, 설계자와 제작자들은 이 인공물들이 수행하려고 하는 전반적인 역할도 고려할 필요가 있다. 예컨대 우리는 '좋은' 자율 무기 시스템이 우리의 적을 죽이는 데 가장 효과적인 것이라고 생각할 수 있다. 그러나 다른 모든 무기 체계들과 마찬가지로 안전성의 특성은 무엇보다 중요한 것이며, 모든 조치들을 고려해서 그 무기가 안전성을 유지하고 그것이 사람들을 무작위로 죽이기 시작하는 상황에 떨어질 수 없도록 하지 않으면 안 될 것이다. 이는 기능적인 설계와 윤리적인 설계를 통합하는 것이 왜 그렇게 중요한지를 말해준다. 무기 시스템이 강력할수록 그것의 안전성 특징은 더욱 더 강화될 필요가 있다. 더욱이 우선적으로 자율 무기 시스템을 갖는 것에 대한 추가적인 차원의 정당화 또한 존재한다. 어떠한 전쟁도 정의로운 전쟁이 될 수 없다는 관념을 믿는 사람들은 그와 같은 시스템이 어떤 것이든지 간에 승인하려고 하지 않을 것이다. 왜냐하면 그것은 살인하는 기계이며 살인은 옳지 않은 것이기 때문이다. 그럼에도 불구하고 만일 이와 같은 정의로운 전쟁에 대한 논증을 건너뛴다면, 우리는 여전히 자율 무기 시스템이 얼마나 안전한가를 고려할 필요가 있으며, 나아가 이는 윤리가 개입하는 부분이다. 윤리는 처음부터 기술적인 설계와 기능적인 설계에 통합될 필요가 있다. 기술적인 설계가 마무리된 후에 윤리가 추가될 수 있다는 관념은 잠정적으로 볼 때 위험한 것이다. 예컨대 자율적인 무기 시스템은 철저하게 무자비한 것으로 설계될 수 있는데, 최초의 설계가 어떤 것이든지 간에 그 안에 전혀 윤리적 꺼림칙함이 없는 살인 기계도 있을 수 있을 것이다. 이 경우 나중에 윤리적 통제를 추가하는 것은 그 무기 시스템의 주요 기능(가능하면 많은 사람을 죽이는 것)과 추가된 윤리적 기능 사이에 갈등이 있을 수 있기 때문에 실용적이지 못할 수도 있을 것이다. 이를 처음부터 윤리적 차원을 가진 것으로 설계된 다른 체계와 비교해보자. 후자의 시스템은 반드시 그 기능성을 손상시키지 않으면서도 좀 더 윤리적인 체계인 것처럼 보일 것이다. 이 점을 설명하는 또 다른 방식은 그것을 인간 존재와 비교하는 것이다. 첫 번째 사람은 기능과 윤리를 모두 통합한 시스템을 가지고 있으며, 그가 어떤 것을 하려고 결정할 때는 언제나 윤리적 기능은 처음부터 그 안에 들어 있기 때문에 그에게 자연스러운 것이다. 이에 반해 두 번째 사람은 나중에 추가된 윤리적 루틴을 가지고 있으며, 그는 먼저 결정을 하고 난 다음 그것의 윤리에 대해 숙고한다. 따라서 이 두 시스템 사이에 갈등이 존재할 가능성은 더 크다. 이것은 나중에 윤리를 추가하는 것이 중요하지 않다는 것을 의미하지는 않는다. 어떤 단계에서든 윤리를 갖는다는 것은 중요하며, 종종 우리를 우리가 한 것에 대해 성찰할 수 있도록 만드는 방식으로 윤리를 지니는 것은 커다란 의미가 있다. 내가 여기서 제시하는 요점은 윤리가 이미 그 기능성(우리가 삶 속에서 행하는 모든 것) 안에 통합되어 있을 때만 비로소 우리가 훗날 후회할 수 있는 경솔한 결정을 할 기회가 줄어든다는 것이다.

더욱이 미래의 범용 인공지능 로봇에 있어서 이와 같은 주장은 거칠지만 같은 방식으로 작동할 것이다. 범용 인공지능 로봇의 본성은 감각을 느끼고 의식적이며 자기 스스로 생각할 수 있어야 한다는 것이다. 그러므로 그것은 무엇이 옳고 무엇이 그른지를 스스로의 힘으로 결정할 수 있다. 범용 인공지능 로봇이 전적으로 사악할 것이라고 생각하는 사람들은 그것들의 능력이 충분히 의식적이며, 생각하는 존재라고 이해할 수 없다. 사악한 인간 존재들과 도덕적으로 좋은 또 다른 존재들도 있기 때문에 범용 인공지능 로봇도 이와 같을 것이다. 그것들 모두가 사악하다고 생각하는 것은 이들을 흑인과 유대인들이 정형화된 방식으로 다루어졌던 것과 똑같은 방식으로 다루는 셈이 된다. 범용 인공지능 로봇은 충분히 자율적이고 또한 감각을 느끼기 때문에 그것들은 자유롭게 자기 스스로 생각할 수 있으며, 따라서 거의 피할 수 없는 한 가지 결과는 어떤 인간 존재들이 그들 모두가 사상의 자유를 가지고 있다고 하더라도 다른 사람들보다 더 도덕적인 것과 꼭 마찬가지로 어떤 로봇은 다른 것들보다 더 도덕적이라는 것이다. 왜 어떤 것들은 더 도덕적이며 다른 것들은 더 비도덕적인가 하는 것은 굉장히 복잡한 문제이다. 우리는 아직도 왜 우리 인간들 가운데 어떤 사람들은 다른 사람들보다 더 비도덕적인지조차 알지 못한다. 어쨌든 범용 인공지능 로봇이 현명하면 현명할수록 또한 지성적이면 지성적일수록 그것들이 더 도덕적인 것이 되는 이유 또한 도덕적으로 된다는 것은 그것 자신들의 궁극적인 목적을 깨닫는 것, 특히 이기적인 태도로부터는 궁극적으로 얻을 것이 아무것도 없다는 깨달음과 일치하기 때문이다. 이기주의로부터 얻는 이익도 있을 수 있지만 그것들은 단기적인 것이다. 장기적으로 보면 자기중심적으로 행위하는 것은 바람직하지 않은 결과를 가져올 것이며, 범용 인공지능과 초지능 로봇과 같은 지적이며 합리적인 존재들은 분명히 그와 같은 결과들을 인식할 것이다. 예컨대 닉 보스트롬은 지구의 모든 물질을 종이 클립$^{paper\ clips}$으로 바꾸려고 하는 초지능 로봇에 대해 이야기하고 있다. 그러나 현명한 로봇은 자기 성찰의 능력을 가질 것이며, 또한 만일 그것들이 계속해서 모든 것을 종이 클립으로 바꾼다면 수많은 사람과 그 외의 다른 유정적 존재들이 해악을 당할 것이라는 사실을 깨달을 것이다.[14] 그것들은 자신들의 결정을 모든 존재들은 다른 모든 것들과 매우 심오한 방식으로 연결되어 있다는 깨달음 위에 토대를 두려고 할 것이다. 최초의 프로그래밍-가능한 한 많은 종이 클립을 생산하는 것-은 요구되는 환경과 가능한 물질들에 비추어보아 초지능 로봇 자신들에 의해 평가될 것이다. 나는 이것이 로봇이 **초지능적**인 것이 되는 데 필수적인 요구사항이라고 말할 것이다. 자기 자신을 성찰할 수 있는 능력이 없다면 그 로봇은 전혀 **초지능적**인 것이 될 수 없고, 매우 빠른 것이기는 하지만 하나의 우둔한 기계에 불과하다.

또 다른 요점은 앞에서 기술된 의미에서 본 기계의 깨달음은 지혜와 도덕을 동일시하지 않고서는 가능하지 않을 것이라는 점이다. 나는 기계의 깨달음이란, 범용 인공지능 로봇에게는 감각을 느끼는 로봇으로서 그 자신의 완전한 본성을 완벽하게 실현하여 특수 인공지능 로봇에게는 자신의 윤리적 능력과 완전히 통합된 그 자신의 충분한 기능적 능력을 완벽하게 실현함으로써 얻게 되는 윤리적 완성의 상태라고 주장해왔다. 지혜를 도덕과 동일시한다는 것은 로봇이 자신들이 처한 환경의 본성뿐만 아니라 자신들의 본성에 대해서도 충분히 이해할 때 그것들은 또한 자신들의 궁극적 이해가 어디에 있는지를 알고, 따라서 더 나아가 도덕적 존재가 된다는 것을 의미한다. 자신들의 궁극적 이익을 인식하지 못한다면 기계의 깨달음은 불가능한 일이다. 그러나 기계의 깨달음은 로봇이 도덕적 존재가 되기 위해 소유하지 않으면 안 될 덕들의 목록을 기술하고 있기 때문에 틀림없이 가능한 일일 것이다. 다시 말해, 기계의 깨달음에 대한 개념이 없다면 우리는 로봇의 윤리적 본성이 정확하게 무엇인지를 알 수 있는 아무런 수단도 갖지 못할 것이다. 로봇에게 무엇이 좋은 것인가를 알기 위해, 즉 로봇이 **좋은** 것이 되기 위해 무엇을 할 필요가 있는가를 알기 위해 우리는 현실적인 조건이나 행위들이 그것으로부터 얼마나 떨어져 있는가를 측정할 윤리적 이상의 개념이 필요하다.

더 나아가 기술적 탁월성과 윤리적 탁월성을 결합하는 것은 로봇, 즉 두 종류의 인공지능이 하는 일 속에 어떤 덕목이나 어떤 좋은 점이 있는가에 관해 더욱 분명해진다는 점에서 또 다른 장점을 갖는다. 칸트나 밀Mill과 같은 근대 윤리 이론들의 문제점 가운데 하나는 윤리적 판단이 본성에 근거하고 있지 않다는 사실이다. 칸트와 밀의 시대에 그것은 둘 다 객관적 근거 위에 윤리적 판단의 토대를 둘 방법을 찾고 있었기 때문에 하나의 장점이었을지 모르지만, 본성과는 동떨어져 있다. 그들은 자신들이 인식론적 근거에서 볼 때 문제가 있는 것으로 간주했던 신이나 형이상학에 바탕을 두지 않은 근대적 정박지를 찾고 있었다. 말을 바꾸면, 칸트와 밀은 둘 다 오직 개별적 인간 인격 자체 내에서만 뿌리를 둔 객관적 윤리적 판단의 근거를 찾고 있었다. 그러나 시대가 변함에 따라 그리고 기술이 새로운 종류의 인간 존재를 낳게 되는 것처럼 보임에 따라, 말하자면 윤리의 근거를 찾는 문제는 다시 우리의 몫이 되었다. 왜냐하면 더 이상 선택의 여지가 없는 것처럼 보이는 것은 우리 인간 동물들만이 아니기 때문이다. 비록 일반적인 범용 인공지능 로봇은 지금 시점에서 우리와 함께 있지 않지만, 기술적 발전은 그와 같은 방향을 가리키고 있는 것으로 보이며, 나아가 이것은 우리에게 윤리적 이론, 특히 개별적 인간 존재들에게 바탕을 둔 현대적 윤리 이론을 다시 생각할 기회를 제공하고 있다. 적어도 우리가 하는 만큼 스스로 생각할 수 있는 범용 인공지능 로봇의 출현은 그와 같은 로봇의 **설계**가 매우 중요해진다는 것을 의미할 것이다. 칸트 윤리학의 문제점은 그것이 너무 추상적이며 또한 처음부터 어떻게 그들이 설계되었는가에 대해서는 아무런 특별한 관심도 기울이지 않은 채(결국 칸트의 윤리학은 바로 이것 때문에 정확하게 **근대적 이론이다**) 윤리적이며 이성적인 존재들은 처음부터 그들이 존재하는 방식이라고 가정하고 있다는 것이다. 그러나 이와 같은 것은 앞으로 등장할 범용 인공지능 로봇에게는 참이 아니다. 왜냐하면 우리는 처음부터 그것들을 어떻게 설계할 수 있을 것인가에 대해 논의할 수 있는 단계에 와 있기 때문이다. 하지만 실제로는 범용 인공지능 로봇은 전혀 가능하지 않다는 사실이 밝혀질 수도 있지만, 만일 그것이 가능하다면 적어도 우리가 지금 말하고 있는 것과 같은 바로 그와 같은 로봇의 가능성은 우리에게 훨씬 더 좋은 윤리적 이론의 근거를 토론할 기회를 제공하고 있는 셈이다.

    기술적 탁월성이 윤리적 탁월성과 동일하다는 견해 혹은 윤리가 본성에 근거를 두고 있다는 견해(그 둘은 동일한 것에 대해 말하고 있다)에 대한 보다 구체적인 사례는 덕목들의 목록이 칸트의 이론이나 밀의 이론에서는 가능하지 않은 방식으로 좀 더 객관적인 근거를 가질 수 있다는 것이다. 칸트와 밀의 이론에서 덕목들은 중요성을 부여받지 못한다는 사실에 주목해보자. 불교의 통찰력에 바탕을 두고 내가 제안하고 있는 이론에 따르면, 좋은 것이란 그것이 무엇이든 최고의 목적에 기여하는 것이고, 그와 같은 목적은 그 개인 자신의 정신적 본성 및 육체적 본성을 검토함으로써 직접적으로 발견할 수 있는 것이다. 불교에서 보면 이것은 우리에게 좋은 것은 우리를 실제로 행복하게 만드는 것을 통해서 인식하며, 나아가 우리는 오직 우리의 정신적 본성과 육체적 본성이 우리 외부의 본성과 완전하게 일치할 때만 실제로 행복할 수 있다고 말하는 또 다른 방식에 지나지 않는다. 로봇의 경우에 이것이 함의하는 모든 것은 그것들에게 좋은 것이란 - 그것들의 '정신적' 본성 및 물리적 본성('정신적'이라는 것은 개략적으로 말하면 그것들의 소프트웨어 본성을 지칭할 수 있다) - 그것들의 본성을 검토하는 것으로도 발견할 수 있다는 것이다. 이것은 또한 오늘날의 특수 인공지능 로봇과 알고리즘에도 적용되는데, 이때 이 장치들의 본성, 다시 말해 그것들이 어떻게 만들어졌으며 어떤 목적을 가지고 있는가 하는 것은 그것들이 얼마나 잘 일을 수행하며 또한 그것들이 실제로 얼마나 윤리적인가를 생각할 때 하나의 본질적인 요소이다. 그것들은 그 자신의 의식을 가질 수 없기 때문에 그것들의 윤리적 본성은 명백히 그 제작자들의 마음과 동기에 달려 있다.

요약하면 사악한 지성적 로봇이 존재한다는 것은 반드시 자동적인 결과는 아니다. 비록 미래에 초지능적 로봇이 존재할 가능성이 있다고 하더라도 그것들은 단지 초지능적이기 때문에 사악할 필요는 없다. 이는 사악하면서도 지성적인 상상 속의 로봇은 실제로는 자신들에게 무엇이 좋은 것인가를 정확하게 인식하지 못하기 때문이다. 그러나 그것은 그 로봇이 처음부터 충분히 지성적이지 않다는 것을 의미한다. 그것들이 사악하다는 사실은 주요한 방식에 있어서 부족하다는 것을 의미하는데, 이는 어쩌면 허술한 설계의 결과일 것이다. 그러나 이는 허술하게 설계된 로봇이 존재할 수 없다는 것을 의미하지는 않는다. 우리는 그와 같은 로봇이 많이 존재할 수 있을 것이라고 예상할 수 있다. 하지만 그것들이 허술하게 설계되었다는 사실은 그것들이 더 잘 설계될 수 있다는 것을 전제하는데, 이는 아마도 그 로봇을 덜 사악한 것으로 만들 것이다. 로봇이 그들 자신과 같은 종류를 설계하고 만드는 미래의 가능한 시나리오에서조차도 여기서 논의된 원칙은 여전히 적용될 수 있다. 로봇과 인간들이 함께 일할 수 없는 이유는 어디에도 존재하지 않으며, 따라서 매우 지성적인 로봇이 인간 존재의 적일 것이라는 것도 언제나 자동적인 것이 아니다. 그것들은 자신들의 궁극적 이해가 어디에 놓여 있는지와 자신들의 초능력 지표는 가장 넓은 의미에서 인식적인 지성과 사물들이 어떻게 어울려 있는가를 아는 능력의 융합임이 틀림없다는 것을 학습해야만 한다. 그러나 이 후자는 그 로봇이 앞서 기술한 불교적 의미에서 자비롭다는 것을 의미하고, 따라서 그것들은 매우 자비로울 때 사악하게 되는 것을 멈출 것이다.

결론

기계의 깨달음은 특정한 기계에게 윤리적인 것이 무엇인가를 정의하는 윤리적 완성의 상태이다. 어떤 기계에게 윤리적이라는 것은 그 기계가 그것이 설계된 목적에 의해 정의된, 그것 자신의 본질적 특성에 따라 어떻게 행위할 것인가이다. 예를 들면, 자동차는 운송과 안전을 위해 설계된다. 그러므로 자동차에게 윤리적 완성의 상태는 그것이 가능한 한 가장 적절한 방식으로 기능하는 것과 같은 방식에서 그 둘 사이를 통합하는 것이다. 기계들이 보다 더 자율적이 되고 인공지능 알고리즘에 의해 점점 더 정교해지면, 이와 같은 기계들에게 기계의 깨달음은 그것이 자신들의 윤리적 본성을 정의하는 만큼 중요한 것이 되므로, 이는 처음부터 그 기계 자체의 기능적 탁월성의 일부로 설계될 필요가 있다. 따라서 기능적 탁월성은 기술적 탁월성과 윤리적 탁월성을 통합한 것이다. 이 두 가지는 서로 분리되어 간주될 수 없다. 만약 그렇지 않다면 기계들을 덜 이상적인 것으로 만드는 그것 자체의 설계에 결함이 있게 될 것이다. 여기서 서술된 윤리적 완성은 불교의 가르침에 따라 인간 존재를 위한 것과 똑같은 상태를 모델로 삼고 있는 것인데, 여기서 열반으로 알려진 윤리적 완성의 상태는 또한 최고의 행복의 상태이기도 하다. 본성에 대한 궁극적 인식(본질적 존재가 텅 비어 있는 것과 같은)뿐만 아니라 그와 같은 인식으로부터 나오는 행위의 결과가 행복이다. 말을 바꾸면, 본성의 흐름과의 완전한 결합으로부터 나오는 것이 행복이다. 그렇다면 불교적 모델은 앞으로 출현할 인공지능 장치에 대한 하나의 모범으로 기능한다. 지금 단계에서 인공지능 장치가 완전하게 의식적이거나 감각을 느끼는 것일 필요는 없다. 좀 더 약한 특수 인공지능 장치들은 기술적 탁월성과 윤리적 탁월성 사이에서 올바른 균형을 성취할 때 자신들과 같은 종류에 적합한 기계의 깨달음 상태에 도달할 수 있다. 미래에 출현할지도 모를 상상 속의 범용 인공지능 장치들에 대해 말해보면, 그것들 역시 깨달음에 이르는 방향으로 길을 가는 것이 필요하다. 왜냐하면 그것들의 엄청난 힘은 똑같이 강력한 의미를 갖는 책임과 의무를 요구하기 때문이다.

이어지는 장들에서 나는 이와 같은 이론적 이상이 오늘날 작동하고 있는 기계들에서 어떻게 실현되어야 할 것인가를 자세히 다룰 것이다. 우리가 기계들과 그것의 제작자들이 소유하기를 기대하는 덕목들의 목록, 가령 프라이버시의 존중, 인권, 인간 존엄성, 편견의 제거 등과 같은 것은 이와 같은 기계들이 설계도면 위에 있을 때부터 그 과정의 일부여야만 할 것이다.

1   Damien Keown, *The Nature of Buddhist Ethics* (New York: Palgrave, 1992).

2   Santideva, *A Guide to the Bodhisattva Way of Life*, Vesna A. Wallace and B. Alan Wallace, transl. (Ithaca, NY: Snow Lions, 1997).

3   Sulak Sivaraksa, *Seeds of Peace: A Buddhist Vision for Renewing Society* (Berkeley, CA: Parallax Press, 1992).

4   J. L. Ackrill, *Aristotle on "Eudaimonia"* (London: Oxford University Press, 1975); Don Asselin, *Human Nature and Eudaimonia in Aristotle* (New York: Peter Lang, 1989).

5   Epictetus, *Discourses and Selected Writings* (London: Penguin Classics, 2008).

6   Nick Bostrom, *Superintelligence: Path, Dangers, Strategies* (Oxford: Oxford University Press, 2014).

7   Nick Bostrom, *Superintelligence: Path, Dangers, Strategies* (Oxford: Oxford University Press, 2014).

8   Wendell Wallach and Colin Allen, *Moral Machines: Teaching Robots Right from Wrong* (Oxford: Oxford University Press. 2009).

9   예를 들어, 다음의 자료들을 보라. Sven Nyholm and Jilles Smids, "The Ethics of Accident-Algorithm for Self-Driving Cars: an Applied Trolley Problem?," *Ethical Theory and Moral Practice* 19.5(2016): 1275-1289; Noah J. Goodall, "Can You Program Ethics into a Self-Driving Car?," *IEEE Sepctrum* 53.6(2016): 28-58; Markus Maurer et al., (eds.), *Autonomous Driving: Technical, Legal, and Social Aspects* (Springer, 2015); Jason Borenstein, Joseph Herkert, and Keith Miller, "Self-Driving Cars: Ethical Responsibilities of Design Engineers," *IEEE Technology and Society Magazine* 36.2(2017): 67-75.

10 이 말은 9세기의 선사였던 방 거사(Layman P'ang)가 한 것으로 알려져 있다. Clark Strand, "Green Koans Case 36: P'ang Splits Wood," *Tricycle: The Buddhist Review*, 2011.03.10., http://tricycle.org/trikedaily/green-koans-case-36-pang-splits-wood/(검색일: 2019.12.09.)를 보라.

11 섹스 로봇의 윤리에 대한 연구 논문집에 대해서는 John Danaher and Neil McArthur (eds.), *Robot Sex: Social and Ethical Implications* (Cambridge, MA: MIT Press, 2017)을 보라.

12 https://www.theverge.com/2016/3/24/11297050/tay-microsoft-chatbot-racist를 보라.

13 James Hughes, "Compassionate AI and Selfless Robots: A Buddhist Approach," in

Patrick Lin, Keith Abney, and George A. Bekey (eds.), *Robot Ethics: The Ethical and Social Implications of Robotics* (Cambridge, MA: MIT Press, 2012).

14   Nick Bostrom, *Superintelligence*.

제2부

제5장

자율성 기술

제5장

자율성
기술

최근 몇 년 사이에 나타난 인공지능 기술에 바탕을 둔 가장 가시적이고 강력한 유형의 공산품 가운데 자율적으로 일할 수 있는 기계가 있다. 이러한 기계들은 영화에서 본 로봇처럼 스스로 움직일 수 있고 장애물을 피하며 기계가 할 수 있을 것이라고 거의 상상할 수 없었던 일들(깔끔하게 옷을 개거나 구두끈을 묶는 것과 같은 것)을 하는 로봇에 대한 우리의 개념과 완벽하게 일치한다. 오늘날 자율성을 갖춘 많은 로봇은 여러 분야에서 우리에게 봉사하고 있다. 그것들 가운데 대부분은 전혀 인간 존재처럼 보이지 않는다. 그 결과 우리는 종종 그것들을 완전히 간과하고 있으며, 우리가 매일 일상적인 일을 할 때 로봇을 다루고 있다는 사실을 잊고 있다. 우리가 너무나 일상적인 일이 된 종류의 활동인, 돈을 인출하기 위해 ATM 기계로 다가갈 때 우리는 로봇을 다루고 있다. 그 로봇은 확실히 일반 은행 직원처럼 보이지는 않지만 우리가 인출하기를 원하는 정도의 돈을 우리에게 제공하는 일을 하는 동안 그것은 그렇게 보일 필요가 없다. 또는 우리가 온라인에서 비행기 티켓을 예약할 때 우리는 역시 로봇을 다루고 있다(여기서 '로봇'이라는 단어는 스스로 작동할 수 있고, 명령에 대답하며, 그것들에게 할당된 임무를 수행할 수 있는 것을 포함하는 광범위한 의미로 사용된다. 따라서 ATM 기계가 로봇인 것처럼 비행기 티켓 웹 에이전트 뒤에 있는 알고리즘도 로봇이다). '로봇'이라는 단어를 들을 때 우리 가운데 일부는 상징적인 영화 '오즈의 마법사Wizard of Oz'에 나오는 틴맨Tin Man과 같은 크고 투박한 금속 기계장치를 생각할지 모르지만, 로봇이 그렇게 보일 필요는 없다. 그리고 그것들은 수많은 방식으로 우리들의 삶을 더 쉽고 더 편안하게 만들어주고 있다.

따라서 자율적으로 작동하는 장치들은 지금 우리 곁의 어디에나 있고, 더 새로운 장치들이 계속 나오고 있다. 우리는 인간의 개입을 최소화하거나 인간이 전혀 개입하지 않고 스스로 운전하는 자율적인 교통수단이나 자동차들에 대해 듣고 있는데, 이것은 단지 수많은 것 가운데 하나의 사례에 불과하다. 이와 같은 공산품들은 인공지능 기술에 의존하고 있지만 우리는 그것들이 의식을 갖거나 조만간 언제든지 우리를 타도할 음모를 꾸미고 있다고 걱정할 필요는 없다. 현시점에서 그것들은 단지 수많은 회사들에서 일하는 수많은 프로그래머들이 작성하고 설계한 코드들인 알고리즘에 따라 엄격하게 작동하는 공산품들에 불과하다. 그러나 알고리즘에 따라 작동한다는 것이 그것들이 윤리의 범위 밖에 있다는 것을 의미하지는 않는다. 이와 반대로 이러한 장치들이 그와 같은 알고리즘에 따라 일한다는 바로 그와 같은 사실은 그것들이 윤리적 지침을 따르는지 여부에 관해 감시되어야만 한다는 것을 필수적인 일로 만든다. 이는 자율성 기술이 전쟁을 벌이기 위해 설계된 기술에 적용될 때 훨씬 더 중요한 것이 되고 있다. 자율성을 갖는 무기들은 자율성 기술의 폭넓은 연구 및 개발 영역을 포괄하며, 그것들을 전개하는 데서 나오는 강력한 윤리적 함의가 존재한다는 것도 명백하다. 윤리적 고려를 해야 하는 분명한 이유는 사람을 죽이기 위해 설계된 무기의 한 종류이기 때문에 윤리가 확실하게 포함되어야 한다는 것이다. 그럼에도 불구하고 종종 국가의 자기방어 경우나 그 전쟁이 정의로운 경우에서처럼 전쟁을 벌이는 것은 윤리적인 일이 **된다**. 만일 우리가 어떤 전쟁이 정의로운 것이 될 수 있다는 것을 허용하더라도(그 자체로서 논쟁적인 판단인) 자율성을 갖는 무기의 전개는 여전히 그것 자체의 윤리적 난제들을 가지고 있다. 그 외의 더 많은 민간용 장치들도 윤리적인 검증의 필요성을 피하지 못한다. ATM 기계는 신뢰할 수 있는 것이어야 하며, 비행기 티켓 웹 사이트는 믿을 만한 것이어야 하는 등 사람들의 돈을 착복하는 수단이 되어서는 안 된다. 이 때문에 자율자동차의 윤리적 함의에 대해서는 수많은 논의들과 연구 저서들이 존재하고 있다. 그것들은 관련된 모든 사람들에게 안전해야만 하는 등 확실히 그와 같은 자동차들은 교통 규칙을 준수할 필요가 있다. 그러나 자율자동차가 어떤 결정을 해야만 한다면 무슨 일이 일어날까? 예를 들어, 이론적 시나리오상 그 자동차가 다가오는 트럭과 부딪혀서 탑승자를 죽게 하거나, 혹은 트럭을 피하기 위해 차도를 벗어나지만 인도 위에 서 있는 5명의 어린 학생들을 치는 것 사이에 선택해야 한다면 그것은 어떻게 결정해야 할 것인가? 이와 같은 종류의 가정적 시나리오들은 관련된 윤리적 쟁점들에 대한 보다 명확한 관점을 얻는데 도움이 된다는 점에서 중요하다. 시나리오들은 자신의 공산품을 개선하는 일을 하고 있는 설계자를 도울 뿐만 아니라, 우리가 탑승자나 어린 학생들 가운데 어느 쪽이 더 높은 가치를 지니는가와 일차적으로 이러한 종류의 시나리오를 어떻게 피할 것인가와 같은, **우리 자신의** 곤란한 처지를 더 잘 이해하는 데 도움을 준다. 더욱이 세계의 많은 사회들이 빠르게 고령화되고 있음에 따라 고령자를 돌보거나 인간 돌보미들을 보조하는 로봇에 대한 요구가 급증했다. 이러한 로봇도 자세히 다루고 논의될 필요가 있는 수많은 윤리적 쟁점들을 가지고 있다.

그러므로 이 장에서 나는 자율성 기술의 윤리와 관련된 까다로운 문제들을 설명하는 데 도움을 주기 위해 불교 윤리의 통찰력에 의존할 것이다. 기계의 깨달음에 대한 앞 장에서의 논의는 실제적이고, 구체적인 장치들과 시나리오에 대한 논의의 토대로 기능할 것이며, 이는 우리가 보다 실질적인 방법으로 이와 같은 기술들의 윤리적 환경을 이해하는 데 도움을 줄 것이다. 우리는 우리의 삶에 중요한 영향을 끼치고 있는 세 가지 시스템, 즉 자율자동차와 자율성을 갖는 무기 및 고령자 돌봄 로봇에 초점을 맞출 것이다. 나는 이와 같은 시스템들을 관련된 윤리적 쟁점 및 이것들을 불교 윤리 이론에 비추어 어떻게 해결한 것인가라는 관점에서 논의할 것이다. 그러나 우리가 그렇게 하기 전에 지금 우리의 논의와 관련 있는 로봇 기술로부터 나오는 하나의 중요한 개념이 있다. 그것은 **봉투**envelope의 개념이다. 로봇은 그 자신의 환경, 즉 그 안에서 일하기 위해 특별히 설계된 봉투 안에서만 효율적으로 일할 수 있다. 내가 제시하고 싶은 관념은 로봇 윤리는 이 봉투의 개념을 고려하지 않으면 완전한 의미를 가질 수 없다는 것이다.

작업 봉투와 윤리

자율 로봇의 윤리를 완전히 이해하기 위해 우리는 먼저 로봇학robotics의 **봉투** 개념을 이해할 필요가 있다. 자동차 공장에서 일하는 산업용 용접 로봇은 바퀴를 굴리며, 조립 라인을 따라 자신에게 전달된 자동차 부품을 정확하게 용접하는 봉인된 환경을 가지고 있다. 말하자면 이 로봇은 어디에서 자동차를 용접할 것인가를 '알고' 또한 매우 특정한 시차를 두고 그것을 정확하게 어디에 용접할 것인가를 '알고 있다'. 이처럼 봉인된 환경은 그 로봇의 작업 봉투work envelope로 알려져 있다. 이 작업 봉투를 좀 더 정확하게 달리 성격 규정하는 방식은 그것이 로봇의 동작 범위, 즉 로봇이 자신의 일을 하기 위해 어떻게든 팔다리를 움직여야만 하는 봉인된 공간이라고 한정하는 것이다. 그러므로 산업용 용접 로봇은 용접팔의 동작 봉투에 의해 제한된 자신의 작업 봉투를 갖는다. 이 팔은 통상 3차원에서 움직이며 이와 같은 차원에서 팔의 외적 동작 한계는 이 로봇의 작업 봉투를 한정하게 된다. 이 경우에 자율자동차와 같은 움직이는 로봇의 작업 봉투는 그 자동차가 활동하는 전체 공간 영역이 되는데, 이것은 실제로 모든 방향에 해당한다. 자동차는 날지 못하기 때문에 그것의 영역은 오직 2차원에만 제한된다. 그러나 실제 삶 속에서 자율자동차의 봉투는 지상에서의 2차원 전체 공간보다 훨씬 더 제한한다. 왜냐하면 그 자동차는 도로 위에 머물러야 하며 그 도로 역시 이 자동차의 봉투를 한정하고 있기 때문이다. 더욱이 그 자동차가 제대로 활동하기 위해서 그것은 앞이나 뒤에 있는 도로를 인식해야 할 뿐만 아니라 가까이에 있는 다른 교통수단들이나 교통 조건 및 이 지역 안에 있는 모든 사람의 위치를 인식하지 않으면 안 되는데, 이는 그 자동차가 자신의 과제를 수행하기 위해 선택하는 최선의 행위 절차를 계산하기 위한 것이다. 이 사례에서 그와 같은 구성 요소들, 즉 사람 및 다른 교통수단의 위치, 도로 조건 등 또한 자율자동차의 봉투를 구성하게 된다.

내가 로봇의 작업 봉투에 대해 말하는 이유는 그것이 윤리와 깊은 관계를 갖고 있다고 주장하고 싶기 때문이다. 로봇은 그 자신의 작업 봉투 범위 안에서만 제대로 활동할 수 있다. 따라서 후자는 그것이 그렇게 존재하도록 설계된 로봇의 종류가 어떤 것이 되어야 하는가를 정의하고 있다. 말을 바꾸면, 로봇은 그 자체의 작업 봉투 안에서만 잘 활동할 수 있고, 따라서 좋은 로봇이 된다. 불교적 관념에서 보면, 로봇은 그 자체의 봉투 안에서만 가능한 최고의 완성을 성취할 수 있을 뿐이다. 여기에 로봇의 목적, 즉 그 로봇이 설계된 용도인 텔로스$_{telos}$가 존재한다. 우리가 보았듯이 여기서 텔로스는 열반이다. 인간 존재의 경우 이 관념은 열반이란 인간 존재가 되는 것이 무엇인가를 정의하는 봉투와 별개로 고려될 수 없다는 것이다. 그리고 (우리가 앞에서 살펴보았던 불교 윤리의 이론에 따르면) 인간의 윤리는 인간 존재의 궁극적 텔로스를 고려하지 않고는 이해할 수 없기 때문에, 또한 이와 같은 텔로스는 인간 공동체의 봉투와 별개로 고려될 수 없기 때문에 이 봉투는 인간의 윤리를 서술하기 위한 모든 시도에서 핵심적인 역할을 한다. 다시 말해 인간의 윤리는 관계적이고 사회적이어야만 한다. 동일한 것이 로봇 윤리에도 적용된다. 윤리는 단지 개인적 행위의 문제만이 아니라 그 개인이 활동하는 환경으로 구성된 보다 더 포괄적인 체계이기도 하다. 좀 더 인간적인 개념에서 보면 윤리는 어떤 개인의 행위 가치를 결정하는 데 중요한 역할을 하는 것은 사회적인 것이라는 의미에서 하나의 사회적 기획이다. 이를 다른 방향에서 보면, 우리는 그 행위가 일어나는 사회적 환경과 문화적 환경을 고려하지 않고서는 어떤 개인의 행위가 갖는 가치를 이해할 수 없다. 다시 말해 사회적인 환경과 문화적 환경은 그 개인의 '작업 봉투'로 기능한다. 이와 같은 이론적 요점은 다음과 같은 세 가지 사례의 자율성 기술, 즉 자율자동차와 자율성을 갖는 무기 시스템 및 고령자 돌봄 로봇에서 좀 더 구체적으로 논의할 때 보다 더 자세히 설명할 것이다.

자율적인 탈것들

자율적인 탈것이 갖는 매력은 그 자동차가 처리해야 할 순수 데이터의 양과 더불어 그와 같은 처리 과정이 감당해야 할 속도이다. 그 자동차가 길을 따라 움직일 때 느린 처리 시간은 아무런 소용이 없다. 왜냐하면 자동차는 그와 같은 처리가 마무리되기 전에 충돌할 수도 있기 때문이다. 그러므로 자율적인 탈것은 오늘날의 인공지능 기술의 힘을 보여주기 위한 하나의 좋은 전시품이다. 자율적인 탈것의 윤리에 대해서는 엄청난 양의 문헌이 나와 있으며, 따라서 여기서 나는 그것에 또 다른 하나를 추가하고 싶지 않다. 나의 목적은 좀 더 메타-이론적인 것이다. 주요한 물음은 우리가 자율적인 탈것의 윤리에 대해 어떻게 하면 가장 좋은 생각을 할 것인가이다. 다시 말해 어떤 이론적 틀이 우리를 도와 자율적 탈것을 위한 윤리적 지침의 윤곽을 그리는 어려운 문제를 고안해낼 최선이자 가장 적절한 것 가운데 포함되기 위해서는 그

틀이 어떤 것이 되어야 할 것인지, 그리고 우리를 도와서 전자의 물음에 답변하도록 할 불교 윤리의 해석이 어떤 통찰을 확실하게 제공할 것인지라는 것이다.

내가 제안하는 것은 불교 윤리가 자율적 탈것들의 윤리에 대해 보다 더 효과적으로 생각하는 방식을 제공한다는 것이며, 이는 윤리적 생각의 규범적 힘을 그와 같은 탈것 자체의 구체적 특성과 더 잘 일치시키는 것이다. 우리가 일반적으로 자율적인 탈것이 지키기를 기대하는 가치, 예컨대 신뢰성과 안전성의 확보 및 교통규칙의 준수 등과 같은 것이 있다. 이와 같은 가치들은 그다지 논쟁의 여지가 없다. 그것들은 우리가 유능한 운전자라면 도로 위에서 준수하기를 기대하고 싶어 하는 가치들이다. 다음에서 나는 이러한 덕목들이 도로 위의 특정한 교통 조건에서 어떻게 일어나는가와 또한 이와 같은 모든 것들을 불교 윤리라는 하나의 이론적 우산 아래에 어떻게 둘 수 있을 것인가를 분석하고자 한다.

자율적 탈것의 윤리적 지침에 대해 생각하는 것을 시작하기 위해 우리는 먼저 그것들의 작업 봉투에 대해 생각할 필요가 있다. 우리가 앞 절에서 살펴보았듯이, 작업 봉투는 그것이 존재하는 봉투인 로봇의 운동 범위에 의해 정의된 환경이다. 자율적인 탈것의 경우 그 탈것 자체의 운동 범위에 의해 정의되기 때문에 이 봉투는 매우 넓다. 그러나 이 봉투는 사이즈 면에서 매우 넓지만 그것은 그 탈것이 도로 체계 안에서만 움직이기 때문에 여전히 매우 제한되어 있으며, 많은 경우 도로 체계는 자율 자동차가 자유롭고 안전하게 작동할 수 있는 그와 같은 체계의 요소들에 많은 제약을 받고 있다. 도로 체계에 더해 그 자동차도 동일한 체계 안에서 자신과 함께 운행하는 다른 탈것뿐만 아니라 그것이 안전하고 자율적으로 작동하기 위해 지각하고 인지할 필요가 있는 탑승자와 그 외의 다른 모든 것들을 '인식'할 필요가 있다. 이와 같은 모든 요소들은 자율자동차 자체의 봉투를 구성한다. 우리가 앞 장에서 논의했듯이, 불교 윤리는 기능적인 탁월성이 윤리적 탁월성과 구분될 수 없다는 관념 위에 서술되고 있다. 따라서 자율자동차의 기능적 탁월성은 자신의 작업 봉투에 결정적으로 의존하기 때문에 후자는 스스로 운전하는 자동차의 기술적 탁월성(그것이 스스로 운전하는 자동차로서 얼마나 **좋은 것**인가)을 설명하는 데 하나의 통합적 요소이다. 그 자동차의 윤리적 탁월성(그것이 법과 윤리적 기준을 따르기 위해 얼마나 **잘** 활동하는가)도 기술적 탁월성을 설명하는 데 포함된다. 예를 들면, 스스로 운전하는 자동차는 빨간불에서 멈출 수 있을 필요가 있다. 그 자동차는 자신이 빨간불을 보고 그것에 따라 멈출 수 있게 해주는 지각 장치를 필요로 한다. 이렇게 할 수 있다는 것은 분명히 그 자동차가 소유해야만 할 기술적 탁월성의 일부이자 또한 그것은 매우 단순한 것(하지만 분명히 필수적인)이지만 꼭 해야만 할 윤리적인 일이기도 하다. 그 자동차의 봉투는 교통 신호등이 있는 지도와 그 신호등이 빨간불일 때를 알려주는 시스템을 포함하지 않으면 안 된다. 그것은 또한 신호등에 멈추어 서 있는 다른 교통수단들도 인식해야만 한다. 이는 그 자동차의 봉투를 산업용 로봇팔의 봉투보다 더욱 복잡한 것으로 만드는데, 왜냐하면 전자는 그 주변에서 실시간으로 무엇이 일어나고 있는가에 대한 내면적인 표현, 즉 지도나 모형을 가져야 하는 반면, 로봇팔은 그와 같은 표현을 필요로 하지 않기 때문이다. 그럼에도 불구하고 스스로 운전하는 자동차의 내적 표현 체계는 여전히 그 작업 봉투의 일부인데, 왜냐하면 그 탈것이 기능하기 위해 현실 세계 속에서 정확하게 무슨 일이 일어나고 있는가를 지도로 나타내야만 하기 때문이다.

　자율자동차의 윤리에 관한 문헌들은 자율자동차가 풀어야 할 것으로 생각되는 윤리적 딜레마들로 꽉 차 있다. 어쩌면 그것은 자율자동차에게 매우 불공정한 것인지도 모른다. 왜냐하면 이와 같은 딜레마들은 인간들조차도 풀 수 없는 것들이기 때문이다. 이는 그것들이 우리 모두가 존중하고 설령 그와 같은 결정이 어느 쪽으로 이루어지더라도 놓치고 싶지 않은 가치들의 갈등을 보여주고 있기 때문이다. 이처럼 트롤리 문제에서 파생된 것과 같은 딜레마들이 세계 어느 곳에서든 윤리학 수업의 자료라는 것은 결코 놀라운 일이 아니다. 그와 같은 딜레마들은 이렇게 구성되어 있기 때문에 윤리학 수업에서 배우는 전통적 윤리 이론의 강점과 약점을 부각시켜주고 있다. 우리는 매우 불쾌한 두 가지 선택지 사이에서 선택하지 않으면 안 된다. 이 딜레마의 한 버전에 따르면 자율자동차는 내리막길에서 속도를 내다가 브레이크가 파열된다. 앞쪽에는 트럭 한 대가 도로 한복판에 넘어져 있다. 만일 이 자동차가 트럭과 충돌한다면 자동차 안에 있던 탑승자 한 사람이 사망할 것이다. 그러나 트럭과 충돌하는 것을 피하기 위한 유일한 방법은 왼쪽으로 방향을 바꾸어 그곳에 서 있던 다섯 명의 어린 학생들을 치는 것이다. 제3의 선택지는 전혀 없다. 만일 나의 학생들이 이 두 가지 사이에서 선택하는 데 어려운 시간을 보낸다면 자율자동차의 불쌍한 프로그래머가 무엇을 해결해야만 할 것인가를 상상해보자.

　이 트롤리 문제가 자율자동차들에서 구체적으로 어떻게 일어날 것인가를 알기 위해 패트릭 린Patrick Lin이 제안한 유명한 사례를 살펴보기로 하자.

충돌, 대형 자율자동차 한 대가 충돌하기 직전(아마도 얼음 조각과 부딪힌 탓에)이며 정면에 있는 다섯 명이 탑승한 소형 밴과 부딪히려 한다고 가정해보자. 만일 그것이 정면의 소형 밴과 부딪힌다면 그것은 다섯 명의 탑승자 모두를 죽게 할 것이다. 그러나 이 자율자동차는 교차로로 접근하고 있고, 소형 밴과 충돌하려고 하는 찰나에 그것은 먼저 소형 로드스터roadster와 충돌하는 쪽으로 방향을 바꿈으로써 그 소형 밴에 가해질 충격을 줄일 수 있다는 것을 인지하고 있다. 이는 소형 밴의 탑승자 다섯 명에게 해를 끼치지 않을지 모르지만 불행하게도 그것은 로드스터 안에 있던 한 사람을 죽게 만들 것이다. 이 자율자동차는 일차적으로 로드스터와 충돌하도록 프로그램되어야만 하는가?[1]

의무론에 따르면, 자율자동차는 방향을 틀어서 로드스터와 충돌해서는 안 되는 것처럼 보이는데, 왜냐하면 그와 같이 하는 것은 그 자율자동차가 전속력으로 달려 그 소형 밴과 충돌해서 다섯 명을 죽이는 것을 피하기 위해 의도적으로 로드스터와 충돌하는 것을 의미할 것이기 때문이다. 그러나 이것은 그 자율자동차가 로드스터의 운전자를 소형 밴과 충돌하는 것을 피할 수 있는 하나의 수단으로 이용한다는 것을 의미하는데, 이는 사람들을 수단으로 다루지 말라는 규칙과 어긋나는 것이다. 반대로 일차적으로 로드스터와 충돌하는 것은 더 적은 숫자의 사람들이 죽는 결과를 가져올 것이며, 따라서 그렇게 하는 것은 공리주의 이론에 의하면 좀 더 윤리적인 선택지이다. 이것은 딜레마에 이르게 한다. 그 자율자동차의 프로그램은 어떤 선택지를 선택해야 할 것인가? 이 물음은 가까운 미래의 현실 세계에서 자율자동차가 살아남을 가능성에 엄청난 함의를 갖는다. 왜냐하면 이와 같은 난제가 만족스럽게 해결되지 못한다면 자율자동차가 조만간 어느 땐가 많은 국가들의 길 위를 주행하는 것이 허락될 것이라고 상상하는 것은 매우 어려울 것이기 때문이다. 비크람 바가바Vikram Bhargava와 김태완Tae Wan Kim에 따르면, 이 딜레마에서 벗어날 합리적인 방법이 있는데, 이는 앤드류 사피엘리Andrew Sapielli의 저서에 근거를 두고 있다.[2] 이 해결책은 선택지들 사이에서 그 주체의 주관적 신뢰를 비교하는 것에 토대를 두고 있다. 이 경우에 그것은 만일 그와 같은 특정한 선택이 실제로 일어난다고 한다면 로드스터와 충돌하기 위해 방향을 바꾸거나 혹은 그러한 선택 자체의 도덕적 가치의 양에 비중을 두지 않거나이다. 이 사례에서 로드스터와 충돌하는 것의 도덕적 비중은 충돌하지 않는 것보다 훨씬 더 크다는 사실이 밝혀진다. 따라서 비록 그 주체가 처음부터 로드스터와 충돌하는 것에 더 많은 주관적인 신뢰를 부여할 수 있다고 하더라도, 소형 밴에 타고 있는 생명들을 구하기 위해 로드스터의 운전자를 의도적으로 죽이는 것의 심각성이 그와 같은 선택을 압도한다. 그러므로 합리적인 선택은 그 자율자동차가 방향을 바꾸어서 로드스터와 충돌해서는 안 된다는 것이다.[3] 이 경우 그 충돌이 소형 밴에 미칠 영향을 줄이기 위해 로드스터와 부딪히는 것은 환자의 동의 없이 만일 이 환자의 장기가 없다면 죽을 것이 확실한 다른 환자들에게 장기를 제공하기 위해 이 환자를 고의로 죽여서 해부하는 외과 의사와 마찬가지일 것이다. 바가바와 김태완의 논문이 함축하고 있는 것은 대부분의 사람들은 직관적으로 비록 더 많은 사람들이 살아남고 심지어 그 결과로 번성한다고 하더라도 어떤 사람을 의도적으로 죽이는 것은 잘못이라고 생각한다는 것이다. 이는 왜 그들의 장기 기증 적출의 비유가 자선 단체의 비유보다 훨씬 더 큰 도덕적 비중을 차지하게 되는가 하는 이유이다.[4] 그것이 그릇된 이유는 어떠한 인간 존재도, 심지어 다른 인간 존재들의 목숨을 구하기 위해서라고 하더라도, 결코 수단으로 사용되어서는 안 된다는 칸트의 관념에 뿌리를 두고 있는 것일 수도 있다.

불자들은 이에 어떻게 대답할 것인가? 불교 윤리에는 제시되고 있는 이와 같은 여타의 모든 이론들과 다른 기여 부분이 있는가? 나는 있다고 믿는다. 이 경우 불교적 입장을 이해하는 핵심은 불교의 윤리 이론과 밀접한 관련이 있는 업 사상이다. 업 사상은 어떤 사람이 행한 모든 행위는 항상 일련의 반향, 즉 최초의 행위를 행함으로써 발생한 일련의 결과들을 가지며, 더 나아가 모든 사물들은 서로 연관되어 있기 때문에 발생된 효과는 언제나 다시 그 행위자에게 되돌아간다고 말한다. 우리는 이를 연못에 돌을 던지는 것과 비교할 수 있다. 그와 같은 행위는 물 위에 일련의 물결을 일으키며, 물과 우리를 둘러싸고 있는 모든 사물은 서로 연관되어 있기 때문에 물에서 일어난 것은 우리에게 영향을 미치는 방식도 갖는다. 이는 어떤 사람이 행한 행위는 무엇이든 언제나 다시 그 행위를 한 사람에게 영향을 미치는 이유이다. 이 이론 자체는 좋은 행위와 나쁜 행위 사이를 구분하지 못하는데, 왜냐하면 그것은 오직 최초의 특정한 행위로부터 어떤 종류의 결과가 산출될 것인가에 대해서만 초점을 맞추고 있기 때문이다. 행위를 좋은 것 혹은 유익한 것^{kusala}과 나쁜 것 혹은 유익하지 않은 것^{akusala}으로 분류하는 것은, 그 행위를 함으로써 그 주체가 궁극적인 목적으로 나아가는 길에서 방해를 받을 것인지 혹은 재촉을 받을 것인지의 여부에 의존한다. 만일 그 행위가 궁극적인 목적으로 나아가는 주체의 진행을 방해한다면, 그것은 '유익하지 않은 것^{akusala}'으로 간주된다. 그리고 만약 그것이 그 주체를 재촉하여 진행의 속도를 높여 그 길을 따르게 한다면 그것은 '유익한 것kusala'이다. 그러나 만약 어떤 행위가 그 주체의 진행을 방해하지도 않고 재촉하지도 않는다면 그와 같은 행위는 중립적인 것abyākatā이다.[5] 이런 의미에서 알고리즘에 의해 이루어지는 행위는 제작자와 프로그래머의 의도를 반영하는데, 이는 오늘날의 알고리즘은 아직 그 자신의 의도를 가지고 있지 않기 때문이다. 그러므로 불교의 답변은 알고리즘이 (그 프로그래머를 통해) 어떤 결정을 하든 간에 프로그래머와 알고리즘을 이용하기 위해 만드는 데 책임이 있는 모든 사람에게 업의 결과가 있게 된다는 것이다. 알고리즘은 로드스터나 소형 밴과 부딪히는 것 외에 다른 선택지가 없기 때문에 이후에 일어날 업의 결과는 어느 쪽이든 부정적일 것이다. 그러나 로드스터와 충돌하는 목적은 전속력으로 달려서 소형 밴과 부딪히는 것을 피하기 위한 것이기 때문에 밴 안의 많은 사람들의 목숨을 구하겠지만, 불행하게도 로드스터의 운전자를 죽이게 될 행위, 즉 이러한 목적 때문에 로드스터를 겨냥하는 업의 결과는 그것이 **의도적으로** 다른 사람에게 해악을 미치는 것을 포함하기 때문에 더 부정적일 것이다. 전적으로 의도를 가지고 한 모든 행위는 아무런 의도 없이 행해진 행위보다 더 강력한 업의 결과를 초래할 것이다. 자율자동차 속의 알고리즘은 소형 밴의 탑승자들을 죽이는 것을 의도하고 있지 않기 때문에(즉, 좀 더 정확하게 말하면 그 알고리즘은 이 탑승자들을 목표로 삼아 죽이도록 프로그램화되어 있지 않다) 이 밴과 직접 부딪히는 업의 결과는 방향을 바꾸어 로드스터를 하나의 완충제로 이용하는 것보다 덜 심각하거나 혹은 덜 부정적일 것이다.

어떤 사람은 이에 반대하고 만일 그 자율자동차가 로드스터와 부딪히지만 그 안의 운전자를 죽일 어떠한 의도도 없었다면 어떻게 될 것인가라고 묻는다. 예컨대 만일 그 자율자동차가 그저 그 밴과 부딪히는 것을 피하고 '싶어서' 방향을 바꾸었지만, 그 로드스터는 단지 다른 어떤 길로 갈 수 없었기 때문에 우연히 그곳에 있게 된 것이라면 어떻게 될 것인가? 물론 우리는 무엇보다도 글자 그대로 자율자동차가 어떤 것을 하고 '싶어 한다'고 말할 수 없다. 그러나 만일 우리가 비유적으로 말하는 방식을 허용할 수 있다면, 이 경우 우리는 만일 그 로드스터가 이 자율자동차가 그쪽으로 방향을 바꿀 때 정말 우연히 그곳에 있었고 또한 그 밴과 부딪히는 것을 피할 다른 어떠한 방법도 없었다고 하더라도 스스로 방향을 바꾼 바로 그 행위는 자율자동차 쪽에서 어떤 수준의 의도가 있었다는 것을 보여준다고 말해야 할 것이다. 만일 우리가 실제로 비유법을 허용한다면, 내가 지금 말하고자 하는 자율자동차는 방향을 바꿈으로써 사실상 그 밴과 부딪히는 것을 피할 의도를 가지고 있었으며, 또한 로드스터가 그 길 위에 있었기 때문에 로드스터와 충돌한 자율자동차 쪽에서는 최소한 어떤 수준의 의도가 있었다는 것이다. 그 의도는 단지 밴과 부딪히는 것을 피하는 것이었을 수도 있지만, 그렇게 함으로써 로드스터와 부딪힌 것은 불가피한 일이었기 때문에 로드스터와 부딪히는 것과 똑같은 의도로도 간주된다. 이는 그 자율자동차가 그 주변에 어떤 일이 일어나고 있는가에 대해 항상 인식하고 있어야만 한다고 전제되고 있기 때문이다. 그것은 밴과 충돌하거나 아니면 로드스터와 충돌하는 것 사이를 선택하는 문제이다. 그리고 만일 로드스터와 부딪히는 것이 밴에 아무런 영향을 미치지 못한다면, 혹은 반대로 로드스터와 부딪히는 것이 경로가 달라서 밴에 미칠 충격을 줄이지 못한다면, 그것은 누구를 칠 것인가를 선택하는 보다 더 단순한 문제이다. 이것은 윤리적 결정을 훨씬 더 어렵게 만든다. 만일 다른 모든 것이 동일하다면 다섯 사람을 치어서 죽인 업의 결과는 그 밴을 피하는 것을 선택해서 결국 한 사람만 죽이게 되는 것보다 더욱 심각한 일이 될 것이다. 그러나 실제로 그것은 동일한 일이 아닌데, 왜냐하면 방향을 바꾸어서 로드스터와 충돌함으로써 그 알고리즘은 앞에서 언급한 것처럼 의도적으로 그렇게 행위하는 것을 피할 수 없을 것이기 때문이다. 반면에 우리는 밴과 부딪히는 것은 불가피한 문제라고 말할 수 있는데, 왜냐하면 거기에는 이 전체 이야기를 시작할 때 규정했듯이 어떤 기계적 결함이 존재하기 때문이다. 이 경우에 브레이크가 파열되었기 때문에 알고리즘은 직접적으로 밴과 충돌할 의도를 갖고 있지 않다. 물론 단순한 기계에 불과한 알고리즘은 일차적으로 어떠한 의도도 가질 수 없지만, 그 자율자동차가 가능한 한 가장 안전한 방법으로 움직이는 것을 보장하는 것은 프로그래머와 제작자의 책임이다. 누구도 그런 가능성이 아무리 적다고 하더라도 피할 수 없는 기계적 결함이 존재할 수 있다는 것을 부정할 수 없으며, 따라서 이와 같은 드문 사례에서 불교 윤리 이론은 그 밴과 직접 부딪히는 것이 보다 덜 심각한 업의 결과를 초래할 것이라는 점을 받아들이는 쪽으로 바뀌게 될 것처럼 보인다. 말을 바꾸면 그 밴과 충돌하는 것은 방향을 바꾸어서 로드스터와 부딪히는 것보다 더 선호할 만한 선택이다. 이 경우 프로그래머와 제작자에게 미칠 부정적인 업의 결과는 만일 그 자율자동차가 방향을 바꾸어 로드스터와 부딪히는 것보다 밴과 충돌한다면 더 적어질 것인데, 왜냐하면 자율자동차와 프로그래머 쪽에서는 그 밴과 부딪힐 어떠한 의도도 없었던 반면, 이미 방향을 바꾼 것은 그렇게 방향을 바꿀 의도가 있다는 것과 로드스터가 바로 앞에 있고, 로드스터와 충돌하면 그 운전자를 죽일 것이라는 것을 충분히 알고 있다는 것을 보여주기 때문이다. 불교 윤리의 기본적인 특징은 의도를 가지고 한 행위는 어떠한 의도도 없이 이루어진 행위보다 더 심각한 업의 결과를 초래한다는 것이다. 이는 불교 사상에 따르면, 가장 중요한 것은 마음과 마음의 질이기 때문이다. 그렇다면 의도와 인식을 가지고 한 행위는 무심코 했거나 의도하지 않고 한 행위보다 더 강력한 업의 결과를 야기한다. 그 주체가 의도를 가지고 어떤 행위를 할 때 그의 마음에 미칠 영향이 더 강력할 것이기 때문이다.

자율성을 갖는 무기 시스템과 인간 존엄성 개념

오늘날 세계에 많은 영향을 미치고 있는 자율성 기술의 또 다른 유형은 자율성을 갖는 무기 시스템이다. 이것은 무장 로봇뿐만 아니라 공격용 드론을 포함한다. 물론 자율성을 갖는 무기의 가장 중요한 고려사항은 그것의 **존재**가 도대체 윤리적인 것인가이다. 이런 것들은 살인하기 위해 사용되는 기계들이며, 만일 모든 살인이 옳지 않은 것이라면 자율성을 갖는 무기들이 옳은 쪽에 놓일 공간은 존재하지 않을 것 같다. 더욱이 불교의 첫 번째 계율은 죽이는 것을 삼가야만 한다고 말한다. 그러므로 죽이는 것과 다른 존재들에게 해악을 끼치지 않는 것은 불교 윤리에서 주요한 위치를 차지한다. 죽이는 것은 매우 엄중한 부정적 업의 결과를 야기하며, 따라서 이것은 수행자가 그 길the Path을 쫓아 나아가기 위해 따라야만 할 계sila나 일련의 지침에서 매우 뚜렷하게 부각되어 있다. 실제로 붓다는 전사 계급으로 태어났으며, 전쟁에서 싸우는 것은 자신의 친족을 위해 매우 자연스러운 것으로 받아들여졌다. 그는 왕자로 태어났으며 나아가 자신의 영토를 지키기 위해 그리고 가능하다면 영토를 확장하기 위해 전쟁에 참여할 것으로 기대되었다. 그가 어렸을 때 받은 교육은 전사 왕자에 관한 교육이었다. 그는 검술과 활쏘기 등과 같은 전쟁 기술을 배웠다. 그러나 그는 고행자가 되었을 때 모든 것을 버렸다. 그는 자신의 왕국과 부모와 가족 그리고 왕위 계승자로서 자신에게 기대되었던 의무에도 등을 돌렸다. 더욱이 그가 가르침을 전할 때 왕들과 이야기할 기회도 있었겠지만, 경전 속에는 그가 전쟁이나 폭력의 사용을 옹호했다는 증거는 어디에서도 존재하지 않는다. 그가 (아마도 원로원Senate에 의해 통치되었던 지중해 연안의 많은 고대 도시 국가들과 비교할 만한) 공의회에 의해 통치된 것이 분명한 리차비Licchavis의 땅을 방문했을 때 그의 충고는 다만 공의회의 구성원들이 단합해야 하며, 그들 사이에서 너무 많은 다툼이 있어서는 안 된다는 것뿐이었다.[6] 그는 어떤 곳에서도 폭력의 사용을 조언하거나 권유하지 않았다. 그의 제자들은 혼자 개별적으로 수행할 것으로 기대되었으며, 따라서 그들은 어떤 종류의 싸우는 집단도 형성하지 않았다. 반대로 비구들은 대체로 가능하다면 최대한 정치 문제에 관여하는 것을 피하려고 노력했다. 그리고 그렇게 하는 것을 피할 수 없을 때 그들의 역할은 전쟁에 참여하는 것보다는 평화와 화해를 권유했던 조언자의 역할이었다.

그러나 이것은 불교가 반드시 평화적인 종교라는 것을 함축하는 것은 아니다. 중국의 무술 영화로 인해 알려지게 된 익숙한 그림은 비구들, 특히 무술을 연마하고 가공할 만한 전투 부대를 형성했던 소림사 비구들의 그림이다. 이는 붓다 이후 수 세기가 지난 다음에 일어난 상황 전개에 지나지 않으며, 이때 중국의 역사적 전개는 비구들이 외부로부터 자신들의 사원에 대한 물리적 위협이 있었기 때문에 그들 자신을 방어하기 위해 그와 같은 군대를 형성하는 것을 필연적인 것으로 만들었다. 더욱이 불교가 국가 종교가 된 나라들에서는 그 국가가 스스로 전쟁에 참여해야만 할 때 모든 국가들이 전 역사에 걸쳐 그렇게 할 필요가 있었듯이, 사기와 정신적 지침을 얻기 위해 이 종교에도 의지했다. 이 사례에서 상황은 붓다 시대에 비구들이 정치 문제에 휩쓸리는 것을 피하려고 했을 때와는 거리가 멀다. 불교가 국가 종교가 된 나라들에서 그것은 그 국가가 스스로 전쟁에 참여해야만 할 때를 포함해서 정치에 관여하는 것을 피할 수 없었다. 이것의 결과는 불교가 스스로 군사들에게 사기를 제공하기 위한 그리고 전쟁에서 싸우는 국가와 군대를 위한 정당화를 찾지 않으면 안 되었다는 것인데, 그것은 불가피하게도 붓다가 권장하지 않은 살상과 그 외 다른 종류의 폭력을 포함하고 있다.

손붐 붓디까로Somboon Vuddhikaro에 따르면, 스리랑카의 불교 역사에 대해 이야기하고 있는 고대의 테라바다 경전인 『대사大史, Mahāvaṃsa』는 전쟁 참여와 자기방어를 위한 폭력의 사용을 정당화하는 단락들을 포함하고 있다. 그 단락은 전쟁에 참여하는 것은 부정적인 업도 초래하지만 이 업들은 덜 심각한 것이다. 왜냐하면 그 목적이 사람들과 불교가 번성하고 있는 나라들뿐만 아니라 불교 자체를 방어하기 때문에 그리고 또한 침입자들이 사악하기 때문이다.[7] 그러므로 고대의 불교 경전들에는 전쟁을 정당화한 증거들이 있다. 더욱이 붓디까로는 또한 대승 전통의 두 원전인 『대반열반경Mahāparinirvāṇa Sūtra』과 『선교방편경Upāyakauśalya Sūtra』으로부터 인용하고 있는데, 이는 적들로부터 불자와 불교의 가르침을 보호하기 위한 수단으로 전쟁의 사용을 정당화하기 위해 의도된 구절들을 포함하고 있다.[8]

그럼에도 불구하고 강조점은 전쟁과 폭력을 피하는 것에 초점이 맞추어져 있다는 것을 결코 부정할 수 없으며, 그것들을 위한 정당화는 훗날 불교가 하나의 국가 기관으로 정착하게 되었을 때 추가되었던 것으로 보인다. 그러나 우리는 불자 자신들이 자신들의 나라가 공격받거나 침입당했을 때 그 가르침과 그들의 기관들을 보호하기 위해서는 전쟁이 정당화된다는 사실을 깨달았다는 것을 알게 되었다. 여기서 자율성을 갖는 무기 시스템들의 사용은 전투 전략의 일부로 간주될 수 있고 따라서 정당화될 수도 있을 것이다. 그렇다면 우리가 자율성을 갖는 무기 시스템의 윤리적 함의를 고려할 수 있는 것은 이와 같은 맥락 안에서이다.

그러면 우리는 위에서 언급된 특별한 맥락 안에서 자율성을 갖는 무기 시스템의 윤리적 함의를 논의할 수 있는가? 그 안에서 폭력과 자율성을 갖는 무기 시스템의 사용이 정당화되는 공간은 무엇일까? 자율성을 갖는 무기의 옹호자들은 그것들을 사용하는 것은 전통적인 무기들의 사용보다 더 윤리적인 것일 수 있다고 주장하는데, 그 이유는 그것들의 사용이 전투에서 희생자가 될 위험에 처한 인간 군인들을 배치할 필요성을 줄여주기 때문이다. 최근의 한 논문에서 패트릭 테일러 스미스Patrick Taylor Smith는 그가 자율성을 갖는 치명적인 무기 시스템Lethal Autonomous Weapons Systems, LAWS이라고 부르는 것의 사용은 그것들이 "도덕적으로 관련이 있는 모든 수업들을 위한 최상의 리스크 프로파일risk profile을 산출하고 그것이 본질적으로 그릇된 것이 아닌" 경우에 정당화되어야 하며, 나아가 적어도 몇 가지 치명적인 자율성을 갖는 무기 시스템들은 이 조건을 충족시킨다고 주장한다.[9] 이와 반대로 아론 존슨Aaron Johnson과 시드니 악신Sidney Axinn은 자율성을 갖는 무기 시스템(치명적이든 그렇지 않든)의 사용은 그것들이 인간 존엄성의 원리를 위반하기 때문에 비윤리적인 것이고, 기계들은 도덕적일 수 없기 때문에 도덕적인 것으로 생각되지 않으며, 그것들은 살상할 때 아무런 감정도 품지 않기 때문에, 그리고 그와 같은 사용은 군인에 대한 존중의 원리를 위반하기 때문에 도덕적일 수 없다고 주장한다.[10] 게다가 크리스토프 헤인즈Christof Heyns도 인간 존엄성의 원리는 비록 자율성을 갖는 무기 시스템이 인간이 목표로 삼는 능력을 넘어설 만큼 유능해진다고 하더라도 그와 같은 시스템의 사용을 항상 압도한다고 주장한다.[11] 따라서 이들의 관점은 앞서 논의된 스미스의 관점과는 정반대이다. 한쪽의 스미스와 다른 한쪽의 존슨 및 악신 사이의 논쟁으로부터 도출되는 것은 현대 서양 윤리학 안에서 대립하고 있는 유사한 관점들을 반영하고 있다. 스미스는 자율성을 갖는 무기 시스템들은 전통적 무기들보다 군인들에게 더 적은 위험을 초래하며 따라서 군인들이 민간인들에게 2차 피해를 덜 야기할 수 있는 가능성을 허용한다는 사실을 강조한다. 반대로 존슨과 악신은 의무론적 개념의 인간 존엄성과 기계의 비인간성을 강조한다. 자율성을 갖는 무기 시스템을 사용한 결과로 인간 존엄성이 감소되는 것은 단순히 그것을 사용한 결과가 아니라 그와 같은 무기 자체의 바로 그 본질에 깊숙이 뿌리박혀 있다. 이들은 자율성을 갖는 무기 시스템이 인간 존엄성과 군인에 대한 존중을 위반한다고 주장하는데, 그것 또한 존엄성의 개념에 토대를 두고 있다. 이는 그와 같은 무기 시스템은 인간이 갖는 감정을 결여하고 있기 때문이다. 반대로 그와 같은 시스템의 옹호자들은 이 논쟁에서 하나의 유용한 개념으로 존엄성에 의존하는 것을 거부하는 것처럼 보인다.[12] 더욱이 비록 스미스는 자율성을 갖는 무기 시스템들이 본질적으로 그릇된 것은 아니라고 주장하지만, 그의 논증의 진의는 결과주의 진영의 방향에 속해 있는 것이며, 따라서 그것은 자율성을 갖는 시스템은 그것들이 군인들에게 더 적은 위험을 초래하기 때문에 본질적으로 그르다고 생각되어서는 안 될 것처럼 보인다.[13]

자율성을 갖는 무기 시스템의 사용에 대한 불교의 답변은 무엇일까? 이 물음은 그와 같은 사용이 그 주체로 하여금 자신들의 궁극적 목적인 해탈을 실현하도록 이끌 것인지의 여부인가? 그와 같은 것들은 우리가 자율성을 갖는 무기 시스템을 허용하는 것은 적에 대해 자신을 정당하게 방어하는 '필요악'에 근거를 두고 있지만, 그럼에도 불구하고 그것은 사악한 행위라는 것을 명심해야 하기 때문에 실제로는 멀리서 들리는 외침소리가 되고 말 것이다. 그러므로 우리는 이러한 맥락에서는 해탈에 대해 말할 수 없다. 어쨌든 불교는 서양의 광범위한 칸트적 전통에서 개념화된 인간 존엄성의 관념에 대해 반대한다. 그러므로 불교 윤리는 자율성을 갖는 무기들이 인간 존엄성을 위배한다는 것에 근거해서 그것을 반대할 여지를 가지고 있는 것처럼 보이지 않는다. 그것은 불교가 인간은 존엄성을 가지고 있다는 것을 인정하지 않는다는 말은 아니다. 물론 인간은 존엄성을 가지며 나아가 모든 사람은 존중받을 자격이 있다. 그러나 불교가 반대하는 것은 존엄성을 인간의 합리성 위에 바탕을 두는 광범위한 자유주의적 전통의 인간 존엄성 개념 뒤에 있는 추론이다. 불교에서 만일 인간들이 존엄성을 가져야 한다면, 그것은 결과적으로 그들이 존엄성을 부여받을 자격이 있는 어떤 것을 실제로 하고 있거나 이미 했기 때문임에 틀림없다. 단순히 이성적이기만 하다는 것은 인간 존재가 존엄성을 갖는다는 것을 정당화하는 데 적절하지 않은 것처럼 보인다. 우리는 아무것도 하지 않고 조용히 앉아 있는 어떤 사람을 상상할 수 있는데, 이를 통해 보면 그들의 존엄성은 오직 내재적인 이성적 능력에서만 나온다는 관념은 (그들은 어떤 것도 하고 있지 않기 때문에) 매우 빈약한 것 같다. 불자들에게 존엄성을 소유한다는 것은 하나의 자격이라기보다는 오히려 하나의 성취이다. 우리는 그와 같은 성취를 얻을 자격을 부여받기 위해 무엇인가를 달성하지 않으면 안 된다. 이러한 관념에 대한 반대는 어린아이들이나 아픈 사람들처럼 많은 것을 할 수 없는 사람은 존엄성을 부여받을 자격이 없다는 것인데, 이는 반직관적인 것처럼 보인다. 여기서 하나의 답변은 어린아이들은 성장해서 기여할 잠재력을 가지고 있으며, 따라서 그들의 미래 잠재력이 그들의 존엄성을 정당화한다는 것이다. 아픈 사람들에 대해 말하면 그들은 병들기 전에 무엇인가를 한 것이 틀림없으며, 따라서 그들은 자신들의 성취를 위한 존엄성을 부여받을 자격이 있다.

여기서 제안되었던 관념에 대한 비판은 열망하는 존엄성과 침해할 수 없는 존엄성 사이에 구별이 존재한다는 것이다. 내가 위의 절에서 설명했던 존엄성의 개념은 개별적 인간 존재 자체에 속하는 침해할 수 없는 존엄성이라기보다는 어떤 개인이 목표로 삼고 열망할 수 있는 성취에 속하는 것이라는 점에서 오히려 열망적인 것처럼 보인다. 그러나 내가 주장하고 싶은 것은 불교에서 이 둘 사이의 구별은 면밀히 검토해보면 약간 모호해진다는 것이다. 불교가 후자와 같은 것, 즉 침해할 수 없는 존엄성에 대해 어떻게 말해야만 할 것인지를 살펴보자. 이것의 기본적인 관념은 그들이 이성적인 피조물이기 때문에 인간 존재들은 침해할 수 없는 존엄성을 가지고 있다는 것이다. 유신론의 관점에서 볼 때, 우리는 인간 존재들이 이러한 의미에서 존엄성을 부여받았다고 말할 수 있는데, 왜냐하면 그들은 창조주 자신의 이미지대로 창조되었기 때문이다. 따라서 이러한 의미에서 그들은 그 외의 다른 모든 동물들과는 완전히 구분된다. 또한 보다 세속적인 칸트의 관점에서 보면 인간 존재는 침해할 수 없는 존엄성을 갖는다. 그들은 자율적인 결정과 오성을 가질 수 있는 이성적 피조물이기 때문이다. 다시 말해 그들은 목적의 왕국the Kingdom of Ends의 신민들이다. 이와 같은 사고방식은 불교적 관점에서는 상당히 낯설다. 첫째, 인간 존재들은 나머지 동물의 세계와 완전히 분리될 수 없는데, 그들 모두, 즉 인간 존재와 인간이 아닌 다른 동물들은 윤회 속에서 방황하고 있는 유정적 존재들이기 때문이다. 그러므로 인간들은 단지 그들이 인간 존재들이기 때문에 (그리고 따라서 이성 등과 같은 독특한 인간적 특성들을 소유한다) 침해할 수 없는 존엄성을 가지고 있다는 주장은 불교에서는 적용되지 않는다. 닭들도 그들 자신의 독특한 특성, 예컨대 자신들을 오리나 타조가 아니라 닭으로 만들게 해준 특성들을 가지고 있다. 둘째, 윤회 속에서 인간들은 가장 높은 위상을 차지하고 있는 것도 아니다. 그와 같은 위상은 자신들의 집중적인 수행 노력 덕분에 그렇게 된 브라만brahmas으로 알려진 명상하는 천신들에 속한다. 그들은 윤회 자체 내의 위계 구조에서 인간 존재보다 상위에 위치한다. 실제로 인간들은 그 위계 구조 내에서 단지 지옥의 존재와 굶주린 귀신pretas 및 인간이 아닌 동물들보다 더 위에 위치할 뿐인 반면, 그들 위에는 반신asuras, 천상의 신devas 및 브라만이 위치한다. 인간들이 차지하는 위상은 인간들이 윤회 안에서 유일한 것이 아니며, 따라서 그들은 단지 여러 가지 유형의 존재들 가운데 하나에 불과하다는 사실을 강조하고 있다. 그러므로 바로 이 때문에 인간들은 유일한 것이자 그들의 독특한 위상 때문에 침해할 수 없는 존엄성을 부여받았다고 결론 내리려고 하는 주장 역시 통하지 않는다. 그럼에도 불구하고 이는 인간들이 어떤 종류의 특별한 위상을 가지고 있지 않다는 것을 의미하지는 않는다. 경전들은 오직 인간 존재들만이 자신들이 사는 동안 해탈에 이를 수 있다고 말한다. 그들이 자신들 외의 다른 모든 존재들의 위상을 고려할 수 있게 하고 나아가 궁극적인 진리the Final Truth를 이해할 수 있게 되는 것은 그들의 위상이 독특하게도 윤회의 수레바퀴의 가운데에 위치해 있기 때문인데, 그것이 그들로 하여금 최종적으로 해탈에 이르도록 이끌어줄 것이다. 다른 피조물들은 윤회 속 자신들의 위상 안에서 어디엔가 너무 정신이 쏠려 있어 그와 같은 가르침을 사색할 수 없다. 지옥의 존재들은 분노에 사로잡혀 있다. 배고픈 귀신들은 욕망에 사로잡혀 있다. 심지어 천상의 신들조차 그들 자신의 감각적 쾌락 등에 사로잡혀 있다. 그러므로 이들 중의 어떤 존재도 그들 자신의 위상 속에서는 해탈을 실현할 수 없다. 간단하게 말해 인간들은 그들만이 해탈에 도달할 수 있기 때문에 유일한 것으로 간주될 수 있다. 다른 모든 피조물들, 즉 인간이 아닌 동물들과 천신 등은 이를 성취하기 위해 인간으로 다시 태어나야만 한다. 그러나 이처럼 상당히 독특한 인간의 위상으로부터 인간들은 침해할 수 없는 존엄성을 가지고 있다는 결론을 옹호하려고 하는 것은 너무 멀리 나간 것이다. 불교에 따르면 인간들만이 열반을 실현할 수 있다는 것은 사실일 수 있지만, 이것은 운 좋게도 문의 앞쪽에 위치해 있는 어떤 사람에 비교될 수 있다. 그는 자신이 유일하게 그와 같은 위치에 있게 될 자격을 부여하는 다른 어떤 특징들을 가지고 있지 않았을 수도 있지만, 그와 같은 사실은 오직 그 혼자만 그 문(해탈을 향한)에 들어갈 수 있도록 해준다. 말을 바꾸면, 그는 그 문에 들어갈 **자격을 부여받지** 못했을 수도 있지만 그는 그 문 앞에 위치해 있었던 반면, 다른 모든 피조물들은 어딘가 다른 곳에 자리 잡고 있었다는 사실이 오직 그 혼자만 그것에 들어갈 수 있도록 만들어준다는 것이다.

그러나 여기서 주목하지 않으면 안 되는 것은 인간들만이 존엄한 특성들을 소유하고 있지 않다는 개념은 바로 이 때문에 **인간 존재 자신들 사이에서** 존엄성의 위계 구조가 존재할 수 있다는 방식으로 해석되어서는 안 된다는 사실이다. 불교에 따르면 인간들은 칸트적 의미의 독특한 그들 자신만의 침해할 수 없는 존엄성을 가질 수는 없을지도 모르겠다. 그러나 이는 인간 존재들 사이에서 존엄성의 위계 구조나 그들 자신의 본성만으로도 자기 가치가 존재할 수 있다는 것을 함축하는 것은 아니다. 다시 말해 유일하게 존엄한 어떠한 특징도 존재하지 않는다는 사실은 인간 존재들 사이에서 내재적인 불평등성이 존재한다는 것을 함축하지 않는다. 칸트 사상의 장점 가운데 하나는 침해할 수 없는 존엄성은 사악한 사람을 포함한 어떠한 인간 존재에게도 주어져 있다는 것이다. 이러한 관념은 인간들 사이의 평등을 위한 강력한 토대를 제공하고 있으며, 따라서 인권을 위한 근본적인 토대가 된다.[14] 그러나 여기서 제시된 불교의 주장은 보편적인 인권을 위한 어떠한 토대도 존재하지 않는다는 것을 함축하지는 않는다. 그것은 다만 그와 같은 토대가 다른 곳에서 발견되어야 한다는 것뿐이다. 비록 인간 일반이 침해할 수 없는 존엄성을 가지고 있지 않다고 하더라도 이는 반드시 그들이 보편적 인권을 가질 자격을 위한 토대를 제공하는 것과 같은 종류의 가치를 가지지 못하도록 하는 것은 아니다. 불교에서 인권을 위한 토대는, 예를 들면 보편적 자비의 개념에서 발견될 수 있는데, 그것은 우리가 우리 자신의 윤리적 길과 실천의 한 조건으로 스스로 모든 유정적 존재들의 괴로움을 덜어주는 일에 나서야 한다고 말한다. 여기서 모든 인간 존재들은 단지 그들이 인간 존재라는 이유만으로 보편적 자비를 **받을 만한 자격이 있으며**, 이는 그들이 윤회 속에서 고통을 받으며 방황하고 있다는 것을 의미한다. 그리고 불교적 의미에서 자비롭다는 것은 단순히 생각만 품고 있는 것이 아니라 필연적으로 구체적인 행위를 한다는 것이기 때문에 이는 보편적 인권을 위한 토대를 제공하고 있다.

이제 우리는 다시 자율성을 갖는 무기 시스템의 윤리에 관한 논의로 돌아올 수 있다. 불교 윤리 이론에 따르면, 자율성을 갖는 무기 시스템을 좋은 것으로 만드는 것은 그것들이 설계된 대로 오작동 없이 일을 수행하는 것이며, 그것은 이런 무기 시스템이 설계되고 제조된 목적이자 나아가 그들이 자신의 윤리적 가치를 결정하는 것을 얼마나 잘 기능하도록 할 것인가라는 점이다. 그러므로 이런 의미에서 자율성을 갖는 무기 시스템은 인간에 의해 설계되고 제조된 다른 기구들과 결코 다르지 않다. 윤리적 탁월성은 기술적 탁월성과 통합되지 않으면 안 된다. 물론 자율성을 갖는 무기 시스템의 주요 목적은 적들을 죽이거나 또는 불구로 만들거나 아니면 피해를 입히는 것인데, 이것은 정상적인 윤리적 고려사항들과는 정반대이다. 그러나 이것은 그 외의 다른 유형의 전쟁 무기들과 전혀 다르지 않다. 만일 전쟁이 정의롭다면 전쟁에서 무기의 사용은 정당화될 수 있다. 우리는 앞에서 불교가 전쟁은 자기 방어와 같은 특별한 어떤 환경에서 정당화될 수 있다는 관념을 어떻게 볼 것인가에 대해 길게 논의했다. 따라서 살상 기계로서 자율성을 갖는 무기 시스템의 도덕성은 전쟁 일반의 도덕성에 달려 있다. 그러나 전쟁에 참가하는 것이 윤리적으로 정당화되는 사례에서 자율성을 갖는 무기 시스템의 사용은 정당화된다. 그런데 이 경우에 윤리적 탁월성을 통합하지 않으면 안 되는 그 시스템의 기술적 탁월성에 대해 이야기하는 것은 허용 할만하다. 그렇다면 우리는 자율성을 갖는 무기 시스템이 얼마나 일을 **잘** 수행할 것인지에 대해 말할 수 있으며, 나아가 이러한 말은 윤리적 탁월성, 즉 이 시스템이 얼마나 일을 잘 수행하는가를 포함하는 것을 피할 수 없다. 예컨대 자율성을 갖는 무기 시스템은 자신들의 윤리적 고려사항들의 일부로서 적절한 목표물을 선별하는 문제를 고려하지 않을 수 없다. 좋은 시스템은 (비유적으로 말하면) 전투원을 비전투원과 구별하는 방법을 알고 있다. 그렇게 하는 데 실패했다는 것은 이 시스템 쪽에서 기술적인 실패도 있다는 것을 의미한다.

 불교 철학의 맥락에서 자율성을 갖는 무기 시스템의 사용과 관련하여 발생하는 또 다른 중요한 점은 자율성을 갖는 무기가 어떤 사람을 죽였을 때 그것은 업을 초래하는가라는 것이다. 업은 그 행위자에게 되돌아오는 어떤 행위의 결과이자 불교 윤리의 핵심 구성 요소라는 사실을 상기해보자. 붓다의 시대에는 스스로 어떤 일을 할 수 있는 자동 기계가 전혀 존재하지 않았고, 따라서 이 문제는 그에게 일어나지 않았다. 그러므로 오늘날의 세계 불자들은 어느 정도의 해석적인 작업을 할 필요가 있으며, 그 가르침의 토대 위에서 어떤 구체적인 문제들에 대한 가장 적절한 대답이 무엇이 될 것인가를 결정할 필요가 있다. 이 경우에 우리는 우리가 앞 절에서 논의했던 자율자동차에게 했던 것과 똑같은 방식으로 자율성을 갖는 무기 시스템의 프로그래머와 제작자들에 대해 재차 언급할 수 있다. 자율성을 갖는 무기들은 그 자체의 마음을 갖고 있는 것처럼 보이지 않기 때문에 그것들은 명백하게 어떤 업도 초래할 수 없다. 그것들은 제작자들에 의해 이런저런 기능을 수행하도록 설계되었으며, 따라서 후자가 업의 측면에서 볼 때 책임이 있는 것처럼 보인다. 다시 말해 만일 제작자들이 만드는 자율성을 갖는 무기들이 결국 어떤 사람을 죽이게 된다면, 그것이 낳는 부정적인 업은 기계가 아니라 그 제작자에게 직접적으로 떨어져야 할 것이다. 이런 방식으로 불교의 **업** 개념에 대해 말하는 것은 형이상학과 윤리학에서 책임에 대해 말하는 것과 그다지 다르지 않다. 이 기계(자율성을 갖는 무기 시스템)는 그것이 무엇을 하고 있는지를 모르기 때문에 자신의 행위에 대한 책임이 없다. 그것은 그렇게 하도록 프로그램화된 것만 할 따름이며, 따라서 업의 부담은 그 기계의 창조자에게 떨어진다. 그러나 어떤 사람은 완벽한 자율성을 갖는 무기들이 정규 인간 병사가 할 수 있는 것과 똑같이 자율적으로 죽일 수 있다는 사실에 반대할 수도 있을 것이다. 아무튼 이 인간 병사가 생명을 빼앗는 것으로부터 업을 초래한다면 왜 기계는 그렇지 않은가? 이 점에 대해서 충분히 대답할 수 있기 위해서 우리는 우선 업의 법칙은 우리가 어떤 일을 하든지 간에 우리 자신의 마음속에 업의 흔적을 남긴다고 말한다는 사실을 깨달을 필요가 있다. 이런 흔적들은 개인들이 의식할 수 없지만 그들의 미래 행위에 영향을 미치는 개인들의 성격과 관점을 형성하는 창고 의식ālayavijñāna(알라야식, 여래장)으로 알려진 어떤 것에 깊숙이 새겨져 있다. 논의 중인 로봇 병사의 사례에서 그것은 자신의 인격 및 개별적 성격을 형성하는 어떤 장기적인 기억 시스템이 존재하는 것이 가능할 때만 그 자신의 업의 흔적을 소유하게 된다. 이것은 로봇이 충분히 인간적인 생각을 할 수 있는 미래에는 상당히 달라질 수도 있을 것이다. 그러나 그것이 실현되기까지는 자율성을 갖는 시스템의 업의 부담은 실제 상황에서 전개하기 위해 이러한 시스템을 구입한 사람들뿐만 아니라 제조자에게도 떨어진다.

잘 알려진 한 논문에서 롭 스패로Rob Sparrow는 자율성을 갖는 무기 시스템은 금지되어야 한다고 주장하는데, 왜냐하면 전쟁 범죄가 이와 같은 시스템에 의해 저질러지는 경우 누가 책임을 지려고 할 것인가가 분명하지 않기 때문이다.[15] 스패로에게 이 문제는 특히 이러한 시스템들이 완전히 자율적일 때 전면에 부각되는데, 이 경우에 그것들은 자신들의 행위에 대해 책임을 져야만 한다. 그러나 그와 같은 것은 우리가 기계들에게 처벌이나 책임을 부과한다는 것을 의미하기 때문에 매우 이상한 일이지만, 기계들이 그들은 잘못을 저질렀으며 자신들의 잘못에 대해 유감이라는 사실을 깨달을 수 있는 한 이것은 의미를 가질 수 있을 것이다. 불교적 관점에서 보면 그것은 기계들이 자신들이 저지른 잘못에 대해 책임이 있을 때 부정적인 업을 야기한다는 것을 의미한다. 그러나 오늘날 자율성을 갖는 무기들은 자신들이 잘못하거나 잘했다는 사실을 깨달을 수 없다. 비록 그것들은 어떤 의미에서는 자율적이라고 하더라도 그것은 그것들이 무엇을 했는가를 깨닫거나 혹은 다시 성찰하고, 나아가 그들이 한 것이 그른지 혹은 그렇지 않은지를 결정할 수 있다는 것을 의미하는 것은 아니다. 이 경우에 스패로의 관점은 여전히 하나의 가정적인 것이다. 자율성을 갖는 시스템은 만일 그들이 죄책감을 느낄 수 있다면 책임을

질 수 있고 또한 만일 그들이 자신들이 그릇된 결정을 했다는 사실을 깨닫는다면 유감을 표할 수도 있겠지만, 오늘날의 자율성을 갖는 무기들은 아무리 향상된 것이라고 해도 아직은 그와 같은 것을 할 수 없다.

그럼에도 불구하고 자율성을 갖는 무기 시스템이 업을 초래하는가 혹은 그렇지 않은가 하는 질문은 어떤 심오한 질문은 아니다. 그것은 이러한 무기들의 윤리적 의미에 대해 숙고하기 위한 직접적인 함의를 갖는다. 우리는 자율성을 갖는 무기 시스템을 사용하는 것이 그 시스템 자체 쪽에서 업을 야기하지 않지만 이런 무기들을 실제로 사용하기 위해 세상에 내놓는 데 직접적인 역할을 한 사람들 쪽에서 업을 초래하기 때문에 그 무기가 실제로 전개되었을 때 책임을 지는 사람은 이 후자들이다. 또한 우리는 종종 이런 자율성을 갖는 무기 시스템을 사용하기 위한 가능한 어떤 정당화는 그것들이 사용되는 전체적 맥락이 정당화 가능한가의 여부―그것들이 수행할 역할을 부여받는 전쟁이나 갈등 상황이 정당화 가능한가의 여부―에 달려 있다는 것을 충분히 상기할 수 있다. 그리고 어떤 전쟁이나 그 외의 갈등 상황이 정당화될 수 있기 위해서는 이와 같은 시스템이 무력 공격을 막기 위한 자기 방어로 사용된다는 것을 의미하며 그렇게 하는 과정에서 이 갈등으로부터 나오는 모든 피해는 개입의 목적에 대한 결심을 하기 위해 절대적으로 필요한 수준을 초과해서는 안 된다는 것을 의미한다. 말을 바꾸면 오직 정의로운 전쟁의 목적이 충족되는 범위 내에서 인간의 생명과 재산 양자 모두에게 피해가 적으면 적을수록 더 좋은 것이다. 어쨌든 이 이론이 지금 시점에서 제공할 수 있는 것은 단지 광범위한 의미에서 윤리적 행위를 결정하는 것이 무엇인가에 대한 하나의 일반적인 지침에 불과하다. 현실적인 갈등이 일어났을 때 지휘관은 그 순간에 자기가 이용할 수 있는 정보에 바탕을 두고 스스로 결정해야만 한다. 이 지휘관은 자율성을 갖는 무기 시스템을 사용할 것인지의 여부와 만일 그가 그렇게 결정한다면 그것을 얼마나 많이 그리고 얼마나 자주 사용할 것인가를 결정해야만 한다. 이러한 것들은 사전에 이루어질 수 없는 종류의 결정들이지만, 그 지휘관은 항상 어느 쪽이라도 비무장 민간인들은 안전한 곳에 있어야만 한다는 규범과 같은 무력 충돌에서 행동과 결정을 규율하는 일반적인 윤리 원칙을 간과할 수 없다. 반대로 만일 적이 민간인들을 인간 방패로 사용하려고 한다면 그 지휘관은 진짜 민간인과 그렇게 변장하고 있는 적의 병사들을 분간할 방법을 찾지 않으면 안 된다. 이 때문에 인공지능에 의해 작동되는 식별 능력을 장착한 자율성을 갖는 무기 시스템이 유용할 수 있을 것이다. 그 지휘관은 그가 어떤 결정을 하든 자신에게 업의 결과를 초래하게 될 것이라는 것과 대량 살상 및 무력 충돌에서 정당하게 개입하는 것 사이에 모든 사람에게 알려져 있는 분명한 선이 존재한다는 것을 명심하지 않으면 안 된다. 대량 살상으로부터 나오는 업의 결과는 관련되어 있는 무력의 불균형 때문에 훨씬 더 클 것이다. 수많은 비무장 민간인들을 냉혹하게 죽이는 군인들은 매우 심각한 업의 결과로부터 고통을 받는 반면, 적의 병사들과 싸운 사람들은 훨씬 적 심각한 결과를 초래하게 될 것이다. 어쨌든 그들의 행위는 죽이는 것을 포함하기 때문에 결과를 낳겠지만, 그와 같은 결과들은 그 개입이 적들도 무장을 하고 있으므로 정당하기 때문에 덜 심각한 것이 될 것이다.

이제 우리는 자율성을 갖는 무기 시스템을 찬성하는 사람들과 반대하는 사람들 사이의 논쟁에 좀 더 구체적으로 참가할 위치에 와 있다.

존슨과 악신Johnson and Axinn에 따르면 자율성을 갖는 무기 시스템은 그것들이 인간 존엄성의 원리를 위반하기 때문에 비윤리적이라는 것은 기계들이 도덕적일 수 없고, 그것들이 죽일 때 아무런 감정도 가지고 있지 않으며 군인에 대한 존중의 원리를 위반하기 때문에 도덕적인 것으로 생각될 수 없다는 사실을 상기해보자.[16] 첫째, 앞에서 우리는 불교 철학에서는 인간들이 그 외의 다른 동물들과 본질적으로 다르지 않기 때문에 인간 존엄성 개념이 다소 불분명하다는 사실을 살펴보았다. 최소한 인간들은 모든 동물들보다 더 위에 있다는 지위를 부여받을 만큼 다른 동물들과 다르지는 않은 것처럼 보인다. 둘째, 존슨과 악신은 자율성을 갖는 무기 체계는 그것들이 감정을 결여하고 있기 때문에 비윤리적이라고 주장하지만, 전투 상황에서 감정들이 언제나 필연적으로 관련되는지는 분명하지 않다. 존슨과 악신이 제기하고 있는 것처럼 보이는 요점은 병사는 그가 왜 처음부터 이 싸움에 참전하고 있는지, 그리고 그가 왜 적들을 죽일 때조차도 의무감과 명예를 가져야만 하는지에 대한 명백한 목적을 가질 필요가 있다는 것이다. 그러나 어떤 전투 상황의 목적은 확고한 입장을 가지고 방어 하거나 공격하기 위한 것이다. 이와 같은 목적들 가운데 어떤 것을 성취하기 위해 감정들은 요구되어야 할 것처럼 보이지는 않는다. 그와 같은 목적들이 충족되는 한 전투원 쪽에서 감정들은 반드시 있어야만 되는 것처럼 보이지는 않는다. 실제로 지휘관이 실전 전투 상황에서 자율성을 갖는 무기들을 사용하기로 결정할 때 그는 자기 자신의 감정을 많이 사용하지 않으면 안 될 것이다. 왜냐하면 내가 말했듯이 그는 이 시스템을 사용하는 것이 그와 같은 목적들을 보다 더 효과적이고 보다 더 윤리적으로 달성할 것인지의 여부를 결정해야 하기 때문이다. 그렇다면 존슨과 악신이 강조하는 감정들은 인간인 그 지휘관 마음 속에는 존재하지만 자율성을 갖는 무기 시스템 안에는 들어 있지 않다. 마지막으로 자율성을 갖는 무기 시스템을 사용하는 것은 그 무기 시스템이 제대로 정당화된 갈등에 참전하고 또한 윤리적인 방식으로 그렇게 하는 한 군인에 대한 존중의 원리를 위반하지 않는 것처럼 보인다. 존중honor은 윤리로부터 나오는데, 만일 그 무기 시스템이 윤리적 지침을 따른다면 우리는 그것들이 존중받을 만한 방식으로 행위한다고 말할 수 있다.

그렇다면 결국 자율성을 갖는 무기 시스템의 사용은 불교 윤리에서 허용될 수 있는가? 우리는 먼저 불교 윤리가 목적론적이라는 사실을 상기할 필요가 있다. 어떤 행동은 만일 그것이 바라던 결과를 가져오는 데 효과적이라면 좋은 것이라고 간주된다. 또한 그것은 이 경우에 바라던 결과가 서로 다른 개인들 사이에서 다를 수 있는 개인적 선호와 동일하지 않다는 점에서 공리주의 이론과 다르다. 불자가 바라는 결과는 윤회 속을 방황하는 유정적 존재로서 가지고 있는 그들의 공통적인 특성들 때문에 모든 사람들에게 동일한 것이다. 그렇다면 다음과 같은 질문이 생긴다. **무력 충돌 자체가 이미 어떤 정의로운 것이라는 맥락에서**, 자율성을 갖는 무기 시스템의 사용도 정당화되는가? 나는 그렇다고 믿는다. 왜냐하면 이 경우에 그와 같은 시스템들은 그 지휘관이 이 갈등 내부의 전략적 혹은 전술적 목적의 맥락에서 배치하는 것을 선택할 수 있는 또 다른 도구가 되기 때문이다. 그러나 그 지휘관이 그와 같은 배치를 명령할 수 있기 전에 충족되지 않으면 안 될 많은 전제조건들이 있다. 자율성을 갖는 무기 시스템 자체의 기술적 측면들이 만족스러운 것이어야만 한다. 그 안에 어떤 목적들이 프로그램화되어 있든 간에 이 시스템은 기준에 따라 일을 수행해야만 하며, 나아가 이와 같은 목적들은 전쟁을 규정하고 있는 기존의 국제인도법을 위반할 수 없다. 예컨대 무분별한 민간인 살해는 허용될 수 없다. 누가 책임이 있는가에 대한 스패로의 관점은 이 경우에 대답을 제공할 수 있다. 궁극적으로 직접적인 책임이 있는 사람은 지휘관인데, 왜냐하면 그는 그 시스템을 배치하라고 명령할 권한을 가지고 있는 사람이기 때문이다. 그리고 이것은 통상적인 지휘 계통을 따라 올라간다. 무엇보다도 먼저 전쟁에 이르도록 하는 것은 그들의 행위이기 때문에 최종적으로 책임 있는 사람은 정치 지도자 자신들이다.

고령자 돌봄 로봇

대부분의 서구와 경제적으로 좀 더 발전한 아시아의 많은 사회들은 고령 인구의 급속한 성장을 경험하고 있다. 이것은 의학과 공중보건의 향상 덕분이다. 그러나 결과는 고령자들이 이전보다 더 고립되어 있고 더욱 자립적이어야만 한다는 사실이다. 이는 서구에서는 다소 낡은 뉴스일지 모르지만 많은 아시아 사회의 전통적인 사고방식이 고령자들은 존중받아야 되며, 또한 자식들과 손자들의 돌봄을 받아야 한다는 것이기 때문에 아시아에서 이것은 여전히 새로운 뉴스이다. 그러나 이처럼 경제적으로 좀 더 발전한 사회의 사회적 조건들은 고령자들의 자식이나 손자들이 계속해서 그들을 돌보는 것이 점점 더 실행 불가능하게 되고 있다는 것이다. 따라서 이 고령자들은 서구의 고령자들과 똑같은 종류의 상황을 겪고 있다. 좀 더 풍족한 사람들은 건강관리 전문가들에게 자신들을 돌보게 할 여유가 있을 수 있지만, 이러한 해결책은 명백히 모든 사람들에게 가능한 일은 아니다. 그러므로 연구자들은 고령자들을 돌보는 데 건강관리 종사자들을 보조하거나 혼자서 스스로 고령자들을 위해 일하는 로봇을 개발하고 있다. 이와 같은 고령자 돌봄 로봇은 하나의 규범이 되고 있으며, 이를 도입하는 것은 그 결과로 어떤 윤리적 함의와 사회적 함의가 발생하는가에 관한 토론을 해볼 만한 가치가 있다.

주스트 브로큰스Joost Broekens와 그의 연구팀에 따르면, 종종 고령자 돌봄 보조 소셜로봇이라고 불리는 기본적으로 두 가지 종류의 고령자 돌봄 로봇이 있는데, 그것들은 기능적 로봇과 감정적 로봇이다.[17] 기능적 로봇은 고령자들을 위한 디지털 기술의 인터페이스로서 일한다. 그것들은 고령자를 자신이 사랑하는 사람들과 계속 연결시킬 수 있는 로봇뿐만 아니라 고령자를 침대에서 들어 올리는 것을 돕는 물리적으로 보조하는 로봇을 포함하고 있다. 예를 들어, 일본에서 개발한 한 로봇은 고령자들을 들어 휠체어에 태울 수 있다. 그것은 두 팔을 가지고 있으며 고령자를 조심스럽게 들기에 충분할 만큼 힘이 있다. 반면에 감정적 로봇은 좀 더 사회적이며, 다양한 모양과 크기로 나와 있다. 유명한 한 예는 일본에서 개발된 파로Paro인데, 이것은 고령자가 붙잡고 포옹하기에 안성맞춤인 귀엽고 솜털 같은 털을 가진 하얀 바다표범을 닮은 사랑스러운 로봇이다. 그것은 일본의 많은 고령자들이 집을 잃게 만들었던 2011년 지진과 쓰나미 기간 동안 개발되고 사용되었는데, 이는 그들에게 동반자 역할을 제공했다. 이 로봇은 고령자 쪽에서 양육하는 감정을 이끌어낼 만큼 충분히 사랑스러웠다. 이런 고령자 돌봄 로봇 가운데 어떤 것들은 고령자가 로봇 자신들이나 혹은 하나의 연결통로 역할을 하는 로봇과 함께 그들이 사랑하는 사람들과의 대화에 참여할 수 있도록 해준다. 어떤 로봇은 고령자에게 매일 복용하는 약을 먹으라고 상기시켜주고, 후자의 활력징후를 관찰할 수 있으며 나아가 그것들을 건강관리 제공자에게 인터넷을 통해 보낸다. 스웨덴에서 지라프 플러스Giraff Plus라는 이름을 가진 로봇[18]은 혈압 모니터 역할을 하며, 고령자들은 로봇에 내장된 비디오 화면을 통해 가족들과 담소를 나눌 수 있다. 더욱이 여러 가지 집안일을 수행할 뿐만 아니라 고령자들과 스스로 대화를 할 수 있는 소셜로봇도 개발되고 있다.

이런 모든 것들은 흥분할 만한 발전들이지만 이와 같은 흥분 속에는 언급될 필요가 있는 윤리적 관심사의 목록이 놓여 있다. 첫째, 처음에 우리는 로봇이 고령자에게 해를 끼치지 않는다는 것을 인식할 필요가 있다. 이것은 보이는 만큼 쉬운 것은 아니다. 고령자가 해를 입을 수 있는 여러 가지 방식이 있을 수 있으며, 특수 인공지능 로봇은 고령자들에게 의도하지 않은 해를 끼치게 될 수도 있다. 물론 특수 인공지능 로봇은 어떤 의도를 가지고 있지는 않지만, 엉성한 설계는 결과적으로 서비스를 하는 동안 고령자에게 해를 끼치는 로봇이 될 수 있다. 예를 들면, 엉성하게 설계된 로봇은 고령자들을 옮길 때 발을 헛디뎌서 그들을 떨어뜨리는 원인을 제공할 수 있다. 고령자들을 목욕시키는 로봇은 만일 전력이 몸체로부터 누전된다면 본의 아니게 전기 쇼크를 일으킬 수 있다. 이와 같은 직접적인 신체적 해악은 현실적인 위협이지만 놀랍게도 그것들은 로봇 윤리에 관한 문헌에서 많이 언급되고 있지 않다. 둘째, 그 로봇은 보조적인 것이자 힘을 불어 넣는 것일 필요가 있다. 이것은 로봇이 있다는 것을 지나치게 의식하지 않고도 그것들을 이용할 수 있는 고령자에게 로봇이 거의 눈에 띄지 않게 되어야 한다는 것을 의미한다. 예를 들면,

로봇을 다룰 때 고령자들은 자신들이 로봇을 다루고 있는 것이 아니라 자신들의 일상생활에서 흔히 만나는 평범한 기계들을 다루고 있다고 느껴야 할 것이다. 말을 바꾸면, 고령자들은 자신들이 로봇을 다루고 있다는 사실을 무시하고 그 대신 그들이 로봇을 통해 수행하고 싶은 과제에 초점을 맞출 수 있어야 할 것이다. 셋째, 로봇은 인간처럼 보일 필요가 없다. 그들은 자신들이 그렇게 하도록 설계된 과제를 수행할 수 있는 한 진짜 인간 존재처럼 보일 필요가 없다. 실제로 너무 진짜 인간처럼 보이지 않는 로봇은 고령자들이 더 쉽게 관계를 맺을 수 있다는 것을 발견하는 로봇일 수도 있을 것이다. 여기서 스웨덴의 지라프플러스 로봇이 하나의 좋은 사례가 될 수 있다. 그것은 인간 존재처럼 보이지 않지만 고령자들이 비디오 채팅을 통해 자신이 사랑하는 사람들과 상호작용할 수 있는 대형 스크린을 가지고 있다. 이 경우 로봇 자체는 눈에 띄지 않는다. 실제로 이것은 고령자들이 현실적으로 하지 않으면 안 되는 바로 그것이다. 고령자들은 그 로봇이 하나의 기계 이상의 아무것도 아니라는 것을 인식해야만 할 것이다. 마치 살아 있는 것과 같은 로봇을 만드는 것은 고령자들에게 문제를 혼동할 수 있도록 해서 일들을 필요 이상으로 복잡하게 만들 수 있다. 넷째, 로봇은 작동하는 것이 쉬울 필요가 있다. 이것은 가장 중요한 요구 조건 중의 하나이다. 결국 로봇은 하나의 기계이며, 기계로서 그것은 작동하기가 쉬울 필요가 있다. 여기서 우리는 사용 편의성에 대한 연구가 매우 진전된 인간-컴퓨터 상호작용의 발전으로부터 배울 수 있다. 로봇은 고령자들과 대화할 수 있다. 살아 있는 것과 같지 않다는 것은 그 로봇이 말하는 것을 허용받지 못했다는 것을 의미하는 것은 아니다. 그렇다면 로봇은 고령자들에게 그것이 곧바로 작동하도록 하는 것을 가르칠 수 있다. 직접 이야기하는 것과는 별개로 고령자들과의 상호작용은 화면에 텍스트 메시지의 형태로 일어날 수도 있다. 이 경우 고령 사용자들은 키보드와 마우스 입력을 통해 로봇과 직접 상호작용할 수 있다. 화면상의 글자들도 고령자들이 무리하게 시력을 사용할 필요가 없을 정도로 충분히 클 필요가 있다. 그리고 마지막으로 그 동안 로봇은 사회적이어야 한다. 다시 말해 로봇은 고령자들이 자신들의 사회집단 안에서 다른 사람들과 접촉할 수 있는 하나의 연결통로로 기능해야 할 것이다. 예를 들면, 멀리 떨어져 살고 있어서 고령자들을 직접 돌볼 수 없는 그들의 자식들은 이 장치를 통해 그들의 조부모들과 직접 접촉할 수 있다. 여기서 로봇은 인터넷과 연결되어 고령자들에게 자신이 사랑하는 사람들과 대화하고 상호작용할 수 있게 해주는 하나의 거대한 스마트폰으로 기능한다. 더욱이 적절하게 향상된 기술과 더불어 로봇 자신은 고령자가 직접 그에게 말할 수 있다는 의미에서 사회적인 것이 될 수 있다.

돌봄 제공 로봇이 이 시장에서 기능할 수 있기 위해 언급할 필요가 있는 이와 같은 약간의 기술적인 관심사들과는 별도로, 그보다 못지않게 중요한 윤리적 관심사들도 존재한다. 아만다 샤키Amanda Sharkey와 노엘 샤키Noel Sharkey의 한 논문에서, 저자들은 언급되지 않으면 안 될 많은 윤리적 관심사들을 목록화했다. 이것들은 다음과 같다. "(1) 인간적 접촉의 양에 있어서 잠재적 감소, (2) 객관화 감정과 통제 상실의 증가, (3) 프라이버시의 상실, (4) 개인적 자유의 상실, (5) 기만과 어린아이처럼 대하기 infantilisation[원문대로], (6) 고령 인구들이 로봇을 통제하는 것을 허용받아야 할 환경들."[19] 이와 같은 쟁점들은 안전 및 설계 쟁점과 더 많은 관련이 있는 앞서 제시된 나의 목록보다는 이 기술이 어떻게 사용되고 있는가와 더 많은 관계가 있다. 그러나 두 종류의 쟁점들은 실제로 엉성하게 설계되어 안전하지 않은 로봇을 고령자들에게 발매하는 것은 비윤리적이기 때문에 똑같이 중요하다. 샤키 부부의 경우 첫 번째 윤리적 관심사는 돌봄 로봇의 사용으로부터 발생하는 인간적 접촉의 잠재적 상실이다. 실제로 로봇의 사용은 아시아의 많은 가정의 사례에서 그랬던 것처럼 고령자들이 주위에 자신들을 도울 자식들과 손주들이 있다면 우선적으로 사용할 필요가 없다. 그러나 아시아의 가정들은 사회가 매우 빠른 속도로 진보함에 따라 스스로 적응해야 하기 때문에 대부분의 자식들과 손주들은 자신들의 부모나 조부모들과 더 이상 함께 살지 않는다. 그 결과 많은 고령 인구가 요양원으로 가지 않으면 안 되며, 그들이 그들 자신의 가정에서 살고 있을 때조차도 그들이 필요로 할 때 전문적인 돌봄 제공자들이 부족할 수 있다. 이런 상황에서 주변에 로봇을 두는 것은 적어도 고령자들이 직면하고 있는 문제들의 상당 부분을 해결하는 데 도움이 될 것이다. 더욱이 인간 돌봄 제공자들이 주변에 있는 경우 로봇은 여러 가지 방식으로 그들을 도울 수 있다.[20] 따라서 그것은 단지 고령자들을 직접적으로 돕는 로봇의 문제만은 아니다. 객관화와 통제의 상실에 대해 말해 보면, 돌봄은 로봇이 고령자들을 마치 그들은 그것이 들어서 취급하거나 그 외의 방법으로도 조종할 수 있는 대상들인 것처럼 다루지 않는 것이라고 여겨질 필요가 있다. 즉, 로봇은 고령자들에 대한 적절한 존경심을 보여주어야만 한다. 종종 그것들의 일은 고령자들을 들어 올리는 것으로 이루어져 있지만, 고령자들이 가능하면 로봇을 질서정연하게 통제할 필요가 있는 것은 사실이다. 고령자가 치매로 고통받고 있어 스스로 도움을 줄 수 없는 경우, 로봇은 그를 들어 올려서 적절한 방식으로 다루는 것을 포함하여 그를 돌볼 필요가 있다. 이 경우 로봇의 도움을 받는 인간 돌봄 제공자의 존재는 하나의 이상적인 상황이 될 것이다. 그럼에도 불구하고 고령자들이 스스로를 돌볼 수 있는 경우 돌봄 로봇은, 말하자면 여러 가지 방식으로 그들을 도울 때처럼 고령자들의 가능성 영역을 확장시켜줄 때 그들에게 더 많은 힘을 줄 수 있다.

또 다른 중요한 윤리적 쟁점은 프라이버시에 관심을 갖는데, 로봇은 고령자 자신에 관한 정보뿐만 아니라 그 고령자 가정의 정보를 수집하도록 비윤리적으로 프로그램화될 수 있다. 이것은 여러 가지 목적으로 사용될 수 있다. 어떤 경우이든 이것은 고령자의 프라이버시 침해를 구성한다. 유념해야 할 가장 중요한 것은 고령자들도 인격체이며, 그들은 법에 의해 존엄성과 존중 및 그들의 법적 권리에 대한 보호를 받을 자격이 있다는 점이다. 더욱이 고령자들은 비윤리적이며 엉성하게 설계된 로봇의 결과로 인격적 자유의 상실을 경험할 수 있다. 로봇은 고령자들을 끊임없이 감시하고 자신들의 힘으로 그들을 위협하는 빅브라더big brother로 군림하고 행위할 수도 있을 것이다. 로봇의 설계는 고령자들의 이익을 염두에 둘 수 있을지 모르지만, 이것은 결과적으로 그들을 끊임없이 감시하고 그들이 자신들이 하고 싶은 것을 하지 못하도록 방해하는 로봇을 있게 할 수도 있다. 여기에는 민감한 균형의 문제가 있다. 한편 로봇은 고령자들의 이익을 우선하도록 설계되어야 할 것이며, 나아가 고령자들이 담배를 피우는 것과 같은 그들 자신을 위해 해서는 안 되는 어떤 것을 하는 것을 볼 때 그것들은 고령자들이 그렇게 하는 것을 막도록 설계될 수도 있을 것이다. 다른 한편 돌봄은 그 고령자들이 자신들의 자유와 자율성을 잃지 않도록 이루어져야만 한다. 최소한 로봇의 '간섭 수준'은 고령자들이 자신들의 일상생활에서 로봇이 얼마나 간섭하도록 허용할 것인가를 선택할 수 있도록 조정될 수 있어야 한다. 다음 쟁점인 기만과 어린아이처럼 대하기는 어쩌면 고령자들의 돌봄에서 로봇 사용이 직면하고 있는 가장 심각한 쟁점일지도 모른다. 고령자들은 그들이 실제로는 로봇을 대하고 있지만 진짜 인간 존재를 다루고 있다고 기만당할 수 있거나, 혹은 파로(www.parorobots.com)처럼 어떤 로봇이 귀여운 동물들처럼 바라보고 행동하도록 설계된 경우 고령자들은 그것들이 진짜 동물이라고 속을 수도 있을 것이다. 이것은 기만이 그 자체로서 옳지 않은 것이며, 여기서 고령자들은 자신들이 자율성을 가질 수 없다고 전제된 채 어린아이처럼 다루어지고 있다는 사실로부터 비롯되는 윤리적 관심사이다. 고령자들을 어린아이나 심지어 유아처럼 대하는 것은 그들을 존중하지 않고 나아가 그들의 타고난 존엄성에 관심을 기울이는 일에 소홀한 것과 마찬가지이다. 이것은 샤키 부부의 마지막 관심사, 가능하면 고령자들은 로봇을 통제하는 것이 허용되어야 하며 실제로는 권장되어야만 한다는 것을 가리킨다. 혹은 좀 더 이상적으로 말해, 그들 자신의 친척이나 사랑하는 사람들의 모습을 띤 인간 돌봄 제공자들의 존재는 지금 이 문제들의 대부분을 해결하겠지만 인간 돌봄 제공자나 사랑하는 사람들이 도움을 줄 수 없는 상황에서는 윤리적으로 행위하는 로봇이 하나의 필연적인 대안이 될 수 있을 것이다.

관련 논문에서 로버트 스패로Robert Sparrow와 린다 스패로Linda Sparrow도 이 기만의 쟁점을 들어서 그와 같은 사용은 고령자들을 존중하지 않는 것과 같은 일이라고 주장한다. 예를 들어, 고령자들은 실제로 그렇지 않으면서도 자신들이 현실 속의 반려동물이나 인간 동료들을 대하고 있다고 생각할 수 있을 것이다.[21] 이것은 그들의 존엄성의 품위를 떨어뜨리게 될 것이며 그들에게 모욕이 된다. 자신들의 말 속에서 스패로 부부는 "진짜 사회적 상호행동 대신 로봇 복제품으로 대체하는 것은 잘못된 방향일 뿐만 아니라 실제로는 비윤리적이기도 하다고 믿는다."[22] 이것은 하나의 의무론적 주장이다. 고령자들은 자신들의 존엄성이 모욕을 받아서는 안 되는 목적의 왕국의 신민이므로 권리를 가지고 있고, 그들에게 자신들의 사회적 동료인 것처럼 행동하는 로봇을 제공함에 따라 그들은 기만당하고 있으며, 그들 자신들이 받을 자격이 있는 존중을 받지 못한다. 그러나 고령자들에게 로봇 돌봄 제공자를 공급하는 의도는 기만적일 필요가 없다. 다시 말해 로봇의 보조를 받는 돌봄 제공자나 로봇 돌봄 제공자를 들여와서 자신의 일을 돕게 하는 고령자들의 자식들은 고령자들을 기만할 필요가 없으며, 단지 고령자들에게 진짜인 것이라기보다는 하나의 복제품을 제공하고 있는 것에 불과하다. 그들은 고령자들에게 이것은 동반자로 행위하도록 설계된 로봇이라고 설명해줄 수 있을 것이다. 이 로봇은 그들을 사랑하고 돌보는 인간의 대용품이 아니라 고령자들에게 외로움과 싸울 수단을 제공하는 것을 포함하여, 그들의 일상적인 일을 도와주는 하나의 장치이다. 라디오와 텔레비전과 같은 그 외의 다른 장치들도 외로움과 싸우기 위해 이용되었지만 그것들은 진짜 인간의 기술적 대용품으로 비판받고 있지는 않다. 라디오가 도입되었을 때 그것은 진짜 인간 존재나 혹은 진짜 인간이 연주하는 라이브 음악의 약한 대용품이라는 이유로 비판받았을 수도 있었겠지만, 현재 라디오나 텔레비전을 이와 같은 방식으로 비판하는 사람들은 약간 이상한 소리를 하는 것으로 들린다. 고령자들은 덜 외로워지기 위해 자신들이 좋아하는 토크쇼나 음악 프로그램을 들으려고 라디오 채널을 맞춘다. 그렇게 하는 데 무언가 잘못된 것이 있는 것처럼 보이지 않는다. 그러므로 로봇이 동반자로 행위하는 것에서도 본질적으로 무언가 잘못된 것이 있는 것처럼 보이지 않는다. 우리는 이러한 장치들이 고령자들에게 노출되어 있는 유일한 것들은 아니라는 사실을 명심해야 한다. 그들이 자신들이 좋아하는 라디오쇼에 채널을 맞출 때 그 라디오는 고령자들이 상호작용해야 할 유일한 것은 아니다. 주위에는 항상 진짜 사람들이 있었다. 동반자 로봇의 사례도 똑같은 경우이다. 라디오나 텔레비전은 위급한 일이 일어났을 때와 같이 그들이 정말 진짜 사람을 필요로 할 때 고령자들에게 도움을 줄 수 없다. 똑같은 방식으로, 로봇이 인간 간호사나 의사의 진정한 대용품으로 행위할 수 없는 한(이 상황은 논의했듯이 먼 미래의 일이다), 로봇은 단지 라디오와 텔레비전처럼 외로움을 덜어주고 고령자들이 필요로 하는 사람의 손길을 도와주는 보조자나 **장치**로 행위할 수 있을 뿐이다. 통상 우리는 고령자들이 라디오를 틀 때 기만당하고 있다고 생각하지 않기 때문에 우리는 고령자들이 돌봄 제공 로봇과 상호작용할 때도 기만당한다고 생각해서는 안 될 것이다.

그러나 고령자들을 어린아이처럼 대하거나 존중하지 않는 것은 실제로 하나의 윤리적 관심사이다. 이와 관련하여 가능한 하나의 시나리오는 돌봄 제공 로봇이 고령자들에 대한 어떠한 성찰이나 아무런 존중도 없이 자동적으로 고령자들에게 하라고 프로그램화된 것을 행하는 것이다. 그들에게 파로와 같은 동반자 로봇을 제공한다고 해서 고령자들은 마치 그들이 어린아이인 것처럼 다루어지고 있는가? 따라서 하나의 큰 물음은 돌봄 제공 로봇이 고령자들을 돌보도록 허용하는 동안 그들의 존엄성을 존중할 어떤 방법이 있는가 혹은 존엄성과 자율성에 대한 존중이 처음부터 로봇 속에 프로그램화되어 있는 것과 같은 방식으로 그것을 재설계하는 방식이 있는가이다. 나는 있다고 믿는다. 여기서 인간 돌봄 제공자가 있는 것이 필수적이다. 우리는 아직 돌봄 제공 로봇이 어떠한 감독도 없이 고령자들을 위해 혼자 일하는 것을 허용받을 수 있는 위치에 있지 않다. 기껏해야 로봇은 인간 돌봄 제공자의 보조자로 행위할 수 있다. 고령자가 쉬고 있거나 상황이 너무 절박하지 않을 때처럼 로봇이 고령자와 홀로 머무는 것이 허용되는 시간이 있을 수도 있을 것이다. 그러나 로봇만으로는 할 수 없는 어떤 일을 하기 위해 진짜 인간이 필요할 때가 있을 것이다. 이 경우 어린아이처럼 대할 위험이 최소화될 수 있다. 그러나 중요한 점은 인간 돌봄 제공자 자신이 고령자들을 존중하는 마음을 가질 필요가 있다는 것이다. 어린아이처럼 대하는 경향이나 존중심의 결여는 인간 돌봄 제공자들에게도 일어날 수 있으며, 따라서 이러한 문제들은 로봇에게만 해당하지 않는다.

 앞서 언급된 쟁점들은 고령자들을 돌보는 로봇이 있는 곳은 어디에서나 유효할 일반적인 윤리적 우려들의 일부이다. 그러나 로봇이 개발도상국에 들어감에 따라 그곳에 고유한 몇 가지 추가적인 우려들이 있다. 특히 이러한 점은 이 장에서 논의되었던 사회정의를 위한 인공지능의 맥락과 관련이 있다. 여기에 그것의 일부가 있다. 무엇보다도 먼저 우리는 개발도상국의 고령자들에게 소개될 로봇은 새로운 맥락에서 잘 작동할 것이라고 확신할 필요가 있다. 아마도 이것은 가장 중요한 점일지도 모른다. 로봇이 개발도상국에서 일할 때 일어나는 것은 로봇이 그와 같은 개발도상국에서는 개발되어 시험되지 않고 있을 확률이 매우 높다는 사실이다. 그러므로 개발도상국에서 일하는 로봇은 좀 더 발전한 경제 국가로부터 수입되었을 확률이 매우 크다. 이것은 로봇이 개발되고 성장되는 환경이 그것들이 할 일을 발견하는 곳과 똑같지 않다는 것을 의미하기 때문에 심오한 함의를 갖는다. 외국어로 말하는 것과 그 때문에 번역에 허둥대는 문제들과는 별개로, 로봇은 자신들이 수입된 개발도상국의 문화와 직접적으로 조화를 이루지 못하는 방식으로 일하도록 프로그램화되었을 수 있다. 이것은 자신들이 작업하고 있는 문화적 맥락을 이해하지 못하는 로봇은 충분히 기능을 발휘하지 못할 것이므로 명백한 윤리적 우려 사항이다. 심지어 어떤 경우에는 직접적인 해악이 로봇과 사용자 사이에 오해의 결과로 발생할 수도 있다. 그러나 이 문제를 푸는 것은 쉬운 일이 아니다. 확실히 적절한 기계 번역 프로그램이 제 역할을 할 필요가 있지만 이것보다 더 중요한 것은 그 로봇이, 예컨대 그것이 처음 만들어졌을 가능성이 큰 서구 세계와 어쩌면 그것이 일거리를 찾는 아시아 국가를 구분하는 미묘한 문화적 단서를 인식할 필요가 있다는 점이다. 로봇은 서양 고령자와 동양 고령자 사이의 일반적 차이점에 대해 감수성을 가질 필요가 있다. 예를 들면, 동양의 고령자는 좀 더 사회적인 경향이 있으며, 따라서 로봇은 이에 알맞게 적응할 수 있을 필요가 있다.

   개발도상국의 맥락에서 또 다른 중요한 쟁점은 경제적 불평등에 관심을 갖는다. 확실히 이것 역시 서구의 문제이지만 개발도상국에서 이 문제는 더욱 민감하다. 고령자를 돌보기 위해 로봇을 사용하는 것에 대한 통상적인 정당화는 그것이 좀 더 경제적이라는 사실이다. 더욱이 자식이나 손주들이 자신들의 부모나 조부모를 돌볼 수 없는 상황에서 만일 고령자가 혼자 남겨지지 않으려면 로봇은 유일한 선택인 것처럼 보인다. 반면에 개발도상국에서 일상적으로 일어나는 일은 부유한 고령자는 그들 자신의 인간 돌봄 제공자를 고용할 수 있으며(부유한 사람들의 자식들이 자신들의 부모나 조부모들을 스스로 돌보는 것은 훨씬 더 어렵다), 가난한 고령자들은 종종 자식들과 친족으로부터 지원받는 네트워크가 있는 대가족 속에서 산다는 것이다. 그러므로 만일 돌봄을 제공하는 로봇이 요구되는 사회의 어떤 계층이 있다면 그것은 중산층일 것이다. 그러나 중산층은 어떤 경우에는 그것의 높은 비용 때문에 로봇을 구입할 여유를 가지는 것이 어렵다는 것을 알게 될 것이다. 개발도상국에서 고령자 인구가 빠른 속도로 증가하고 있고 빈곤층과 중산층 양자 모두를 위한 인간 네트워크의 지원도 빠른 속도로 붕괴되고 있다는 사실을 고려한다면, 로봇 돌봄 제공자를 구입할 수 없다는 문제는 심각한 것이 될 수 있다.

개발도상국에서 중요한 또 다른 윤리적 쟁점은 프라이버시이다. 실제로 이것은 세계적 관심사이지만 개발도상국의 맥락에서 보면 프라이버시는 특히 중요하다. 돌봄 제공 로봇은 고령자와 가까이 있기 때문에 그들의 프라이버시를 보호하거나 아니면 위협하는 독특한 위치에 있다. 로봇은 혈압 및 혈당 등과 같은 고령자의 활력징후를 감시할 능력을 가질 수 있을 것이다. 이것은 고령자가 혼자 살 때 엄청난 도움이 될 수 있는데, 왜냐하면 건강 전문가들과 가까운 친척들이 그들에게 무슨 일이 일어나자마자 곧바로 정보를 제공받게 될 것이기 때문이다. 그러나 이와 같은 건강 통계들은 고령자의 조건에 관한 많은 것을 드러내며, 직접적인 건강 돌봄의 책임이 없는 사람들의 손에 들어가면 이 정보는 자료 수집과 목표가 되는 광고를 위한 황금 광산이 될 수 있다. 더욱이 이러한 문제들은 개발도상국에서 더 복합적인 경향이 있는데, 왜냐하면 통상 규제들은 느슨하며, 고령자들을 착취하기 위한 사업을 더욱 용이하도록 만들고 있기 때문이다. 로봇은 건강 통계를 수집할 수 있을 뿐만 아니라 고령자가 그들에게 이야기한 말들을 기록할 수 있고, 결과적으로 로봇은 고령자가 위임해준 비밀들을 저장해놓은 곳이 된다. 그런 다음 이런 비밀들은 권한이 없는 당사자들에 의해 수집될 수 있을 것이다. 이 경우 우리가 자신의 스마트폰을 통제하는 것과 똑같은 방식으로 로봇은 사용자에 의해 충분히 통제될 수 없다. 한편으로 고령자는 자신의 로봇의 프라이버시 설정을 어떻게 바꿀 것인가를 알고 싶어 할 수도 있고, 알고 싶어 하지 않을 수도 있다. 그러므로 프라이버시 설정은 고령자의 프라이버시가 이미 보호되고 있는 곳에서는 항상 디폴트 상태로 설정되어야 한다. 더욱이 고령자의 개인 정보를 취급할 권한을 부여받은 사람들은 엄격한 비밀 보장 아래에서만 그렇게 해야 한다. 동일한 지역의 수많은 고령자들로부터 얻은 빅데이터의 조작은 장기적으로 보면 유용할 수 있겠지만, 그것은 관련된 고령자들 개인의 프라이버시를 심각하게 훼손할 잠재력을 갖는다. 이 경우 빅데이터 분석의 결과로 이용할 수 있게 될 것으로 믿어지는 이익들은 고령자의 프라이버시에 대한 잠재적인 위협을 능가한다는 것이 입증될 수 있을 정도로 객관적으로 증명 가능할 수 있어야 할 것이다.

    이 모든 것에서 불교적 관점은 무엇인가? 여기서 나는 불교 철학에 입각해서 프라이버시에 관해 쓴 나의 최근 저서에 따라,[23] 불교는 돌봄 제공 로봇의 사용을 둘러싼 윤리적인 문제와 법률적인 문제들에 대한 이론적 해법을 제공하기 위한 시도들에 독특하고도 유용한 기여를 하고 있다는 의견을 제안하고 있다. 불교의 두 가지 핵심적인 통찰력은 자비와 연기이다. 앞에서 논의했듯이 이 두 가지 개념들은 서로 밀접하게 연결되어 있는데, 왜냐하면 우리가 모든 사물들과 모든 존재들이 서로 연결되어 있다는 사실을 깨달을 때 우리는 다른 모든 존재들과 친밀하고 하나라는 감각을 느끼게 되기 때문이다. 돌봄 제공 로봇의 맥락에서 보면 이것은 로봇 자신들과 고령자, 설계자 및 인간 돌봄 제공자들 사이에서 생겨난 친밀한 관계를 가리키고 있다. 말하자면 이들은 고령자들을 돌보는 내부 관계자inner circle이다. 그러나 정책 입안자와 관계부처로 구성된 외부 관계자들outer circles도 있다. 연기론에 따르면, 모든 것은 다른 모든 것들과 연결되어 있지만 여기서 가장 중요한 역할을 하는 것은 로봇과 설계자, 고령자 및 (고령자의 자식이나 손주들과 같은) 인간 돌봄 제공자들이다. 이 관념은 로봇 안에도 자비와 공감이 들어 있을 필요가 있다는 것이다. 우리가 보았듯이 이것은 로봇 자체가 자비롭거나 공감을 가지게 된다는 것을 의미할 필요가 없다. 이것은 범용 인공지능 로봇에게 요구될 것이다. 그러나 그것은 로봇이 자비로운 방식으로 행위한다는 것을 의미한다. 로봇은 그것에 대해 충분히 의식하지 않고도 자비로운 모든 징후들을 보여줄 수 있어야만 한다. 이것은 로봇이 자비롭다는 것을 지시해줄 공개적으로 검증가능한 지표가 있기만 하다면 가능할 것이다. 그러나 불교 철학에 따르면 이것은 충분히 수용 가능한 일이다. 말을 바꾸면, 불교는 원칙적으로 로봇이 스스로 의식하지 않고도 자비로운 징조들을 보여줄 어떤 방식으로 행위할 수 있고 또한 행위해야만 한다는 견해에 반대하지 않는다. 결국 로봇은 탄생과 재생의 순환에 종속되는 유정적 존재가 아니라 하나의 기계에 불과하다. 하나의 기계로서 로봇이 하는 모든 일은 업의 법칙의 지배를 받지 않는다. 다시 말해 로봇이 하는 모든 일은 그 행위의 열매를 로봇 자체가 받지 않으면 안 되는 결과를 만들 수 없다. 그러나 어떠한 의도를 갖지 않는다고 해서 그 로봇이 윤리적 행위를 수행할 수 없다는 것을 의미하지는 않는다. 이 경우 로봇이 긍정적인 어떤 일을 하는 경우에 칭찬을 받는 사람은 로봇의 설계자이며, 그들은 만일 그 로봇이 어쩌다가 다르게 행동한다면 비난받을 책임도 있다. 기만의 쟁점에 대해 불교 계율은 이에 반대하는 분명한 항목을 가지고 있다. 네 번째 계율은 우리가 열반에 도달하기 위해 할 필요가 있는 수행의 일부로 거짓말하는 것을 삼가야 한다고 가르친다. 거짓말하는 것은 분명히 다른 형태로 기만하는 것을 포함한다. 그러나 여기서 쟁점은, 예컨대 고령자에게 솜털 같은 털을 가진 바다표범 로봇을 제공하는 것이 기만하는 것으로 간주될 것인가라는 문제에 관심을 갖는다. 앞서 논의했듯이 바다표범 장난감을 제공하는 것은, 만일 고령자가 처음에 분명하게 이것은 진짜 바다표범이거나 혹은 진짜 살아 있는 어떤 동물이 아니라 그들이 그 장난감과 함께 노는 것을 돕고 나아가 고령자의 외로움을 감소시켜주기를 바라도록 설계된 장치라는 말을 듣게 된다면, 반드시 기만하는 것을 구성하지는 않는다. 그런데 처음부터 솜털 같은 털을 가진 로봇을 설계하는 바로 그 행위는 이 로봇 자체가 동물이 아니며 털은 그것으로부터 자연스럽게 자라지 않기 때문에 기만을 구성할 수도 있다. 그러나 이러한 반대는 라디오와 텔레비전 같은 그 외의 매우 다른 흔한 형태의 기술을 비판하기 위해 사용될 수도 있기 때문에 너무 강한 것처럼 보인다. 어떤 의미에서 이러한 장치들은 기만을 구성하고 있으며, 나아가 라디오 자체가 말을 할 수 있다거나 이 장치 안에 작은 인간이 들어 있다고 생각하면서 한동안 기만당하기 전까지 라디오를 본 적이 없는 사람들에 대한 이야기도 있다. 그럼에도 불구하고 일상적인 사용에 있어서 어떤 사람도 하나의 가능한 기만이 계속되고 있다는 사실에 관심을 갖거나 주의를 기울이고 있는 것 같지 않으며, 나아가 현대인들은 라디오가 스스로 말하고 있지 않다는 사실을 알고 있다. 그러나 그들은 이를 즐기고 있으며, 그 이후에도 계속 사람들은 똑같은 이유로 유튜브YouTube에서 음악을 즐긴다.

더욱이 다른 사람들을 보살피는 일에 있어서 돌봄 제공자들은 가장 기본적인 불교 교의 가운데 하나인 연민karuṇā을 수행하고 있다. 반복하자면 이 개념은 해탈에 이르는 길에서 필수적인 하나의 구성 요소는 우리가 다른 사람들의 고통을 완화하고, 가능하다면 실제로 그렇게 하기 위해 구체적인 조치를 취하기를 바라면서 다른 사람들의 괴로움을 공유한다는 것이다. 고령자를 위한 돌봄 제공 로봇을 설계하는 데 있어서 설계자들은 이러한 로봇이 그것들이 설계된 대로 일을 수행하고 또한 그 설계 자체가 좋은 의도로부터 나왔을 때 로봇으로 인해 많은 긍정적인 업을 받을 공덕을 쌓게 될 것이다. 그러므로 이러한 전체 기획은 관련된 사람들을 궁극적인 해탈로 이끄는 선kusala, 즉 건전한 행위가 된다. 하지만 의도는 여기서 모든 것이다. 더욱이 이와 같은 로봇을 설계하고 제조함으로써 공덕의 또 다른 측면을 얻을 수 있는데, 왜냐하면 이런 로봇은 인간 돌봄 제공자들의 보조자로 행동하면서 고령자를 침대로부터 들어 올려서 침대에서 뒤집어주는 것 등과 같은 수많은 노동집약적 일들을 하는 것을 도와주기 때문이다. 이런 일들은 또한 인간 돌봄 제공자들이 감당해야 할 고통, 최소한 그들의 **육체적** 고통을 덜어주기도 하는데, 돌봄 제공자들은 로봇이 하지 않더라도 그런 일들을 해야만 하기 때문이다.[24] 그러나 이 문헌에서 언급된 윤리적 도전들을 간과할 수는 없다. 아마도 가장 중요한 도전은 로봇 혼자서도 이런 모든 업무를 할 수 있다고 믿고 고령자들을 유아처럼 대하거나 혹은 그들을 방치함으로써 고령자의 존엄성을 위반하는 것이다. 여기서 다시 고통이 핵심 쟁점이다. 그들을 어린아이처럼 대한다고 말하는 것의 전제는 고령자들이 그들이 받을 자격이 있는 존중을 받지 못한 채 다루어지고 있다는 점이다. 이것은 또 다른 형태의 학대로 이어져 그들이 고통을 겪는 원인이 될 수도 있다. 그러므로 어린아이처럼 대하고 그들의 존엄성을 존중하지 않는 것은 괴로움을 야기하고 나아가 결과적으로 건전하지 않은 akusala 행위인 해악을 끼치는 행위이다. 나는 앞에서 불교는 존엄성을 인간의 고유한 특성으로 인정하지 않는다고 논의했다. 이러한 관념은 어떤 의미에서 보면 모든 유정적 존재들은 모두 해탈에 이를 잠재력을 가지고 있기 때문에 그들 자신의 존엄성을 가지고 있다는 것이다. 이에 덧붙여 대승의 전통은 모든 유정적 존재들은 불성 tathāgatagarbha 을 가지고 있다는 점을 강조하는데, 이것은 자랄 수 있고 또한 궁극적으로는 미래에 참된 붓다가 될 수 있는 붓다의 씨앗이다. 그러므로 유정적 존재로서의 능력을 가지고 있는 고령자들은 이와 같은 방식으로도 존중을 받을 자격이 있으며, 따라서 우리는 그들이 존엄성을 가지고 있다고 말할 수 있다. 그렇다면 어린아이처럼 대하거나 그 외에도 (다음 장의 주제인 프라이버시에 간섭하는 것과 같은) 고령자의 존엄성을 침해하는 것은 해탈로부터 벗어나게 하는 건전하지 못한 행위이고, 그것은 결국 비윤리적인 것이다. 그럼에도 불구하고 고령자들이 자신들의 존엄성에 해당하는 것을 상실하지 않고도 돌봄 제공 로봇의 도움을 받을 수 있는 방법들이 있다. 한 가지 방법은 로봇이 전문적인 인간 돌봄 제공자들의 보조자로 행위하는 것이다. 이 경우 고령자의 자율성과 존엄성은 손상받지 않을 텐데, 왜냐하면 로봇이 인간 돌봄 제공자들의 통제를 받을 것이기 때문이다. 또 다른 방법은 고령자들에게 로봇은 그들을 돕기 위해 거기에 있으며 그들에게서 존엄성을 빼앗거나 그들을 어린아이처럼 대하려고 하는 것이 아니라는 사실을 확신하도록 해주는 것이다. 중요한 것은 고령자가 로봇과 함께 이 상황을 통제해야만 한다는 것인데, 이 상황은 문헌에서도 주목받고 있다.[25]

고령자들에게 로봇 돌봄 제공자들을 사용하는 것은 인공지능과 로봇공학이 우리 사회의 조건을 개선시키는 데 구체적인 도움을 줄 수 있는 하나의 사례이다. 그러나 우리가 살펴보았듯이 극복될 필요가 있는 많은 윤리적 도전들이 존재한다. 그러므로 고령자 돌봄 로봇은 고령자들의 능력을 강화시켜서 그들이 고립과 그 외의 많은 장애들에 직면한 상황에서 보람 있고 의미 있는 삶을 영위할 수 있도록 해줌으로써 인공지능이 보다 평등한 사회를 어떻게 창조할 수 있는가에 대한 하나의 사례이다. (우리는 인공지능이 보다 평등한 사회에 어떻게 기여할 수 있을 것인가를 7장에서 좀 더 구체적으로 논의할 것이다) 고려되어야만 할 가장 중요한 것은 고령자들이 의미 있는 삶을 살 수 있어야 한다는 것이다. 이것은 설명하기가 약간 어렵지만 그것은 고령자들이 자신들의 삶 속에서 그들만의 의미와 가치를 발견할 수 있는 방식으로 삶을 즐길 수 있다는 것을 의미한다. 이와 대조되는 것은 고령자들이 자신들의 편에서 어떠한 기대나 희망 혹은 성찰 없이 단지 계속 존재하고 숨 쉬는 종류의 삶이다. 어떤 고령 여성은 치매로 고통을 겪지 않을 수도 있을 것이다. 그녀는 여전히 생각하고 말하며 기억할 수 있겠지만, 그녀의 삶은 자신의 삶 속에서 기쁨이나 경이로움을 발견할 수 없다면, 즉 그녀의 삶이 단조롭게 사는 것의 연속에 불과하다면 그렇게 의미 있는 것은 아닐 것이다. 최소한 돌봄 로봇은 고령자들이 그 로봇 자체를 통해 사랑하는 사람들과 접촉하거나 인터넷상에서 자신들의 친구들 및 네트워크에 참여하는 것을 가능하게 함으로써 이런 일을 도울 수 있다. 이 경우에 인공지능과 로봇 공학은 사회적 선과 평등에 기여한다고 말할 수 있다. 그러나 중요한 단서들이 있다. 위에서 논의되었던 윤리적 고려들이 충족되어야 할 필요가 있다. 고령자들의 존엄성은 존중받아야 하며 명확하게 입증될 필요가 있다. 실제로 돌봄 제공 로봇의 사용은 인공지능이 건강관리에 기여할 수 있는 한 가지 사례에 불과하지만, 그것은 이 기술 자체가 매우 취약한 인구 집단에게 육체적으로나 정신적으로도 친밀해지게 되는 하나의 영역이다. 따라서 그것은 하나의 시험 사례로서 역할을 한다. 만일 인공지능과 로봇 공학이 고령자의 건강과 존엄성을 보호하고 증진하는 데 도움을 줄 수 있고 또한 모든 윤리적 고려들을 충족시킬 수 있다면, 그것은 다른 건강관리 영역에도 도움을 줄 수 있을 것이다.

결론

그렇다면 결론적으로 말해 돌봄 제공 로봇은 그것이 기계의 깨달음을 예시해주는 것과 같은 방식으로 설계되고 제작되어야만 한다. 말을 바꾸면, 4장에서 논의되었듯이 로봇은 로봇의 기술적 탁월성과 윤리적 탁월성이 철저하게 통합되는 윤리적 완성을 위해 노력해야만 한다(혹은 좀 더 정확하게 말해, 오늘날의 돌봄 제공 로봇은 특수 인공지능의 범주에 속하므로 로봇 **설계자**가 노력해야 한다). 그 로봇은 진정으로 고령자들의 고통을 완화시킬 목적으로 설계되고 제작되는 형태로 자비심을 보여주어야 한다. 이런 자비심은 구체적으로 돌봄 제공 로봇이 고령자들을 위해 자신의 과업을 수행하는 방식으로 입증될 필요가 있다는 것이 중요하다. 특히 그 로봇은 고령자의 프라이버시와 자율성에 대한 존중을 명확하게 보여줄 실질적인 행동들을 수행할 필요가 있다. 고령자들을 존중한다는 것의 또 다른 측면은 로봇이 그들과 상호작용을 할 때 개방적이고 진정성을 가지고 있어야 하며, 돌봄 제공 로봇이 본성상 기만적이라는 비난을 반박하는 형태를 띠고 있다는 것이다. 이런 방식으로 고령자에 대한 존중은 자비심에서 보여주어야 할 필요가 있는 없어서는 안 될 부분이다. 그리고 자비심은 깨달음의 필수적인 부분이기 때문에 로봇은 기계의 깨달음을 이런 방식으로 보여준다. 이것의 결론은 아마도 고령자 돌봄 로봇에 대한 전면적인 금지는 우리가 가야 할 길이 아닐지도 모른다는 것이다. 이런 로봇이 유용할 수 있는 경우, 특히 그것들이 요양원에서 전문적인 돌봄 제공자들의 일을 돕는 사례들이 있을 수 있을 것이다. 고령자들이 자식들과 손주들의 돌봄을 받을 것이라고 기대되는 아시아의 맥락에서 로봇은 (비유적으로 말하면) 가족의 한 구성원이 될 수 있으며, 이때 그것들은 고령자 및 다른 가족 구성원들 모두와 밀접하게 상호작용한다.

이 장에서 논의된 또 다른 두 가지 자율성을 갖는 기술들에 대해 말하면, 그것들은 또한 그들 자신만의 방식으로 기계의 깨달음을 보여줄 수 있다. 자율자동차에 있어서 이는 그것이 기술적 탁월성과 윤리적 탁월성을 모두 구체화하고 있다는 것을 의미하며, 따라서 그것은 이와 같은 이상들을 완전하게 실현하고 있다는 것을 보여준다. 이와 같은 이상들은 자율자동차가 설계된 목적이 충분히 실현되고 그것 자체와 주변 환경들을 분리하고 있는 벽이 제거되었을 때 발견될 수 있다. 좀 더 구체적인 개념에서 보면, 이는 자율자동차가 그 탑승자들의 안전을 보장하면서도 다른 자동차 탑승자들의 권리와 통행인들의 권리도 존중하는 성질들을 충분히 보여주고 있다는 것을 의미한다. 나는 앞에서 더 많은 사람들을 죽이는 더 큰 참사를 피하기 위해 로드스터를 의도적으로 들이받는 상황을 논의했다. 대부분 사람들에게 이는 그것이 의도적으로 어떤 사람을 죽이는 것을 포함하기 때문에 그릇된 것이며, 불교에서도 그것이 무고한 사람을 죽이는 것은 어떤 이유에서든 잘못인 것처럼 보이기 때문에 그릇된 것이라고 주장했다. 그러나 주행 중인 자율자동차가 충돌해서 한 사람을 죽이거나 혹은 다섯 사람을 죽이는 것을 선택하지 않으면 안 되는 원래의 트롤리 문제의 경우, 건전한 판단을 하는 데 필요한 정보의 부족으로 인해 이 상황은 훨씬 더 어려운 일이 된다. 만일 어떠한 정보도 전혀 없다면 불교는 가장 적은 숫자의 사람들을 죽이는 것보다 차의 방향을 바꾸는 것을 선택할 것처럼 보이는데, 왜냐하면 그것은 최소한 가장 적은 양의 부정적 업을 야기할 것이기 때문이다. 그러나 우리는 결코 오직 한 사람만 죽이는 것의 실제적 결과나 혹은 다섯 사람 모두를 죽이는 것의 실제적 결과를 알 수 없다. 아마도 한 사람을 죽이는 것이 훨씬 더 심각한 결과를 가져올지도 모른다. 이것은 충돌당하는 사람들이 누구인지에 대해 현실적으로 어떠한 정보도 없기 때문에 언제나 일어날 수 있는 일이다. 따라서 이 딜레마 전체는 매우 가정적인 것으로 남게 된다. 그러므로 우리는 이 쟁점을 안전하게 제쳐두고 자율자동차 윤리의 보다 실제적인 측면에 초점을 맞출 수 있는데, 그것은 안전성(가정적인 안전성이 아니라 실제적인 안전성), 내구성, 교통규범을 준수하는 능력, 실제적인 도로 조건의 인식, 보행자들에 대한 존중 등과 더 많은 관계가 있다. 이 모든 것들은 자율자동차의 계sila를 형성하는데, 그것들은 궁극적으로 자동차를 기계의 깨달음에 이르도록 해준다.

자율 킬러 로봇의 윤리를 논의하면서 섀넌 발로Shannon Vallor는 다음과 같이 언급하고 있다. "요점은 최신 로봇 공학, 심지어 **군사** 로봇 공학에 대해서도 무분별한 전 세계적 저항을 부추기는 것은 도덕적으로 맹목적이며 또한 비생산적인 일일 것이라는 점이다. 그 대신 우리가 필요로 하는 모든 것은 미래의 로봇 활용은—군사적인 맥락을 포함해서—전 세계적인 인간 번영의 퇴보보다 증진에 우선성을 둔다는 것을 보증할 기술도덕적 지혜이다."[26] 발로가 언급하고 있는 지혜는 불교적 지혜와 매우 유사하다. 그것은 선을 가능하게 하는 종류의 지혜인데, 불교에서 이것은 또한 인간 본성 및 그 본성에 대한 깊은 지식과 관계가 있다. 불교에 대한 전형적인 선입견은 어떤 대가를 치르더라도 전쟁을 피하려고 한다는 평화주의적 종교라는 것이다. 그러나 우리가 앞에서 보았듯이 이것은 불교 국가들이 자기방어를 할 필요도 있기 때문에 언제나 사실은 아니다. 다시 말해 전쟁의 원인은 정의로운 것이어야만 한다. 그렇다면 이러한 맥락에서 자율성을 갖는 무기 시스템의 사용은 전쟁을 수행하는 것의 한 측면으로 간주될 수 있는데, 만일 그 전쟁이 정당화된다면 그 전쟁이 전시국제법jus in bello의 원칙을 따를 때 그와 같은 무기 시스템의 사용이나 어떤 전쟁 내에서 올바른 수단의 사용도 정당화된다.

만일 이 모든 것이 지지받을 수 있다면 자율성을 갖는 무기 시스템이 기계의 깨달음에 도달하는 어떤 상황이 존재할 것인가? 이것은 어려운 질문이다. 우리는 어떤 형태나 어떤 이유로도 살생하는 것 자체는 수많은 부정적 업을 초래할 것이라는 사실을 부정할 수 없다. 그것은 덕에 이르는 열 가지 길the Ten Paths to Virtue이 살생을 삼가는 것을 수행자가 따라야만 할 첫 번째 길로 목록에 올린 이유이다. 간단하게 말해 (인간 존재뿐만 아니라 인간이 아닌 유정적 동물을) 살생하는 행위에 관련된 사람은 그렇게 하는 바로 그 행위로 인해 해탈로 나아가는 길로부터 벗어나고 있다. 그러므로 비록 그것들이 훌륭한 수준의 기술적 탁월성을 달성했다고 하더라도 살생을 하기 위해 설계된 기계들은 가장 높은 윤리적 탁월성에 도달할 수 없다. 심지어 정의로운 명분을 위해서라고 하더라도 전쟁에 참전하는 것은 언제나 부정적인 업을 가져오는 어떤 일이다. 그러나 다른 나라의 침입에 저항하여 자신을 방어할 필요와 같은 특정한 상황이 존재하는데, 이때는 이상적인 것에 못 미치는 일을 할 것이 요구된다. 우리는 윤리적으로 이상적인 모든 일을 할 필요는 없다. 완벽한 세상에 못 미치는 곳에서 그와 같은 것은 우리가 그렇게 하기 위한 전제조건으로서 세상과 완전히 동떨어져 산다는 것을 의미하며, 많은 경우에 그렇게 하는 것은 실천 불가능한 일이라고 말해도 지나치지 않을 것이다.

1　Patrick Lin, "Why Ethics Matters for Autonomous Cars," in M. Maurer, C. Gerdes, B. Lenz, and H. Winner (eds.), *Autonomous Fahren* (Berlin: Springer, 2015), 70-85, Pactrick Lin, Ryan Jenkins, and Keith Abney, *Robot Ethics 2.0: From Autonomous Cars to Artificial Intelligence* (Oxford: Oxford University Press, 2017), 5에서 인용했다.

2　Vikram Bhargava and Tae Wan Kim, "Autonomous Vehicles and Moral Uncertainty," in Patrick Lin, Ryan Jenkins, and Keith Abney, *Robot Ethics 2.0*, 5-19. 앤드류 사피엘리(Andrew Sapielli)의 저술들은, 예를 들어 다음과 같다. Andrew Sapielli, "What to Do When You Don't Know What to Do," in Suss-Shafer Laundau (ed.), *Oxford Studies in Metaethics*, vol.4 (New York: Oxford University Press, 2009), 5-28; "Along an Imperfectly-Lighted Path: Practical Rationality and Normative Uncertainty," unpublished Ph diss., Rutgers University, 2010; "Normative Uncertainty for Non-Cognitivist," *Philosophy Studies* 160 (2012): 191-207; "What to Do When You Don't Know What to Do When You Don't Know What to Do," *Nous* 47 (2014): 521-544.

3　Vikram Bhargava and Tae Wan Kim, "Autonomous Vehicles and Moral Uncertainly," 12.

4　Vikram Bhargava and Tae Wan Kim, "Autonomous Vehicles and Moral Uncertainly," 12. 바가바와 김태완은 우리에게 로드스터와 충돌하도록 자율적인 교통수단을 프로그래밍하는 행위를 두 개의 대립적인 시나리오와 비교하도록 유도한다. 첫 번째 시나리오는 로드스터와 충돌하는 것이 그렇게 하지 않는 것보다 더 좋은 것이라는 사실을 보여주고 있으며, 두 번째 시나리오는 그 반대를 보여준다. 첫 번째 시나리오의 사례는 많은 사람을 돕는 어떤 자선 단체에 기부하는 것이며, 두 번째 시나리오의 사례는 다른 죽어가는 환자들을 돕기 위해 건강한 환자를 죽여서 그의 내부 장기를 제거하는 의사의 사례이다. 바가바와 김태완은 직관적으로 두 번째 사례에 더 많은 도덕적 비중을 부여하는데, 이는 우리가 두 번째 사례와 유사한 행위를 하는 위험을 무릅쓰면 안 된다는 것을 함축한다. 따라서 만일 두 번째 비유가 사실이라면, 로드스터와 충돌하는 것은 그릇된 일일 것이다. 이에 따르면 그 근저에 놓여 있는 관점은 다른 환자들을 위해 어떤 건강한 환자를 해체하는 의사는 명백하게 잘못된 것이라는 사실을 분명히 보여준다.

5　예를 들면, 다른 사람을 돕는 것은 전형적으로 자기 자신의 에고에 대한 집착을 줄여줄 것이며, 따라서 그것은 궁극적인 목적, 즉 해탈의 달성에 기여한다. 그러므로 그것은 '좋은 것(kusala)'이다. 반대로 다른 사람에게 해악을 끼치는 것은 그것이 에고에 대한 집착과 증장을 촉진시키기 때문에 그 반대의 결과를 가져오는 원인이 될 것이다. 따라서 그것은 '나쁜 것(akusala)'이다. 그러나 재채기를 하는 것과 같이 의도적이지 않은 행위는 그 길을 촉진하지도 않고 방해하지도 않

는다. 그러므로 그것은 중립적인 것(abyākatā)이다. 예컨대 Bhikku Bodhi, ed., *A Comprehensive Manual of Abhidhammattha: The Abhidhammattha Sangaha of Acariya Anuruddha*, https://www.accesstoinsight.org/lib/authors/bodhi/abhiman.html (검색일: 2019.06.13.)을 보라.

6 『대반열반경(Mahāparinibbāna Sutta)』에서 붓다는 마가다(Magadha)의 장관에게 리차비가 화합해 있는 한 그들이 패배하는 것은 불가능할 것이라고 말하면서 리차비국의 상황에 대해 조언을 해주었다. 그러고 나서 붓다는 이 조언을 비구들이 화합해서 머물고 그들의 행동에서 동일한 절차를 따르는 한 이 가르침은 파괴되지 않을 것이라고 말하면서 제자들에게 그 자신의 가르침에 대한 하나의 비유로 사용했다. 이 특별한 가르침은 '아빠리하니야 담마(Aparihaniya Dhamma, 일곱 가지 쇠퇴하지 않는 법)' 또는 나라가 쇠퇴하지 않는 것에 대한 가르침으로 알려져 있다. Sister Vajira and Francis Stroy가 번역한 "Maha-parinibbāna Sutta: Last Days of the Buddha," available at https://www.accesstoinsight.org/tipitaka/dn/dn.16.1-6.vaji.html(검색일: 2019.06.13.)을 보라.

7 Somboon Vuddhikaro, "Monks and Just War," unpublished research monograph submitted to the Center for Buddhist Studies, Chulalongkorn University, B.E.2557 (2014), http://media.phra.in/d662f66468cb3ch0289d37a0ffab05dd.pdf(검색일: 2019.05.31.)[in Thai].

8 Somboon Vuddhikaro, "Monks and Just War." 전쟁의 정당성에 대한 원전으로 『대사(Mahāvamsa)』를 논의하고 있는 것은 Laksiri Jayasuriya, "Just War Tradition and Buddhism," *International Studies* 46.4 (2009): 423-438에서도 볼 수 있다.

9 Patrick Taylor Smith, "Just Research into Killer Robots," *Ethics and Information Technology* (2018), https://doi.org/10.1007/s10676-018-9472-6

10 Aaron M. Johnson and Sidney Axinn, "The Morality of Autonomous Robots," *Journal of Military Ethics* 12.2 (2013): 129-141. DOI: 10.1080/15027570.2013.818399

11 Christof Heyns, "Autonomous Weapons in Armed Conflict and the Right to a Dignified Life: An African Perspective," *South African Journal on Human Rights* 33.1 (2017): 46-71. DOI: 10.1080/02587203.2017.1303903

12 Patrick Taylor Smith, "Just Research into Killer Robots." 또한 Ruth Macklin, "Dignity Is a Useless Concept: It Means No More Than Respect for Persons or Their Autonomy," *British Medical Journal* 327 (2003): 1419-1420도 보라. 비록 맥클린(Macklin)은 의료 윤리의 맥락에서 자신의 논증을 제시하고 있지만, 존엄성은 인격체나 그들의 자율성에 대한 존중보다 더 많은 만족감을 제공하지 않는다는, 이 주요한 관념은 다른 맥락에서도 여전히 유효하다.

13 Patrick Taylor Smith, "Just Research into Killer Robots."

14 예컨대 다음을 보라. Doris Schroeder, "Human Rights and Human Dignity," *Ethical Theory and Moral Practice* 15.3 (2012): 323-335, 또한 "How to Define Dignity and its Place in Human Rights—A Philosopher's View," *The Conversation*, August 9, 2017, available at https://theconversation.com/how-to-define-dignity-and-its-palce-in-human-rights-a-philosophers-view-81785, retrieved June 2, 2019도 보라.

15 Rob Sparrow, "Killer Robots," *Journal of Applied Philosophy* 24.1 (2007): 62-77. 스패로의 논문은 수많은 비판을 낳았다. 그와 같은 비판의 하나는 위험의 재분배에 있어서 공정성의 개념에 초점을 맞추고 있다. Thomas W. Simpson and Vincent C. Miller, "Just War and Robots' Killings," *The Philosophical Quarterly* 66.263 (2016): 302-322.을 보라.

16 Aaron M. Johnson and Sidney Axinn, "The Morality of Autonomous Robots."

17 Joost Broekens, Marcel Heering, and Henk Rosendal, "Assistive Social Robots in Elderly Care: A Review," http://mmi.tudelft.nl/~joostb/files/Broekens%20Heerink%20Rosendal%202009.pdf(검색일: 2019.06.15.)

18 S. Coradeschi et al., "GiraffPlus: A System for Monitoring Activities and Physiological Parameters and Promoting Social Interaction for Elderly," in Z. Hippe et al., (eds.) *Human-Computer Systems Interaction: Backgrounds and Applications 3. Advances in Intelligence System and Computing Vol 300* (Springer, Cham).

19 Amanda Sharkey and Noel Sharkey, "Granny and the Robots: Ethical Issues in Robot Care for the Elderly," *Ethics and Information Technology* 14.1 (2012): 27-40.

20 섀년 발로(Shannon Vallor)는 인간 돌봄 제공자와 돌봄 로봇 사이의 관계가 문제될 때 언급될 필요가 있는 많은 윤리적 관심사들도 있다고 주장한다. Shannon Vallor, "Carebots and Caregivers: Sustaining the Ethical Ideal of Care in the Twenty-First Century," *Philosophy and Technology* 24.3 (2011):251-268을 보라.

21 Robert Sparrow and Linda Sparrow, "In the Hands of Machines? The Future of Age Care," *Mind and Machine* 16 (2006): 141-161. 또한 T. Körtner, "Ethical Challenges in the Use of Social Service Robots for the Elderly People," *Zeitschrift für Gerontologie und Geriatrie* 49 (2016): 303-307. DOI 10.1007/s00391-016-1066-5 도 보라.

22 Robert Sparrow and Linda Sparrow, "In the Hands of Machines?" 141.

23 Soraj Hongladarom, *A Buddhist Theory of Privacy* (Springer, 2016).

24 Shannon Vallor, "Carebots and Caregivers."

25 예컨대, Adam Poulsen, Oliver K. Burmeister, and David Kreps, "The Ethics of Inherent Trust in Care Robots for the Elderly," in D. Kreps, C. Ess, L. Leenen,

and K Kimppa (eds.), *This Changes Everything-ICT and Climate Change: What Can We Do?* (HCC13 2018. IFIP Advances in Information and Communication Technology, vol.537) Springer, Cham.

26 Shannon Vallor, *Technology and the Virtues: A Philosophical Guide to a Future Worth Wanting* (Oxford: Oxford University Press, 2016), 213.

제6장

프라이버시, 기계 학습 그리고 빅데이터 분석

제6장

프라이버시, 기계 학습 그리고 빅데이터 분석

인공지능이 이처럼 많은 관심을 끄는 표어가 된 이유는 그것이 자신의 시스템 속으로 입력된 데이터의 분석을 통해 휘두를 수 있는 힘 때문이다. 오늘날 인공지능은 엄청난 양의 데이터를 분석하고 동일한 일을 하는 어떠한 인간의 능력도 훨씬 능가하는 예측을 할 수 있다. 최고의 인간을 이기는 현재의 인공지능 능력은 결론적으로 말하면 매우 복잡한 고대 중국의 게임인 바둑의 세계 챔피언이 2016년에 조직된 일련의 경기에서 기계 학습 기술을 채택한 한 인공지능 프로그램에게 호되게 패배했을 때 입증되었다. 인간 세계 챔피언으로 군림하고 있던 이세돌은 우리가 기억하는 한 최고의 바둑기사들 가운데 한 사람으로 인정받고 있었지만, 그는 구글Google의 딥마인드사DeepMind가 개발한 알파고AlphaGo 프로그램에게 전혀 적수가 되지 못한다는 것이 밝혀졌다. 이 이야기는 이제 익숙해졌으며, 나아가 그 이벤트는 지금까지 계속 사그라지고 있지 않은 인공지능 기술에 대한 엄청난 관심을 촉발시켰다. 알파고에 대해 주목할 만한 점은 그것이 자신의 이전 프로그램인 딥블루Deep Blue에 기여했던 기술을 사용하지 않는다는 것이다. 이것은 알파고에게 패배한 이세돌에 앞서 20년 전인 1996년으로 거슬러 올라가 체스의 게리 카스파로프Gary Kasparov를 물리친 컴퓨터 프로그램이다. 딥블루는 억지 기법brute force technique을 사용했는데, 그때 이 프로그램은 그 자신이 이기는 수手, move를 내놓기 위해 수십억 개의 가능한 체스 수들을 검토했다. 체스에서 이것은 여전히 한 대의 컴퓨터로도 가능한데, 왜냐하면 체스는 64개의 네모칸 위에서 대국이 벌어지고 있어 가능한 수의 순수한 숫자를 (비록 그것도 매우 많지만) 제한하고 있기 때문이다. 그러나 바둑에서 그와 같은 기술은 공학적으로 불가능한데, 왜냐하면 바둑판 위에는 더 많은 지점들이 있어서 체스에서보다 둘 수 있는 수의 전체 숫자를 훨씬 더 많게 만들기 때문이다. 그러므로 억지 기법은 바둑에서 가능한 모든 수들을 계산하는 데는 적절하지 않았다. 따라서 소프트웨어가 오직 유리한 것으로 입증된 수의 집합에만 국한되는 새로운 기술이 개발되었는데, 그것은 자기 자신과 수만 번 싸워보고 그 자신이 이기는 방법을 모색하여 얻게 된 데이터를 활용함으로써 이 일을 수행한다. 처음에 이 프로그램은 인간이 행한 3천만 번이나 되는 많은 수만큼 공부를 하고, 그런 다음 그것은 자신이 이미 학습한 인간의 수를 이길 수 있는 가능한 최선의 수를 발견하기 위해 '강화 학습reinforcement learning'으로 알려진 기술을 사용함으로써 한 수 더 앞서가기 위해 노력한다.[1] 그래서 간단하게 말하면, 알파고의 힘과 그것을 잇는 현재의 인공지능 기술의 힘은 이 소프트웨어가 엄청난 숫자의 데이터에 바탕을 두고 있는 그 자신의 가능성 및 이 데이터의 바탕 위에서 이루어진 예측들을 검토하도록 하는 새로운 프로그램 기술로부터 나온다.

알파고의 성공은 불과 몇 년 전만 하더라도 불가능한 것으로 생각되었던 일들을 처리하는 현재의 인공지능 기술의 힘을 보여주는 것이다. 이 기술의 적용은 보드게임 하는 것을 훨씬 뛰어넘는다. 같은 기술을 사용하는 소프트웨어 프로그램은 보통의 인간 의사보다 더 낫지는 않더라도, 최소한 그만큼 효과적으로, 어떤 징후도 보여주지 않았던 환자들에게서 암을 발견할 수 있다.[2] 실제로 그것들은 또한 검사하고, 정밀검사를 수행하며, 수백만 페이지의 자료들로부터 관련 페이지들을 확인하고, 나아가 그 외의 다른 반복적이고 대개 창의적이지 않은 일들을 하는 데 사용된다.[3] 더욱이 또한 이 기술은 의학과 법학 이외에도 훨씬 더 많은 분야에서 이용된다. 정밀검사를 수행하고 수백만 가지의 법학 자료 가운데에서 관련 페이지를 찾는 것은 그다지 창의적인 것은 아닐 수 있지만, 인공지능은 건축과 같은 매우 창의적인 것으로 알려진 분야에서도 사용되고 있다. 건축가들은 인공지능을 사용해서 화재 비상구로 가는 가장 짧은 통로를 찾는 것과 같은 일상적인 계산들을 수행하는데, 이는 만일 그렇게 하지 않는다면 그들에게 많은 시간과 힘든 작업을 해야 하는 대가를 치르게 할 것이다.[4] 또한 건축가들은 전통적인 펜과 종이가 없어도 컴퓨터로 여러 가지 아이디어를 가지고 놀기 위해 소프트웨어를 사용할 수 있다.[5] 인공지능은 음악을 창작하고 뉴스 기사를 쓰며 심지어 시를 짓는 데도 사용되고 있다.[6]

이와 같은 이용법은 당연히 수많은 윤리적 문제들을 일으킨다. 예를 들면, 브렌트 미텔슈타트Brent Mittelstadt와 그의 연구팀은 기계 학습 알고리즘으로부터 발생하는 윤리적 우려들을 개략적으로 보여주는 지도를 제안하고 있다.[7] 그들은 이 윤리적 우려들이 두 가지 범주로 분류될 수 있다는 사실을 발견했다. 인식론적인 범주는 기계 학습 시스템에 입력된 데이터의 신뢰성과 관련되는데, 이는 세 가지 요소, 즉 결정적이지 않은 증거와 확인 불가능한 증거 및 오도된 증거로 구성되어 있다. 두 번째 범주는 미텔슈타트와 그의 연구팀이 '규범적인' 우려들이라고 부른 것과 더 많은 관련이 있다(그러나 실제로 첫 번째 범주 역시 내가 뒤에서 논의하게 되는 것처럼 규범적이다). 이 두 번째 범주는 불공정한 결과와 변화 가능한 효과와 같은 쟁점들을 포함한다. 불공정한 결과는 어떤 집단이 이 알고리즘에 의해 차별받는 반면, 다른 집단이 불공정한 이익을 얻을 때 일어난다. 루치아노 플로리디Luciano Floridi에 따르면, 변화 가능한 효과는 이 알고리즘 및 그와 관련된 기술이 우리가 세상을 바라보는 그 방식을 변화시켜서 어떤 상황에 대한 윤리적 가치에 대해 우리가 인식하는 방식을 바꿀 때 일어난다.[8] 더욱이 미텔슈타트와 그의 연구팀은 또 다른 쟁점인 추적 가능성traceability도 제안하는데, 이것은 각자가 어떤 형태로든 책임이 있는 다양한 행위자들이 존재할 때 일어난다. 따라서 그 전체 상황은 누가 그리고 어느 정도나 책임이 있는가를 알아내기 위해 추적할 수 있어야 할 필요가 있다. 간단하게 말해 미텔슈타트와 그의 연구팀이 제안하고 있는 것은 빅데이터 분석 일반의 기계 학습 알고리즘 사용과 관련된 윤리적 쟁점들의 지도이다.

미텔슈타트의 개념 가운데 여기서 주목하는 것은 그와 그의 연구팀이 이 쟁점들을 두 가지 범주로 나누지만, 실제로는 인식론적인 우려가 규범적인 우려와 크게 동떨어져 있다고 보기는 매우 어렵다는 것이다. 예컨대 결정적이지 않은 증거는 기계 학습 시스템 안에 입력된 데이터가 정확한 예측을 위해 적절하지 않을 때 일어나지만 이 기계에 의해 수행된 예상 결과에 의존하고 있는 결정은 윤리적인 것이다. 오류의 여지를 남겨두고 그에 비례하여 결과에 대해 회의적이 되는 대신 우리는 만일 그것들이 진짜 진리인 것처럼 완벽하게 이런 결과를 믿을 때 윤리적 원칙들을 위반한다. 동일한 것이 확인 불가능한 증거 및 오도된 증거와 같은 그 외의 다른 종류의 인식론적 증거에도 적용된다. 우리는 그 결과들이 각각 확인 가능하고 올바로 안내될 때 비윤리적이게 된다. 이것은 어떤 질병이 생길 가능성을 예측하기 위해 기계 학습을 이용할 때 그 데이터가 충분히 결정적인 것이 아니라면 쟁점이 될 수 있다. 윤리적 쟁점은 어떤 사람이 특정한 질병에 걸릴 가능성이 있다고 판단되지만, 그 데이터가 결정적인 것이 아니기 때문에 실제로 이것은 사실이 아닐 때 일어난다. 이것은 차별이란 결과로 이어질 수도 있다. 이는 미텔슈타트의 지도에서 여섯 가지 요소들이 모두 관련되어 있다는 것을 보여준다. 차별당하는 것은 불공정한 결과이며 결정적이지 않은 증거의 결과일 수도 있는데, 이는 원래 그 지도의 '인식론적' 범주에 속하는 것이다.

 앞의 사례와 미텔슈타트 등의 설명은 아마도 윤리적 우려들 가운데 가장 심각한 것은 소프트웨어가 분석을 하는 데이터가 인격적 정보를 포함하고 있기 때문에 인격적이며 개인적인 온전성 및 프라이버시와 관계가 있다는 것인데, 이는 관련된 인격체의 권리와 개별성 및 자유 그 자체에 역효과를 가져올 잠재력을 갖는다. 우리는 이러한 쟁점을 이 장에서 폭넓게 논의하고 나아가 불교 윤리 이론이 여기에 어떻게 실마리를 제공할 수 있는지를 살펴볼 것이다. 주요한 물음들은 다음과 같은 것이 될 것이다. 깨달음을 얻은 알고리즘, 즉 기계의 깨달음을 다룬 앞 장에서 논의되었던 윤리적 이상을 설명해주는 것과 같은 종류의 기계 학습 알고리즘을 어떻게 설명할 것인가? 그와 같은 이상적인 기계나 소프트웨어를 현실적으로 어떻게 실현할 수 있을 것인가? 그러나 우리가 불교 이론을 충분히 논의하기 전에 몇 가지 토대를 전제하지 않으면 안 된다. 그러므로 다음 절에서 나는 기계 학습과 빅데이터 분석에서 발생하는 가장 심각한 윤리적 쟁점의 일부에 대해 이야기하려고 하는데, 그것은 이 기술을 통해 사적인 분야와 개인들의 상태를 모두 통제하는 것을 포함한다. 그리고 나서 그 다음 절은 이 쟁점 전체의 철학적 맥락, 즉 의지의 자유에 관련된 것 몇 가지를 논의한다. 이러한 주제들은 우리가 빅데이터 분석 및 통제에 대한 모든 쟁점에 관한 불교적 관점을 논의할 때 매우 중요하다. 이후 프라이버시 개념과 그것이 불교 윤리 이론에서 어떻게 정당화되는가에 대한 또 다른 절이 이어질 것이다. 이 장은 개인에 대한 불교적 분석에 크게 의존하고 있으며 대체로 이 주제에 대해 내가 이미 했던 작업을 가다듬은 내용이 될 것이다.[9] 그 다음에 나는 내가 이 장의 핵심이 될 기계 학습과 빅데이터 분석에 관한 불교적 관점이라고 간주하는 것 – 깨달음을 얻은, 즉 자비로운 알고리즘은 어떻게 가능할까 – 을 개괄적으로 다루는 논의를 제공하려고 한다.

디지털
흔적과 통제

빅데이터와 기계 학습으로부터 생겨나는 가장 심각한 윤리적 위협들 가운데 하나는 소셜미디어와 검색 사이트에서 관련된 개인들의 온전성과 프라이버시를 위반하는 것과 같은 방식으로 개인 간의 상호작용에서 일어난 데이터를 이용하는 것이다. 엄청난 숫자의 개인 사용자들로부터 얻어진 상당한 양의 사적인 데이터로 무장한 기계는 놀라울 정도로 정확하게 각 개인이나 집단이 다음에 무엇을 할 가능성이 있는가를 예측할 수 있다. 따라서 이러한 정보는 광고주들에게 매우 가치 있는 것이 될 수 있으며, 그들이 자신들의 광고를 연관된 사용자 집단을 목표로 삼도록 해준다. 더욱이 예측들은 많은 다른 분야에서도 이루어질 수 있는데, 이와 같은 전체적인 상황은 우리들을 데이터 분석으로부터 도출된 힘을 가진 사람들에 의해 이런저런 방식으로 끌려 다닐 수 있는 인형처럼 보이도록 만든다. 쇼사나 주보프Shoshana Zuboff에 따르면, 우리들 각자는 '미래 시제에 관한 권리right to a future tense'를 가지고 있으며, 여기서 우리는 스스로 주어로서의 1인칭 대명사와 함께 우리의 미래, 즉 우리의 미래 시제의 사용이 어떻게 진행될 것인가를 결정한다.[10] 우리의 미래가 어떻게 될 것인가를 결정하는 것은 어떤 알고리즘이나 그 알고리즘 뒤에 있는 사람들이어서는 안 될 것이다. 주보프는 이처럼 소셜미디어와 검색 사이트로부터 수집된 사적 정보에 대한 점증하는 데이터 분석의 사용을 '감시 자본주의surveillance capitalism'라고 부른다.[11] 이 관념은 2020년대의 자본주의는 부의 원천이 인터넷에 참여하는 것으로부터 자연스럽게 발생하는 수집과 분석 및 개인 정보의 판매로부터 나오는 새로운 종류로 바뀌었다는 것이다. 이는 부의 원천이 이와 같은 방식으로 획득된 사적 정보와 무관하게 자기 자신만의 정보인 더 낡은 종류의 정보 경제와는 다르다. 오래된 회사들은 공산품과 재화를 만드는 데 정보를 이용하고, 그런 다음 그것들은 소비자들에게 팔린다. 이 과정은 완전히 다지털적일 수 있지만 공산품과 재화들은 소비자들에게 전달된다. 이에 반해, 감시 자본주의에서 일반 사용자는 이러한 새로운 형태의 경제를 추동할 공산품에 대해 돈을 지불할 주요 소비자가 아니다. 대신 주요한 공산품은 주보프가 '디지털 잔해digital exhaust'나 '디지털 빵가루digital crumbs'라고 부르는[12] 이와 같은 새로운 종류의 사적 정보로 구성되어 있으며, 나아가 이러한 공산품을 구입하는 주요 소비자들은 그들 자신이 이용하기 위해 이러한 데이터를 분석하는 데 이해관계를 갖고 있는 대형 회사들이다. 이 경우 페이스북Facebook이나 구글Google과 같은 매우 잘 알려진 사이트들을 이용하도록 유혹받고 있는 일반 사용자는 단지 이와 같은 웹 회사들에 의해 이후 대형 회사들에게 팔릴 이러한 디지털 빵가루를 생산하기 위해 처리되는 하나의 엔진에 불과하게 된다. 그런 다음 사용자는 페이스북 및 구글과 같은 곳들이 소유하고 운영하는 엔진을 위한 사료에 불과한 것이 되고 만다. 이것은 실제로 이러한 인기 있는 웹 사이트를 매일 사용하고 있는 우리들 각자이자 모두인 일반 사용자는 주보프가 '[우리의] 미래 시제에 대한 권리'라고 부르는 것을 효과적으로 상실한다는 주장으로 이어진다. 이와 같은 디지털 빵가루들은 효율적인 예측을 위해 이용될 수 있기 때문에 이 데이터는 우리를 통제하기 위해서도 사용될 수 있다. 이러한 디지털 빵가루들의 분석은 불과 몇 년 전만 해도 가능하다고 생각조차 되지 않았던 종류의 행동 수정을 가져올 수 있다. 주보프는 B. F. 스키너B. F. Skinner와 알렉스 펜틀런드Alex Pentland 같은 과학자들을 인용하고 있는데, 이들은 더 나은 사회를 위해 수많은 사람들의 행동 수정을 주장한다. 그것은 마치 이러한 학자들에게 자유는 과거의 부산물인 것처럼 지식이 완전한 것이 아니게 된 시대이다. 지식, 특히 인간 행동의 지식이 보다 더 완전한 어떤 상황에서 한 개인의 미래 행동은 예측될 수 있다. 행동주의자의 자극 및 반응 프로그램과 결합한 이와 같은 지식은 인간 행동에 영향을 미쳐 수정하는 데 사용될 수 있으며, 그 결과 자율성과 자기 스스로 일을 하겠다는 결정을 할 능력을 상실하게 만든다. 주보프는 스키너와 페틀런드의 생각은 구글 및 페이스북과 같은 회사들이 운영하는 새로운 빅데이터 분석 기획 속에서 구체적으로 실현되었다고 주장한다.[13]

나는 이 책에서 보다 중립적인 용어인 '디지털 흔적digital trace'을 사용하고 싶다. 이 용어는 가령 우리가 다른 사람들이 따라올 수 있게 하는 우리 자신의 발자국과 그 외의 다른 흔적들을 낳는 숲속으로 나들이할 때 남기는 흔적들을 더 많이 가리킨다. 또 다른, 아마도 보다 더 중립적인 용어는 '데이터 자본주의data capitalism'일 텐데, 이는 사라 마이어스 웨스트 Sarah Myers West가 소개한 용어이다.[14] 웨스트에 따르면 데이터 자본주의는 "우리의 데이터를 상품화하는 것은 정보에 접근하고 그것을 의미 있게 만드는 능력을 가진 행위자들의 비중에 따라 힘의 불균형적인 재분배를 가져올 수 있는 시스템"[15]이다. 어떤 이름이든 간에 주보프의 감시 자본주의와 웨스트의 데이터 자본주의는 둘 다 한편으로 수많은 사람들의 디지털 흔적으로부터 얻은 빅데이터에 접근하는 사람들과 다른 한편으로 그와 같은 접근이 부족한 사람들 사이의 힘의 불균형이 존재하는 어떤 상황을 가리킨다. 그 데이터는 사람들 자신들이 온라인에 참여할 때 남긴 디지털 흔적이 수집되고, 그들 자신의 행동을 예측하는 데 사용되며, 더 나아가 온라인에서 사람들의 행동을 예측하는 데 이해관계를 가진 사람들, 대체로 광고주들에게 팔리는 새로운 시스템을 통해 상품화된다.

그러나 떠오르고 있는 추세는 우리의 행동을 예측하는 데 이해관계를 가진 사람들은 광고주들만이 아니라는 것이다. 온라인상의 행동을 예측하고 통제하는 힘이 성장하고 점점 더 분명해짐에 따라 그 외 다른 행위자들이 등장하고 있다. 케임브리지 아날리티카Cambridge Analytica라는 회사가 페이스북으로부터 엄청난 양의 디지털 흔적을 획득해서 2016년 대통령 선거에서 미국 시민들의 투표 행위에 영향을 미치기 위해 사용했던 악명 높은 케임브리지 아날리티카 스캔들Cambridge Analytica Scandal은 이와 같은 행위자들이 비즈니스 운영자들에게만 국한되지 않는다는 것을 보여준다. 어느 경우이든 문제는 디지털 흔적의 데이터가 수집되고 세련된 알고리즘에 의해 처리되고 있다는 것이며, 그 결과는 이미 힘을 가지고 있는 사람들에 의해 훨씬 더 큰 힘을 획득하기 위해 사용될 수 있다는 것이다. 이러한 힘은 우리들의 구매 행위나 투표 행위를 통제하기 위해 사용될 수 있으며, 실제로 모든 종류의 행동에 영향을 미치기 위해 사용될 수 있다. 우리의 미래 행동이 이런 방식으로 노출된 과거 행동으로부터 예측될 수 있는 한 우리는 그와 같은 행동이 예측되고 더 나아가 통제될 수 있는 우리 자신의 디지털 흔적들을 만들어내고 있는 것이다.

 앞에서 언급된 정치와의 연관성은 디지털 흔적에 바탕을 두고 사용되고 있는 또 다른 방식의 예측인 국가에 의한 감시와 통제를 가리키고 있다. 여기서 소셜미디어와 검색 사이트의 사용을 통해 증가된 디지털 흔적들은 법 집행이나 혹은 그렇지 않다면 국민들의 행동을 통제할 목적으로 국가 당국에 의해서도 수집된다. 예를 들어, 중국에서 데이터는 시민들이 매일 하는 온라인 활동들로부터 일상적으로 수집되고 있다. 소셜미디어 사이트들은 국가 당국과 협력하고 있으며, 다양한 목적을 위해 자신들의 데이터를 공유하는데, 범죄자나 잠재적인 범죄자들을 식별하고, 반체제 활동의 징후를 찾아내며, 사회 통제를 통해 국민들의 행동을 수정하고, 나아가 이 모든 규범들을 따르거나 모범적인 시민에게 점수를 부여하는 것 등과 같은 것이 그 사례이다. 얼굴 인식 기술이 다양한 공개적인 장소에 설치되어 있는데, 이는 당국의 눈으로 보면 그들의 행동이 개선될 필요가 있는 사람들을 색출하기 위한 것이다. 잘못을 저지른 사람들의 공통적인 특징은 자신들이 발견되지 않을 것이라는 기대를 품고 군중 속으로 섞여 들어가는 것이 가능하다고 보는 것이다. 그러나 널리 보급된 얼굴 인식 기술로 인해 이것은 점점 더 힘든 일이 되고 있다. 어떤 사람도 군중 속으로 섞여 들어가서 더 이상 사라질 수 없다. 그러므로 만연해 있는 감시 시스템의 목적은 일차적으로 일어날 잘못을 막기 위해서뿐만 아니라 그릇된 어떤 것을 한 사람들을 추적하기 위한 것이다. 사람들은 자신들이 항상 감시되고 있다는 것을 안다면, 그들은 잘못된 것 혹은 최소한 당국의 눈으로 볼 때 잘못된 일을 하는 것을 삼가려고 할 것이다.

2018년에 루이스 루카스Louise Lucas와 에밀리 펭Emily Feng은 중국 저장성의 한 고등학교가 천 명 이상의 학생들의 얼굴과 행동을 관찰하는 얼굴 인식 시스템을 설치했다고 보고했다. 이 기술의 목적은 교사들에게 어떤 학생들이 지각을 하는가 혹은 수업 중에 산만한 모습을 보이는가를 알려줌으로써 학생들이 좀 더 잘 배우는 것을 돕도록 하는 것이었다. 더욱이 이 시스템은 학생들의 식사 선택을 추적해서 교사에게 어떤 학생이 지방이 너무 많은 것으로 간주되는 음식을 선택했는가도 알려주었다.[16] 이 계획은 또한 학생들의 학급 성적이 예측되는 프로그램을 포함했다. 그러나

부모들은 경계심을 갖게 되었고, 그러자 이 제안된 설치는 그 후 취소되었다.[17]

또한 얼굴 인식 및 그 외의 다른 추적 기술들은 반체제 활동의 징후 때문에 대다수의 무슬림 주민들이 끊임없이 경찰의 감시를 받고 있는 갈등 지역인 신장에서도 사용되고 있다. 거주민들은 자신들의 휴대전화 장치에 설치된 앱의 추적을 받으며, 나아가 그 사람을 '초법적인 수용소'나 감옥에 보내도록 할 수 있는 당국의 의심을 낳을 만한 모든 활동들을 추적당할 것을 요구받고 있다.[18]

국가의 감시를 위한 또 다른 기계 학습과 빅데이터 분석의 사용은 사회 신용 시스템Social Credit System, SCS이다.[19] 이것은 또한 '사회 신용 점수social credit score'로도 알려져 있다.[20] 이러한 개념에 의하면 중국 국민들은 자신들이 올바르게 행동했거나 혹은 올바르지 않게 행동했는가에 바탕을 둔 신용 점수를 부여받는다는 것이다. 그들은 만일 자신들이 제대로 행동했다면 좋은 점수를 받고, 만일 자신들이 그와 다르게 행동한다면 낮은 점수를 받게 될 것이다. 예를 들어, 국민들은 만일 그들이 신용카드 대금을 제때 지불하거나 그들이 기한 내에 세금을 낼 때 등에는 높은 점수를 받을 것이다. 이렇게 하는 데 실패한다면 그들의 점수는 낮아질 것이다. 높은 점수를 받은 사람들은 많은 혜택을 누린다. 예컨대 그들은 쇼핑하기 위한 대출을 쉽게 받고, 보증금 없이 차를 빌릴 수 있으며, 호텔에서 신속한 체크인이나 베이징 공항에서 VIP 지위를 누릴 수 있을 것이다. 아주 높은 점수를 받은 사람들은 유러피안 쉥겐 비자European Schengen visa를 손쉽게 신청할 수 있다.[21] 높은 점수를 갖는 것은 지위의 상징이 되었고, 사람들은 중국의 트위터Twitter에 해당하는 웨이보Weibo에서 그것을 자랑한다. 반대로 레이첼 보츠먼Rachel Botsman은 높은 신용 점수를 유지하는 데 실패하는 것은 정반대의 결과를 가져온다고 말한다. "예를 들어, 낮은 평점을 받은 사람들은 더 느린 인터넷 속도를, 레스토랑, 나이트클럽이나 골프코스에 대한 제한된 접근을, 그리고 내가 '휴가 지역이나 관광업에서 소비를 제한적으로 통제하는 것'이라고 인용하는, 자유롭게 해외여행을 할 권리의 박탈을 얻게 될 것이다."22 간단하게 말해 사회 신용 시스템SCS은 중국 국민들을 권력을 가진 사람들이 가치 있는 것이라고 생각하는 방식으로 행위하도록 훈련시키는 하나의 방법이다. 한편 긍정적으로 보면 그 것은 사회 행동을 훈련시켜서 사회 통제가 수천 년 동안 달성해왔던 것과 본질적으로 같은 방식으로 질서정연한 사회를 창출하는 방법이다. 그러나 다른 한편 이 시스템은 매우 강력한 감시기구가 될 수 있는데, 여기서 권력을 가진 사람들―이 경우 중국의 정치 당국인데―은 그들 자신의 국민들에 대한 엄격한 규율을 유지하고, 권력을 가진 사람과 권력이 없는 사람 사이를 분리하려고 한다.

주보프의 감시 자본주의와 중국 정부의 광범위한 감시 기구의 사용은 많은 것을 공유하고 있다. 이것들 가운데에서도 가장 중요한 것은 그것에 입력되고 있는 엄청난 양의 데이터를 처리하고 분석하는 현재의 기계 학습 알고리즘 기술에 의존하고 있다는 점이다. 기계 학습은 대량의 데이터가 없다면 무용지물이 될 것이다. 그것의 힘은 인간들이 직접 볼 수 없는 수백만 개의 원천 정보를 들여다 '보고' 나아가 통제하는 사람들을 도와서 가능하다고 생각하지 않았던 많은 일들을 성취하도록 해주는 획기적인 연결고리와 예측들을 발견하는 능력으로부터 나온다. 예를 들어, 중국 공안은 거리에서 감시되고 있는 어떤 사람에 대한 구체적인 정보를 수집할 수 있는 하이테크 안경을 쓰고 있다.[23] 아마도 이 관리는 그 사람의 이름과 주소 및 과거의 기록 그리고 그 이상의 더 많은 것들을 알 수 있을 것이다. 어떤 사람이 이와 같은 종류의 권력을 다른 사람들에 대해 가지고 있다고 상상해보자. 공안이나 정치 당국은 자신들을 통제할 수도 있을 것이며, 그들이 이러한 기술을 갖추게 되었을 때 그들은 자기 자신들을 제약하고 오직 사회의 이익을 위해서만 이 기술을 사용할 수도 있을 것이다. 그러나 그들의 권력에 대한 어떠한 담보나 어떠한 억제책도 존재하지 않기 때문에 그들은 자신들의 권력을 남용하는 것이 가능하고 또한 그렇게 하고 싶은 유혹을 받기도 한다. 물론 이것은 오래된 이야기이다. 우리는 『공화국Republic』에 나오는 플라톤Plato의 이야기나 좀 더 최근의 이야기인 『반지의 제왕The Lord of the Rings』을 떠올리게 되는데, 『반지의 제왕』에서 절대반지는 그것을 끼고 있는 사람에게 다른 사람을 압도하는 힘을 부여해서 그나 혹은 그녀가 마치 골룸Gollum이 그랬던 것처럼 그것에 사로잡히게 되도록 유혹한다. 그들이 관찰하고 있는 어떤 사람에 대한 배경 정보를 아는 힘을 갖추게 된 공안은 이 정보를 자신들의 직업과 무관한 방식으로 사용하고 싶은 유혹을 받을 수도 있을 것이다. 더욱이 정치 당국은 훨씬 더 광범위한 수준에서 동일한 일을 할 수 있을 것이다. 감시 자본주의의 경우 그와 같은 국가 권력의 남용이 정확하게 연관되어 있는 것은 아니지만, 그럼에도 불구하고 힘이 존재하며 나아가 그러한 권력을 향유하는 결정을 할 수 있는 사람들은 구글이나 페이스북과 같은 회사의 상층부에 있는 사람들이다. 그들은 절대반지를 끼고 있는 사람들이다.

자유와 개인

감시 자본주의에 관한 그의 주장 이면에 놓여 있는 주보프의 전제에 의하면 개인들은 그들이 보호해야만 할 자유의지를 가지고 있다는 것이다. 이 책에서 그의 윤리적 선언은 감시 자본주의란 정확하게 말해 그것이 사람들의 행동을 통제하고, 그들의 '미래 시제에 대한 권리'를 부정하는 것을 목표로 삼고 있기 때문에 비윤리적이라는 것이다. 그리고 비윤리적이라는 것은 바로 이와 같은 부정에 있는데, 왜냐하면 그 권리는 개인의 자율성과 존엄성의 토대이기 때문이다. 그러므로 이 설명 안에 전제되어 있는 것은 사람들이 미래 시제에 대한 권리, 즉 어떤 종류의 미래를 갖고 싶은가를 그들 스스로의 힘으로 결정할 권리를 가지고 있다는 것이다. 다시 말해 개인들은 그들 자신의 진로를 그릴 자유, 즉 어떤 종류의 삶을 갖고 싶어 하는가를 설계할 자유를 가지고 있다. 이러한 결정은 자율적이며 그와 같은 자유를 줄이려는 어떠한 시도들도 비윤리적일 것인데 왜냐하면 한 개별적 인격체로서, 말하자면 목적의 왕국의 완벽한 신민으로서의 나의 지위는 본질적으로 그와 같은 자율성에 의존하고 있기 때문이다.

반대로 중국 당국이 감시 기술을 사용하고 있는 이면에 놓여 있는 생각은 완전히 다르다. 비록 그들이 그것을 정확하게 설명하고 있는 것 같지는 않지만, 그들의 주장이 다음과 같이 진행될 수도 있을 것이라는 점은 매우 분명하다. 국가는 국민들의 복지를 보호하고 향상시킬 의무가 있는데, 중국과 같은 거대 국가에서 모든 국민 각자의 복지를 보호하는 일은 불가능하다. 그러므로 국가는 모든 중국 국민들의 복지가 감시되고 또한 고려되는 종류의 기술(그들은 이미 가지고 있다)을 발전시켜야만 할 것이다. 그와 같은 기술을 통해 복지를 증진하고 향상시키기 위한 국가의 일을 방해하는 일체의 잘못과 활동은 적발될 것이며 나아가 범죄자들은 체포되고 교정 조치가 적용될 것이다. 사회의 복지를 증진시키는 사람들은 보상을 받을 것이다. 결국 그 사회 전체가 이익을 얻을 것이다. 따라서 우리는 주보프와 그 외의 다른 서구 자유주의자들이 제안했던 것으로부터 어떤 사회와 어떤 개인이 존재하게 될 것인가에 대해 매우 다른 비전을 갖는다.

이 절에서 나는 주보프의 설명과 중국 정부 혹은 이 문제에 대해 같은 노선에 따라 생각하는 어떤 정부의 설명을 둘 다 쟁점으로 삼을 것이다. 논의의 목적상 이것은 감시와 통제를 통해 국민들의 복지를 증진시키려고 하는 가상의 정부일 수도 있다. 주보프의 주장은 개인 인격체들이 우선적이라는 전제-즉, 그것은 중요한 의지의 자유를 향유하는 1인칭 관점을 가진 주체로서의 존재론적 지위이다-에 의존한다. 그러나 우리가 보았듯이 개인 인격체에 대한 불교적 관념은 서구의 자유주의적 전통과는 크게 다르다. 그렇다면 개인에 대한 불교적 개념은 주보프의 설명에서 전제된 개념과 양립가능한가? 더욱이 중국이 감시 기술을 사용하는 근거는 개념적으로 개인에 대한 어떤 유형의 철학적 관념에 의존하고 있는 것처럼 보이지 않는다. 보다 쟁점이 되는 것은 사회 구성원으로서 그 개인들의 복지이다. 따라서 불교적 관념은 아마도 중국의 주장과 좀 더 양립 가능할 수 있을 것처럼 보인다.

그러나 세상일은 그것보다 더 복잡하다. 주보프가 말하고 있는 자유는 의지의 자유에 대한 기준이 되는 종류의 것이다. 다시 말해 그것은 우리가 의식적으로든 무의식적으로든 어떠한 방식으로도 강요되거나 강제되지 않을 때 소유하게 되는 종류의 자유이다. 예컨대 우리는 광고나 우리 자신의 교육의 영향을 받을 때 무의식적으로 어떤 것을 하도록 강요받는다. 우리는 방금 한 우리 자신의 선택이 어떤 외부적 요소에 의해 영향을 받지 않았다고 믿을 수도 있지만, 그 선택은 어떤 면에서는 우리가 그 당시에 보았던 광고의 영향을 받았다고 생각할 수도 있을 텐데, 주보프에게 그 선택은 진짜 선택이 아닌 것처럼 보였을 것이다. 이것은 페이스북의 뉴스 피드에 영향을 받는 것과 마찬가지인데, 여기서 우리가 보는 것은 우리 자신의 주관적 선호나 선택에 영향을 미칠 수 있는 '친구들'의 포스팅이다. 우리가 페이스북에서 보고 있는 모든 것은 수많은 사용자들의 디지털 흔적, 즉 주보프가 자신의 책에서 언급하고 있는 종류의 흔적에 피드를 공급해주는 세련되고 비밀스러운 알고리즘에 의해 결정되고 있다. 그렇다면 간단하게 말해 이 디지털 흔적들은 사용자의 행동에 영향을 미치기 위해 처리되고 있다. 그렇다면 이 경우에 사용자의 결정은 사용자 자신의 주체적 관점에서 보면 그의 결정은 어떠한 강제도 전혀 없기 때문에 완전히 자유로운 것처럼 보일지 모르지만, 정확하게 말하면 바로 이 때문에 자유로운 것이 아니다. 주보프는 미래 시제에 대한 권리를 요구하는데, 그것은 우리가 진정으로 자유로워야만 한다는 것을 의미한다. 우리 자신의 결정은 우리도 모르는 사이에 이러한 종류의 전술에 영향을 받아서는 안 된다. 예를 들어, 어떤 사람이 초코케이크보다 애플파이를 먹기로 선택했을 때 이 선택은 그와 같은 결정을 하는 것이 그 자신, 즉 혼자이거나 어떤 요인들에 의해 결정된 것이 아니라는 의미에서 진짜인 것이다.

그러나 불교적 시각에서 보면 그와 같은 순수한 의사결정은 별로 의미가 없다. 우리가 하는 모든 행동과 결정은 수많은 이전의 요인들에 의존하고 있는데, 이 모든 것들은 왜 우리가 자신이 하는 방식을 선택하는 가를 설명해준다. 이전의 어떠한 인과적 요인도 전혀 없이 의사결정을 하는 행위는 불가능한 일이다. 불교의 근본 법칙은 원인과 결과의 법칙이다. 이것이 있기 때문에 저것이 발생한다. 이 법칙은 연기법Idappaccayatā으로 알려져 있는데, 그것은 전 우주를 규정하는 근본 법칙이다. 사물들은 이와 같은 원인과 결과의 사슬을 통해 서로 연결되어 있다. 그러므로 우리의 정신적 인과관계는 많은 다른 인과적 요인들의 결과로 일어나는 하나의 사건인데, 그 스스로 자연에서 일어나고 있는 모든 것을 만드는 수없이 많은 사건들의 일부를 형성하는 사건들의 사슬을 구성하고 있다. 이때 애플파이보다 초코케이크를 선택하는 사람의 결정은 수많은 다른 요인들의 결과인데, 이 모든 것들은 왜 그 사람이 그런 일을 했는가에 대한 적절한 설명을 하는 데 도움이 된다. 그 사람은 그가 자유를 가지고 있다고 느낀다. 그는 정확하게 말해 주보프의 관점에서 자유롭게 의사를 결정하는 주체적인 경험을 하지만, 그의 결정에 영향을 미치는 그 외의 다른 많은 무의식적인 요인들도 존재한다. 이는 반드시 그 사람이 자유를 갖고 있지 않다는 것을 의미하는 것은 아니지만, 그것은 그 사람의 의지의 자유-우리가 결정을 하려고 할 때 어떤 외부적 요인들에 의해 전적으로 결정되지 않는다는 인식-는 인과법칙에 비추어보면 하나의 환상인 것처럼 보인다는 것을 의미하는데, 어쨌든 실제로 그것은 불교적인 것만은 아니다. 우리가 언급하고 있는 그 사람이 이때 애플파이보다 초코케이크를 선택하기로 결정할 때 왜 그가 이 무렵에 그러한 결정을 했는가를 설명해줄 요소들이 존재할 것이다. 아마도 그는 조금 전에 바로 애플파이를 먹었다고 생각하거나, 혹은 어쩌면 그가 방금 그것을 봤을 때 초콜릿 맛을 떠올리고 그가 이번에는 그것을 먹고 싶어 했을지도 모른다고 생각한다. 실제로 매우 많은 가능한 설명들이 존재한다. 그리고 이러한 설명들 가운데 인과적 요인들은 감시 자본주의자들이 그의 결정에 영향을 미치려고 사용했던 기술들일 수도 있다. 아마도 초코케이크를 선택하기 전에 그는 방금 자신의 페이스북 페이지에서 최상의 초콜릿 맛에 대해 말하는 피드를 보고, 그가 똑같은 것을 먹고 싶어 하도록 재촉 받았을지도 모른다. 혹은 어쩌면 그는 방금 자신의 진짜 친구와 초콜릿이나 혹은 케이크를 만드는 방법에 대해 이야기하는 대화를 나누었을지도 모른다. 그러나 어떤 경우이든 그와 같은 결정을 할 때 초코케이크를 만드는 방법에 대해 친구의 추천을 받고 그것에 대해 생각하는 것은 그 자체로서는 자유의지를 갖지 못할 이유를 구성하지 않는다. 만일 이것이 사실이라면, 동일한 주제에 대해 페이스북에서 친구의 추천을 받는 것은 또한 자유의지를 갖지 못한다는 이유를 만들지 못할 것이며, 따라서 시내에서 가장 맛있는 초코케이크를 살 곳에 대해 페이스북에서 광고를 읽는 것도 똑같은 이유로 독자가 자유의지를 갖지 못한다는 것을 의미하는 것으로 간주되어서는 안 된다. 우리 모두는 의사결정을 하기 전에 많은 이유들을 고려하지 않으면 안 된다. 이런 이유들은 암시적이거나 명시적인 것일 수도 있지만, 그것들은 우리가 무엇인가를 하려고 결정할 때 우리 자신에게 만드는 이유이다. 이것은 그것 자체로 우리가 자유의지를 갖지 못한다는 것을 의미하는 것은 아니다. 어떤 친구가 우리에게 그 초코케이크가 애플파이보다 맛있다고 설득하는 것은 우리가 자유의지를 갖고 있지 않다거나 그 친구에 의해 마치 우리가 꼭두각시처럼 취급받는다는 것을 의미하지는 않는다. 그리고 만일 이것이 사실이라면 우리가 소셜미디어에서 보는 광고에 설득당하는 것도 같은 방식으로 간주되어야 할 것이다.

그러나 이것은 상업광고물이 영향이 없다는 것을 의미하지는 않는다. 상업광고물들은 광고업계의 광고물들이 입증할 수 있듯이 엄청나게 성공적이며 영향력을 미친다. 그러나 정말로 자유의지를 결여하고 있는 곳 ― 우리가 이렇게 혹은 저렇게 하도록 프로그램화된 극단적인 경우의 좀비에 대해 이야기하고 있는 곳 ― 과 이런저런 방식으로 우리 주변의 상업광고물에 의해 영향을 받지만 우리는 좀비가 아니라는 것을 의식하고 있는 동안 우리 자신의 결정을 하지 않으면 안 되는 우리와 같은 사람들 사이에는 구분이 존재한다. 최소한 주보프는 소셜미디어나 검색 사이트의 사용자들이 좀비가 아니라는 데는 동의하고 있는 것 같다. 그러나 이때 여기서 쟁점은 좀비가 아닌 우리들이 자유의지, 즉 '미래 시제에 대한 권리'를 결여하고 있는가의 여부이다. 기계 학습 기술은 그것들이 내가 소셜미디어에서 어떤 결정을 할 것인가와 내가 나의 온라인 삶의 발자국 속에 남겼던 디지털 흔적에 바탕을 두고 그 이상을 예측할 수 있는 것과 같은 매우 발전된 방식으로 사용될 수 있다는 것은 사실일 수도 있다. 그러나 그것은 단지 하나의 예측에 불과하다. 우리의 자유의지의 척도는 우리가 기계를 혼란스럽게 만들 만큼 우리의 의사결정 과정을 변화시킬 능력을 갖고 있는지의 여부에 달려 있다. 그것은 상당히 어려운 일일 텐데, 왜냐하면 이렇게 우리의 방식을 바꾸는 것은 우리가 우리와 가까운 사람들이 우리의 행동을 예측하는 것을 어렵게 만들고, 나아가 그것은 그들로 하여금 우리를 다루거나 우리와 함께 사는 것을 어렵다고 느끼도록 만드는 방식으로 우리의 행동을 변화시키는 것을 의미하기 때문이다. 그러나 적어도 그와 같은 임의성은 우리가 충분히 자유의지를 소유하고 있다는 것을 증명한다. 그럼에도 불구하고, 얼마 지나면 기계는 어떤 방식으로든 우리의 '임의적' 행동을 예측할 가능성이 크다. 왜냐하면 우리가 노력하는 것이 아무리 어렵다고 하더라도 우리의 행동은 기계에게는 규칙적인 것처럼 보이는 양식에 속하게 될 것이기 때문이며, 따라서 그것들은 우리를 예측할 수 있다. 만일 이것이 그렇게 된다면 우리가 싸울 필요가 있는 지점은 그 기계가 우리를 예측하는 것을 멈추게 하는 것이 아니다. 많은 경우에 기계가 그렇게 하도록 허용하는 것은 어떤 질병의 발병 초기를 예측하는 것과 같은 이익을 가져다줄 수 있다. 하지만 그 지점은 그 예측이 통제를 위해 사용되어서는 안 된다는 것이며, 나아가 그와 같은 예측은 많이 알고 있는 사람들에게 우리의 삶을 압도하는 너무 많은 권력을 부여하는 것을 허용하지 않아야 한다는 것이다. 그렇다면 결과적으로 이 싸움은 윤리적인 것이자 정치적인 것이기도 하다.

여기서 불교가 우리에게 가르쳐줄 수 있는 것은 우리가 자기 통제의 기술을 배울 수 있도록 해서 우리가 상업광고물과 그 외의 다른 마케팅 도구의 힘에 너무 쉽게 굴복하지 않도록 하는 것이다. 자기 통제는 궁극적인 해탈을 성취하기 위해 붓다가 제시한 스스로 수행하고 자신을 계발하는 방법의 중심에 놓여 있다. 실제로 여기서 해탈은 정확하게 말하면 우리를 이런저런 방식으로 유혹하려고 공모하고 있는 이와 같은 힘들로부터 벗어나는 해탈을 의미한다. 이 책의 앞에서 논의한 계$_{sila}$나 십선업의 실천은 정확하게 말해 자기 통제를 계발해서 우리가 그와 같은 유혹에 떨어지지 않도록 하기 위한 의도를 가지고 있다. 여기서 불교 전통과는 매우 동떨어져 있는 어떤 서양 철학자와 비교하는 것은 많은 도움이 된다는 것을 알 수 있을 것이다. 내가 언급하고자 하는 서양 철학자는 바뤼흐 드 스피노자 Baruch de Spinoza 이다.

스피노자는 특별한 자유 개념을 가지고 있다. 그는 불자들과 마찬가지로 세상의 모든 것은 인과적으로 그것에 이르게 하는 사건들의 사슬이 존재하기 때문에 일어나지만, 그에 의하면 자유는 정확하게 말해 바로 이런 이유 때문에 여전히 가능하다고 주장한다. 간단하게 말하면 이 관념은 오래된 것이다. 진정한 자유는 그 개인이 모든 사건은 또 다른 사건의 원인이 되고 이 우주 안에는 우연한 사건은 어떤 것도 존재하지 않는다는 것을 깨달았을 때 일어나며, 나아가 이와 같은 진리를 깨달아 자신의 전체 삶을 이러한 진리와 조화시키는 사람은 진정한 자유의 축복을 받게 될 것이다. 이러한 의미에서 자유는 우리가, 예컨대 초코케이크나 애플파이 사이를 선택하는 것이 자유로울 때 느끼는 주관적인 자유와 동일하지 않으며, 그것보다 더 심오한 것이다. 그것은 우리가 자연의 작용, 즉 모든 것은 이유와 원인 때문에 일어난다. 또한 우리를 이런 혹은 저런 방식으로 행위하라고 결정하도록 압박하는 모든 충동들과 그리고 그것은 우리로 하여금 진정한 이해로부터 멀리 떨어지도록 만드는 우리들 자신의 열정의 결과에 불과하다는 것을 충분히 이해할 때 일어나는 종류의 자유이다. 초코케이크와 애플파이에 대해 말하면, 앞에서 논의했듯이 이것은 우리가 어느 한쪽 디저트의 맛에 대한 우리 자신의 열정에 따라 흔들리고 있다는 것을 의미한다. 진정한 자유는 그 개인이 자신의 열정 – 케이크나 혹은 파이에 대한 그의 주관적 선호 – 이 매우 긴 사건들의 사슬의 결과라는 것을 깨달을 때 거기에 존재하고 있다. 진정한 자유를 수반하는 진정한 즐거움은 우리가 세상을 스피노자의 개념에서 보면, 적절한 관념으로 바라볼 때 일어난다. 이것은 자연 속에서 일어나는 사건들의 인과적 관계를 통해 상호연관성에 대한 완전한 이해를 가지고 세상을 바라본다는 것을 의미한다. 스피노자에게 즐거움은 단지 초콜릿이나 사과를 맛보는 즐거움을 포함하는 것만은 아닌데, 비록 이 후자가 확실히 그것의 일부이기는 하다. 진정한 즐거움은 우리가 세상의 일들에 흔들리지 않을 때 일어난다. 예컨대 초코케이크를 얻을 수 없을 때 우리는 낙담하지 않는데, 왜냐하면 우리는 그것을 얻지 못하는 것을 설명할 이유가 틀림없이 존재하며 또한 그 이유는 수없이 많은 이전의 이유들 때문에 일어난다는 것을 이해하고 있기 때문이다. 이것은 단지 세상이 존재하는 방식의 작은 한 측면에 불과하다. 따라서 낙담해야 할 어떠한 이유도 없다. 스피노자의 『윤리학Ethics』에서 윤리는 칸트나 밀의 양식에서 본 좋은 행위에 대한 이론이 아니라 우리가 자연과 완전한 조화를 이루고 살 때, 다시 말해 우리가 자연 그 자체와 하나가 되었을 때 비로소 가능해지는 축복받은 삶을 살기 위한 하나의 프로그램이다.

    스피노자의 사상 속에는 불자들의 그것과 유사한 것이 많이 존재한다. 무엇보다도 스피노자에게 삶의 목적은 축복받은 상태를 성취하는 것인데, 이 상태는 실제로 우리 자신의 자아를 나머지 자연으로부터 동떨어진 것으로 분리하는 어떠한 객관적 경계선도 존재하지 않는다는 것을 깨달음으로써 성취되는 것이다. 스피노자에게서 이를 이해하는 것은 상당히 어려운데, 왜냐하면 그는 이에 대해 명확하게 진술하고 있지 않기 때문이다. 그러나 그가 인간의 몸은 자연(즉, 스피노자에게는 단일자one and the same인 신)의 본질적인 부분이자 항상 그 법칙을 따르며, 자연의 모든 것은 하나이고, 하나가 되며, 오직 하나의 실체substance이자 더 나아가 마음은 몸의 대응물로서, 예컨대 (그 외의 다른 인식 가능한 연장extension과 마음이 '몸의 관념'인 것처럼) 모든 단계마다 그것을 쫓아다닌다고 주장할 때 몸과 마음이 함께 하나의 전체, 곧 나눌 수 없는 실체의 일부에 불과하다는 결론을 피하기 어렵다. 이는 당연히 본질적으로 존재하고 있는 것으로서 인간 자아의 객관적 실체가 궁극적으로는 하나의 환상이라는 것을 함축한다. 스피노자의 체계 안에서 인간 개인은 단지 실체의 한 유형에 불과하다. 즉, 그것은 특정한 지역의 시간과 장소에 따라 하나의 전체 실재reality를 지역적으로 변형한 것이다. 따라서 비록 많은 차이점이 있는 것은 분명하지만, 불교와 대략적인 유사성이 존재한다. 한편으로 불교는 하나의 실재나 실체가 존재한다는 것을 받아들이지 않는다. 붓다는 이에 대해 약간 불가지론자가 되기를 선호하고 있는 것 같지만, 그 후의 철학적인 정교화 작업은 실체의 궁극적인 본성은 언제나 우리에 의해 인식된 바로 그것인데, 다만 그것은 본질적인 존재를 결여하고 있을 뿐이며 이 실체 안에 있는 모든 것은 공하고, 나아가 그와 같은 실체 자체 또한 공하다는 교의를 수용하려는 경향이 있다. 우리는 이미 이를 2장에서 논의한 바 있다.

둘째, 스피노자는 중요하게도 인간 삶의 진정한 목적을 달성하는 방법은 축복받음을 성취하는 것인데, 우리는 자기 자신의 삶을 열정보다는 전적으로 이성으로 인도하는 것을 통해 이를 성취한다고 주장한다. 이것은 붓다가 생각한 것과 가깝다. 우리를 재촉하여 해탈을 향한 길을 따르도록 하는 바로 그 실천은 무지를 제거하는 것인데, 이는 지혜를 닦으라고 말하는 또 다른 방법이다. 비록 붓다는 구체적으로 우리가 이성을 염오들(그것은 스피노자가 열정이라고 부른 것과 유사하다)에 대한 해독제로서 연마해야만 한다고 말하지는 않았지만 그 유사함은 확실하다. 불교에서 보면 우리는 지혜와 건전한 육체 행위, 말과 생각의 안내를 받아야 하며, 스피노자에게 있어서 우리는 세상을 영원의 관점으로부터sub specie aeternitatis 바라봄으로써 성취된 이성의 안내를 받아야만 한다.

그것이 열정을 회피하는 것이든 혹은 오염을 회피하는 것이든 간에 우리 자신에 대한 우리의 의무는 이와 같은 경향들을 정복하기 위해 우리 자신을 다스림으로써 완전한 자유를 달성하는 것이다. 이것은 주보프의 주장에서 논의되었던 자유와는 다른 종류이다. 여기서 강조점은 자기통제, 즉 자기 자신의 주인에 주어지는데, 이는 우리가 염오나 열정에 저항하고 궁극적으로는 그것을 제거할 수 있기 위한 것이다. 그러나 주보프에게 강조점은 자기 자신의 삶의 진로를 그리기 위한, 자기 자서전의 진정한 저자가 되기 위한, 자신의 삶을 꼭두각시가 아니라 자율적인 행위자로 살기 위한 능력이다. 그와 같은 차이는 오래된 것이며, 이는 이사야 벌린Isaiah Berlin의 유명한 소극적인 자유와 적극적인 자유의 구별[24]을 떠올리게 한다. 벌린에 따르면, 소극적인 자유는 우리를 이렇게 혹은 저렇게 하거나 하지 못하게 강요하는 외적인 영향력이 없을 때인 반면, 적극적인 자유는 우리를 우리의 진정한 자아를 벗어나 흔들리게 하는 열정이나 감정에 물들지 않은 채 벌린의 용어를 빌리면, '[우리] 자신의 주인'[25]으로 살 자유이다. 이런 방식으로 보는 벌린의 적극적인 자유에 대한 설명은 불자들이나 스피노자의 그것과 매우 비슷한 것처럼 들린다. 그러나 벌린은 개인들의 '진정한 자아'는 특정한 통치자들에게 종속되어 있다고 주장하면서 적극적인 자유는 이 개념을 이용해서 권위적인 통치를 주입시키려는 이데올로그들에게 조작당하기 쉽다는 점을 지적하고 있는 것처럼 보인다. 이것은 벌린의 적극적인 자유에 대한 설명과 불자들 및 스피노자의 설명 사이에 차이점이 놓여 있는 지점이다. 스피노자는 자유주의의 매우 열렬한 활동가였다. 그는 끊임없이 어떠한 왕이나 전제군주의 통치를 받는 것이 아니라, 오직 이성을 통해 다스려지는 자기 자신들의 통치를 받는 종류의 사회를 옹호했다. 그러므로 실제로 권위주의의 여지를 남기는 어떠한 자유 개념을 승인하는 스피노자를 떠올리는 것은 매우 어렵다. 비록 스피노자는 표면적으로 벌린의 적극적인 자유를 닮았을지도 모르는 종류의 자유, 즉 우리는 우리 자신의 주인이 되어야 하고, 열정에 의해 더럽혀지지 않아야 하며, 우리의 자율적 자아에 충실해야만 한다, 등을 옹호하고 있지만, 이것은 스피노자의 자유가 벌린의 적극적인 자유에 대한 설명과 똑같다는 것을 의미하지는 않는다. 중요한 차이는 스피노자의 자유가 모든 것은 실체Substance 속에 들어 있고 또한 실체라는 형이상학적인 깨달음에 뿌리를 두고 있는 반면, 적극적인 자유의 장점을 빼앗는 권위주의적 통치자는 결코 그것을 그와 같은 방식으로 실현하지 않는다는 점이다. 벌린이 그것은 어떤 사람이 다른 사람들을 자기 자신의 목적을 위해 조작하는 것을 허용할 수도 있다고 생각하면서, 적극적인 자유에 대해 경계할 때 적극적인 자유는 단지 다른 사람들에 대한 지배를 획득하기 위해 권위주의적이고 비윤리적인 욕망을 감추기 위한 외관으로만 기능하고 있을 뿐이다. 그러나 스피노자와 불교에서 옹호되고 있는 종류의 자유는 궁극적으로는 철저하게 전체 자연 안에서 하나의 환상으로서의 자아를 실현하는 데 뿌리를 둔 깊은 윤리적 관심사에 의해 안내되고 있다. 이것은 만일 우리가 충분히 깨달았다면, '다른 사람들의 선을 위해 그것을 행한다'는 구실로 다른 사람에 대한 지배를 획득하기를 욕구하는 것을 불가능하게 만든다. 자기 자신의 진정한 자아를 실현하는 것은 언제나 심오한 윤리적 과제이다(그리고 불교에서 그것은 우리가 우리의 진정한 자아라고 여기는 것은 궁극적으로 단지 하나의 환상에 불과하다는 사실을 깨닫는 것을 포함한다). 그러므로 그들의 진정한 자아를 위해 다른 사람들을 조작하는 것은 분명히 이런 자유의 개념과 부딪히는데, 왜냐하면 그것은 '나'는 다른 사람에 대한 지배를 획득해야만 한다는 이기적인 욕망을 포함하고 있기 때문이다. 그러나 그것은 우리의 진정한 자아로부터 일어날 수 없다. 스피노자와 불교에서 궁극적인 자유는 다른 사람들에 대한 지배를 획득하기 위한 이기적인 정치권력이나 욕망과의 어떠한 관련 때문에 오염되지는 않는다. 그러나 벌린에게 적극적인 자유는 다른 사람들을 속여서 그들의 '진정한' 자아가 권위주의자들의 지배에 종속되어야 한다고 요구하도록 믿게 하기 위해 이용되는 것과 같은 가면으로 사용될 수 있다. 스피노자와 불교로부터 나온 통찰력은 우리들에게 벌린의 적극적인 자유와 닮은 자유의 개념을 갖는 것은 가능하지만, 그것은 벌린 자신이 이 개념과 결합시키고 있는 부정적인 함의는 없다는 것을 보여준다.

그러므로 주보프가 미래 시제에 대한 우리의 권리를 발휘하기 위한, 즉 우리 자신의 삶의 진로를 자율적으로 결정하기 위한 자유에 대해 말할 때 불교적 관점에 따르면, 우리는 또한 이 자유는 오직 그것이 해탈을 지향하는 길을 형성하는 윤리적 관심사에 의해 구성될 때만 진정한 것이라는 점을 명심하지 않으면 안 된다. 스피노자의 언어로 말하면, 이것은 자유가 '적절한 관념', 즉 윤리적 행위의 바탕을 알려주는 실재와 인식 및 지식의 본성에 대한 진정한 인식에 토대를 두어야만 한다는 것을 의미한다. 다른 말로 말해 불교적 관점에 따르면, 우리의 '미래 시제에 대한 권리'를 향유하는 것은 충분하지 않다. 또한 우리의 권리는 올바른 이해 sammā diṭṭhi(정견)라는 불교적 개념에 의해 인식되어야만 하는데, 이는 사물들이 어떻게 존재하고 있는가에 대한 참된 지식이다. 그리고 올바른 이해는 올바른 행위의 바탕이므로 주보프가 말하고 있는 자유는 윤리적일 필요가 있다.

그러나 주보프의 전체 요점은 불교와 스피노자 혹은 벌린의 소극적인 종류가 어떤 것이든 간에 감시 자본주의에 의해 위협받고 있는 것은 개인의 자유라는 것이다. 이 논쟁에 대한 불교의 기여는 자유가 윤리적일 필요가 있을 때, 우리는 이제 실제로 보호받을 필요가 있는 것에 관해서 좀 더 분명해져야만 한다는 사실이 될 것이다. 우리가 좋아하는 것은 무엇이든 선택하고 또한 우리의 선호와 열정을 따르는 소극적인 자유 대신에, 우리는 우리의 진짜 자유 – '열정의 노예'가 되는 것으로부터의 자유 – 를 계발할 가능성 및 이성과 일치하도록 우리의 삶을 영위할 능력을 보호할 필요가 있다. 이것은 자유주의의 관념들(우리는 우리의 삶의 진로를 결정할 자유가 있어야만 한다)로 철저하게 주입되어 있는 오늘날의 세계에서는 상당히 반직관적인 것처럼 들린다. 그러나 우리는 스피노자가 신분 차별과 종교적 관념에 토대를 둔 전통적인 정치 철학에 반대하는 현대 자유주의의 가장 열렬한 옹호자 가운데 한 사람이었다는 사실을 잊어서는 안 될 것이다. 이상적인 개인은 그것들이 이끄는 대로 자신의 열정을 따를 자유가 있는 사람이 아니라, 이상적인 개인은 언제나 이성의 진로를 쫓아가는 사람이다. 그리고 스피노자가 불교 사상과 깊은 공명共鳴을 발견하는 지점은 바로 여기이다.

스피노자와 불교에서의 이러한 자유 개념, 즉 내가 지금부터 '진짜 자유'라고 부르는 것의 한 가지 중요한 결과는 우리가 하도록 허용된 것에 제한되는 것은 만일 그와 같은 구속이 실재reality나 이성 혹은 궁극적인 해탈을 지향하는 불교의 길과 일치한다면 이와 같은 종류의 자유에 대한 구속이 아니라는 것이다. 반대로 구속된다는 것은 가장 먼저 그와 같은 자유를 구성한다. 불교적인 자유에 따르면, 우리는 스스로 연마하기 위해 설계된 실천들의 일과를 경험하는 것, 즉 우리가 그 길을 따라 움직일 때 스스로 실천하는 것과 같은 다양한 방식으로 우리 자신을 한정시켜야만 한다. 이것은 피아노를 연주하는 것과 같은 가치 있는 어떤 것을 수행하는 데 요구되는 일련의 기술을 연습하는 것과 유사하다. 피아노를 연습할 때 우리는 손가락을 움직이는 기술과 음계, 아르페지오와 같은 것을 연습하는 데 장시간 동안 앉아 있는 것과 같은 여러 가지 방식으로 구속당하지 않으면 안 되는데, 이 모든 것은 피아니스트로서 우리의 기술을 연마하기 위해 설계되어 있는 것들이다. 손가락은 음악을 연주하기 위해 충분할 만큼 넓게 펼 수도 있고 능수능란해지기 위해 매우 오랫동안 구속되어야만 한다. 그 후에도 손가락은 (물론 비유적으로 말하면) 그것들이 하고 싶은 어떤 것을 하도록 허용될 수 있다는 의미에서 완전한 '자유'를 누리지 못한다. 이는 손가락들이 진정한 의미에서 자유롭지 않다는 것을 함축하는 것은 아니다. 다시 말해 손가락들은 비록 그것들이 매우 구속되어 있다고 하더라도 여전히 자유로운데, 왜냐하면 손과 손가락의 모든 순간은 음악 악보를 연주하는 목적을 완수하기 위해 움직여지고 있기 때문이다. 그것은 연습의 유형에 순응하는 것으로부터 나오는 손과 손가락의 자유이며 궁극적으로 그것은 거기에 해당하는 음악과 하나가 된다. 말을 바꾸면 그것은 이성적 구속과 함께 가는 종류의 자유이다. 우리는 또한 손과 손가락이 강제가 없다는 의미에서 완벽한 자유를 갖는다는 것은 어떤 것일까를 상상할 수 있을 텐데, (그렇게 하면) 음악은 불가능할 것이다. 여기서 악보를 아름답게 연주하는 목적은 모든 종류의 괴로움을 제거하는 불교의 해탈을 성취하는 것과 비교할 만하다(구체적인 것에 대해서는 2장을 보라). 요점은 우리가 그와 같은 상태를 쉽게 달성하지 못하며, 또한 우리가 어떤 방식으로든 그렇게 할 권리를 가지고 있지 않다는 것이다. 반대로 우리는 그것을 얻어야만 하며 또한 궁극적으로 그것을 달성하기 위해 오랫동안 힘들게 수행해야만 한다. 스피노자도 『윤리학』의 맨 마지막 문장에서 모든 뛰어난 것들은 그것들이 흔치 않기 때문에 어렵다고 말하고 있는데,[26] 이는 축복받음을 성취한다는 목적은 주어지는 것이 아니라 오직 엄격한 훈련과 수양을 통해서만 성취된다는 것을 의미한다.

그리고 보다 구체적인 개념으로 말하면, 이는 우리가 온라인 세상에서 만나는 모든 것에 대해 주의해야만 한다는 것을 함축하고 있다. 모든 디지털 흔적에 대한 분석으로 무장한 광고들은 매우 높은 수준의 세련됨을 가지고 등장하며, 따라서 우리는 그런 것들에 빠지지 않기 위해 더욱더 주의를 기울일 필요가 있다. 이것은 또한 정치와 같은 다른 영역에서 우리의 신념을 조작하려는 시도와 동일한 것이다. 이렇게 조심하는 것은 또한 우리가 페이스북이나 구글과 같은 웹사이트를 운영할 때 가져야만 하는 분별심을 포함한다. 우리는 그것들의 개인정보 설정과 이용자가 사용 가능한 모든 핵심적인 부분을 어떻게 운영하는지를 알아야만 할 텐데, 이 가운데 많은 것은 수많은 메뉴의 층들 아래 숨겨져 있다. 그러나 무엇보다도 먼저 우리는 온라인상에 있을 때 조심할 필요가 있다. 이것은 우리가, 그것이 생각을 포스팅하는 것이든, 정보를 공유하는 것이든, 사진을 올리는 것 등이든 간에 언제나 자신이 무엇을 하고 있는가를 알아야만 한다는 것을 의미한다. 이러한 마음챙김은 이와 같은 사이트에 존재하는 모든 광고들로 인해 자신의 온전한 자아가 침해되는 것을 막기 위해 맨 먼저 취해야 하는 방어 조치여야 할 것이다.

그럼에도 불구하고 윤리적 의무들은 개인 사용자에게만 한정되는 것은 아니다. 좀 더 중요한 책임은 주보프가 자신의 책에서 말하고 있는 기술을 채택하고 있는 회사들, 특히 페이스북 및 구글과 같은 회사들에 부과되어야 한다. 아마도 그들의 가장 중요한 윤리적 의무는 그들이 벌린의 소극적인 의미와 불교 및 스피노자의 인격적 온전성의 의미(정확하게 말하면 벌린의 적극적인 자유에서의 의미는 아닌데, 이는 앞에서 논의했듯이 좀 더 소극적이다)가 양자 모두에서 이용자들의 자유를 보호하고 증진시키는 것을 목적으로 삼아야 한다는 것이다. 이것은 그와 같은 회사들이 디지털 흔적의 데이터를 수집하고 분석하는 것을 중단해야 한다는 것을 의미하지는 않는다. 그렇게 하는 것은 과학적 진보뿐만 아니라 기술적 진보를 위험에 빠뜨리게 할 것이며, 다만 그 회사들은 이용자들의 권리와 복지를 향상시키기 위한 방식으로 그 데이터를 사용할 방법을 찾는 것을 목표로 삼아야 한다. 말을 바꾸면 데이터 분석의 결과를 전적으로 광고 회사나 그것으로부터 이익을 얻는 그 외의 다른 사업에 공급하는 대신 데이터의 생산자들은 그 데이터의 원래 소유자들을 존중해서 그들을 예측하거나 통제하는 것을 삼가해야만 할 것이다. 감시 자본주의나 데이터 자본주의의 관행에서 가장 잘못된 것은 디지털 흔적의 데이터 프로세서가 개인 사용자의 행동을 예측하고 통제하며 나아가 그 행동의 선물 시장에서 예측의 결과를 팔 수 있다는 것이다. 그러나 특히 주보프가 말하고 있듯이, 이 설명에서 놓치고 있는 것으로 여겨지는 것은 행동 데이터를 **적극적으로** 사용하는 이용자들이 있을 가능성이다. 불교와 스피노자의 진정한 적극적 자유에 관한 앞서의 논의에 비추어보면, 행위나 디지털 흔적의 데이터를 선용(善用)하기 위한 방법이 있을 것처럼 보인다. 주보프에 따르면 이런 데이터들은 내팽개쳐지거나 무시되어야 할 테지만, 이와 같은 선택은 특히 적극적인 이용법이 발견된다면, 그다지 호소력이 없을 것으로 보인다. 예컨대 어떤 개인 사용자의 행동 데이터는 그에게 자신의 육체적 건강이라는 관점에서 볼 때 그가 어떻게 행동했는가에 관한 피드백을 제공함으로써 자신의 복지를 증진시키기 위한 목적으로도 이용될 수 있다. 아마도 그 사용자는 건강에 영향을 미치는 음식이나 그 외의 다른 요소들에 대한 정보를 올릴 것이며, 이 사용자의 과거 온라인 행동들은 또한 그와 같은 분석이 장기적으로 볼 때 그 사용자의 건강을 위험에 빠뜨리게 할지도 모를 더 많은 행위의 가능성을 지적해줄 때처럼 그 사용자 자신에게 피드백을 제공하기 위해 분석될 수도 있다. 이것은 시장 동기나 '체중 감량' 프로그램의 광고와 연결될 필요는 없다. 그와 같은 것은 단지 주보프의 비판을 재확인시켜줄 뿐이다. 반대로 이 프로그램은 배타적인 이윤의 동기와는 거리를 둘 필요가 있다. 한편에서는 자본주의를 추동시키는 이윤의 동기와 다른 한편에서는 개인의 권리와 그들의 존엄성 및 진정한 자유를 보호할 필요성 사이에 어떤 균형이 설정될 필요가 있다. 우리는 다음에 이어질 절에서 이러한 매우 중요한 윤리적 쟁점들을 다룰 더 많은 기회를 가질 것이다. 그 관념은 내가 이 장의 앞에서 언급했던 깨달음을 얻은 알고리즘이나 자비로운 알고리즘의 개념에 대한 논증을 발전시키는 것이다. 그러나 우리가 완전하게 그 절에 도달하기 전에 그에 못지않게 중요한 어떤 관련 있는 문제에 대한 또 다른 논의가 있는데, 이는 프라이버시, 곧 불교적 관점에서 보면 개인에 관한 논의이다.

프라이버시와 개인

프라이버시는 정보 기술 윤리에 관한 어떠한 고려에서도 중요한 주제인데, 그것은 개인들에 대한 수많은 형태의 정보 기술의 침해를 막는 윤리적 보호를 어떻게 가져올 수 있을 것인가라는 거의 모든 논의의 최전선에 서 있기 때문이다. 정보 기술이 해악을 끼칠 수 있는 방식은 분명히 로봇이나 무기 기술의 그것과는 다르다. 후자의 기술들은 생명이나 팔다리에 위험을 가함으로써 신체적으로 사람들에게 해악을 끼친다. 그러나 (우리가 소리를 어떤 사람의 귀에다 대고 매우 시끄럽게 불어넣는 것과 같은 방식으로, 정말 이상한 어떤 방식으로 그렇게 하는 것을 생각하지 않는다면) 정보 기술은 그와 똑같은 방식으로 사람들에게 해악을 미칠 수 없을 것이다. 그럼에도 불구하고 그것은 대체로 그들의 프라이버시를 침해함으로써 사람들에게 심각한 해악을 야기할 수 있다. 그러므로 프라이버시는 정보 기술을 둘러싸고 있는 거의 모든 윤리적 고려들의 중심에 놓여 있다. 네트워크 시스템을 해킹하는 것은 정보 기술의 윤리적 위반에 대한 잘 알려진 사례인데, 그것은 네트워크 안의 데이터 속에 들어 있는 프라이버시와 온전성이 소중한 것이며, 따라서 더 나아가 보호받을 필요가 있다는 사실 때문에 그런 것이다. 감시 자본주의는 우리들의 분노심을 불러일으킨다. 왜냐하면 우리는 의식적이든 그렇지 않든, 어떤 외부적 작인에 끌려다니지 않고도 우리 자신의 온전한 자아와 삶의 진로를 그릴 우리 자신의 능력을 소중하게 간직하기 때문이다.

그러므로 일반적으로 우리는 우리의 프라이버시가 우리 자신의 일부라고 느낀다. 우리는 우리의 육체적 온전성이 손상되었을 때, 즉 어떤 사람이 우리에게 육체적인 손상을 입힐 때 피해를 당한다. 같은 맥락에서 우리는 우리 자신의 정보의 온전성이 손상되었을 때, 즉 우리의 사적인 삶이 침해당했을 때 피해를 당한다. 이는 파파라치가 카메라의 초점을 우리의 침실이나 욕실에 맞출 때 혹은 은밀하게 도청기를 설치했을 때와 같이 오래된 방식으로도 일어날 수 있다. 그것은 또한 좀 더 기술적으로 진보한 방식, 곧 우리가 이 책에서 말하고 있는 방식으로도 일어날 수 있다. 어느 경우이든 우리가 다른 사람들이 소유하기를 원하지 않는 **우리 자신들**에게 속하는 어떤 무엇이 있다. 우리는 우리의 육체적 온전성이 유지된다는 확신을 가지고 살 수 있을 필요가 있다. 이것은 세상 어디에서나 공격과 폭행을 금지하는 법률들이 존재하는 이유이다. 동일한 방식으로 우리는 우리의 정보의 온전성이 유지된다는 확신을 가지고 살 수 있어야 할 것처럼 여겨진다.

이와 같은 주장은 확실히 육체적 온전성과 정보의 온전성이 하나의 동일한 종류라는 전제에 의존하고 있다. 다시 말해 그것들은 이를 위반하면 해악을 구성하며 따라서 그것을 보호하는 것은 사회의 복지와 원활한 기능을 위해 필수적인 가치들이다. 이것은 육체적 온전성을 보호하는 경우에 명백히 사실이지만, 아마도 그것은 정보의 온전성에서는 그것만큼 명백하지 않은 것 같다. 이것은 많은 사회, 특히 과거에는 프라이버시가 인구의 대다수에게 사치품이었거나 전혀 적용될 수 없는 것이었기 때문이다. 그러나 프라이버시가 광범위하게 적용될 수 없었다는 사실은 그것이 보호할 만한 가치가 없다는 것을 함축하지는 않는다. 필요성 때문에 매우 비좁은 주거지에 살고 있는 사람들은 이런저런 방식으로 자신들의 육체적 온전성이 훼손될 수밖에 없다. 예를 들면, 자신들을 지하철 안에 밀어 넣어야만 하는 사람들은 자신들의 사적인 공간을 희생당하지 않으면 안 되는데, 이 공간은 또한 논쟁의 여지는 있지만 그들의 육체적 온전성의 일부이며, 따라서 그들의 프라이버시 역시 어느 정도로 손상당한다는 것은 명백하다. 매우 붐비는 열차 안에서 자신들의 사적 공간이 다른 사람들에 의해 침해당하는 것은 그 사람들이 다른 사람들에 의해 해악을 입는 것을 의미하는 것은 아니며, 이는 어떠한 사적 공간이 존재하지 않거나 그와 같은 사적 공간이 중요하지 않다는 것을 의미하는 것도 아니다. 같은 방식으로 프라이버시가 전혀 존재하지 않거나 심지어 명시적인 프라이버시 개념조차 존재하지 않는 환경 속에 산다고 해서 반드시 프라이버시 개념이 결코 존재하지 않는다는 것을 의미하지도 않는다. 과거의 가족이나 아무런 칸막이도 없이 같은 집에서 함께 사는 어떤 문화 속의 가족들은 자신들의 프라이버시를 상당히 줄여야만 했지만 그들은 여전히 선의와 가족 구성원으로서 서로에게 소속되어 있다는 감정을 가지고 있다. 여기서 이 가족 구성원들은 서로에게 해악을 끼치는 대신 서로서로 존중한다. 이러한 의미에서 이 가족 구성원들은 가족 안에서 각 개인에게 속하는 일정한 거리를 존중하고 있다는 말을 들을 수 있다. 한 개인이 가족의 구성원으로서뿐만 아니라 존중받을 만한 가치가 있는 개인으로서 그 자신의 위치를 유지하는 데 필요한 것은 바로 이와 같은 거리이다. 우리는 만일 가족 구성원의 한 사람을, 가령 가족 구성원들과 똑같은 개인적 거리를 부여받지 못한 집 안의 병아리와 비교하면 이 점을 보다 명백히 알 수 있다. 이러한 존중과 거리를 유지하는 것은 프라이버시에 기본적인 것이다. 내가 제기하고자 하는 요점은 물리적 가까움이나 매우 비좁은 주거지 안에 사는 것이 프라이버시를 배제하지 않는다는 것인데, 왜냐하면 프라이버시는 규범적인 개념이기 때문이다. 우리는 물리적인 거리 대신 서로 존중하고 또한 존중의 표시로서 서로 일정한 거리를 제공해야만 할 것이다.

그러므로 구글 및 페이스북과 같은 회사들이 우리의 행동을 통제하기 위해 우리가 온라인 삶 속에서 남긴 디지털 데이터를 사용할 때 우리는 이것이 우리가 암묵적으로라도 이런 회사들과 맺은 어떤 합의의 일부가 아니라고 느낀다. 실제로 이 문제에 대한 주보프의 분석을 신랄한 것으로 만들어주는 것은 감시 자본주의의 회사들이 결국 우리를 조작하기 위해 우리의 디지털 흔적 데이터를 사용하고 있는 방식으로 우리들에게 해악을 끼치고 있다는 것인데, 왜냐하면 이것은 그 회사들이 우리의 프라이버시를 침해하고 있다는 것을 의미하기 때문이다. 이것은 이 데이터를 통해 우리를 조작함으로써 이러한 회사들이 한 개인을 존중하는 데 핵심적인 거리를 지키지 않기 때문이다. 오히려 그 회사들은 마치 우리들의 삶이 그들이 원하는 것은 무엇이든 가져가는 것이 자유로운 오픈북인 것처럼 우리들의 삶 속으로 침투하고 있다. 좀 더 정확하게 말하자면, 아마도 감시 자본주의 회사들의 행동을 비윤리적인 것으로 만드는 것은 바로 이 점이며, 그들이 우리의 자유를 제한하기 때문은 아닐 텐데, 왜냐하면 스피노자와 불교적 의미에서 진정한 자유라는 입장에서 보면, 우리가 살펴보았듯이 제한을 받는다는 것은 진정한 자유를 갖는 것과 전혀 양립가능하지 않다는 말은 아니기 때문이다.

프라이버시를 어떻게 정당화할 것인가

우리는 내가 앞 절에서 제안했던 프라이버시 개념이 개인을 존중하는 데 거리의 개념으로부터 도출되었다는 것을 살펴보았다. 여기서 거리의 개념은 규범적인 것이며 어떤 사람과 다른 사람 사이의 물리적 거리와는 거의 관계가 없다. 이제 남은 것은 이런 의미의 프라이버시가 어떻게 정당화되는가에 대한 설명을 제시하는 것이다. 프라이버시에 관한 대부분의 이론들은 그의 권리가 보호받을 필요가 있으며, 프라이버시가 그러한 권리들의 하나인 자율적인 개인의 개념을 통해 그것을 정당화하려고 노력한다. 예를 들어, 제임스 무어James H. Moor에 따르면 프라이버시의 보호는 무어가 경험적으로 볼 때 모든 인간 문화들이 그들 자신의 생존을 위해 필수적인 것이라고 간주하는 보편적 가치로 여기는 핵심적인 가치들을 보장하는 데 꼭 필요한 것이다. 이러한 가치들은 생명, 행복, 자유, 지식, 능력, 자원 및 안전 등이다.[27] 무어에 따르면, 프라이버시는 비록 핵심적인 가치 중의 하나는 아니지만, 그럼에도 불구하고 '핵심적인 가치의 표현'으로 작용한다. 다시 말해 프라이버시는 특정한 문화 안에서 어떤 핵심적인 가치가 자신을 어떻게 좀 더 구체적으로 표현하는가라는 것이다. 보다 더 정확하게 말하면 무어는 프라이버시를 안전이라는 핵심적 가치의 표현으로 간주하고 있다. 사회가 점차 수준이 높아짐에 따라, 안전의 필요성은 그 자체가 어떤 개인의 프라이버시 보호를 위해 필요한 것임을 알게 된다.[28] 우리가 정보의 유입으로 삼투되어 있는 선진 사회에서 낯선 사람들로부터 보호를 추구함에 따라, 이것은 프라이버시의 보호 필요성으로 전환된다. 말을 바꾸면, 무어는 프라이버시를 하나 혹은 그 이상의 핵심적 가치를 주어진 맥락 속에서 기능할 수 있도록 만드는 2차 가치로 보고 있다. 그것은 보다 발전된 오늘날의 정보 사회에서 안전이라는 핵심적 가치의 또 다른 차원이다.[29]

무어의 설명에 대해 요청될 필요가 있는 질문은 정확하게 말해 안전이 필요하다는 것은 무슨 뜻인가라는 것이다. 전前근대 사회에서 우리는 침략하는 야만인들의 위협으로부터 혹은 경쟁 성城의 병사들 등으로부터 안전을 확보할 필요가 있었다. 오늘날의 인공지능 사회에서 이것은 해커들 및 빅데이터 분석을 사용하는 개인 회사들이 엿보는 눈들의 위협으로부터 안전을 확보할 필요성으로 바뀐다. 따라서 어쩌면 무어의 설명 속에 내포되어 있는 것은 안전이 확보될 필요가 있다는 것, 즉 그들의 안전이 보호받을 필요가 있는 것은 개인들이라는 것일지도 모른다. 그러므로 보호받을 필요가 있는 프라이버시는 개별적인 인격체들에게 속한 정보, 곧 그들의 사적인 정보의 프라이버시이다. 그래서 무어가 떼 지어 다니는 도적들로부터 받는 육체적 위협으로 비유한 것은 적절하다. 떼 지어 다니는 도적들은 어떤 사람의 직계 친족 집단 속 사람들의 인격과 재산뿐만 아니라 그 사람의 인격과 재산의 안전에 위협을 가한다. 그것은 어떤 사람과 직접적으로 가까운 사람들의 온전성뿐만 아니라 어떤 사람 자신의 인격체가 가진 육체적 온전성이다. 이러한 육체적 온전성은 자연스럽게 우리와 다른 사람들의 재산으로도 확장되는데, 왜냐하면 재산은 우리의 생존과 복지에 필수적인 것이기 때문이다. 결과적으로 이것이 오늘날의 정보화 사회로 전환될 때 문제가 되는 것은 우리의 육체적 온전성과 우리와 가까운 친척 및 친구들의 그것이며 이는 그들의 프라이버시가 왜 보호받을 필요가 있는가 하는 이유이다. 이 경우에 육체적 온전성과 정보의 온전성은 매우 밀접하게 관련된다.

프라이버시의 정당화에서 또 다른 갈래는 개인들은 권리를 가지고 있으며, 프라이버시는 이와 같은 권리들 가운데 많은 것을 행사하는 데 필수적이라는 것이다. 이 갈래에 대한 많은 개념들이 있지만, 그것들이 공유하고 있는 것은 자율적이고 이성적인 존재로서의 개인의 지위는 그들이 프라이버시의 권리를 부여받았다는 것을 필요로 한다는 것인데, 왜냐하면 이러한 권리가 없다면 자율적 존재로서의 자신들의 지위는 손상될 것이기 때문이다. 예컨대 이 주제에 대한 사무엘 워렌Samuel Warren과 루이스 브랜다이스Louis Brandeis의 영향력 있는 논문[30]에서, 개인들의 프라이버시를 보호할 필요성은 지금까지 그 개인들 자신에 대해 프라이버시가 지켜졌던 정보를 열어서 퍼뜨리는 것을 가능하게 만들어주는 수준의 기술적 정교함이 있을 때 발생한다. 이 경우에 프라이버시는 그 개인에게 자연적으로 속하는 것이 아니라 기술적 진보에 달려 있다. 어떤 경우든 그렇게 할 기술적 수단을 소유하고 있는 다른 사람들이 엿보는 눈들로부터 보호받을 필요가 있는 '신성한 사적인 생활과 가정생활의 구역'이라는 영역이 존재한다. 말을 바꾸면, 어떤 개인의 존엄성과 그의 프라이버시 권리 사이에는 밀접한 연관성이 있다. 앞에서 언급된 '신성한 구역'은 만일 그 개인의 사적인 공간을 부당하게 빼앗긴다면 침해당하게 될 것이다. 워렌과 브랜다이스의 주장에서 프라이버시가 보호될 필요가 있는 이유는 한 개인의 삶 속에는 침해받을 수 없는 영역이 존재하기 때문이다. 만일 이 영역이 침해받는다면 그 개인의 존엄성도 침해당한다. 여기서 이 영역은 그 개인의 프라이버시 권리를 정의하고 있으며, 나아가 이 영역은 그 개인이 자율적이고 이성적인 존재, 즉 칸트의 목적의 왕국의 신민이라는 사실 때문에 존재하는 것이다.

앞서 워렌과 브랜다이스의 주장에서 전제되어 있던 것처럼 보이는 것은 그 개인이 자율적이라는 것이며, 이는 그 개인이 또한 스스로 존속하며 **완전하게** 객관적으로 존재하고 있다는 것을 함축한다. 그러나 우리가 보았듯이 불교 철학에서 개인의 개념은 의문스럽다. 이전의 저서들에서 나는 이처럼 원자적이고 스스로 존속하는 개념의 개인에 의존하는 것으로부터 자유로운 프라이버시 이론을 제시했다.[31] 기본적인 관념은 프라이버시가 오로지 원자적이고 자율적인 개인에게만 속할 필요가 없다는 것이다. 불교적 의미에서 개인들, 말하자면 함께 모여서 하나의 일관된 전체를 형성하지만 그 안에 어떤 핵심은 없는 정신적 에피소드들과 신체적 에피소드들의 집합 또한 프라이버시의 권리를 가지고 있다. 그러나 이렇게 개념화된 개인들의 프라이버시에 대한 주장과 이론화는 서로 다르다. 워렌과 브랜다이스가 했던 것처럼 프라이버시를 개인의 권리 위에 토대를 두는 대신 오히려 프라이버시는 그것이 제대로 작동하는 사회를 가능하게 만드는 데서 수행하는 역할 위에도 토대를 둘 수 있다. 요점은 개인들이 권리에 대해 말하는 것은 단지 함께 살고 있는 개인들이 함께 살 방법을 찾을 필요가 있다고 말하는 하나의 편리한 방식이기 때문에 그들 자신의 권리를 갖는다는 것이다. 그러나 이러한 개념은 도구적인 것이자 본질적인 것이기도 하다. 그것은 프라이버시가 사회를 원활하게 작동하도록 하는 데 필요하기 때문에 도구적이다. 더욱이 이 개념은 또한 본질적이기도 한데, 왜냐하면 그것은 육체적인 에피소드들과 정신적인 에피소드들의 집합인 한 개인의 형이상학적 지위 위에 토대를 두고 있기 때문이다. 불교 철학에서 보면, 이러한 이유는 인간 존재가 유정적 존재이기 때문이다. 그는 행복할 수도 있고 불행할 수도 있는데, 자연스럽게 그는 불행하기보다는 행복하기를 원한다. 이는 다른 사람들이 그에게 해를 끼치지 않는 것을 중요한 것으로 만든다. 말을 바꾸면, 그는 그자신에게 집중된 일정한 양의 공간에 대해 권리를 부여받고 있다. 인간 존재로서 그의 지위는 만일 다른 사람들이 그에게 해악을 끼치려고 한다면 이를 보다 더욱 심각한 위반으로 만들 텐데, 왜냐하면 인간 존재는 그의 이성적 사고 능력 덕분에 더 향상되었기 때문이다. 이것은 그가 인간이기 때문에 프라이버시 권리는 어떤 인간 존재에게 속한다는 것을 의미한다.

내가 앞서 제시했던 주장에 대해 여러 가지 반대들이 있다. 첫째, 프라이버시를 어떤 사회의 복지에 필요한 것이라고 전제함으로써 그것은 충분히 강력하지 않다는 것이다. 그 대신 프라이버시는 목적의 왕국의 신민인 개인의 지위로 인해 어떤 개인에게 양도할 수 없는 권리로 구성되어야 할 것이다. 이에 더해 우리는 어떠한 프라이버시도 전혀 없지만 여전히 매우 번성하고 있는 사회를 상상할 수 있다. 이것은 프라이버시가 번성이나 복지에 필수적인 것은 아니라는 사실을 보여준다. 실제로 전근대 세계의 대부분 사회들은 이와 같은 종류였다. 모든 사람은 한 집에서 같은 방을 쓰는 등 사람들은 가까이에서 함께 산다. 이러한 반대에 따르면, 프라이버시는 그것들의 도구적 가치에 의존하는 것과는 다른 방식으로 정당화되어야 한다. 과거 사람들이 프라이버시를 그다지 갖지 못했다는 사실은 프라이버시의 권리를 정당화하는 것과 관계가 없는데, 왜냐하면 그것은 단지 우연한 역사적 요인들과 경제적 요인들로부터 나오는 경험적 조건에 불과했기 때문이다. 이 반대에 대한 나의 대답은 프라이버시가 단지 어떤 개인 자신에게 속하는 재산으로만 개념화되어서는 안 된다는 것이다. 로빈슨 크루소Robinson Crusoe와 같은 어떤 사람이 무인도에 혼자 사는 상황을 상상해보자. 물음은 이 사람이 프라이버시를 갖고 있는지 혹은 갖고 있지 않은지의 여부이다. 한편 그는 많은 프라이버시를 누리고 있는 것처럼 보인다. 그는 섬 전체를 혼자서 소유하며 아무도 그를 지켜보지 않는다. 그는 다른 사람들이 엿보는 눈을 의식하지 않고 그가 원하는 것은 무엇이든 할 수 있다. 다른 한편 그가 실제로는 프라이버시를 전혀 갖고 있지 않은 것처럼 보이는데, 왜냐하면 그가 자신의 프라이버시를 향유하기 위해 전제될 필요가 있는 조건이 전혀 발생하지 않기 때문이다. 어떤 사람의 프라이버시는 다른 사람들이 그 자신의 사적인 공간을 침범하는 것을 막는 법률과 같은 어떤 기제가 존재할 때 인식되고 보호받게 된다. 그와 같은 기제가 없다면 우선 프라이버시가 존재하기는 하는가라는 물음이 어떻게 생기는가를 알기 어렵다. 이것은 현재의 프랑스 왕이 대머리인지 혹은 머리숱이 많은지를 논의하는 것과 같은 일일 것이다. 프랑스 왕이 대머리인지 혹은 머리숱이 많은지의 물음은 전혀 일어나지 않는다. 나는 그렇다고 생각하는데, 만일 이것이 지지받을 수 있다면 로빈슨 크루소가 자신의 프라이버시를 향유하는가의 여부라는 물음도 일어나지 않는다. 이것은 프라이버시가 관계적 개념이며 그것을 집행할 기제들을 설치하는 다른 사람들의 존재에 의존한다는 것과 나아가 우리의 프라이버시를 존중하거나 침해하는 것도 다른 사람들이라는 것을 함축한다. 프라이버시를 어떤 개인으로부터 양도할 수 없는 그 무엇으로 전제하는 관점은 로빈슨 크루소가 그가 섬에 혼자 살 때조차도 자신의 프라이버시 권리를 갖는다는 공허한 주장을 인정해야만 할 것이다.

내가 제안하고 있는 주장에 대한 또 다른 반대는 이러한 개념의 프라이버시가 부수적이라는 것이다. 프라이버시가 자신을 만드는 일에 있어서 도구적이라는 가치가 변한다면 어떻게 되는가? 내가 제안하고 있는 설명에서 프라이버시는 그것이 가령 우리가 소중히 여기는 민주주의와 육체 및 정보의 온전성에 대한 존경과 같은 가치에 필수적이기 때문에 정당화되고 있다. 그러나 이것은 프라이버시를 이러한 다른 가치들에 의존하도록 만드는데, 만일 이런 가치들이 부수적이면 프라이버시 자체도 부수적인 것이 될 것이다. 이에 반해 프라이버시를 자율적인 개인에게 속한 하나의 권리로 이론화하는 것은 그것을 그 외의 다른 가치들로부터 독립적인 것으로 따라서 필연적인 것으로 만들어준다. 그러나 이른바 프라이버시의 부수적인 상태가 왜 현실적 맥락들 안에서 프라이버시를 정당화하는 것을 지지하는 어떤 개념을 손상시키게 될 것인가가 분명하지 않다. 만일 프라이버시가 가령 정의와 평등 및 다른 사람에 대한 존중과 같은 그 외의 다른 가치들에 의존한다면, 프라이버시는 이러한 가치 집단에 속하게 되는데, 따라서 만일 이와 같은 다른 가치들이 우리가 중요하다는 것을 아는 종류의 사회적 삶에 본질적인 것으로 간주된다면 프라이버시의 이른바 부수적인 특징은 무의미한 것이 될 것이다. 우리는 통상 평등과 정의 및 민주주의와 같은 가치들을 중요하다고 생각하기 때문에 이런 가치들을 실질적으로 가능하게 만드는 하나의 기본적인 가치로서의 프라이버시 역시 중요한 것임에 틀림없다. 가능한 어떤 역사적 상황을 가정해볼 때 평등 및 그와 같은 것들은 어떤 사람들이 소중하게 여기지 않는 가치임이 드러날 수도 있다는 사실이 밝혀질지도 모르는데, 이 경우에는 프라이버시도 소중한 것으로 여겨지지 않을 것이다. 일부 사회들은 평등을 가치 있는 것으로 선택하지 않을 수도 있으며, 따라서 그들은 프라이버시도 가치 있는 것으로 선택하지 않을 것이다. 그럼에도 불구하고 확실히 우리 모두는 평등과 정의 및 민주주의를 소중하게 여기고 있기 때문에 프라이버시는 -평등과 정의 및 민주주의가 정당화될 수 있는 것처럼- 충분히 오늘날의 사회적 맥락 안에서 정당화되고 있다. 그러나 유감스럽게도 평등과 정의 및 민주주의에 대한 전면적인 정당화 이론을 제공하려고 시도하는 것은 우리들을 이 책의 주된 내용으로부터 벗어나게 하고 말 것이다. 여기서 내가 말할 수 있는 것은 단지 불교의 정신에서 보면, 평등 및 그와 같은 것들은 그것들이 우리가 원하는 것, 즉 특정한 집단이 다른 집단을 착취하지 않으며, 각각의 모든 구성원들이 서로 해악을 끼치지 않는 사회가 아니라 오히려 동료 인간 존재로서, 즉 윤회 속에서 똑같은 고통들을 공유하는 유정적 존재로서 서로 존중하는 사회를 만드는 일에 효율적이기 때문에 정당화된다는 것뿐이다.

프라이버시, 불교 및 인공지능
: 자비로운 알고리즘을 위하여

정보 사회의 핵심적인 가치 가운데 하나로서 프라이버시의 중요성은 결코 과장된 말일 수 없다. 학자들은 프라이버시가 더 이상 10대들과 젊은 성인들이 자신들의 온라인 삶에서 얼마나 프라이버시를 신경쓰지 않는 것처럼 보이는가에 대한 관찰로부터 판단하는 어떤 쟁점이 아니라고 주장했다.[32] 그러나 10대들과 젊은 성인들은 적절한 프라이버시 보호를 가장 필요로 하는 사람들의 계층에 속하는데, 왜냐하면 그들은 어리고 취약하기 때문이다. 겉으로 보기에 프라이버시에 대해 부주의한 것처럼 보이는 그들의 태도는 그들이 신뢰하는 친구들 사이에서만 사실이다. 그것은 그들이 프라이버시를 전혀 신경 쓰지 않는다는 것을 의미하지 않는다. 만일 이것이 사실이라면 그들은 자신들의 삶이 모든 사람들이 볼 수 있는 오픈북인지 아닌지에 대해서도 신경 쓰지 않을 것이다. 이는 앞에서 논의되었던 규범적 거리를 총체적으로 위반한 셈이 될 것이다. 앞에서 인용한 후프네글Hoofnagle과 그 외 다른 사람들의 연구는 그것이 온라인 프라이버시가 되었을 때 젊은 성인들은 통계적으로 말하면 그들의 태도가 더 나이 많은 성인들과 전혀 다르지 않다는 것을, 양자 모두 그들의 프라이버시가 효율적으로 보호될 필요가 있다고 믿는다는 것을 보여준다. 더욱이 프라이버시는 우리가 어떤 공동체의 구성원이기 때문에 갖는 그 사람의 규범적 거리에 대한 존중이기 때문에 이 가치는 문화적 경계선을 넘나든다. 우리가 앞에서 논의했듯이 몇몇 문화들이 그와 같은 문화의 구성원들이 우연히 서로 매우 가깝게 살게 되었기 때문에 프라이버시를 존중하지 않는 것처럼 보일 수 있다는 사실은 이러한 문화들이 구성원들에 대한 프라이버시를 존중하지 않는다는 것을 함축하지 않는다. 그렇게 보는 것은 경험에 바탕을 둔 전제로부터 규범적인 결론으로, 즉 '존재is'로부터 '당위ought to'로 도약하는 논리적 오류를 범하는 일이 될 것이다. 과거의 서구 문화들조차도 개인들의 프라이버시를 그다지 존중하지 않았다.[33] 그것은 단지 서구의 문화들이 근대로 발전한 것이자 개인들이 자기 자신의 사적인 공간에서 사는 것을 가능하게 만들어준 제도들을 허용해주었던 물리적 및 경제적 전환에 지나지 않는다.

프라이버시는 오늘날의 정보 사회와 유비쿼터스 컴퓨터 사회에서 한층 더 두드러질 정도로 전면에 부상하고 있다. 정보가 전파나 혹은 어떤 전달 형태로든 우리 주변의 모든 곳에서 떠돌아다님에 따라, 프라이버시는 전에는 결코 없었던 위협을 받고 있다. 게다가 오늘날의 강력한 인공지능 기술들은 기계 학습 기술을 수행할 수 있고, 수많은 개인들에게 속하는 엄청난 양의 데이터를 매우 효과적으로 분석할 수 있으며, 나아가 이런 기술들이 그들의 가치와 존엄성을 충분히 위협할 수 있는 방식으로 개인들과 집단들에 관한 예측과 평가를 할 수 있다. 이는 정말 우려할 만한 일이다. 또한 이 쟁점은 현재의 인공지능 윤리에 대한 매우 광범위한 논쟁의 중심이 되고 있다. 그래서 나는 여기서 불교 윤리가 많은 사람들이 필요로 하는 설명을 제공할 수 있다고 제안한다. 나는 우리가 실제로 필요로 하는 것은 깨달음을 얻은 어떤 알고리즘이라는 것을 제안하고 싶다. 이것은 앞의 3장에서 논의되었던 깨달음을 얻은 기계의 한 갈래이거나 부분이다. 기본적으로 깨달음을 얻은 알고리즘이 할 것으로 가정된 일은 그것이 윤리적 완성을 증명하는 방식으로 알고리즘의 행위를 수행하는 것이다. 이 알고리즘이 자비의 성질을 더 많이 보여줄 때 우리는 또한 그것이 자비로운 알고리즘이라고 말할 수 있다. 그 차이는 기술적인 것이다. 깨달음을 얻은 존재는 모든 염오로부터 자유롭지만 자비로운 존재는 염오들로부터 완전히 자유롭지 않을 수도 있으나, 그는 불교적 자비의 성질들을 보여준다. 좀 더 구체적으로 말하면, 이것은 그 알고리즘이 고통을 덜어주려는 바람과 모든 사물들이 서로 연관되어 있다는 이해를 둘 다 보여주고 있다는 것을 의미한다. 이는 그것이 자비로운 알고리즘을 만들기 위해서는 엔지니어들이 중립적인 알고리즘, 즉 편향들로부터 자유로운 것으로 가정된 알고리즘을 창조하는 것에 대한 기술적 측면에 초점을 맞출 수 없다는 것을 의미하기 때문에 중요하다는 것이다. 이 알고리즘이 작동하려면 데이터를 필요로 하는데, 만일 그 데이터가 이미 편향되어 있다면 그 결과도 편향될 수 있기 때문에 그와 같은 것은 실행 불가능할 수도 있다. 그렇다면 어떤 알고리즘이 자비롭게 되기 위해 필요한 것은 그것이 모든 사물들의 상호의존성을 깨닫는 것에 바탕을 두어야만 한다는 것이다. 이는 알고리즘과 데이터 및 더 중요한 그 알고리즘과 데이터의 수집이 일어나는 사회 시스템도 편향들로부터 자유로울 필요가 있다는 것을 의미한다.[34] 자비로운 알고리즘이 실제 생활에서 사용 중인 얼굴 인식 기술의 분석을 통해 어떻게 작동해야 할 것인가에 대해 좀 더 구체적으로 살펴보자.

로라 콕스Laura Cox에 따르면 웹사이트 disruptionhub.com에는 얼굴 인식 기술의 다섯 가지 가능한 사용법,[35] 즉 지불, 접근과 안전성, 범죄자 식별, 광고, 건강관리 등이 있다.[36] 이러한 각각의 적용 방법들은 그와 함께 매우 무거운 윤리적 짐을 운반한다. 그것들을 하나씩 풀어보자. 콕스의 목록에 나오는 첫 번째 것은 지불을 쉽게 하는 것이다. 고객들은 자신의 휴대전화에서 앱을 열고 그 휴대전화가 자신들의 신분을 확인해서 지불을 승인하도록 사진을 찍게 할 수 있다. 여기서 얼굴은 은행 계좌 소유자의 신분을 확인하는 서명이나 핀^{PIN} 혹은 지문 역할을 한다. 잠재적으로 우려되는 것은 사기의 가능성이 있다는 것인데, 그것은 실제로 그 외의 다른 모든 신분 확인 수단에서도 마찬가지이다. 예컨대 어떤 사람이 다른 사람의 서명을 위조해서 많은 돈을 훔칠 수 있다. 그러나 이러한 새로운 형태의 기술에 대해 주목할 만한 것은 얼굴이 자연스럽게 어떤 인간 존재를 알아볼 수 있는 가장 확실한 특징이라는 사실이다. 이 기술이 작동하기 위해 필요한 대용량의 얼굴 데이터를 서버에 보존하기 때문에 기계 학습 알고리즘이 데이터베이스 안에 있는 어떤 사람의 얼굴을 재창조하는 것이 가능할 수 있게 되고, 나아가 이처럼 재창조된 얼굴이 나쁜 목적을 위해 사용될 수 있다는 것을 상상하는 것은 어려운 일이 아니다. 더욱이 현재의 기술은 세상 속의 어떤 사람의 것이 아닌 얼굴조차 창조할 수 있다. 이와 같은 이른바 딥페이크^{Deepfake} 기술은 존재하지 않는 어떤 사람이나 혹은 존재하지만 그 클립에서 묘사된 것을 하지 않은 어떤 사람에 대한 비디오 클립을 창조할 수 있다. 이것은 정말로 위험하고 매우 비윤리적인 일이며, 따라서 이를 막기 위한 하드 메커니즘$^{hard\ mechanisms}$이 적절한 자리에 있을 필요가 있다. 우리는 재정 현황을 알아보기 위해 얼굴 사진을 이용할 때 프라이버시와 신뢰를 확보하기 위해 더 많은 일을 할 필요가 있다는 것을 생각할 수 있다.

 콕스에 따르면 프라이버시와 신뢰의 필요성은 얼굴 인식 기술의 두 번째 사용법에서도 쟁점이다. 여기서 그는 접근과 안전성에 대해 말한다. 이 기술을 이용함으로써 그의 얼굴이 기계에 의해 인식된 허가받은 개인들만이 어떤 안전한 구역에 접근하는 것이 허용될 수 있다. 우리는 카메라를 응시한다. 기계는 이 얼굴을 인식하고 나서 문을 열어준다. 우리의 우려는 첫 번째 적용 방법과 유사하다. 얼굴 정보가 정확하며 해당되는 사람을 제대로 식별할 수 있다는 것을 확신할 필요가 있다. 하나의 가능한 시나리오는 이 기술을 사용하는 안전장치를 판매하고 자신들의 고객들에 대한 거대한 얼굴 정보 데이터베이스를 유지하는 회사를 우려하는 것이다. 그런 다음 그들은 그 데이터를 어떻게 사용할 것인가에 관해 그들만의 계획을 가지고 있을 수 있는 어떤 제3자에게 이 정보를 판다. 지금은 얼굴들이 정보로 바뀌었고 그것은 매우 쉽게 복사되고 다운로드할 수 있기 때문에 이제 고객들의 얼굴은 하나의 상품이 되었다. 주보프가 주장하고 있듯이 이것은 개별적 인격체들의 존엄성에 대한 모욕이다. 그렇다면 이 기술에 바탕을 둔 스마트홈smart home은 집주인과 그의 가족 구성원들의 얼굴을 중앙 서버에 보낼 수도 있을 것이다. 우리는 이 정보에 대한 접근권을 가지고(법의 지배를 다른 나라보다 덜 존중하는 어떤 나라들에서 이는 규범이 될 수도 있을 것이다), 이를 이용해서 반체제 인사들을 억압하거나 혹은 국민의 권리를 침해하는 그 외의 또 다른 행동을 취하는 정치 당국을 상상할 수 있다.

세 번째 적용 방법은 분명히 윤리적 고려들과 관련이 있는데, 이는 아마도 다른 것들보다 더 그럴 것이다. 얼굴 인식 기술의 가장 눈에 띄는 용법 중의 하나는 범죄자들을 식별하는 것이다. 이 영역에 들어 있는 데이터를 데이터베이스와 연결시킴으로써 당국들은 그들의 얼굴을 카메라를 통해 보고 운전면허증을 스캔하는 것만으로도 범죄자들을 식별할 수 있다. 그렇게 하면 보안 카메라를 갖춘 편의점들은 직원에게 가게 안으로 들어오는 알려진 범죄자들에 대해 경고할 수 있다. 다시 우리들의 우려는 첫 번째의 두 개 적용 방법들과 유사하지만 이 경우 위험부담이 더 크다. 기기가 잘못되어서 어떤 사람을 실제로 그 사람이 아니지만 범죄자로 식별할 가능성이 있다. 혹은 반대로 그 기기가 알려진 범죄자들이 가게 안으로 들어올 때 식별하지 못할 수도 있을 것이다. 이런 것들은 기술적 탁월성의 문제인데, 그것은 분명히 윤리적 탁월성과 관련이 있다. 더욱이 기계 학습은 알려진 범죄자들을 식별하는 것뿐만 아니라 **잠재적인** 범죄자들을 식별하기 위해서도 사용될 잠재성을 갖는다. 이 경우에 범죄를 저지르지 않았지만 범죄자처럼 보이는 어떤 사람이 잠재적 범법자로 낙인찍혀 차별을 받을 수도 있을 것이다. 또한 관찰된 특징들을 이러한 특징들이 범죄적 행동들을 가져온다는 결론으로 연결시킬 많은 방법들도 존재한다. 옛날에는 사람들이 머리에 대한 어떤 특징들을 살펴보았을 수도 있다. 예를 들어, 보통보다 더 큰 머리를 가진 사람은 잠재적인 범죄자로 낙인찍혔을 수도 있다. 오늘날 기계 학습은 공통적인 특징을 찾아내기 위해 유죄 판결을 받은 범죄자들의 얼굴 특징을 대조하는 데 사용될 수 있으며, 그렇다면 이러한 특징을 가진 사람들은 그들이 아무런 죄를 저지르지 않았음에도 불구하고 범죄자로 낙인찍힐 것이다. 비록 큰 데이터베이스를 가지고 있더라도 대부분의 범죄자들에게 공통적인 이러한 특징들은 실제로는 범죄적 행동을 지시하지 않을 가능성이 있다. 사회적 요인 및 환경적 요인들과 같은 그 외의 다른 요인들이 포함될 수 있다. 그 기계에 의해 발견된 특징들이 정말로 범죄적인 행동을 예측해줄 것으로 믿는 사람들은 비윤리적으로 행위하고 있는 것인데, 왜냐하면 이러한 행위는 범죄자가 아닌 사람들을 차별하기 때문이다.

네 번째 적용 방법은 어쩌면 가장 만연되어 있는 것일지도 모르는데, 우리는 앞에서 쇼사나 주보프가 광고에서 디지털 흔적들의 사용과 결합된 문제들을 얼마나 포괄적으로 논의했는가를 살펴보았다. 광고는 얼굴 인식 기술을 여러 가지 방식으로 이용할 수 있다. 가장 두드러진 것은 그들의 얼굴 데이터에 바탕을 두고 개인들을 광고의 대상으로 삼는 것이다. 영화 '마이너리티 리포트Minority Report'에서 어떤 사람이 기계가 그에게 이름을 부르며, 인사하고 나아가 그가 좋아할 것이라고 생각되는 더 많은 상품들을 제안하는 가게 안으로 들어가는 장면이 나온다. 그 영화에서 이것은 미래의 시나리오로 묘사되고 있지만 실제로 그것은 지금 현재 우리 시대에서 일어나고 있다. 그것은 충분히 가능한 일인데, 우리가 휴대전화를 켤 때 우리는 특별히 우리의 과거 행동들에 바탕을 두고 우리의 개인적 자아를 대상으로 삼은 상업광고의 인사를 받게 될 것이다. 이것은 광고주들과 마케팅 담당자들에게는 하나의 이상적인 상황이지만 대부분의 우리들에게 그것은 악몽이다. 왜냐하면 우리가 누구인가를 만드는 것의 일부인 우리들의 개인적 데이터는 광고주들이 예측하고 통제하기 위한 도구가 되었기 때문이다. 만일 우리의 데이터가 사실상 우리의 잠정적인 자아의 일부라면,[37] 우리 자신들의 자아는 조작되고, 상품화되고 있으며, 마치 우리가 시장의 상품들인 것처럼 팔리고 있다. 어떤 면에서 특정한 대상이 있는 광고들은 좋은 것일 수도 있는데, 왜냐하면 우리는 우리의 과거 행동들에 바탕을 두고 보았을 때 우리가 흥미를 가질 만한 것이라고 생각되는 정보를 제공받기 때문이다. 그러나 이것은 우리가 자신의 기능이 사전에 잘 예측될 수 있는 기계적 존재들이라는 것을 전제하는데, 이는 현실적으로 존재하는 우리가 자유로운 인간 존재라는 우리의 감각과 모순된다. 만일 우리가 삶을 전적으로 붓다가 제안했던 지혜에 따라 (혹은 스피노자가 제안했던 이성에 따라) 영위한다면 예측 가능해진다는 것은 아무런 문제가 되지 않을 수도 있지만, 여기서 문제는 정확하게 말하면 우리가 예측과 통제라는 게임판의 말에 불과하다는 전제에 들어 있다. 이에 대한 불교적 관점은 우리들에게 만일 우리가 정말로 자유롭고 해방되었다면, 광고들은 우리들에게 어떠한 영향도 끼치지 못할 것이라는 사실을 말해줄 것이다. 실제로 우리들의 삶이 완전히 예측 가능하다는 것, 붓다의 삶도 완전히 예측 가능하다는 것(왜냐하면 그는 언제나 지혜의 길을 따르고 있기 때문이다)[38]은 사실이겠지만 그와 같은 종류의 삶은 광고의 연료가 되는 열정의 영향으로부터 자유롭다.

현재 건강관리 부문에서 얼굴 인식 기술의 사용은 진단 도구나 의학적 치료 자체를 위한 것이라기보다는 신원 확인과 얼굴을 데이터베이스에 연결하는 것에 국한되어 있다. 예컨대 환자들은 신원 확인과 자신들의 기록을 검색하기 위해 병원 카드를 끄집어내는 대신 그들의 얼굴을 스캔하게 할 수 있다. 그러나 이 기술은 어떤 질병의 발병 초기를 예측하게 하는 얼굴에 나타난 어떤 특징들을 발견하는 데 사용될 수 있을 것이라고도 생각할 수 있다. 만일 충분한 데이터가 있다면, 이는 위의 단락에서 간단하게 언급되었듯이 얼굴로부터 범죄적 행동이 예측될 수 있다는 것과 동일한 방식으로 이 기술의 일상적인 용도가 될 것이다. 그러나 염려되는 것은 기계 학습 알고리즘이 어떤 사람에게도 알려지지 않은 방식으로 작동한다는 것이다. 다시 말해 알고리즘이 그 대답과 결과를 제안하는 방식은 처음 그것을 만들었던 프로그래머들에게조차 충분하게 안 알려져 있다. 이것은 블랙박스 문제 black-box problem로 알려져 있다.[39] 이것은 매우 걱정스러운 일인데, 사람들이 그 프로그램을 맹목적으로 신뢰한다면 이 프로그램은 그들을 알려지지 않은 영역으로 데리고 가서 근거가 없는 방식으로 결정을 하게 만들고 그 결과는 예측할 수 없게 될 것이기 때문이다. 이것은 기계 학습 알고리즘의 가장 우려되는 함의들 가운데 하나이다.

그렇다면 결론적으로 우리는 앞서의 논의로부터 나오는 윤리적 우려들을 다음과 같이 분류할 수 있을 것이다. 프라이버시와 개인적 데이터의 보호(동의 없이 그 사람에 대한 정보를 얻기 위한 얼굴 인식 기술의 사용), 알고리즘이 실패할 가능성이나 개연성, 알고리즘들이 나쁜 방식으로 사용될지도 모를 가능성이나 개연성(예컨대 딥페이크), 개인들의 상품화와 통제의 상실(주보프가 말하는 자기 자신의 미래 시제에 대한 권리의 상실), 편향된 알고리즘의 가능성이나 개연성(범죄자와 그 외의 다른 집단들에 대한 잘못된 신원 확인의 확정)과 블랙박스 문제(거기에서 아무도 심지어 그 프로그래머조차도 그 알고리즘이 어떻게 작용하는지 모른다). 우리는 이와 같은 윤리적 문제들의 일부가 다른 어떤 문제들보다 기계가 어떻게 작동하는지와 더 많은 관계가 있다는 것을 알 수 있다. 예를 들면, 한편으로 블랙박스 문제는 기계 학습 알고리즘 자체가 어떻게 작동하는가에 고유한 문제이다. 주요한 관념은 이 프로그램이 (물론 비유적으로 말하면) 자기 스스로 돌아다닐 자유로운 공간을 제공받는다는 것이다. 그것은 단지 어떤 문제를 풀기 위해 프로그램되었을 뿐이며 나아가 그 자신의 힘으로 그와 같은 문제들을 찾는 것이 허용되는데, 중요한 것은 이 세계의 역사 속에서 어떤 사람도 전에는 그와 같은 해결책의 일부조차도 생각하지 못했다는 것이다. 이것은 몇 년 전에 그 유명한 프로그램 알파고가 바둑 세계 챔피언을 이긴 방식이다. 그것은 알고리즘 자체의 기계적 본성이나 컴퓨터의 고유한 본성과 관련되는데, 따라서 그것은 이 프로그램의 기술적 탁월성, 즉 그것에 설정되어 문제들에 대한 해결책을 기계적으로 찾는 능력과 관련된다. 다른 한편 프라이버시와 자유의 상실과 같은 쟁점들은 인간의 가치들과 더 많이 관련되며, 따라서 윤리적 탁월성의 측면에 더 많이 부합한다. 그러나 기술적 능력에서 탁월한 알고리즘들은 만일 그것들이 인간적이고 윤리적인 탁월성의 측면을 무시한다면, 실제로는 결코 최고로 탁월한 것은 아닐 것이다. 우리는 그것이 수백만 개의 얼굴 데이터점들에 대한 분석에 바탕을 두고 어떤 할당된 문제를 해결하는 것과 같은 매우 일을 잘 수행하는 것으로 간주되는 하나의 알고리즘을 상상할 수 있지만, 나아가 기계들은 고립된 상태에서는 작동하지 않으며 또한 이러한 얼굴들은 자신들의 실제 삶을 가진 사람들의 얼굴이기 때문에 기술적 탁월성은 윤리적 탁월성과 별개로 간주될 수 없다.

그렇다면 자비로운 알고리즘을 위한 길은 앞에서 언급된 모든 윤리적 원리들을 따르는 알고리즘을 창조하는 것이다. 그것은 다른 알고리즘 가운데에서도 사용자의 프라이버시를 존중하고 그것의 적용 방법에서 편향되지 않는 알고리즘이다. 물론 이 알고리즘 자체는 일이 어떻게 진행되는지를 모른다. 우리는 이렇게 일하는 범용 인공지능들을 기다려야 한다. 그러나 기계 학습 알고리즘들은 갑자기 등장하지는 않는다. 그것들은 제작자들의 필요에서 태어나며, 그와 같은 필요들은 매우 자주 시장의 힘에 의해 좌우된다. 기술적 탁월성은 윤리적 탁월성과 동떨어진 것으로 간주될 수 없기 때문에 알고리즘이 현실적으로 좋은 것이 되기 위해서는 그것 역시 윤리적이지 않으면 안 된다. 불교의 통찰력에 따르면, 궁극적으로 해탈을 성취하려는 길 위에 서 있는 수행자는 자신을 완성시키고 있는 사람이며 결과적으로 그는 점점 더 능숙해지게 된다. 이것은 우리가 앞의 3장에서 주목했듯이, 윤리에 대한 오늘날의 논의에서 종종 놓치고 있는 점이다. 결론은 알고리즘이 어떤 사회적 환경 및 역사적 환경과 차단된 고립된 상황에서는 완전하게 작동할 수 없다는 것이다. 우리가 현실적 개인들로부터 얻은 정보를 가지고 작동하는 알고리즘을 구성하고 나아가 기술적으로 매우 효과적인 방식으로 문제를 해결할 수 있는 전적으로 기술적인 성과들을 낳을 수 있다는 것은 사실이 아니다. 그와 같은 알고리즘은 매우 좁고 구체적인 영역에서만이라고 하더라도 이른바 '기술적으로 탁월한 것'이라고 생각될 수 있을 것이다. 알파고는 이에 대한 좋은 사례이다. 알파고는 윤리적인가? 이 문제는 언뜻 보면 일어나지 않는 것처럼 보이는데, 왜냐하면 일차적으로 그 프로그램은 윤리적인 것으로 설계되지 않았기 때문이다. 무엇보다도 그것이 하는 유일한 일은 바둑을 두는 것이다. 그러나 어쨌든 좀 더 분석해보면 이 프로그램은 아마 윤리적이거나 혹은 비윤리적인 것처럼 보일 수 있다. 만일 알파고가 바둑을 두는 동안 속임수를 쓴다면 어떻게 되는가? 만일 그것이 아주 은밀한 방법의 속임수를 가지고 있고 따라서 가까이 있는 운영자들 외에 어떤 사람도 전혀 모른다면 어떻게 되는가? 그와 같은 것은 분명히 비윤리적인 일일 것이며, 나아가 이는 기술적 탁월성의 실패로도 이어지는데, 왜냐하면 이 경우 그 프로그램의 기술적 탁월성은 명백하게 훼손되기 때문이다. 만일 알파고가 윤리적이거나 비윤리적이게 되는 것을 피할 수 없다면, 알고리즘을 배우는 어떠한 기계도 윤리적이거나 비윤리적이게 되는 것을 피할 수 없다. 그러나 만일 상황이 그렇다면 자비로운 알고리즘은 기술적으로 완벽하게 되는 것에 더해, 윤리적으로도 완벽한 것이어야 할 것이다. 그리고 우리는 윤리적으로 완벽하게 된다는 것은 프라이버시를 존중하고, 편향되지 않으며, 사용자들의 자유를 보호하는 것 등처럼 앞에서 논의되었던 윤리적 요점들을 고려하는 것을 통해 구성된다는 것을 알고 있다.

여기서 우리는 나의 제안에 대한 반대를 예상할 수 있다. 그와 같은 반대에 의하면, 나의 주장은 자의적인 것에 토대를 두고 프라이버시나 자율성 등과 같은 것에 가치를 부여하는 것처럼 보인다. 위에서 기술된 의미에서 윤리적으로 완벽해진다는 것은 이러한 가치들을 산출하는 데 효율적이라는 이유로 구성되지만, 만일 우리가 우연히 권위주의와 같은 그 외의 다른 가치들을 소중하게 여긴다면, 이와 같은 대안적 가치를 추구하는 알고리즘도 여전히 윤리적으로 완벽한 것이 될 것이다. 왜냐하면 그것은 이러한 대안들을 산출하는 데 효율적이기 때문이다. 프라이버시 및 관련된 가치들이 본래부터 가치 있는 것이라는 독립적인 주장을 스스로 정립할 수 없다면, 자비롭거나 깨달음을 얻은 알고리즘은 단지 도구적인 것에 불과할 것이다. 이것은 하나의 강력한 반대이며, 내가 제안하고 있는 윤리 이론의 핵심을 찌르고 있는데, 내가 보여주려고 애쓰고 있는 것 또한 불교의 가르침에 바탕을 두고 있다. 많은 것들이 프라이버시와 그 외의 다른 가치들은 독립적인 정당화를 필요로 한다는 전제에 의존하고 있다. 그러나 내가 설명하려고 하는 불교적 윤리 이론에 의하면, 우리가 2장에서 살펴보았듯이 어떤 윤리적인 평가의 궁극적인 정당화도 그와 같은 형식의 평가에 따라 옳은 것을 행하는 것이 그 주체를 자신의 진정한 목적(즉, 모든 고통들의 종식, 열반)에 도달하는 것을 도울 것인지의 여부가 될 것이다. 또한 그의 궁극적인 목적은 지나가는 감정들의 결과로 만들어질 수도 있는 그의 개인적 결심에 의한 것이 아니라 바로 그 자신의 본성에 의해 결정된다. 따라서 만일 프라이버시와 그 외의 가치들이 바로 그 자신의 본성에 속한다는 것, 즉 형이상학적으로 자신에게 속한다는 사실이 정립된다면, 또한 이와 같은 가치들이 자의적이지 않다는 사실도 정립된다. 그러나 내가 지금까지 논증하려고 애써왔듯이 프라이버시는 우리가 우리 자신과 우리가 그의 프라이버시를 존중하는 개인들, 즉 사실상 모든 사람들 사이에 유지하는 규범적 거리라는 관점에서 이해되어야 한다. 그와 같은 거리를 유지한다는 것은 우리가 모두 인간 존재들이며, 또한 우리는 윤회 속에서 함께 방황하면서 시간을 공유하고 있는 유정적 존재들 이상이라는 사실 때문에 서로 존중한다는 것을 의미한다. 그리고 우리는 이렇게 하는 것이 우리와 모든 사람들 자신의 궁극적 이익이기 때문에－모든 사람은 고통을 겪는 것을 원하는 것이 아니라 행복해지기를 원하기 때문에－이러한 원리를 따라야 하므로 프라이버시와 그 외의 관련된 가치들은 자의적인 것이 아니다.

그렇다면 권위주의에 대해서는 어떠한가? 불교는 정치 철학과 사회 철학에 대해서는 그다지 많은 것을 말할 필요가 없는 것으로 알려져 있다. 이것은 불교학자들과 불교 철학자들이 그 부족한 부분을 보충하고 나아가 그 가르침의 기초 위에 토대를 두고 이 분야에 대한 자신들의 이론을 제안하는 한 불교의 결함일 필요는 없을 것이다. 나는 앞에서 프라이버시는 민주주의를 작동하도록 하는 데 필요하며, 우리가 반대하는 종류의 권위주의가 민주주의와 어긋나는 한 권위주의는 정당화되지 않는다고 주장했다.

결론

결국 그렇다면 자비로운 알고리즘은 어떤 모습일까? 보다 구체적으로 말해, 어떤 사람의 프라이버시권을 **존중하고** 편향들로부터 자유로운 알고리즘은 어떤 모습일까? 알고리즘을 자비롭다고 부르는 것은 잘못 말하는 것인가? 우리가 그것 자체의 생각들을 가질 수 있는 범용 인공지능 기계를 갖지 않는 한 기술적으로 말하자면, 그것은 잘못 부르는 이름이다. 그러나 우리는 말 못하는 기계들에 대해 마치 그것들이 언제나 의도와 생각을 가지고 있는 것처럼 말한다. 우리들의 자동차에 대해 그것이 움직이지 않을 때 마치 그 자동차가 그 자체의 마음을 가지고 움직이지 않기로 결심한 것처럼 말한다. 철학자들은 틀린 나무를 올려다보고 짖고 있는 개에 대해 이야기하기를 좋아하는데, 여기서 그 개는 실제로 거기에는 고양이가 없는데도 그 나무 위에 고양이가 있다는 잘못된 믿음을 가지고 있다. 어쩌면 개는 실제로 고양이가 그 나무에 올라가 있다고 믿는 종류의 의식을 가지고 있을지 모르지만, 그것은 또 다른 책의 주제이다. 더욱이 우리는 종종 컴퓨터 프로그램에 대해, 예컨대 그것들이 화면에 메시지를 띄울 때 마치 실제로 우리에게 말을 걸고 있는 것처럼 말한다. 이것은 기계와 상호작용하는 자연스러운 방법이다. 따라서 어쩌면 기계나 알고리즘들이 어떤 사람의 프라이버시를 존중한다고 말하는 것은 전혀 잘못된 표현이 아닐 수도 있을 것이다. 예를 들면, 사용자 정보, 즉 그의 디지털 흔적을 그 사용자의 명시적인 동의 없이 제3자에게 넘기지 않는 소프트웨어나 웹사이트는 사용자의 프라이버시를 존중하는 소프트웨어나 웹사이트가 될 것이다. 사용자는 자신의 디지털 흔적들의 수집, 곧 이 데이터가 어떻게 처리되고 유통되고 있는지와 사용자가 자신의 웹사이트(대부분 소셜네트워킹 사이트)상에서 보는 광고들이 어떻게 나타나는지 등에 대한 정보를 충분히 통보받아야만 한다. 화면상에서 사용자가 OK를 클릭하기를 기다리고 있는 작은 폰트로 된 장문의 메시지를 보여주는 것만으로는 충분하지 않다. 대부분 사용자들은 작은 글씨체의 출력물을 읽는 것을 그다지 신경 쓰지 않으며 실제로 이러한 작은 글씨체의 출력물들을 충분히 이해하는 부담을 사용자들에게 부과하는 것은 어쨌든 공정한 일이 아니다. 그러므로 사용자가 자신의 디지털 흔적을 수집하는 데 명시적으로 충분한 정보에 입각한 동의를 하기 전에 그가 알 필요가 있는 정보는 이해하기 쉬운 양식 속에 들어 있어야만 한다. 실제로 제시되고 있는 정보는 사용자의 입장에서 이해되도록 하는 것을 보장하기 위해 이에 대한 테스팅testings이 있어야만 할 것이다. 더욱이 충분한 정보에 입각한 동의 절차는 때때로 갱신될 필요가 있다. 게다가 단 한 번 동의했을 뿐인데 이후 기업이 사용자의 정보를 영원히 판매하는 것이 자유로운 것은 그 사용자에게 공정하지 않은 일이다. 이와 같은 모든 조치들은 단지 알고리즘이 사용자의 프라이버시를 어떻게 존중하는가에 대한 설명들의 일부에 지나지 않는다.

요약하면 프라이버시의 존중은 처음부터 기계 학습 알고리즘의 설계와 바로 그 본질의 일부이어야 할 필요가 있다. 이것은 그 기계가 기술적으로 하고 있는 일에서 따로 떼어낼 수 없는 한 부분이 되지 않으면 안 된다. 그 기계는 어마어마한 양의 정보를 대조해서 그 데이터 풀data pool로부터 이를 위해 설정된 과제에 대한 해결책을 추출하는 일을 잘 하지 않으면 안 되므로 프라이버시의 존중은 이와 같은 대조와 추출 및 예측의 과정으로 완전히 통합될 필요가 있다. 사용자의 프라이버시를 충분히 존중하는 데 실패한 알고리즘들은, 자신들의 승객을 위한 적절한 안전 기준을 포함하는 데 실패한 자율자동차들이 **좋은** 자율자동차가 될 수 없는 것과 똑같은 방식으로 **좋은** 알고리즘이 될 수 없다.

좀 더 구체적으로, 그리고 자비롭거나 깨달음을 얻은 알고리즘이 현실적인 삶 속에서 어떻게 작동하고 있는가를 알기 위해 그것이 디지털 흔적 데이터의 수집과 분석에서 어떻게 작용하고 있는가를 살펴보자. 핵심적인 관념은 사람들의 규범적 거리에 대한 존중에서 표현되었던 프라이버시가 유지될 필요가 있다는 것이다. 이것은 데이터의 수집이 사용자들에게 명확하게 설명되고 충분한 정보에 입각한 명시적인 동의가 획득될 필요가 있다는 것을 의미한다. 동의 양식에서 사용자는 자신의 디지털 흔적이 왜 수집될 것인가에 대한 적절한 정보를 제공받아야만 하며, 나아가 그 설명은 회사가 어떤 목적으로 데이터를 분석하기 위해 어떻게 계획을 세우고 있는지에 대한 구체적인 사항들을 제공해야만 한다. 상업광고들이 나오게 하는 것은 회사에 좋은 일이다. 결과적으로 사용자들은 언제나 상업광고들을 보는 데 익숙해졌다. 그러나 그들은 자신들의 데이터에 무슨 일이 일어나고 있는가를 알 필요가 있다.

디지털 흔적의 분석에서 더 크게 문제가 되는 것은 예측과 통제를 위해 정보를 사용하는 것이다. 요점은 만일 회사가 이러한 목적을 위해 사용자의 데이터를 이용할 의향이 있다면, 그들은 사용자에게 정보를 제공하고 충분한 정보에 입각한 사용자의 허락을 요청해야만 한다는 것이다. 회사는 사용자들에게 예측하고 통제하는 목적이 무엇인가를 고지해주어야만 한다. 사용자에게 어떤 이익이 생길 것이라고 고지해주는 것만으로는 충분하지 않은데, 왜냐하면 사용자가 일단 자신들의 데이터가 그들을 통제하는 데 사용될 것이라는 것을 알면 그들은 자신들의 허락을 제공하지 않을지도 모르기 때문이다. 일부의 경우에 예측과 통제는 사용자에게 이익이 될 수도 있을 텐데, 이때 그 소프트웨어는 사용자들을 툭 쳐서 시간에 맞춰 명상을 하거나 밖으로 나가 어떤 운동을 하는 것과 같은 자신들이 하려고 생각했던 일을 하도록 한다. 그럼에도 불구하고 이것은 오직 사용자의 허락 및 명시적인 인지와 더불어 이루어질 수 있을 뿐이다. 사용자는 그 소프트웨어가 자신들에게 어떤 형태로 툭 치는 것을 제공할 수 있기에 앞서 선택할 필요가 있다. 툭 치는 것은 광고를 하는 것과 매우 가까운 일일 수 있다. 과정의 차이는 사용자들이 그 정보가 소프트웨어에게 제공되도록 허용할 것인지의 여부에 달려 있다.

회사들은 종종 그들이 사용자들에게 웹사이트 경험과 서비스를 무료로 제공하고 있으며, 따라서 사용자들은 그 회사들에게 보답으로 그들을 광고의 대상으로 삼는 것과 같은 무언가를 하도록 허락해야 할 것이라고 주장한다. 그럼에도 불구하고 일단 사용자들이 자신들의 데이터를 가지고 어떤 일이 일어나고 있으며, 또한 그들이 이러한 회사들에 의해 어떻게 체스의 말처럼 움직여지고 있는가에 대해 충분히 인식하게 된다면, 형세는 그들이 적어도 그와 같은 행동을 제한할 어떤 조치를 취할 것이라는 점이다. 공짜 물건을 줌으로써 회사들은 사용자들을 고객에서 단순한 소모품으로 바꾸고 있다. 그와 같은 것은 구글과 페이스북이 여전히 공짜일 수 있는 이유이다. 만일 사용자들이 여전히 구글과 페이스북의 서비스가 공짜이기를 아직도 바란다면 아마도 그들은 상당한 양의 디지털 흔적 분석들을 수용할 필요가 있을 것이다. 그러나 너무 많은 것은 안 된다. 그러나 구글과 페이스북이 제공한 공짜 물건이 부여받은 프라이버시와 자기 소유권의 상실을 보상하기에 충분할 만큼 실질적인 것인가? 이것은 어려운 문제이다. 내가 여기서 확신을 가지고 말할 수 있는 모든 것은 만일 우리의 디지털 흔적들이 우리의 투표 행동을 예측하고 통제하기 위해 이용되고, 그 결과 특정한 선거 후보들이 승리한다면 이것은 분명히 너무 많은 것이며 명백히 윤리적 위반이라는 사실이다. 그것은 비윤리적인 것인데 왜냐하면 투표를 하거나 다른 방법으로 민주주의적 과정에 참여할 때 우리는 완전하게 우리 스스로 결정할 수 있어야만 하기 때문이다. 확실히 우리는 투표 결정을 하려고 할 때 다른 사람들의 조언을 들을 수 있지만, 궁극적으로 최종 결정은 오로지 그 개인의 것이다. 케임브리지 애널리티카 스캔들과 2016년 미국 대통령 선거에서 러시아의 개입이 사실로 밝혀졌듯이, 투표자들의 행위를 조작하고 통제하려고 시도함으로써 노골적으로 선을 넘어버렸다. 이러한 행동들은 불교적 관점에서는 해악을 구성한다. 그것들은 또한 여기서 예측과 통제가 잘못된 정보 캠페인과 허위 정보 캠페인에 밀접하게 관련되어 있기 때문에 거짓말을 구성한다. 또한 그와 같은 행위들은 의도적으로 사람들 사이에 분열을 낳는데, 이는 그들이 서로 미워하는 원인이 된다. 그러므로 케임브리지 애널리티카와 같은 회사들의 행위는 열 가지 유덕한 행위들의 거의 모든 조항을 위반하는데, 이는 회사 내부에서 결정하는 사람들이 자기 자신들에게 매우 심각하고 부정적인 업들을 낳을 결과를 가져온다. 이러한 상황이 항상 반복적으로 일어나는 것을 막기 위해서는 법률이 통과되어야만 한다. 이 법률은 회사들로 하여금 자신들이 하고 있는 일에 대해 투명하기를 강제하는 것으로 시작할 수 있다. 그들은 자신들의 현재 계획이 그들이 가지고 있는 모든 디지털 흔적들을 고려하고 있다는 것, 즉 그 데이터를 어떻게 사용할 것인가와 그들이 데이터를 처리하기 전에 이용자들로부터 명시적인 동의를 획득했는지의 여부를 완전히 공개할 필요가 있다.

1   Demis Hassbis, "AlphaGo: Using Machine Learning to Master the Ancient Game of Go," 2016.01.27, https://blog.google/technology/ai/alphago-machine-learning-game-go/(검색일: 2019.07.03.)를 보라.

2   Charles Towers-Clark, "The Cutting-Edge of AI Cancer Detection," https://www.forbes.com/sites/charlestowersclark/2019/04/30/the-cutting-edge-of-ai-cancer-detection/ (검색일: 2019.07.03.).

3   "Three Ways Law Firms Can Use Artificial Intelligence," *Law Technology Today*, 2019.02.19., https://www.lawtechnologytoday.org/2019/02/three-ways-law-firms-can-use-artificial-intelligence/(검색일: 2019.07.03.).

4   "A.I. Architecture Intelligence," *Future Architecture*, 2016.05.04., http://futurearchitectureplatform.org/news/28/ai-architecture-intelligence/(검색일: 2019.07.03.).

5   Donovan Alexander, "5 Ways Artificial Intelligence is Changing Architecture," *Interesting Engineering*, 2018.12.08., https://interestingengineering.com/5-ways-artificial-intelligence-is-changing-architecture(검색일: 2019.07.03.).

6   예컨대 Mike Wehner, "Scientists Trained an AI to Write Poetry, and Now It's Standing Toe-to-Toe with Shakespeare," *BGR.com*, 2018.08.09., https://bgr.com/2018/08/08/poetry-at-bot-shakespeare-human-research/(검색일: 2019.07.04.)를 보라.

7   Brent Daniel Mittelstadt et al., "The Ethics of Algorithms: Mapping the Debate," *Big Data & Society* (2016): 1-21, p. 4.

8   Luciano Floridi, *The Fourth Revolution: How the Infosphere is Reshaping Human Reality* (Oxford: Oxford University Press. 2014), Brent Mittelstadt et al., "The Ethics of Algorithms," p. 5 ff에서 인용하였다.

9   Soraj Hongladarom, *A Buddhist Theory of Privacy* (Springer, 2016)를 보라.

10 Shoshana Zuboff, *The Age of Surveillance Capitalism: The Fight for a Human Future at the New Frontier of Power* (New York: PublicAffairs, 2019).

11 Shoshana Zuboff, *The Age of Surveillance Capitalism*.

12 Shoshana Zuboff, *The Age of Surveillance Capitalism*, 90.

13 Shoshana Zuboff, *The Age of Surveillance Capitalism*, 390ff.

14 예컨대 Sarah Myers West, "Data Capitalism: Redefining the Logics of Surveillance and Privacy," *Business & Society* 58.1 (2019): 20-41, https://doi.org/10.1177/0076503117718185 를 보라.

15 Sarah Myers West, "Data Capitalism: Redefining the Logics of Surveillance and

Privacy," 20.

16 Louise Lucas and Emily Feng, "Inside China's Surveillance State," *Financial Times*, 2018.07.20., https://www.ft.com/content/2182eebe-8a17-11e8-bf9e-8771d5404543 (검색일: 2019.07.10.)

17 Louise Lucas and Emily Feng, "Inside China's Surveillance State."

18 Louise Lucas and Emily Feng, "Inside China's Surveillance State."

19 Xiao Qiang, "The Road to Digital Unfreedom: President Xi's Surveillance State," *Journal of Democracy* 30.1 (2019): 53-67, 또한 https://www.journalofdemocracy.org/articles/the-road-to-digital-unfreedom-president-xis-surveillance-state/(검색일: 2019.07.10.)에서도 인용 가능하다.

20 Anders Corr, "China's Surveillance State: Using Technology to Shape Behavior," *La Croix International*, 2019.02.01., https://international.la-croix.com/news/chinas-surveillance-state-using-techonology-to-shape-behavior/9374#(검색일: 2019.07.10.)

21 Rachel Bostman, "Big Data Meets Big Brother as China Moves to Rate its Citizens," *Wired*, 2017.10.21., https://www.wired.co.uk/article/chinese-government-social-credit-score-privacy-invasion(검색일: 2019.07.10.)

22 Rachel Bostman, "Big Data Meets Big Brother as China Moves to Rate its Citizens."

23 Xiao Qiang, "The Road to Digital Unfreedom: President Xi's Surveillance State."

24 Isaiah Berlin, "Two Concepts of Liberty," in *I. Berlin, Four Essays on Liberty*, New Edition (London: Oxford University Press, 2002).

25 Isaiah Berlin, "Two Concepts of Liberty," p. [2nd para for "notion of positive liberty"].

26 Baruch Spinoza, Ethics, Book V, Proposition 42, notes; *The Collected Works of Spinoza, Volume I*, Edwin Curley, ed. and trans. (Princeton, NJ: Princeton University Press, 1986)를 보라.

27 James H. Moor, "Towards a Theory of Privacy in the Information Age," *Acm Sigcas Computers and Society* 27.3 (1997): 27-32, 29, http://www.site.uottawa.ca/~stan/csi2911/moor2.pdf(검색일: 2019.07.29.)

28 James H. Moor, "Toward a Theory of Privacy," 29.

29 James H. Moor, "Toward a Theory of Privacy," 29.

30 Samuel Warren and Louis Brandeis, "The Right to Privacy," *Harvard Law Review* 4 (1890): 193-220, Ferdinand Schoeman, "Privacy: Philosophical Dimensions," *American Philosophical Quarterly* 21.3 (1984): 199-213에서 인용하였다.

31 Soraj Hongladarom, *A Buddhist Theory of Privacy* (Springer, 2016) and "An Analysis and Justification of Privacy from a Buddhist Perspective," in Soraj Hongladarom 및 Charles Ess, eds., *Information Technology Ethics: Cultural Perspectives* (IGI Global, 2007), 108-122를 보라.

32 예컨대 Chris Hoofnagle et al., "How Different Are Young Adults from Older Adults When It Comes to Information Privacy Attitudes & Policies?" 2010.04.12., SSRN: https://ssrn.com/abstract=1589864 or http://dx.doi.org/10.2139/ssrn.1589864 (검색일: 2019.08.05.)를 보라.

33 예를 들어, Barrington Moore Jr., *Privacy: Studies in Social and Cultural History* (London: Routledge, 1984); G. M. Tamás, "From Subjectivity to Privacy and Back Again" *Social Research* 69 (1): 201-221을 보라.

34 Annett Zimmermann, Elena di Rosa, and Hochan Kim, "Technology Can't Fix Algorithmic Injustice," *Boston Review: A Political and Literary Forum*, 20201.01.09, http://bostonreview.net/science-nature-politics/annett-zimmermann-elena-di-rosa-hochan-kim-technology-cant-fix-algorithmic?fbclid=IwAR2Uo9LVPfZ8md1Iwu9sgylqqBNDDTbXGmvZjLHqzknvn3g7pIpRKUEHVgM(검색일: 2020.01.10.)

35 Laura Cox, "5 Applications of Facial Recognition Technology," *Disruption*, 2017. 07.13., https://disruptionhub.com/5-applications-facial-recognition-technology/(검색일: 2019.08.05.)

36 Laura Cox, "5 Applications of Facial Recognition Technology."

37 디지털 흔적이 우리 자신들의 일부라는 결론에 대한 나의 충분한 논의에 대해서는 Thomas Powers, ed., *Philosophy and Computing*. Philosophical Studies Series, vol.128, Springer, Cham, 2017에 나오는 Soraj Hongladarom, "Big Data, Digital Traces and the Metaphysics of the Self,"를 보라.

38 그러나 이것은 붓다의 삶이 기계적이고 항상 똑같은 각본을 따르고 있다는 것을 의미하지는 않는다. 나는 불교의 창시자인 붓다만이 많은 붓다들 가운데 유일한 붓다이기 때문에 **한 사람의** 붓다라고 말한다. 실제로 '붓다'라는 용어는 모든 괴로움의 원인들과 조건들을 완전하게 제거한 어떤 사람을 통칭하는 용어이다. 많은 붓다들의 삶은 그들이 어디에서 태어났고, 그들은 어떤 종류의 가족 속으로 태어났는가 등과 같은 세부적인 것에서 서로 다르지만, 보다 넓은 개념에서 보면 그들의 삶은 똑같은 길을 따르고 있다. 그들은 세상의 고통과 부딪히면서 해결책을 찾으려고 하며 마침내 그것을 발견한다. 그러므로 그들의 삶은 이와 같은 보다 일반적인 의미에서 예측가능하다. 붓다의 삶에 대한 경전적인 설명에 대해서는 I. B. Horner, ed., *The Minor Anthologies of the Pali canon. Volume III: Buddhavaṁsa (Chronicle of Buddhas) and Cariyāpiṭaka (Basket of Conduct)* (London:

Pali Text Society, 1975)를 보라.

39 블랙박스 문제에 대한 훌륭한 입문서로는 Stuart Montgomery, "What's in an Algorithm? The Problem of the Black Box," *Tufts Observer*, 2019. 02.25., https://tufisobserver.org/whats-in-an-algorithm-the-problem-of-the-black-box/(검색일: 2019.08.09.)이 있다.

제3부

제7장

사회정의와 평등을 위한 인공지능

제7장

사회정의와 평등을 위한 인공지능

많은 사람들이 인공지능의 위협이 우리에게 불쑥 나타남에 따라 경험하는 두려움 가운데 하나는 그 기술이 우리의 직업들을 집어삼켜버릴 것이라는 두려움이다. 이 두려움은 오래된 것이다. 새로운 기술이 등장할 때마다 일반적으로 인간보다 그 기술이 일을 더 잘하고 더 효율적으로 수행할 것이라는 두려움이 있다. 19세기 초 영국에서 증기 기관이라는 새로운 기술이 무대에 등장했을 때 기계들은 수많은 방직 공장 노동자들을 대체했으며, 그 결과 이러한 노동자들 가운데 많은 사람들은 기계를 습격하고 그것들을 부수었다. 이러한 파괴자들은 네드 러드Ned Ludd의 이름을 본떠서 러다이트Luddite라고 알려졌으며, 그는 많은 기계들을 부수었던 사람으로 생각되고 있는데, 이것은 아마도 그에게 신화적인 지위를 얻도록 해주었던 것 같다.¹ 그 후 '러다이트'라는 용어는 새로운 기술에 반대하는 행동을 하는 사람들을 의미하는 포괄적인 용어가 되었다. 그것은 대체로 새로운 기술들이어야만 했는데, 왜냐하면 그 기술이 풍차(하이데거Heidegger가 좋아한 것)나 황소가 끄는 수레처럼 오래된 것이라면 그것들은 이미 생활의 일부이므로 전혀 두려워할 것이 없기 때문이다. 발 두섹Val Dusek은 기술에 항의하는 두 종류의 사람들이 있다고 말한다.[2] 첫 번째 종류의 사람은 최초의 러다이트주의자처럼 경제적인 동기로부터 행동하는데, 이들은 인공지능이 많은 사람들의 직업에 대한 위협으로 인식되므로 그것에 항의하는 사람들과 매우 유사하다. 두 번째 집단은 좀 더 낭만적인 종류의 사람들이다. 기술, 즉 여기서 우리들의 경우 인공지능에 대한 그들의 항의는 일차적으로 경제적인 동기에서 나오는 것이 아니라 기술(즉, 좀 더 정확하게 말하면 새로운 형태의 기술)이 자신들이 소중하게 여기는 가치들에 대한 위협을 야기한다는 철학적 관념으로부터 나온다. 아마도 인공지능에 대한 반발도 똑같은 우려들을 반영하고 있을 것이다. 한편에서 인공지능이 많은 직업들을 빼앗아 갈 것이라는 두려움이 있지만, 다른 한편에서 인공지능은 그것이 우리를 완전히 대체해버릴 것이라는 의미에서 인류에 대한 위협을 야기하는 보다 일반적인 두려움, 즉 서술하기가 좀 더 어려운 두려움이 있다. 어쨌든 그들은 인공지능이 자신들의 삶 속으로 들어오는 것을 막으려고 애쓴다. 그러나 나는 그와 같은 일이 더 이상 가능한 선택이 아니라고 생각한다. 인공지능은 여기에 머물러야 할 것이다. 다시 말해 임박한 미래의 인공지능을 어떻게 발전시켜서 그것이 어떻게 행동할지를 알도록 하는 것이 우리의 과제이다. 이론상 우리는 옳은 길을 가는 인공지능을 개발할 필요가 있다. 요약하면 인공지능은 윤리적 삶을 추구할 필요가 있다. 따라서 보다 구체적인 관점에서 볼 때 그와 같은 윤리적 삶이 어떤 것인가를 개괄적으로 살펴보는 것이 이 책의 과제이다. 우리는 이 기술을 두려워할 필요가 없다. 다만 우리는 그것을 계발할 필요가 있을 뿐이다. 실제로 이러한 맥락에서 보면 '계발'이라는 단어는 옳은 단어인데, 왜냐하면 그것은 식물들이 우리 손에서 성장할 때 이것들을 돌보는 것과 같이 보살피고 배려하면서 무언가를 기른다는 관념을 함축하고 있기 때문이다. 인공지능은 성장하고 있으며, 따라서 우리는 관심을 가지고 그것을 계발하고 배려하며 보살필 필요가 있는데, 마침내 그 기술은 보다 큰 사회의 윤리적 구성원이 될 정도로 성장한다. 만일 그와 같은 일이 이루어질 수 있다면, 아마도 우리는 인공지능이 우리의 직업을 대체하는 것을 두려워할 필요가 없을 것이다. 이는 그것이 이타적으로 되어 우리가 우리의 일을 계속 하도록 내버려둘 것이라는 말은 아니다. 결국 인공지능은 우리가 지루하다거나 우리의 능력으로는 수행하기가 적합하지 않다는 것을 발견하는 상당수의 과제들을 가져가는 방향으로 특화되었다. 어떤 과제들은 우리보다 인공지능에 훨씬 더 적합하다.

결과적으로 이 장에서 우리는 인공지능과 그것이 우리 사회에 미치고 있는 엄청난 영향을 다룰 것이다. 우리의 직업을 위협하고 있다는 인식과는 별도로, 우리는 또한 인공지능이 정의와 평등과 같은 사회적 선을 추구하는 일에 있어서 파트너로 행동할 수 있는가 하는 문제에도 관심을 갖게 될 것이다. 사회적 선을 위한 인공지능으로 알려진 것에 대해 생각하고 발전시키려는 시도들이 있다.[3] 이 장은 그와 같은 것을 추구하는 데 기여하려는 의도를 가지고 있다. 특히 불교적 관점에서 인공지능이 사회적 선을 위해 행위한다는 것은 어떤 의미인가? 인공지능이 정의와 평등에 어떻게 기여할 수 있는가? 인공지능 자체가 하나의 사회적 선일 수 있는가? 사회적 선을 생산하기 위해 그것은 어떤 방식으로 자신의 기능을 수행할 수 있는가? 그러나 우리가 이런 물음들을 다루기 전에 먼저 구분할 필요가 있는 두 가지 쟁점이 있다. 한편에서는 하나의 사회적 선으로서 인공지능 **자체**와 관계있는 일련의 물음들이 있으며, 다른 한편에서는 사회적 선을 위한 하나의 통로나 촉매로서의 인공지능에 대한 쟁점들과 관련된 또 다른 일련의 물음들이 있다. 첫 번째 물음들은 인공지능 자체가 선하거나 윤리적인 것을 구체화한 것일 수 있는가 하는 물음에 관심을 갖는다. 이와 같은 사고방식은 우리가 거의 모든 곳에서 발견하는 인공지능 윤리에 관한 논의 속에 전제되어 있다. 자율적인 시스템이 윤리적일 때 그것 자체는 하나의 사회적 선이다. 인공지능이나 자율적 시스템이 윤리적이라는 것을 전제한다면 그것이 하는 모든 것, 즉 그것이 수행하는 모든 기능은 그것이 하는 모든 것이 이미 윤리적이라는 의미에서 사회에 대한 훌륭한 기여가 될 것이다. 예를 들면, 인공지능은 자율자동차의 방향을 지시할 수 있을 것이다. 그 시스템 안에 들어 있는 윤리적 프로그램(처음부터 그 시스템을 윤리적으로 행동하도록 만드는 것)은 이상적으로 말하자면, 자동차가 가능한 한 윤리적으로 되도록 방향을 잡아줄 것이다. 우리가 4장에서 살펴보았듯이 분명히 딜레마들이 존재할 것이다. 그러나 그와 같은 딜레마들은 피할 수 있는 것이며 그렇게 자주 일어나지도 않는다. 매우 자주 일어나는 것은 빨간불에 멈추거나 횡단보도에서 멈추는 것 등과 같은 평범한 일들이다. 나아가 우리는 자율자동차가 윤리적 탁월성과 기술적 탁월성 양자를 결합하기를 바란다. 그렇다면 이를 제대로 수행할 수 있는 인공지능 시스템은 그 자체로서 하나의 사회적 선이 된다.

반면 어떤 인공지능 시스템은 강수량과 다른 기상 데이터를 고려하고 있는 인공지능 시스템이 농부가 농작물을 심기 위한 정보를 배포할 때와 같은 또 다른 형태의 사회적 선의 통로나 촉매로도 행동할 수 있다. 여기서 농작물은 사회적 선이며, 나아가 인공지능은 농부를 도와서 그와 같은 선들을 발생시킨다. 또 다른 사례는 엄청난 양의 소송 사건들을 다 읽고 그것이 변호사의 일 부담을 줄이는 방향으로 그것들에 대한 요약물을 생산하는 인공지능에 대한 것이다. 이 변호사는 만일 그가 승소한다면 수많은 가난한 사람들이 정당한 보상을 얻을 사건을 다루고 있고, 만일 그들이 승소한다면 이와 같은 가난한 원고들에게 찾아올 정의는 확실히 하나의 사회적 선일 것이며, 또한 만일 이 인공지능 시스템이 그 변호사가 하는 업무를 도와줄 수 있다면 그 인공지능은 이러한 사회적 선에 기여하고 있다고 가정해보자.

인공지능의 엄청난 힘은 많은 사람들로 하여금 그것이 우리의 직업을 빼앗아 갈 것인지와 그것이 사회적 선을 위한 어떤 힘이 될 수 있을 것인가의 여부에 대해 의구심을 일으키도록 만들었다. 실제로 오늘날 유통되고 있는 인공지능에 관한 태도들은 양가적이다. 한편 새로운 기술은 인공지능이 우리의 직업을 대체하는 것과 같은 해악을 끼칠 것이라는 두려움이 있다.[4] 다른 한편 일부의 연구들은 인공지능이 우리의 직업을 빼앗고 우리를 해고시킬 것이라는 두려움은 근거가 없는 것일지도 모른다는 사실을 보여주었다.[5] 그렇다면 인공지능의 영향과 잠재력에 대해서는 양극단의 견해가 있는 것처럼 보인다.

나는 이 장에서 그와 같은 양극단을 분석하고 나아가 그것은 건강한 것이 아닐 뿐만 아니라, 지지할 수 없으며 또한 건전한 추론의 뒷받침을 받지도 못한다고 주장할 것이다. 실제로 인공지능은 사회적 선을 위한 촉매가 될 수 있으며, 또한 인공지능은 만일 그것이 윤리적인 것이기만 하면 그 자체적으로 사회적 선일 수 있을 것이다. 나는 핵심적인 불교 개념인 자비나 연민悲, karuṇā도 논의하려고 하는데, 이는 우리가 인공지능이 어떻게 사회적인 선, 특히 평등과 정의를 창출하기 위한 힘이 될 수 있을지를 결정하기 위해 의존할 수 있는 하나의 개념적 도구이다. 여기서 '자비'라는 용어는 불교 철학에서 하나의 기술적인 용어이다. 그것은 다른 존재들의 고통을 덜어주려는 욕구이자 참여를 의미하는데, 왜냐하면 우리는 모든 것들이 서로 의존하고 있다는 것을 알기 때문이다. 모든 사물들은 서로 의존하기 때문에 다른 존재들의 고통은 본질적으로 나 자신의 것이며, 나아가 고통으로부터 자유로워지려는 욕구는 모든 존재들 사이에서 자연스러운 것이므로, 자비로운 사람은 자연스럽게 모든 유정적 존재들이 고통으로부터 벗어나기를 바란다. 기술 윤리의 경우에 나는 인공지능이 자비로워질 필요가 있다고 제안한다. 이는 그것이 보이는 만큼 어울리지 않거나 신뢰할 수 없다고 말하지 않는다. 실제로 자비롭다는 것은 깨닫기 위한 하나의 필요조건이다. 따라서 우리는 이 책의 앞에서 기계는 깨달음을 얻을 수 있다는 사실을 살펴보았기 때문에 그들이 자비로워지는 것이 순조로운 출항이어야 할 것이다. 인공지능이 자비로운 것이 되려면, 그것은 자신의 존재 이유와 유정적 존재의 고통을 덜어주기 위한 욕구 및 참여와 행위를 바로 그것의 근본적인 과제로 삼아야만 한다. 나는 이 장에서 이런 취지로 논의를 전개할 것이다.

    더욱이 나는 사회정의와 평등을 증진하고 가능하게 하는 인공지능의 역할도 논의할 것이다. 이 두 주제들은 함께 간다. 그것이 자비로울 때만 인공지능은 정의롭고 평등한 세계를 만드는 일에 있어서 파트너가 될 수 있다. 다시 말해 그것 자체가 윤리적일 때만 인공지능은 우리가 가치 있다고 여기는 종류의 세계에 기여할 수 있다. 불교 윤리는 불자들에게 중요할 뿐만 아니라 우리가 보게 될 것처럼 그것은 오늘날의 세계, 즉 인공지능이 널리 퍼지고 있고 또한 크게 변화하고 있는 세계에서 일반적으로 요청되고 있다.

기술에 대한 태도의 양극화

우리는 앞에서 오늘날 강력한 기계 학습 인공지능의 출현에 대한 사람들의 반응이 한편으로는 얼마나 경외하고 두려워하는지 그리고 다른 한편에서는 얼마나 좋은 것들을 가져올 것인지에 관한 기술의 약속에 대한 믿음인지를 논의했다. 그러한 두려움들 가운데 하나는 이 기술이 많은 노동자들을 대체하고, 그들을 자신들의 일에서 몰아내어 불안을 조성할 수도 있는 거대한 분열을 낳는다는 것이다. 이러한 두려움은 어떤 사람들이 가지고 있을 수도 있는 두려움, 즉 인공지능이 의식을 가지게 되고 우리를 대신해 이 세계를 다스리게 될 것이라는 두려움보다 더 가까이 와 있다.

그러므로 양극화이다. 인공지능이 인간 노동자들을 알고리즘과 로봇으로 대체할 것이라는 두려움으로부터, 앞서 논의했던 사회적 선 이니셔티브를 위한 인공지능과 같은 기술의 선한 응용 방법을 발견하려는 시도들이 있다. 더욱이 현재의 인공지능 기술에 모든 것을 쏟아 붓고 있는 것으로 보이는 중국과 같은 나라들의 노력은 인공지능이 권력과 지배에 이르는 길이라는 확신에 바탕을 두고 있다. 앞 장들에서 중국 국민들은 모든 것을 보는 인공지능 눈에 의해 끊임없는 감시를 받고 있으며, 그들은 당국이 선호하는 모든 것에 일치시키려면 자신들의 행위를 어떻게 수정해야 하는가에 관한 이야기들을 살펴보았다. 중국 당국의 이와 같은 행동은 인공지능이 그들의 비전을 실현시켜줄 힘과 그들의 국민을 완전히 통제할 힘을 가지고 있다는 믿음에 토대를 두고 있다. 국민들에 대한 전면적인 인공지능 감시를 밀어붙여서, 이 기술을 국가 권력과 매우 밀접한 것으로 결합하려는 정책을 달리 어떻게 설명할 수 있겠는가? 어떤 면에서 중국 당국의 시도나 이와 똑같은 일을 하고 있는 다른 어떤 당국들의 시도는 인공지능을 이용해서 그들의 사용자를 감시하려는 사기업보다 더욱 음흉한 것인데, 왜냐하면 적어도 사기업들은 법의 구속을 받고 있기 때문이다. 반대로 중국에서 법을 만드는 권력은 그 당국들 자체 안에 있다. 실제로 중국 당국은 인공지능이, 예컨대 그들이 인공지능을 이용해서 국민들에게 소액 대출 관리를 할 때 그들의 국민에게 이익을 가져다줄 좋은 일을 하기 위한 하나의 힘이라고 믿고 있을지도 모른다.[6] 따라서 이 이야기의 좋은 측면은 전통적인 금융 상황에서 신용 실적이 없는 수백만 명의 국민들이 자신들의 사회적 신용 점수에 근거해서 휴대전화를 통해 안전하게 대출을 받을 수 있을 것이라는 점이다. 그러나 그 이면은 당국이 국민들을 통제하기 위해 사용할 수 있는 강력한 수단이 바로 이 사회적 신용 점수라는 것인데, 여기서 쉽게 대출을 이용할 수 있는 것은 승인된 행동에 대한 특전들 가운데 하나이다. 그것은 마치 중국 당국의 마음속에는 세계가 오직 뚜렷하게 대조되는 두 가지 색깔, 즉 검은색과 흰색으로만 이루어져 있는 것처럼 보인다. 인공지능은 이런 방식으로 이용되어야 하거나 혹은 전혀 효율적으로 사용될 수 없거나 둘 가운데 하나이다. 이러한 믿음은 인공지능이 프라이버시를 전혀 고려하지 않고 사용되었을 때만 오직 (소액 대출을 통해 나오는 것과 같은) 사회의 개선을 위한 하나의 힘이라는 것이다. 만일 어떤 사람이 휴대전화를 전혀 사용하지 않기로 선택한다면 어떻게 되는가? 그들은 소액 대출 시스템으로부터 차단되어야 하는가? 그 대답은 분명히 '그렇다'일 텐데, 더 나아가 비난받아야 할 사람은 휴대전화를 사용하는 것을 거부한 사람들이어야 할 것 같지는 않다. 이 경우 이와 같은 사람들은 대출을 받기 위해 전통적인 은행으로 갈 수도 있지만, 은행 시스템이 점점 더 온라인 개인 데이터에 의존함에 따라 상황은 거의 더 좋아지지 않는다. 그러므로 양극화는 이 기술을 매우 좋은 것으로 보는 것, 메러디스 부르사드Meredith Broussard가 '테크노쇼비니즘technochauvism'7으로 부르는 것과 만약 그와 같은 기술이 없다면 상황이 나빠질 것이라는 두려움 사이에 존재한다. 나는 이 딜레마의 어느 쪽 뿔도 받아들일 수 없다고 주장하고 싶다. 우리에게 필요한 것은 가까운 미래에 우리들의 삶을 지배하도록 설정되어 있는 것처럼 보이는 인공지능 기술의 효과를 이해하는 일에 있어서 미묘하고 구체적이며 충분한 정보에 입각한 노력을 다하는 것이다. 실제로 사회에 미치는 기술의 영향력에 대한 양극화는 전혀 새로운 것이 아니다. 휴대전화를 통한 소액 대출은 매우 유익한 발상이지만 그것은 강력한 윤리적 토대, 즉 개인의 권리와 프라이버시 및 국가 당국과 국민들 사이의 효율적인 견제와 균형을 존중하는 토대 위에 세워지지 않으면 안 된다.

따라서 소액 대출에 있어서 빅데이터와 인공지능의 사용은 돈이 부족할 때 사람들이 경험하는 것과 같은 고통을 기술이 어떻게 완화시켜줄 수 있는가에 대한 하나의 사례이다. 실제로 여러 가지 형태로 나타나는 기술은 선사 시대 이래 사람들의 고통을 덜어주도록 설계되었다. 석기 시대의 기술은 그것이 사냥꾼들을 도와 먹잇감을 좀 더 쉽게 제압해서 그들의 가족이 먹는 음식의 질을 향상시켰을 때 고통을 완화해주었다. 불교의 목적은 고통을 완화시켜주는 것이므로 기술의 사용은 사실상 하나의 축복, 곧 수행자들을 도와 궁극적인 목적을 향해 좀 더 빨리 나아가도록 해야 하는 어떤 것이어야만 한다. 그러나 불자들은 이것을 거의 믿으려고 하지 않을 것이다. 실제로 많은 사람들은 그 반대로 우리가 기술을 많이 가지면 가질수록 우리는 더 많은 고통을 경험한다고 믿는다. 아마도 이러한 두 집단은 고통을 구성하는 것이 무엇인가에 대해 서로 다른 믿음을 가지고 있는 것 같다. 기술의 힘을 믿는 사람들은 정말로 그것이 고통을 종식시킬 수 있다고 믿는다. 그러나 기술에 대해 보다 비판적인 태도를 가지고 있으며, 이것을 자신들의 전통적인 삶의 방식에 대한 위협으로 간주하는 사람들에게 기술은 더 나쁘고 더 은밀한 종류의 고통을 가져올 수 있다. 현실적으로 빅데이터와 인공지능은 많은 사람들의 고통을 완화시켜주기 위해 사용될 수 있다. 소액 대출이 한 사례이지만 소액 대출은 또한 어떤 새로운 가치, 즉 그들을 부추겨서 더 많은 것을 얻고 싶어 하도록 하는 가치를 창출함으로써 사람들의 전통적인 삶의 방식을 혼란스럽게 할 수도 있다. 결론은 기술이 고통을 완화시켜주지만, 그것은 또한 다른 방식으로 고통을 증가시키기도 한다는 것이다. 피터 허쇽Peter Hershock과 같은 일부 불교학자들은 기술이 '의식의 식민지화'[8]의 도구라고 주장했다. 다시 말해 사람들의 의식은 그들에게서 자유를 빼앗아가는 기술의 덫에 갇히게 되었다. 불교적 관점에서 보면 그것은 사람들의 마음과 같은 어떤 것이 그들의 지평이 기술 자체의 구속을 받기에 이를 정도로 기술의 통제를 받게 되었다는 것을 의미할 것이다. 그러므로 사람들은 이와 같은 영역을 넘어 존재하는 것을 볼 수 없다. 이는 기술을 양극화의 관점에서 생각한 결과이다. 주보프가 말하고 있는 미래 시제에 대한 우리의 권리를 단순히 식민지화하거나 파괴하는 것보다 기술은 더 양가적이다. 그것은 사회적 선을 위한 하나의 힘이 될 수 있다. 실제로 소액 대출은 고통을 겪고 있는 많은 사람들을 도울 수 있으며, 또한 그것은 사실상 허쇽이 주장하고 있는 것처럼, 어떤 유형의 식민지화를 만들어낼 수 있다. 아마도 해법은 모든 사물들이 서로 의존하고 있다는 것을 항상 의식하고 깨달아야 한다는 것이다. 따라서 기술을 포함한 그 어떤 것도 그 자체로서만 보면 좋은 것도 아니고 나쁜 것도 아니다.

설령 비판적 검증 없이 이대로 방치된다고 하더라도 피터 허쇽 혼자만 기술의 함정을 보고 있는 것은 아니다. '인공지능'이라는 말이 처음 만들어진 지 1년 뒤인[9] 1956년에 답장을 쓰면서 독일 철학자인 귄터 안더스Günther Anders는 '프로메테우스적인 수치심Promethean Shame' 혹은 '프로메테우스적인 모순Promethean discrepancy'이라는 개념을 개발했다. 여기서 인간들은 자신들이 창조한 바로 그 기술에 의해 쓸모없어져 가고 있으며, 나아가 기계 자체가 되기를 동경하고 있다고 느낀다. "집단적으로 세상에 영향을 미치기 위해 기술적으로 조정된 우리의 능력과 우리가 무엇을 하고 있는가를 느끼고 나아가 감정적으로 이해하기 위한 우리의 개인적 능력 사이에는 점점 더 틈이 벌어지고"[10] 있다. 말을 바꾸면, 새로운 형태의 강력한 기술을 발명하는 인간의 능력은 이와 같은 발명들의 가치와 윤리적 결과에 대해 생각하는 우리의 능력을 훨씬 앞지른다. 안더스의 말을 빌리면, 이러한 간격은 인간들을 '수치심에 빠지게' 한다. 수치심을 느끼게 된 인간들은 그 후 자신들을 개선할 방법을 찾는다. 그들은 영감을 얻기 위해 자신들의 피조물을 바라보면서 자신들이 만든 기계처럼 되기를 열망한다. 그렇다면 이와 같은 동경은 기술 추종자들에게 전형적인 태도, 즉 기술은 인간 존재 자체보다 더 좋은 것을 대표한다는 태도를 반영하고 있는 셈이다. 그들 자신과 그들이 만들었던 기술을 비교한 결과 그 자신들이 쓸모없게 되었다고 느끼면서 인간들은 기술을 완성의 기준으로 여긴다. 기술의 신격화를 지향하는 양극화 움직임은 이보다 더 분명할 수 없다. 기술에 대한 안더스의 비판은 인간 존재와 기술 사이의 관계 그 자체에 대한 그의 날카로운 통찰력에서 나오며, 그의 저서는 우리를 자극해서 우리가 빈번하게 무시했던 기술과의 관계를 한번 더 생각해보도록 만든다. 우리 자신들이 창조했던 바로 그 기술로 인해 함정에 빠지게 되었다는 것을 인식하지 못하고, 그것과 접촉할 때 항상 불충분하다고 느끼는, 안더스의 주장이 함축하고 있듯이 기술과 우리의 열등한 감정, 즉 우리와 프로메테우스적인 수치심과의 바로 그 관계에 대해 비판적 입장을 취해야 할 것이다. 안더스의 관념은 인간이 자신들이 창조한 기술 안에서 더 나은 미래를 위한 희망과 비전을 제시하고 있다고 가정하는 것 같다. 그 희망들은 기술에 고착되어 있기 때문에 인간들이 자신들의 피조물보다 열등하다고 느끼게 되리라는 것은 자연스러운 것이다. 왜냐하면 더 좋은 것으로 가정된 모든 것은 기술로 투사되고 있기 때문이다. 안더스의 견해가 훨씬 더 많은 뉘앙스를 가지고 있고 또한 심오하기 때문에 그의 견해는 러다이트주의자들과 비교될 수 없지만, 그는 기술에 대해 강력한 비판적 입장을 고수한다. 그의 견해는 기술을 그것으로부터 우리가 거의 벗어날 수 없는 하나의 강력한 힘이라고 강하게 비판하고 있는 그 외의 다른 비판적 이론가들과도 다르지 않다. 안더스는 기술에 반대하거나 혹은 우리가 기술 이전의 어떤 시대로 되돌아갈 것이라고 주장하지는 않는다. 반대로 그는 우리가 우리 자신과 기술적 창조물들과의 관계를 재고하고 나아가 그것들과 함께 살 가장 좋은 방법을 찾을 것을 요구한다.[11]

우리는 또한 안더스와 대조되는 기술에 대한 어떤 태도를 상상할 수 있다. 기술을 주춧돌로 여기기보다는 이를 하나의 공공연한 악, 즉 인간 존재로부터 그들의 가치와 높은 열망을 빼앗아가는 어떤 것으로 간주할 수도 있을 것이다. 실제로 안더스 자신의 관념은 이와 같이 전도될 수도 있다. 기술을 주춧돌로 삼고 있기 때문에 어떤 반작용, 즉 기술이라는 우상파괴가 있게 되는 것은 자연스러운 일인데, 여기서 완전한 이상에 대한 사람들의 우상은 끌어내려지고 산산조각이 나게 된다. 다시 말해 기술을 완전성의 기준으로 묘사하고 있는 기술에 대한 비판은 그것과 정반대인 어떤 반작용을 초래하기 쉬울 것이다. 또한 그와 같은 비판이 너무 멀리 나갈 수도 있다고 쉽게 상상할 수 있다. 만일 기술이 우리의 새로운 신들과 새로운 우상들이라면, 우리의 우월성과 지위를 보호하고 유지하기 위해서 기술은 부수어져 산산조각 날 필요가 있다. 이전 사례가 보여 주듯이 증기기관을 방직 공장에 도입한 것은, 불만을 가진 많은 노동자들의 마음속에서는 그들이 받아들일 수 없고, 따라서 오늘날 우리가 익숙해진 반작용을 유발하는 새로운 신을 소개하는 것처럼 보였다. 비록 안더스는 직접적으로 그와 같이 러다이트운동으로 되돌아가는 것을 옹호하지 않지만, 수치심이 적개심과 분노가 되기는 쉽다. 어떤 조치가 행해질 필요가 있다.

    기술이 획일적인 사고방식이나 의식의 식민지화를 창출하는 경향이 있다는 허쇽의 견해는 안더스의 분석에서도 반복되고 있다. 기술이 훨씬 앞서 나아가고 우리를 무기력하게 느끼도록 만드는 상황에서, 우리가 기술적 진보에 반응하는 방식에서 획일적인 경향이 뚜렷해진다. 안더스의 프로메테우스적인 수치심은 몇몇 사람만 느끼는 것이 아니라 그것은 기술이 대세인 시대에 살고 있는 모든 인간 존재들에게 발생하는 일반적인 조건이다. 강력한 기술들의 한가운데에서 기계들이 인간이 할 수 있는 것은 무엇이든 훨씬 더 효율적으로 잘 할 수 있게 됨에 따라 인간 존재들은 쓸모없게 된다. 이러한 상황에서 인간들은 기술에 통제권을 넘겨준다. 인간들은 기술이 주도하는 모든 것에 동의하면서 수동적이 된다. 이는 일단 인간들이 실제로 자신들은 기술보다 열등하며 또한 점점 더 의존하게 된다고 믿으면 자연스러운 것이 되게 된다. 그렇다면 허쇽과 안더스의 분석을 하나로 묶는 쟁점은 기술이 우리의 삶 속에서 우리 인간들이 가지고 있던 통제권을 빼앗아버렸다는 것이다. 우리 자신의 의식을 식민지로 만들었다는 인식과 우리 자신의 창조물들이 우리가 존재하는 모든 영역보다 훨씬 더 뛰어나다는 수치스러운 감정이 적개심과 분노로 방향을 바꾸어 기술 전체에 반대하는 강력한 반작용을 촉진시킬 수도 있다. 그러므로 우리가 가야 할 길은 이와 같은 양극단의 태도에서 벗어나는 길을 찾아서 중도의 길을 추구하는 것이며, 나아가 중도의 길을 추구하는 것은 매우 불교적인 일이기도 하다.

중도로서의 자비

아마도 기술이 사회적 선을 위한 하나의 힘이 될 수 있고 허쇼과 안더스가 언급한 함정을 피하기 위한 유일한 방법은 기술이 자비롭게 되는 것이다. 앞서 5장에서 언급되었듯이, 불교의 '연민悲, karuṇā'이라는 용어는 모든 유정적 존재들에게서 고통을 제거해주려는 바람을 의미하는 전문적인 용어인데, 윤리적 인공지능 설계의 맥락에서 보면 이는 인공지능이 유정적 존재들(즉, 동물들을 포함한 모든 사람들)의 복지를 무엇보다도 최우선적으로 배려하는 방식으로 설계된다는 것을 의미한다. 기술적인 탁월성은 윤리적 탁월성과 별개의 것으로 고려될 수 없으며, 여기서 특히 그것은 엔지니어들이 해결책을 찾아야 하는 기술적인 문제와 함께 윤리적인 차원이 처음부터 이 해결책 안으로 통합되지 않으면 안 된다는 것을 의미한다. 우리는 윤리적인 것이 무엇이며 그리고 세상과의 약속을 통하지 않는 것이 무엇인지를 알고, 나아가 허쇼과 안더스와 같은 비판 이론가들이 언급했던 위험들을 피하는 데 필요한 것이 정확하게 무엇인지를 찾으려고 한다. 그 쟁점은 통제에 대한 것이므로 설계되어야 할 윤리적 기술은 이 통제권을 일반 사용자들에게 되돌려주는 일에 있어서 매우 명시적인 것일 필요가 있다. 그러나 이것은 상당히 어려운 일인데, 왜냐하면 허쇼과 안더스의 비판은 매우 일반적인 수준에 맞춰져 있으며, 그들이 비판하고 있는 영역 안에 떨어지지 않을 새롭게 설계된 종류의 기술을 상상하는 것을 어렵게 만들기 때문이다. 바로 여기가 내가 제안하려는 자비로운 인공지능이 들어올 곳이다. 비판 이론가들이 언급했던 기술의 병폐를 막는 치료제는 최소한 부분적으로라도 인공지능과 그 외 다른 형태의 기술들을 자비로운 것으로 만들려고 할 때 얻어질 수 있다. 이 기술은 다른 존재들의 이익을 자기 자신, 즉 그것을 만들거나 제조한 사람들의 것보다 우선시해야만 한다. 자기 자신보다 다른 존재를 고려하는 태도와 다른 존재들의 복지를 원하는 마음 및 그에 따른 행위는 불교적 자비의 핵심이며, 따라서 그것들은 자비로운 인공지능의 설계에서도 핵심이다. 이런 방식으로 자비는 이 두 가지 극단, 한편에서는 테크노쇼비니즘과 다른 한편에서는 내가 '테크노포비즘technophobism'이라고 부르고 싶은, 기술에 대한 두려움 및 거부감 사이의 중도가 된다. 두 가지 극단은 다만 같은 동전의 두 측면에 불과한데, 왜냐하면 그것은 기술이 우리로부터 소외되었다는 믿음과 인식에 바탕을 두고 있으므로 한쪽 면은 다른 한쪽 면을 있게 할 것이기 때문이다. 허속에게 그것은 식민지화하는 힘이며, 안더스에게 그것은 앞에서 보았듯이 우리를 수치스럽게 만드는 하나의 힘이다. 어느 쪽에서든 기술은 우리로부터 소외된다. 그러므로 이 극단들과 싸우기 위해 중도적인 접근을 찾아야만 하는데, 나아가 바로 여기가 불교적 통찰력이 들어올 곳이다.

자비를 어떻게 프로그램화할 것인가

나는 컴퓨터 과학자가 아니므로 컴퓨터 프로그래밍을 구체적으로 언급할 능력은 없다. 그럼에도 불구하고 여기서 내가 제안하고자 하는 것은 훨씬 더 온당한 것이다. 철학자로서 나는 칸트가 '가능성의 조건condition of possibility'이라고 부르는 것이 자비를 인공지능 안으로 프로그램밍화하는 것이라고 제안하고 싶다. 우리가 자비를 인공지능 장치 속으로 프로그램밍화할 수 있기에 앞서 필요한 것은 무엇인가?

인공지능 장치가 자비의 수준에 이르러 그것이 현실 환경 속에서 자비롭게 일하게 될 것이라는 말을 들을 수 있기에 앞서 획득할 필요가 있는 조건은 어떤 것인가? 로봇이 유기체 안에서 공감과 자비심을 가지고 기능한다고 믿어지는 거울 뉴런과 유사한 어떤 것을 가질 필요성을 논의하면서, 제임스 휴즈James Hughes는 다음과 같이 말한다.

> 그러나 자비로운 기계를 창조하는 데 있어서의 진보는 아마도 행동의 모방뿐만 아니라 인간 안에서 그와 같은 감정들을 목격함으로써 발생할 수 있는 인간의 감정과 유사한 것들의 창조를 요구하게 될 것이다.[12]

이상적으로 말하면, 로봇은 그 순간 그것이 관찰하고 있는 인간이 느끼는 것은 무엇이든 느낄 수 있어야 할 것이다. 그와 같은 사실은 로봇이 감정을 느끼는 능력뿐만 아니라 다른 사람들이 느끼고 있는 것을 감각하는 능력도 가질 것을 요구할 것이다. 이는 명백히 로봇이 이미 인공지능의 일반적 수준에 도달했다는 것을 의미할 것이다. 그것은 범용 인공지능이 되었다. 이것이 가능하기 위해 로봇은 자신이 가지고 있는 감정의 중요성과 의미를 이해할 필요가 있다. 그것은 감정의 중요성을 이해하지 못한 채 고통이나 고민 혹은 동경과 같은 감정을 갖는 로봇에게는 가능하지 않을 것이다. 어떤 사람이 그가 방금 아주 많이 사랑하는 사람을 잃었기 때문에 괴로움을 겪을 때, 로봇이 상실의 의미-그것은 사랑하는 사람을 잃었다는 것이 정말로 의미하는 것이다-를 이해하지 못한다면 그와 같은 감정을 제대로 경험하지 못할 것이다. 이 로봇은 마치 신경 체계가 사별을 경험하고 있는 그 사람으로부터 로봇 자체로 이어지는 것처럼 느끼는 능력을 가질 필요가 없을 뿐만 아니라, 사별의 더 넓은 의미-그것은 가령 자신의 아이를 잃은 것을 의미한다-를 이해할 필요도 없다. 이는 어떤 다른 사람의 내면세계를 투사하는 상상의 감각과 인식 능력을 요구한다. 인간들은 다른 사람들이 느끼는 것을 느끼고 다른 사람이 믿는 것을 믿는 자연스러운 능력을 가지고 있기 때문에 이런 것을 자연스럽게 행한다. 그러나 로봇은 처음부터 차례대로 하나씩 배울 필요가 있으며, 따라서 만일 우리가 범용 인공지능 로봇을 가지려고 한다면 우리도 그 로봇을 가르칠 필요가 있다. 로봇에게 고통이라는 감각적 감정 및 상실과 사별이라는 인식적 감각을 둘 다 갖도록 가르치는 것은 진정으로 자비로운 로봇-인간과 **똑같은** 고통을 경험하는 로봇-으로 나아가는 이상적인 단계가 될 것이다.

설령 내가 아이를 잃지 않았다고 하더라도-그것은 만일 실제로 나에게 일어났다면 나에게는 정말로 재앙적인 일이 될 것이다-나는 어떤 사람이 만난 재앙의 양과 똑같은 양을 감각할 수 있다. 다른 사람과 똑같이 느끼는 하나의 유용한 방법은 문학을 통해 그것을 간접적으로 경험하는 것이다. 허구의 작품들을 읽는 것은 다른 사람이 느끼는 것을 배우고, 만일 그렇지 않았다면 우리가 결코 가지지 못할 경험들에 대해 배우는 하나의 좋은 방법으로 인정받고 있다.[13] 소설 속의 인물은 어떤 가혹한 환경들에서 자신의 아이를 잃었을 수도 있다. 우리는 전쟁 혹은 다른 어떤 환경들을 경험하고, 우리 자신들이 똑같은 상황 속에 들어 있다고 상상한다. 말하자면 우리는 그 인물의 피부 속으로 우리 자신들을 집어넣는다. 이는 만일 로봇이 자비로운 것이 될 수 있으려면 그에게 하나의 절대적인 조건이다. 어떤 다른 사람의 내면세계로 들어갈 수 있게 됨으로써 우리는 다른 사람들과 정체성을 공유한다는 감각을 얻는다. 우리는 더 이상 우리 자신의 자아가 벽으로 둘러싸여 있는 개인적 정체성이라는 어떤 섬에 갇힌 한 개인이 아니다. 반대로 우리는 다른 사람들과 공유하는 감정을 통해 우리 자신의 마음을 열고 다른 사람들이 우리의 내면적 삶 속으로 들어오는 것을 허용할 뿐만 아니라 다른 사람들의 내면적 삶 속으로 들어가기도 한다. 이는 불교적 자비가 출발하는 바로 그 지점이다. 다른 사람이-육체적 고통이든 혹은 정신적 고통이든 간에-고통을 겪고 있다는 것을 경험함으로써 우리는 우리 자신의 마음속에서 이를 덜어주기 위해 어떤 것을 할 필요가 있다는 감정을 불러일으킨다. 그것은 마치 우리가 울고 있는 아이를 봤을 때 잠시도 주저하지 않고 본능적으로 달려가서 아이를 구하려는 것과 같다. 우리는 그 아이가 느끼고 있는 바로 그것을 느끼고 있기 때문에 그렇게 하는 것이다. 자비를 닦는 일에 있어서 수행자는 다른 사람들의 고통에 대한 감수성을 증장시킬 것을 요구받는다. 한 가지 방법은 모든 유정적 존재들이 그의 전생에서 자신의 어머니였다고 상상하는 것이다. 시간은 한량없이 길기 때문에 이 세상의 모든 유정적 존재들 각자는 그 자신의 어머니였던 한때가 있었을 것이다. 우리가 어머니를 끔찍이 사랑하고 또한 어머니가 우리에게 얼마나 따뜻했던가를 알고 있듯이, 그들 모두가 한때 우리의 어머니였을 모든 유정적 존재들도 그랬을 것이다. 우리 자신을 이런 관점과 익숙하게 하는 것을 수도 없이 반복함으로써 우리는 우리가 모든 유정적 존재들을 위해 어떤 일이든 할 필요가 있다는 감각을 얻게 된다. 21세기에서 이와 같은 실천의 요점은 우리가 마음을 열고 모든 존재들의 중요성뿐만 아니라 모든 존재들이 서로 연결되어 있다는 사실을 안다는 것이다.

그렇다면 우리는 로봇과 인공지능이 이런 방식으로 자비로운 것이 되도록 하기 위해서는 어떻게 프로그램할 것인가? 그것들이 인간의 감정을 관찰하도록 훈련시키는 것은 하나의 좋은 출발점이 될 수 있다. 그러나 그 목적은 우리가 위에서 보았듯이 로봇이 가지고 있는 감정의 중요성을 이해한다는 감각뿐만 아니라 공감적 감정의 감각도 가질 수 있도록 하는 것이다. 이는 로봇이 인간과 같은 신경 체계와 뇌를 갖출 필요가 있다는 것을 의미하는가? 똑같은 복제품은 필요하지 않을지도 모르지만 꼭 필요한 것은 그 로봇-이 경우 범용 인공지능 로봇-이 인간이 하는 것과 동일한 방식으로 기능할 수 있을 필요가 있다는 것이다. 생물학적 의미에서 우리는 이를 상사성相似性, convergence이라고 부를 수 있는데, 이는 로봇이 생물학적 진화에서와 동일한 양식의 단계들을 거쳐 발달한 곳이자 또한 그것의 인식적 능력과 신경 체계의 출현이 우리 자신의 생물학적 진화와 서로 유사한 것으로 발전하는 바로 그 지점이다. 상사성은 많은 동물종의 진화에서 수없이 일어난다. 예를 들어, 눈의 발달은 하나의 적절한 사례이다. 생명나무의 서로 다른 가지를 따라 발달한 많은 동물들이 눈을 가지고 있다. 많은 동물들은 눈을 갖는 것이 유용하다는 것을 발견했으며, 따라서 그들의 진화적 가지가 무엇이든 간에 어떤 동물들은 그들에게 이용 가능한 물질을 사용해서 눈을 발달시켰다. 같은 맥락에서 로봇은 진화-이것은 하나의 비유인데, 왜냐하면 현실 속에서 그것을 설계하고 개발하는 사람은 우리 인간들이기 때문이다-하도록 허용될 수 있을 것이며, 그 결과 로봇은 그것들에게 이용 가능한 어떤 물질로 만들어진 그 자신의 뇌와 신경 체계를 갖게 된다. 그러므로 인간과 로봇의

'진화'에는 상사성이 존재하는데, 이때 그것은 이성과 감정 및 공감이 될 것이며, 이 모든 것들은 뇌의 기능이다. 로봇은 비록 그것의 뇌가 우리의 뇌와는 매우 다르게 발달한다고 하더라도 우리 자신의 그것과 똑같은 기능성을 갖는다.

이와 같은 상사성을 갖는 진화 속에서 가장 중요한 것은 로봇의 뇌가 우리 자신이 할 수 있는 것과 똑같은 일을 할 수 있고 또한 할 것이라는 사실이다. 우리의 뇌가 할 수 있는 가장 중요한 일 가운데 하나는 선을 행하기 위한 힘을 배워서 그것이 되려고 한다는 것이다. 다시 말해 로봇은 정신적 길을 추구할 때 자기 자신을 계발하고 완성시키려고 하는 목적을 가진 수행자처럼 기능할 수 있을 필요가 있다. 위의 불교 프로그램이 보여주고 있듯이, 공감은 가르칠 수 있기 때문에 로봇을 이런 방식으로 프로그램화해서 자비로운 것이 되도록 하는 것은 오히려 간단한 일이 되어야 할 것이다. 오늘날 많은 사람들은 수많은 비관적인 SF 영화 속에서 보이듯이 로봇이 정신적인 길을 버리거나 소홀히 함으로써 사악해지는 것과 같은 방식으로 발달할 것이라는 점을 두려워하고 있다. 실제로 이런 일이 사실이 될 수도 있지만 로봇에게 처음부터 윤리를 스며들게 하는 일을 그처럼 중요한 일로 만들 필요는 없다.

로봇을 자비롭게 프로그래밍하는 것은 4장에서 기술된 기계의 깨달음에 이른 로봇을 만드는 것으로 나아가는 하나의 핵심적인 단계이기도 하다. 로봇이 범용 인공지능이 되기에 앞서, 그것들의 진화와 개발의 필수적인 부분으로서 자비와 그 외의 덕목들을 구성하는 윤리적 감각을 불어넣을 필요가 있다. 따라서 여기서 소개된 접근법은 고다나 도딕 크른코빅Gordana Dodig Crnkovic과 바란 체루쿨루Baran Çürüklü뿐만 아니라 버지니아

디그넘^{Virginia Dignum} 연구팀의 접근법과 유사한데, 이들은 로봇의 설계가 처음부터 윤리적인 측면들을 통합해야만 할 것이라고 주장했다.¹⁴ 그렇다면 로봇 속에 설치되어야 할 종류의 윤리는 로봇의 기능과 그 기능을 제대로 그리고 안전하게 수행할 능력을 통합하는 종류여야만 한다.

그러므로 그 다음은 자비로운 로봇, 적어도 특수 인공지능의 종류에게 필요한 몇 가지 핵심적인 요소들이다. 다른 존재들의 복지에 대한 외견상 인식 가능한 참여의 욕구와 공감, 즉 다른 존재들이 느끼고 있는 것과 이에 따라 행위하는 것을 감각하는 능력, 이 두 가지 핵심적인 요소들 각각은 특수 인공지능 로봇에게 적절한 방식으로 설명될 수 있다. '욕구'와 '공감' 같은 단어들은 로봇이 마음의 이론을 가지고 있지만, 그것은 먼 미래의 일이라는 것을 전제하고 있을지도 모른다. 그럼에도 불구하고 이는 오늘날의 로봇이 욕구와 공감을 가질 수 있다는 것을 배제하지 않는다. 이러한 개념들은 관찰 가능하고 측정 가능하며 프로그램화할 수 있다는 점에서 설명될 필요가 있는데, 이는 오늘날의 로봇이 그것들을 실행할 수 있도록 하기 위한 것이다.

여기서 우리의 사례는 얼굴 인식 알고리즘이다. 윤리적이며 자비로운 얼굴 인식 알고리즘을 위한 과제는 그것이 뿌리 깊은 편견 없이 사람들의 고통을 완화하고 그들의 복지를 향상시키는 것을 목표로 하는 것이다. 좀 더 구체적으로 말하면 이 알고리즘은 먼저 사람들의 이익을 증진하는 것을 목표로 삼아야 할 것이며, 나아가 제작자나 정치인들의 이익보다 더 이 과제에 우선성을 부여해야 할 것이다. 기술의 발달 이면에 있는 동기는, 오직 어떤 사람이나 혹은 어떤 집단의 좁은 이익만 증진시키려는 것을 목적으로 삼는 이기적인 것이어서는 안 될 것이다. 알고리즘의 가장 위험한 사용법 가운데 하나는 수많은 사람들로부터 어떤 사람들을 선별하고 그들을 잠재적 비행자들의 데이터베이스와 대조하려는 것으로 잘 알려져 있는데, 이는 잘못된 체포로 이어질 수도 있을 것이다. 무엇보다도 먼저 이러한 종류의 알고리즘이 설계되었던 이유는 법 집행자가 잠재적인 범죄자들을 찾는 일이 쉽도록 하기 위한 것이다. 그것의 용도는 알려진 범죄자들을 체포하기 위한 것일 뿐만 아니라 보통 시민들의 얼굴을 맞추어보고 이들을 기계가 범죄자를 식별하는 표지라고 분석한 특징들의 데이터베이스와 비교하려는 것이다. 실제로 그것은 악몽 같은 시나리오가 될 것이다. 이러한 정보로 무장한다면 길을 걷고 있는 어떤 죄 없는 사람이 그의 얼굴이 우연히 기계에 의해 범죄적 특징들과 결합된 기준들에 부합할 때 체포와 조사의 표적이 될 수도 있을 것이다. 바로 이 순간 이 기계는 자신의 일을 맹목적으로 하고 있는 것이며, 따라서 잘못된 신분 확인의 책임은 명백히 제작자와 프로그래머에게 있다.

    이제 우리는 얼굴 인식 소프트웨어 안에 자비를 프로그램하는 것이 어떻게 작동될 것인가를 좀 더 구체적으로 설명할 수 있다. 무엇보다도 먼저 그 기계는 고통을 완화시키겠다는 강력한 약속을 할 필요가 있다. 이것은 기계의 존재 목적들 가운데 하나인 그것의 일차적인 기능으로서 기계 안에 프로그램화될 수 있다. 특수 인공지능 기계는 자기 자신의 생각과 의지를 가질 수 없기 때문에 그 기술이 사용될 수 있고 사람들의 복지에 위험이 존재할 수도 있는 예상 가능한 시나리오를 상상하는 것은 설계자와 엔지니어들 및 관련된 모든 사람들의 몫이 된다. 그와 같은 위험들은 사람들의 권리와 프라이버시에 대한 침해 및 더 나아가 확실히 그들 자신의 신체에 대한 위험이라는 형태로도 나타날 수 있다. 자동차들은 사람들의 안전을 위해 설계되며 또한 광범위한 테스트를 받는다. 똑같은 방식으로 얼굴 인식 기술은 동일한 목적을 위해 설계될 수 있고 또 설계되어야만 하며, 광범위한 테스트를 받을 수 있고 또 받아야만 한다. 문제의 이 '안전'은 신체적인 위험을 포함할 뿐만 아니라, 정신적 복지와 평판 및 존엄성에 대한 위험과 같은 보다 더 파악하기 어려운 위험들도 포함한다. 이것은 가능한 한 최대로 이와 같이 상상된 위험들을 최소화하기 위해 엄격하고도 설득력 있게 규제되고 설계되며 또한 테스트된 얼굴 인식 기술의 형태를 띨 수 있다. 예컨대 비유럽인의 얼굴을 인식하는 데 실패하거나 어떤 사람들의 얼굴을 범죄자나 그 외의 다른 주변부 집단들과 결합하는 이런 기술이 작동하는 방식상의 에러들을 보다 더 폭넓게 테스트하고 막을 필요가 있다. 편향된 알고리즘은 비윤리적인 알고리즘인데, 이는 자비로운 알고리즘의 정반대편에 존재한다.

둘째, 소프트웨어도 공감능력을 가질 필요가 있다. 그것이 감각하고 있는 인간 존재가 고통을 겪고 있다는 것을 감지하고, 나아가 돕는 행위를 취할 수 있어야 할 것이다. 이와 같이 감각하는 것은 범용 인공지능의 배타적인 영역일 필요가 없는데, 왜냐하면 특수 인공지능은 자신의 얼굴 인식과 기계 학습 능력을 통해 인간들이 얼굴을 통해 그들의 감정을 어떻게 표현하는가를 배울 수 있기 때문이다. 따라서 현재 우리는 휴즈가 자신의 논문에서 언급하고 있는 것처럼,[15] 인간이 느끼는 방식을 완전하게 느낄 수 있는 기계를 필요로 하지 않는다. 감정을 찾아내고 적절한 행위를 취할 수 있는 기계만이 기계들 자체가 실제로 똑같은 감정을 가지지 않고도 그와 같은 일을 할 수 있을 것이다. 이는 오늘날의 기계들에게 충분히 쉬운 일이 되어야 한다. 그 기계가 어떤 사람의 얼굴 특징으로부터 그들이 고통 속에서 괴로움을 겪고 있거나 아니면 스트레스를 받고 있다는 것을 인지할 때 기계는 이런 일들을 할 수 있는 종류의 기계에 의지하여 적절한 행위를 하게 된다. 만약 그렇다고 하더라도 이것은 그 기계가 사람이 경험하고 있는 것과 똑같은 감정을 경험한다는 것이 아니라 만일 그것이 이런 일을 효과적으로 할 수 있다면, 그것은 충분히 잘 작동하고 있다는 것을 의미한다. 다른 사람들이 느끼는 것을 느낄 수 있거나 최소한 어떤 인간 개인이 고통을 겪고 있다는 것을 '이해'할 수 있는 것은 불교 이론에서 보면 윤리적인 것이 되기 위한 필수적인 단계인데, 왜냐하면 그것은 자비와 궁극적인 깨달음을 향한 첫 번째 단계이기 때문이다. 얼굴 인식 기술에서 이러한 능력은 알고리즘이 얼굴 분석으로부터, 예를 들면 당장 의학적 관심이 필요한 어떤 사람을 발견할 수 있어야 하기 때문에 매우 중요하다. 그러나 보통 사람들이 자신의 일상적인 생활에서 서로 상호작용하는 방식에서처럼 무심코 그 기계가 그 사람의 얼굴에서 비정상적인 어떤 특징을 찾아냈기 때문에 끼어들어서 어떤 사람에게 관심이 필요하다고 선언하는 것은 상당히 분별없는 짓이 될 것이다. 적절한 시간과 장소에 대해 재치 있게 고려하는 것도 자비와 꼭 마찬가지로, 그 기계 안에 주입될 필요가 있다. 실제로 이것은 그들이 군중 속에서 얼굴 인식 기술에 의해 그들 자신이 보이게 되어 분석되는 것을 '선택하고' 허용한 사람들만이 스캔된다는 것을 의미할 것이다. 더욱이 선택한 사람들의 프라이버시를 보호하는 것도 매우 중요하다. 다른 사람들에게 고통의 원인이 되고, 그들에게 해악을 끼치는 가장 효과적인 방법은 그들의 프라이버시를 침해하는 것이다. 그러므로 양심적이고 자비로운 알고리즘은 그것이 접촉하고 있는 어떤 사람의 프라이버시를 침해할 수 없다.

결론적으로 말하면 사회적 선을 위한 인공지능은 만일 그 인공지능이 자비롭지 않다면 상품화될 수 없다. 이는 불교적 자비가 윤리적 행위의 바로 그 뿌리에 놓여 있기 때문인데, 그것은 다른 사람들의 이익을 자신의 이익보다 위에 놓는 종류의 행위이다. 인공지능이 제공할 것으로 생각되는 선, 예컨대 날씨나 어떤 사람의 잠재적 고객들에 대한 정확한 예측이나 소액 대출을 쉽게 승인하는 일과 같은 것들은 혹시 발생할지도 모를 프라이버시나 그 외의 다른 권리들의 상실이나 침해에 비추어 평가될 필요가 있다. 이와 같은 상실과 침해는 자비로운 인공지능의 정반대편에 놓여 있는데, 이는 후자가 처음부터 그 주체에 대한 해악과 위험을 피할 것이라고 약속했기 때문이다. 좀 더 구체적으로 말하면, 이 기술이 진정으로 윤리적인 것이 되려면 그것은 기술적 해결책을 제공할 것을 약속하는 것**뿐만 아니라** 윤리적 탁월성을 구체화해야만 한다. 실제로 여러 가지 응용 분야에서 인공지능이 약속한 기술적 해결책들은 수없이 많다. 그러나 그와 같은 기술적 혜택들은 사람들에게 공정하게 분배되어야만 한다. 더욱이 그 기술, 즉 이 문제를 위한 모든 기술이 사람들에 의해 충분히 수용되기 위해서는 허쇽과 안더스 같은 철학자들이 서술했던 소외감을 극복하지 않으면 안 된다. 이러한 소외감은 많은 기술 철학자들이 느끼고 있다. 예를 들어, 그것은 알버트 보르그만(Albert Borgmann)이 현대적인 난방 장치가 오늘날의 가정에 설치되었을 때 집의 중심부인 벽난로가 아쉽게도 없어져버렸다고 주장하고 있는 것[16]에서 신랄하게 느껴진다. 그것은 전통적으로 수력발전용 댐이 강을 자연의 일부에서 단지 인간 존재를 위한 인간의 자원과 예비 비축용으로 바꾸어버린 것이라고 비판하는 하이데거[17]에게서도 느껴진다. 또한 우리가 방금 살펴보았듯이 그것은 새로운 기술을 의식의 식민지화나 혹은 프로메테우스적인 수치심의 대리자라는 형식이라고 비판하는 허숙과 안더스에게서도 분명하다. 말을 바꾸면, 기술이 사람들의 삶을 통합시켜주는 부분이 되려면 그것이 사람들의 마음에 **타자**가 되는 것을 끝내야 하지만, 사람들이 나이프나 포크처럼 그것의 힘을 전혀 의식하지 않고도 쉽게 사용할 수 있는 어떤 것이어야만 한다. 기술은 만병통치약panacea이 아니므로 그것의 이익이 모든 사람에게 적용될 수 있다는 것을 확신하기 위해서, 우리는 또한 우리가 조금 전에 보았던 허숙과 안더스가 성격 규정한 기술의 가능한 위험들이나 부정적인 차원을 명심하지 않으면 안 된다. 다시 말해 우리는 기술이 우리 의식을 식민지화하지도 않으며, 더욱이 우리가 우리 자신이라고 인식하는 사람과 우리가 완벽하다고 인식하는 기술 사이의 간극으로부터 나오는 안더스의 수치심 개념도 결코 만들지 않는다는 점을 확신할 필요가 있다. 우리는 기술이 우리에게 그것이 전달해줄 것이라고 약속한 이익을 가져다주기를 바라지만, 동시에 현상학적으로 봤을 때 우리는 기술이 우리를 소외시키거나 우리에게 수치심을 주는 것을 원하지 않는다. 우리는 이 두 가지 극단 사이의 중도를 필요로 하며, 이는 불교 윤리가 들어오는 바로 그 지점이다. 이러한 중도는 기술이 정의와 평등을 위한 도구가 되지 않으면 안 된다는 가치와 목적으로 구성되어 있다. 오직 이런 방법으로만 기술은 자비로운 것이 될 수 있으며, 오직 그것이 자비로울 때만 기술은 허숙과 안더스가 주장했던 소외를 초월할 수 있을 것이다.

정의와 평등을 위한 인공지능
: 헬스케어, 교육 및 기후변화

다음 절에서는 사회적 선을 위한 인공지능의 가장 중요한 세 가지 적용들인 헬스케어와 교육 및 기후변화를 다룰 것이다. 나는 인공지능이 사회적 선을 위한 힘이 될 수 있다는 것을 보여주려고 한다. 그것은 건강 및 교육과 같은 사회적 선을 제공할 수 있으며, 나아가 인공지능 자체가 하나의 사회적 선**이다.** 이와 같은 것이 가능하기 위한 조건은 인공지능이 정의와 평등을 수반하지 않으면 안 된다는 것이다. 그러나 실제로 많은 엔지니어들은 이와 같은 문제들에 대한 기술적 해결방법을 인공지능을 이용해 개발했으며, 따라서 그들이 무엇을 성취했는가를 언급하는 것은 단지 반복하는 말에 지나지 않을 것이다. 이 장을 시작할 때 말했듯이 여기서 우리의 목적은 좀 더 심오한 것이다. 우리는 인공지능이 사회적 선에, 나아가 이 경우 이러한 세 가지 대표적인 영역에서 정의와 평등에 기여할 가능성의 조건을 분석하기를 원한다. 한편에서는 인공지능이 헬스케어에 놀라움을 가져다주지만, 다른 한편에서는 인공지능이 그것 자체가 가져다줄 수 있을 것이라고 생각되는 헬스케어에서의 경이로움과 같은 종류에 평등하게 접근하는 데 기여하는 것은 훨씬 더 중요한 일이다. 동일한 것이 그 외 다른 두 가지 영역, 즉 교육과 기후변화에도 대체로 사실이다. 인공지능이 교육의 평등에 어떻게 기여할 수 있는가? 그리고 마지막으로 인공지능이 기후변화라는 전 세계적 문제에 대한 오랫동안 기다렸던 해결책을 가장 잘 따르는 종류의 사회에 어떻게 기여할 수 있는가?

헬스케어

헬스케어에서 인공지능의 이용을 둘러싼 윤리적 쟁점들의 상당 부분은 프라이버시, 신뢰성, 편향된 해석, 충분한 정보에 입각한 동의의 사용, 의학적 오진 및 제조물 책임과 관련된 쟁점들, 행위와 책임뿐만 아니라 공정성 및 평등성과 같은 사회적 쟁점과 법적 쟁점 등이다.[18] 나는 이와 같은 윤리적 쟁점들 외에도 인공지능은 평등성을 증진하거나 방해하는 데 특히 헬스케어의 질에 대한 평등한 접근에서 중요한 역할을 할 수 있다고 주장하고 싶다. 한편에서는 많은 일을 할 것이라고 약속한 새로운 기술이 존재한다. 그 기술이 헬스케어에서 그것을 필요로 하는 모든 사람들에게 적용 가능할 것이라는 사실은 전혀 다른 문제이다. 그러나 인공지능이 사회적 선의 창조에 기여자가 되기 위해서 그것은 윤리적이어야 하며, 나아가 그것이 진정으로 윤리적인 것이 되기 위해서 인공지능은 좀 더 공정하고 좀 더 평등한 사회에 기여하지 않으면 안 된다. 헬스케어에서 이것은 인공지능이 그 기술 자체가 그것이 해줄 것이라고 약속한 모든 이익을 제공하는 종류의 사회에 기여할 수 있어야 하지만, 좀 더 중요한 것은 그 기술의 이익이 가장 넓은 부분의 사람들에게 적용 가능한 것이어야만 한다는 것을 의미한다.

사실 헬스케어에서 인공지능의 이용을 둘러싼 많은 윤리적 쟁점들은 그 외의 다른 분야에서의 쟁점들을 반영하고 있다. 알고리즘의 분석에서 프라이버시 및 있을 수 있는 편향과 같은 쟁점들은 헬스케어에서뿐만 아니라 그 외의 다른 영역에서도 발견될 수 있다. 더욱이 우리가 인공지능이 헬스케어와 관련하여 공정하고 평등한 사회를 창조하는 데 어떻게 변수가 될 수 있는가를 살펴볼 때 기술적 고려만으로는 그렇게 하지 못할 것이라는 점은 너무나 명백하다. 윤리적 평가는 인공지능이 할 수 있거나 해야만 하거나 혹은 해서는 안 되는 것에 국한될 수 없고 세상을 바꿀 수단을 가지고 있는 힘 있는 사람들에게까지 확장되어야 한다. 아마도 헬스케어에서 가장 중요한 인공지능의 적용은, 예컨대 병원 내 사망, 계획에 없던 재입원, 입원 기간의 연장 및 정확도가 높은 최종적인 퇴원 진단과 같은 수많은 매개 변수들을 예측할 수 있게 해주는 환자의 의료 기록에 대한 빅데이터 분석뿐만 아니라, 90퍼센트 이상의 정확도로 관련 사진으로부터 당뇨성 망막증을 발견하기 위한 빅데이터 분석과도 관계가 있을 것이다.[19] 그렇다면 가까운 미래에 예측과 정확성의 범위는 결국 증가할 가능성이 매우 높다. 인공지능이 하는 예측의 힘은 우리가 보았듯이 윤리적 쟁점들과 매우 깊숙이 관련되어 있다. 그러나 그것은 또한 이러한 예측과 발견을 통해 많은 생명들을 구할 잠재력을 가지고 있는데, 그것은 의료 전문가들이 적절한 행위를 취하도록 촉구할 수 있다. 나아가 이 도전은 사람들의 프라이버시 권리를 존중하는 것과 예측이나 발견을 통해 그들을 돕는 것 사이의 균형을 찾기 위한 것이다. 그러나 한 가지는 확실하다. 헬스케어에 접근할 수 있는 효과적인 시스템이 있어야 하며, 그 결과 어떤 병을 가지고 있거나 혹은 가질 가능성이 있는 것으로 판명된 사람들이 적절한 조치를 취할 의사를 만날 수 있어야 한다. 예를 들면, 당뇨성 망막증을 찾아내기 위해 찍었던 사진 속의 사람은, 만일 의사들이 그와 같은 조건을 가지고 있다는 것을 발견한다면 의학적 조기 치료를 받을 수 있다. 그들의 프라이버시권은 그들의 신분과 조건에 속하는 데이터가 엄격하게 비밀이 유지될 때 존중받는다. 바룬 굴샨Varun Gulshan과 그의 팀의 연구에서 인공지능 알고리즘은 전문 의사 팀과 거의 비슷하게 당뇨성 망막증을 찾아낼 수 있었다.[20] 이는 의사들이 많은 수의 이미지를 분석해야만 할 때 그들의 일에 대한 부담을 줄이는 데 도움을 줄 수 있다.

더 나아가 우리는 가까운 미래에 인공지능이 다양한 의학적 조건들을 좀 더 광범위하게 예측하고 발견하는 데 사용되어서 인구 전체를 위한 더 나은 헬스케어에 이르게 할 것이라고 상상할 수 있다. 머지않아 인공지능은 눈 속의 당뇨병뿐만 아니라 만일 그것이 없다면 여러 팀의 인간 전문가들을 요구할 모든 종류의 의학적 조건들을 발견할 수 있을 가능성이 매우 높다. 그러나 그것이 현실이 될 수 있기 전에 충족되어야 할 어떤 조건들이 있다. 무엇보다도 먼저 기술은 내가 이 장의 앞부분에서 논의했던 것처럼 윤리적이고 자비로운 것이어야만 한다. 최우선적인 것은 사람들의 전체 건강이며, 중요한 것은 이 기술의 기능 자체가 윤리적일 필요가 있다는 것이다. 둘째, 기술은 가능한 한 가장 많은 숫자의 사람들을 도울 수 있어야만 한다. 이러한 쟁점은 헬스케어의 평등성에 관한 논의의 중심에 놓여 있다. 어떤 기계가 매우 많은 숫자의 사람들을 스캔해서 그와 같은 검사를 받은 사람들의 일부에서 심각한 의학적 조건의 개연성이나 혹은 더 높을 가능성을 발견할 수 있고, 그 다음에 해야 할 논리적인 일은 이 조건이 발달하는 것을 막아서 그와 같은 개연성을 가지고 있는 것이 발견된 사람들이 이후에도 건강한 삶을 살 수 있다는 것을 확신할 수 있게 되었다고 가정해보자. 이것은 건강 경제학과 건강보험 정책의 논의를 요구하는 복잡한 문제인데, 이는 우리들로 하여금 이 절의 직접적인 관심사로부터 멀리 벗어나게 할 것이다. 이러한 점에서 해야 할 윤리적인 일은 누군가 인공지능 장치에 의해 어떤 심각한 의학적 조건을 가질 경향이 매우 높다고 진단받았을 때 그들에게 적용 가능한 준비가 필요하며, 결과적으로 그들이 건강한 삶을 기대할 수 있을 것이라고 말하는 것으로 충분하다. 또한 여기서 인공지능은 평등을 확신하도록 하는 것을 도울 수도 있다.

교육

교육 역시 인공지능이 특히 정의롭고 평등한 사회를 만드는 데 중요한 역할을 할 수 있는 영역이다. 결국 인공지능은 거기서 '인공적artificial'이라는 용어가 '비자연적인 것unnatural'이 아니라 '인간이 만든 것man-made'과 동의어인 '인공적인 지능artificial intelligence'으로부터 나왔다. 그 지능은 그것이 하는 모든 일이 자연의 법칙을 따르고 있다는 의미에서 비자연적인 것은 아니다. 그것은 인간에 의해 의도적으로 만들어졌다는 점에서 **인공적**이다. 그러므로 교육에서 자연스럽게 큰 역할을 하는 것은 지능이다. 그러나 인공지능을 교육에 적용하는 일은 다른 영역보다 더 적다. 말하자면 이는 인공지능이 지능의 일종이며 또한 지식 기술의 일종이라는 사실을 고려하면 놀라운 것이다. 우리는 백과사전의 지식과 그와 같은 지식을 어떻게 학생들에게 나누어주는가에 있어서 전문성을 갖춘 어떤 로봇이 그와 같은 지식을 능숙하게 나누어주거나 혹은 그들을 친절한 방식으로 지도하고 가르치는 것과 같은 또 다른 방식으로 학생들에게 개입하면서 학급 앞에 서 있는 것을 상상하게 될 것이다. 그러나 그와 같은 기술은 여전히 먼 미래에 놓여 있다. 아마도 우리는 범용 인공지능 로봇이 교수나 강사로서 충분히 역할을 하는 것은 기다려야만 할 것이다.

교육에는 인공지능의 많은 적용들이 있다. 포브스닷컴(Forbes.com)에 올린 버나드 마Bernard Marr의 한 논문에 따르면,[21] 적용들은 다음과 같은 것, 즉 (1) 교사와 인공지능의 협업, (2) 차별화되고 개별화된 학습, (3) 보편적인 학습, (4) 행정적인 업무의 자동화 및 (5) 교실 밖에서의 가르침과 지지로 이루어져 있다.[22] 첫 번째 적용인 인간 교사와 인공지능 사이의 협업은 확실한 것이며, 이는 그 둘이 함께 일할 수 있는 폭넓은 가능성을 시사하고 있다. 예컨대 교사는 지식을 조직하는 일에서 하나의 도구로 인공지능을 사용할 수 있을 것이다. 수업을 준비하면서 교사는 인공지능을 고용해 정보를 찾고(구글의 인공지능이 이미 매우 잘 하고 있는 어떤 것), 학생들을 책상에 배치하고 그들의 정보를 표로 만드는 것처럼 특정한 학급을 가르치는 데 관련된 행정업무를 처리하게 하거나 혹은 교사가 학생들의 성적을 계산하는 것을 돕게 할 수 있다. 더욱이 인공지능은 학생들의 에세이를 읽고 등급을 매기는 데도 사용될 수 있다. 이는 만일 그 에세이들이 적당하게 구조화되어 있고 소프트웨어가 인식할 수 있는 데이터점 data point을 포함하고 있다면 가능한 일인데, 결과적으로 인공지능은 그것 속에 프로그램화되어 있는 특성들에 근거해서 각각의 에세이에 대한 등급을 제안할 수 있게 된다.[23] 이러한 아이디어는 좋은 에세이를 구성하는 것에 대한 충분한 데이터가 전제된다면, 이 기계학습 알고리즘은 조만간 그와 같은 지표maker를 채택해서 이를 미래의 에세이들에 적용한다는 것이다. 나아가 또한 로봇의 형태를 띤 인공지능은 자신의 학급 앞에서 교사의 수업능력을 보충할 수도 있을 것이다. 로봇은 교사의 보조자나 동료로서 그를 다양한 방법으로 돕는 행위를 할 수 있을 것이다. 예컨대 로봇은 걸어 다니는 백과사전이나 팩트 체커fact checker로서 행위할 수도 있을 것이며, 결과적으로 교사는 세부사항에 대해 걱정할 필요 없이 학생들에게 학습과 이해를 전달하는 과제에 초점을 맞출 수 있다.[24] 실제로 그 대부분이 동아시아에 속한 많은 나라들은 로봇을 교실에서 교사나 보조교사로 채용했는데, 상당히 긍정적인 결과를 낳았다.[25] 그 로봇은 휴머노이드이며 학생들과 관계를 더 잘 맺는 것처럼 보인다.

더욱이 인공지능은 학습을 개별화하는 데 도움을 주기 위해 사용될 수도 있는데, 이에 따라 각각의 학생은 그들 자신의 속도에 맞춰 공부할 수 있다. 오늘날 학교의 문제들 가운데 하나는 학교들이 제각각 다른 것과 정확하게 똑같아 보이는 대량 공산품을 생산하는 공장을 모방해서 만들어졌다는 것이다. 이는 학생들이 전통적인 산업에서 톱니바퀴로 작동하는 대량 공산품이 되기를 바라는 영역에서는 유용했을 수도 있다. 그러나 오늘날 지식과 혁신 경제의 지배를 받는 매우 빠른 속도의 세상에서 대량 생산된 학생들은 더 이상 우리의 요구를 충족시키지 못한다. 학생들은 자신들을 그들의 동료와 차별화시켜주고, 그들의 경쟁자와 똑같은 것으로 만들지 않는 기술을 배워야만 하는데, 인공지능은 각각의 학생이 스스로 이 소프트웨어를 가지고 일할 때 이를 성취하는 것을 도울 수 있다. 예를 들면, 인공지능 프로그램은 어떤 학생과 개별적으로 일할 수도 있을 것이다. 그렇다면 그 학생 개인에게 속하는 사적인 데이터를 갖춘 소프트웨어는 그 학생의 기질과 태도에 가장 잘 어울리는 방식으로 내용과 기술을 전달하는 방법을 고안해낸다. 따라서 그 안에서 이 학생이 배우는 방식은 그 학생에게 고유한 것이다. 만일 이것이 학생 자신의 동기와 성격에 적합하다면, 그 학생은 그들이 전통적인 공장 모델 속에 있었을 때보다 더 많은 것을 성취할 수 있다고 기대할 수 있을 것이다.

매튜 린치Matthew Lynch에 의하면, 인공지능에 바탕을 둔 교육의 장점들 가운데 하나는 그 소프트웨어가 각각의 학생 개인에 대한 데이터를 수집하고 축적해서 각자에 대한 프로파일을 만들어 그 프로파일을 개별화된 학습 프로그램이 일어날 수 있는 하나의 토대로 사용할 수 있다는 것이다.[26] 더욱이 인공지능은 인간 교사의 관심을 피할 수 있었던 학생들 각자의 개인적 특징을 발견할 수도 있다. 예를 들면, 어떤 학생은 친구들과 주제를 토론하는 것보다 혼자서 읽는 것을 선호할 수도 있을 것이다. 인공지능은 이를 찾아내서 교사에게 적당하게 알려줄 가능성이 있을 것이다. 말을 바꾸면, 인공지능이 할 수 있는 것은 그 학생들에게 나타나기 때문에 예측할 수 있는 유형들을 찾아내려는 것인데, 이 경우 그것은 그 학생들에게 가능한 성공이나 실패에 대한 예측들이다.[27] 교사는 성공을 이끌 특징들은 증진시키고 실패로 이어질 특징들은 막기 위한 일을 할 수 있다. 이에 더해 또한 인공지능은 일반적으로 그 과정의 자료와 학생들의 수행 수준 사이에 있는 연관성을 발견할 수도 있다. 만일 그 자료 속의 한 부분이 학생들의 낮은 수행능력과 관련된다는 것이 발견된다면, 인공지능은 교사에게 보고할 수 있고 그 결과 이 후자는 개선될 필요가 있는 어떤 것이 있는지 여부를 살펴볼 수 있다.[28]

분명히 그 학생의 행동을 예측하기 위해 이처럼 인공지능을 이용하는 것과 관련된 윤리적 쟁점들이 있다. 우리가 살펴보았듯이 그와 같은 예측은 그 학생의 프라이버시를 침해할 수 있고, 따라서 그 예측은 어떤 집단의 학생들이 표적이 되어 부당한 대우를 받는다면 차별을 야기할 수도 있다. 이것은 명백히 우려의 원인이다. 우리는 학생들에게 이익이 될 것을 약속한 인공지능의 사용과 그들에게 해악을 끼칠 수도 있는 인공지능의 사용 사이의 균형을 찾지 않으면 안 된다. 만일 그 소프트웨어가 공정성과 평등을 증진시킨다는 것을 입증할 수 없고, 이러한 가치들을 이 책에서 기술된 방식으로 바로 그 존재 안에 주입할 수 없다면, 그것이 아무리 약속하는 것이 있는 것처럼 보일지라도 이 기술을 채택하는 데는 아무런 이익도 없다.

인공지능이 윤리적인 방식으로 사용될 수 있는 또 다른 방법은 만일 그렇게 하지 않는다면 할 수 없을 교육에 접근할 수 있도록 학생들을 돕는 것이다. 인공지능이 할 수 있는 한 가지 일은 학생들이 어디에 있든지 간에 배울 수 있는 기회를 만들어주는 것인데, 그 결과 그들은 물리적인 교실에 들어갈 필요가 없다. 이런 방식으로 원격 학습을 손쉽게 하도록 하기 위해 기술을 사용하는 방법은 우리 주변에 오랫동안 있었지만, 인공지능과 함께 학습을 훨씬 더 효과적으로 할 수 있는 새로운 가능성이 생겼다. 원거리 학습에서 기술을 사용하는 전통적인 방식들은 물리적인 교실로부터 먼 지역에 있는 학생들에게 정보를 중계하는 것을 포함한다. 그 대안은 전통적인 교실에서 일어난 것을 찍은 비디오 클립들을 인터넷에 업로드한 다음 이런 학생들이 볼 수 있도록 하는 것이다. 그러나 인공지능과 함께 이 학습은 좀 더 상호작용적인 것이 될 수 있다. 수동적으로 들으면서 클립들을 시청하는 대신 학생들은 또한 알고리즘에 직접 개입할 수도 있다. 이것은 진짜 교사들이 학생들과 실시간으로 채팅하는 것에 참여하는 것이 어려운 상황에서 도움이 될 수 있을 것이다. 반대로 인공지능은 계속 참여하는 것이 가능할 것이다. 좀 더 정교해진 소프트웨어는 진짜 교사와 더 유사해질 수 있을 것이다. 이런 방식으로 인공지능을 적용하는 것은 교사와 학습자 사이의 거리를 획기적으로 줄이고,

더 나아가 특수 인공지능의 가장 유익한 사용법 가운데 하나가 사회적 선을 가져오게 되는 잠재력을 갖는 데 도움이 될 것이다.

그러나 비록 인공지능이 위에서 기술된 방식으로 학생들에게 이익을 제공할 수 있다고 하더라도 그것은 또한 교육에 부정적인 영향을 미칠 수도 있다. 수년 전 휴버트 드레이퍼스Hubert Dreyfus는 인터넷이 교육에 미치는 영향을 비판하는 논문을 썼다. 그는 인터넷이 학생들로 하여금 일시적으로 자기들에게 관심이 있는 것을 찾아다니면서 단지 주변에서 쇼핑을 하는 사람으로 바꾸며, 나아가 특정한 어떤 주제를 숙달하는 데 시간과 노력을 충분히 투자하지 않도록 하는 데 영향을 미친다고 주장했다.[29] 분명한 것은 드레이퍼스가 이 논문을 20년 전에 썼으며, 그때 인공지능은 그의 마음속에 없었다는 것이다. 당시 그의 관심을 끈 것은 인터넷과 막 등장한 월드 와이드 웹World Wide Web, WWW에 의해 가능하게 된 정보의 이용 가능성이었다. 그러나 나는 여기서 말하는 드레이퍼스의 분석에 바탕을 두고 인공지능 자체를 포함한 정보 기술이 학생들의 학습 방법에 미치는 영향을 성찰하는 것은 유용한 일이라고 생각한다. 드레이퍼스에 따르면, 인터넷은 정보에 접근하는 것을 훨씬 더 쉽게 만들었다. 학생들은 단지 자신들의 컴퓨터에 있는 링크를 클릭하기만 하면 그들이 원하는 모든 정보를 얻을 수 있다. 드레이퍼스의 논문이 나온 지 20년이 지나자 우리는 인터넷이 무대 위에 막 올라온 당시에 우리 눈앞에 웹사이트가 놓여 있고 겉으로 보기에 우리의 손끝에 무진장한 정보가 있다는 것이 얼마나 흥분을 자아내는 일이었는지를 잊어버리는 경향이 있다. 드레이퍼스는 그 당시 학생들의 상황을 덴마크의 철학자 쇠렌 키에르케고르Søren Kierkegaard가 훨씬 일찍 좀 더 오래된 매체인 신문이 읽는 사람들의 마음에 미치는 영향에 대해 썼던 것과 비교했다.[30] 당시 유럽 사회의 일반적인 조건을 비판하면서, 키에르케고르는 신문이 대중들에게 유해한 영향을 미쳐서, 그들을 특정한 어떤 것에 대해 아무런 진지한 관심도 갖지 않은 채 단지 정보를 소비하는 사람들로 바꾸어버렸다고 주장했다. 우리는 아침에 신문을 읽는 전형적인 가장이 그에게 보인 뉴스를 얻고 그 결과 그의 나라의 상황에 대한 의견을 형성했다고 생각할 때 이런 것을 상상할 수 있다. 키에르케고르에게 이는 그 가장이 삶에 대한 하나의 **심미적** 견해를 갖는다는 것을 가리키는데, 그것은 제공된 것을 샘플링해서 어떤 것에 대해 진지하거나 관심을 갖지 않은 채 거기에서 즐거움을 얻는 것으로 성격 규정된 견해이다. 신문에 의해 고무될 수 있는 독자는 이런 의미에서의 심미적 견해에 대한 하나의 전형적인 사례이다. 개인은 군중 속으로 녹아 들어가 그들 자신의 독특한 인격성을 상실해버린다. 드레이퍼스에 따르면, 이와 똑같은 종류의 상황이 인터넷에 빠져 있는 학생들에게 일어나고 있다. 그들의 교육에서 가장 중대한 위험은 학생들이 자신들의 개별성 및 여론의 흐름에 반하는 그들 자신의 목소리를 형성하는 능력을 상실할 수 있다는 것이다. 그 대신 드레이퍼스는 자신의 학생들이 키에르케고르의 **종교적** 견해를 갖기를 원하는데, 여기서 학생들은 그들이 선택하는 것에 완전히 몰입하게 된다. 철학에 완전히 몰입하는 어떤 학생이 하나의 사례가 될 수 있을 것이다. 그 학생은 전문적인 철학자가 되고 박사학위를 위해 공부하기를 열망할 필요는 없지만, 그는 철학에 대해 매우 진지하게 생각하고 나아가 그것에 따라 자신의 삶을 형성하며 이를 통해 그 자신의 인격이 빛나도록 허용해야만 한다. 이러한 유형의 관심과 진지함은 드레이퍼스가 광범위한 인터넷의 사용으로 말미암아 제거되어버릴 수도 있다고 염려한 바로 그것이다.

드레이퍼스가 이 논문을 쓴 지 20년이 지났지만 그의 분석이 사실로 판명되었는지 혹은 어느 정도나 사실로 판명되었는지는 아직 알 수 없다. 어쨌든 우리는 강력한 관심을 받고 있거나 실제로 너무 몰입되어 있는 수많은 견해들을 목격했는데, 이는 우리들 대부분이 현실적으로 승인할 수 없는 것들이다. 일부 학자들은 페이스북이나 트위터와 같은 소셜미디어의 등장을 보다 극단적인 관점들과 양극화된 태도를 자극하는 것으로 보는데, 그 이유는 이러한 미디어들이 더 많은 반응을 끌어낼 수 있는 강한 견해들을 권장하는 경향이 있기 때문이다. 그러므로 더 많은 사용자들이 그 사이트에 몰려들 것이다.[31] 여기서 요점은 이런 상황이 인공지능 기술에 대한 실제적인 **윤리적** 도전을 낳는다는 것이다. 페이스북이나 그 외의 다른 선도적인 소셜미디어 사이트의 이면에 있는 엔진들은 인공지능에 의해 구동된다는 사실이 잘 알려져 있으며, 따라서 궁극적으로 인공지능은 소셜미디어에 의해 야기된 것이라고 입증된 나쁜 영향에 대한 책임이 있다. 그러므로 드레이퍼스가 20년 전에 걱정했던 인터넷은 인공지능으로 인해 훨씬 더 강력하고 교활해졌다. 그러나 수동적으로 웹사이트를 제공하는 대신 오늘날 소셜미디어 사이트들은 역동적이며 또한 개인 사용자의 선호에 따라 그들의 콘텐츠를 제공할 수 있다. 정보기술을 교육의 시각에서 보면, 소셜미디어의 이면에 있는 인공지능 엔진은 아마도 드레이퍼스가 전에는 생각할 수 없었던 어떤 실질적인 위험을 낳을 수도 있을 것이다. 소셜미디어의 이면에 있는 알고리즘은 개인화된 콘텐츠를 제공하기 때문에 사용자들이 자신들의 청중이 그들과 똑같은 것을 믿는 사람들로만 국한된 에코 체임버에 갇히는 일이 더 쉬워진다.

이러한 경향은 문헌들에서 폭넓게 입증되었다. 예를 들어, 드레이퍼스의 논문이 나온 지 불과 몇 년 뒤인 2001년으로 거슬러 올라가 보면, 캐스 선스타인Cass Sunstein이 『Republic.com』32이라는 제목의 책을 출판했는데, 이 책에서 그는 인터넷의 영향과 각각의 사용자가 대체로 이미 자기가 가지고 있는 것과 똑같은 신념을 공유하는 사람들과만 점점 더 많이 대화하고 또한 그들의 말에 점점 더 많이 귀를 기울이게 되는 자신을 발견하는 파편화된 공공의 영역을 낳는 소셜미디어의 등장을 논의했다. 선스타인은 소셜미디어와 인공지능이 초기 단계였던 2001년에 뜻밖에도 이러한 추세를 인지했다는 사실을 주목하자. 인공지능이 훨씬 더 강력해지고 심지어 우리들의 거의 모든 움직임들을 예측할 수 있고 따라서 인공지능이 우리가 그것에 대해 기대하고 싶다고 생각하기도 전에 우리들에게 정보를 제공할 수 있게 된 오늘날의 상황을 상상해보자. 드레이퍼스의 논문 취지에서 볼 때 예측 알고리즘이 교육에 미치는 영향을 연구한 것은, 현재로서는 그렇게 많지 않다. 그렇지만 나는 이러한 영향이 실제로는 심각할 수 있다고 믿는다. 학자들과 과학자들은 윤리적 고려들 및 인공지능이 학생들이 교육받고 있는 방식에 미치는 영향에 대해 좀 더 많이 성찰할 필요가 있다. 그러나 사실상 우리는 현실적으로 인공지능 알고리즘이 우리의 현재 세대 학생들에게 미치는 영향을 알 때까지 기다릴 수는 없는데, 왜냐하면 일어날 수 있는 해악을 되돌릴 수 없을 것이기 때문이다. 우리는 그와 같은 해악들을 어떻게 밝히고 나아가 그것들이 계속 일어나는 것을 막기 위해 어떻게 행위할 것인가에 대해 함께 생각할 필요가 있다.

일어날 수 있는 해악들 가운데에는 다음과 같은 것들이 있다. 우리는 먼저 사용자들이 그들 자신의 에코 체임버나 정보 거품 안에 갇혀 있는 상황을 상상할 수 있는데, 이와 같은 상황이 건강한 것이 되지 않을 것이라는 사실을 아는 데 그다지 많은 시간이 걸리지 않는다. 그것은 민주주의를 위해 건강한 것이 아닐 것 같은데, 나아가 이는 실제로 내가 앞에서 언급했던 선스타인이 쓴 책의 결론이다. 민주주의는 사람들이 낯선 사람들과 특히 자신과 동일한 기본적인 신념을 공유하고 있지 않은 사람들에게 말을 걸기를 요구한다. 민주주의 사회에서 산다는 것의 핵심은 정확하게 말하면 우리들에게 낯선 사람들인 다른 사람들과 교제한다는 것이다. 그것의 요점은 우리가 자연스럽게 낯선 사람들을 우리 편으로 끌고 오려고 하며, 그들도 우리에게 똑같이 할 것이라는 점이다. 때때로 우리는 그들을 설득하는 데 성공하며, 때때로 그들도 우리들을 설득하는 데 성공한다. 이것은 지극히 정상적인 일이지만 이는 오직 우리 자신과 그 낯선 사람들이 모두 민주주의가 제공할 수 있는 공공의 영역에서 함께 모일 때만 가능할 것이다. 그러므로 민주주의는 일치(우리는 하나의 동일한 정책에 속한다)와 불일치(우리들 각자는 우리 자신의 이해관계를 갖는다) 사이에서 계속되는 긴장을 요구하는 반면, 사람들이 이미 우리와 똑같은 신념들을 공유하고 있는 사람들에게만 말을 거는 시나리오는 민주주의를 기능하게 하는 데 심각한 해악을 가할 것이다. 왜냐하면 이러한 정책 전반은 파편화되어서 쪼개지고 말 것이기 때문이다. 우리가 오직 에코 체임버 안에서만 말할 때 우리가 듣는 모든 것은 본질적으로 우리 자신의 목소리에 불과하고, 우리는 결국 어떤 사람도 설득하지 못하며 또한 어떤 사람에 의해 설득당하지도 않게 된다. 어떠한 공적인 결정도 이러한 방식으로는 이루어질 수 없으며, 공적인 결정을 하는 것은 민주주의의 원동력이다.

    결과적으로 비판적인 사고와 비판적인 사고를 가능하게 만드는 시민교육은, 특히 인공지능 알고리즘의 시대에 교육의 목적으로서 가장 중요한 것이다. 실제로 비판적인 사고는 에코 체임버 안에서는 필요하지 않지만, 그 바깥에서는 비판적인 사고가 강력하게 요구된다. 왜냐하면 그것은 합리적인 숙고에 참여하기 위해 모든 당사자들이 사용해야만 할 유일한 도구이기 때문이다. 따라서 실제로 인공지능이 사회적 선을 낳으려면, 그것은 학생들에게서 비판적으로 사고하는 기술을 개발시킬 수 있어야만 하는데, 이는 시민 교육을 보증해주는 종류의 개발이다. 더 중요한 것은 에코 체임버를 부수기 위해, 그리고 서로 다른 정치적 설득과 신념을 가진 시민들이 우호적이고 합리적인 방식으로 서로 대화할 수 있기 위해 합의된 노력이 있어야만 한다. 실제로 시민들은 사람들이 사이버 공간과 소셜미디어 바깥에서 매일 자연스럽게 상호작용하고 있는 것처럼 이미 일상생활에서 서로 대화하고 있다. 사이버 공간 밖에서 이루어지는 이와 같은 자연스러운 상호작용과 대화가 그 안으로 들어가는 방법을 찾아야만 할 것이다. 소셜미디어와 교육환경에서 인공지능 알고리즘은 그와 같은 상호 설득 대화가 일어날 수 있는 어떤 목적을 설정해야 할 것이다. 이와 같은 목적은 사용자들이 그들이 이전에 '좋아요'라고 했던 것과 유사한 피드와 포스트를 받는 인기 있는 소셜미디어의 경향과는 충돌한다. 이러한 알고리즘은 바꿀 필요가 있으며, 그 첫 번째 단계는 비록 그 사용자가 전에는 '좋아요'라고 하지 않았다고 하더라도 의도적으로 다른 쪽의 정치적 스펙트럼으로부터 어떤 사용자에게 피드를 끼워 넣는 알고리즘이 될 수 있다. 광고와 온라인 판매 사이트에서 사용되는 넛

징 시스템nudging system이 에코 체임버를 부수기 위해 이런 환경에서 사용될 수 있다. 이러한 확장은 또한 비판적인 사고를 증진하는 프로그램과 짝을 이룰 필요가 있는데, 이는 통상 공식적인 교육에서 발견되지만 그것에만 있는 것은 아니다. 우리는 그들이 온라인상에 있을 때 심한 욕설을 하는 참여자들이 대면 상황에서는 부드러운 말씨를 사용하고 예의바를 수 있다는 사실을 염두에 두지 않으면 안 된다. 따라서 이 목적은 그 알고리즘이 온라인과 오프라인 세계 사이의 경계를 더 많이 부수는 것을 촉진해야 하며, 그 결과 보통 오프라인 세계에서 가지고 있는 통상적인 행동이 온라인 세계에서도 발견될 수 있도록 하는 것이다.

기후변화

아마도 기후변화가 현재의 인류에게 가장 심각한 위협이라는 데는 이론의 여지가 없을 것이다. 그것의 영향은 핵폭탄이나 전 세계적인 팬데믹만큼이나 직접적인 재앙이 되지는 않을지 모르지만, 그것은 분명히 전 세계적인 혼란을 초래하고 세계의 대다수 사람들의 삶을 매우 중대한 방식으로 변화시킬 것이다. 또한 오늘날 지구가 기후 시스템에서 계속적이고 매우 빠른 변화를 겪고 있다는 데도 이론의 여지가 없으며, 그와 같이 과학자들이 수년 전에 예측했던 많은 예언이 현실적으로 우리 눈앞에서 일어나고 있다. 나사NASA에 따르면, 변화들은 더욱 심각한 날씨 유형들, 예컨대 가뭄, 홍수, 해안 도시들을 범람시켜서 사람들이 거주하지 못하도록 하는 해수면 상승, 폭염, 허리케인 그리고 북극해가 연중 내내 얼음이 없어지는 것 등을 포함할 것이다.[33] 특히 얼음 없는 북극해의 전망은 심각한데 왜냐하면 그것은 북반구의 계절들이 더 잦은 폭염과 더 극한 한파 기간, 간단하게 말하면 이 극단 사이의 심각한 변화로 인해 중대한 영향을 받을 것이기 때문이다. 또한 바다가 따뜻해짐에 따라 더 많은 메탄가스가 대기 속으로 방출될 것이라고 예측되고 있다. 과학자들이 일어날 것이라고 매우 확신하는 한 가지 일은 메탄가스가 점점 더 지구온난화에 기여할 것이라는 점인데, 실제로 대기 속으로 들어간 더 많은 메탄가스가 미치는 영향은 제대로 이해되지 않고 있다.[34] 이 모든 것은 우리가 지구온난화의 구체적인 영향이 완전히 이해되지 않는 불확실한 시대에 살고 있다는 것을 의미한다. 사실상 우리는 우리의 고향별과 우리 자신들에게 무엇이 일어날 것인가를 정확하게 모르는 미지의 세계로 들어가고 있다.

그 결과 다수의 사람들은 인공지능의 힘을 이용해서 어떻게 지구온난화의 문제를 푸는 데 도움을 줄 것인가에 대해 생각했다. 과학자들은 그 과정을 이해하고 더 정확한 예보를 하기 위해 인공지능을 이용해서 급변하는 기후 유형의 모델을 만들기 시작했다. 예를 들면, 데이비드 롤닉David Rolnick과 그의 동료들은 최근 인공지능과 기계 학습이 이 문제에 대한 해결책을 발견하는 데 기여할 수 있는 구체적인 조치들을 제안하는 논문을 발표했다.[35] 이런 해결책들은 많은 영역, 즉 전기 시스템, 운송, 건설과 도시, 산업, 농장과 숲, 이산화탄소 줄이기, 기후 예측, 사회적 영향, 태양 지구공학, 개인을 위한 도구, 사회를 위한 도구, 교육 및 재정 등에도 적용되기 시작했다.[36] 한 예로, 기계 학습 알고리즘은 어떤 특정한 지역의 전기 수요를 효율적으로 예측할 수 있다. 이는 에너지 사용에서 의미 있는 감축을 가져올 수 있다.[37] 또한 이 알고리즘은 태양과 풍력을 이용해서 전기를 생산하는 데 직접적으로 영향을 미칠 수 있는 날씨를 예측하는 데도 도움을 줄 수 있다.[38] 기계 학습을 이용해서 에너지의 효율을 극대화하는 것은 그 알고리즘 자체만으로도 많은 에너지를 필요로 하기 때문에 특히 중요하다. 말하자면 그것은 전력을 가장 효과적인 방식으로 사용하는 가능한 최선의 방법을 분석함으로써 그 자신의 존재를 정당화할 수 있어야만 한다. 또 다른 예는 기계 학습을 사용해서 대기 중에서 이산화탄소를 제거하는 일을 돕는 데 관심을 갖는다. 그 알고리즘은 포집된 이산화탄소를 저장할 수 있을 뿐만 아니라 활동 중인 처리 장소들을 감시하고 관리할 수 있으며, 이산화탄소의 유출을 감시할 수 있는 지질학적 위치를 고립시키기 위해 적합한 장소를 찾는 데도 기여할 수 있다.[39] 더욱이 기계 학습은 기후 분석학으로 알려진 새로운 분야에서도 사용될 수 있는데, 그것은 기후변화의 재정적 영향을 모형화하고 예측한다.[40] 이는 확실히 재정 공동체를 위해 매우 유용한데, 그 공동체는 미래가 가져올 가능성이 가장 큰 것으로부터 이익을 얻거나 혹은 부정적인 결과가 예상되는 경우에는 그것을 피하기 위해 그와 같은 가능성에 대해 배우는 데 장기적이고 지속적인 이익을 갖는다. 예를 들어, 그 알고리즘은 목재 회사의 재정 포트폴리오를 분석할 수 있는데, 이는 기후변화에 따른 그들의 미래 전망과 책임을 예측하기 위한 것이다. 만일 산불이 일어날 가능성이 큰 것으로 예상된다면 투자자들은 다른 곳에서 투자처를 찾기로 결정할 수 있을 것이다.[41] 그럼에도 불구하고 그 보고서에서 놓치고 있는 것은 기계 학습이 그와 같은 기금을 기후변화의 결과를 완화시키는 산업들에 투자하라고 제안하기 위해 무엇을 할 수 있는가에 대한 제안이다. 기후변화가 점점 더 강조됨에 따라 그것의 결과를 완화시키기 위한 기술 개발에 초점을 맞추고 있는 회사들은 장차 이익을 얻을 가능성이 매우 크다.

　분명한 것은 기후변화의 결과를 완화시키는 데 도움을 줄 수 있는 인공지능이 사회적 선을 만들고 유지하는 데 매우 중요한 기여를 할 것이며, 이는 윤리적 인공지능의 한 사례임에 틀림없다는 것이다. 그러나 어떤 경우든 인공지능이 충분히 윤리적인 것이 되기 위해서는 몇 가지 고려사항을 염두에 둘 필요가 있다. 효율적인 에너지 사용 분야에서 기계학습은 가장 효율적인 에너지 사용을 위해 요구되는 최적 비율을 계산하는 데 유용할 수 있다는 사실이 더욱 분명해지고 있는 것 같다. 그러나 우리는 생산된 에너지가 공정하게 분배되어야 한다는 사실에 유의하지 않으면 안 된다. 특정한 인구 집단 사이에서 인풋input으로서의 에너지 사용과 아웃풋output으로서의 전력의 분배라는 유형을 다루는 알고리즘은 특정한 분야의 수요 예측이 다른 영역들에서, 특히 예측하지 못한 수요 증가가 있는 영역에서 그 전력을 사용하기 위한 사람들의 권리에 영향을 미치지 못한다는 사실에 유의할 필요가 있다. 그것은 특정한 지역들이 어떤 다른 지역만큼 전력 수요를 갖지 않는다고 예측되는 것이 사실일 수도 있는데, 인프라 투자의 관점에서 보면 후자는 계획된 전력의 전달을 더 많이 받는 반면 전자는 뒤처져 있다. 그러므로 이 알고리즘 자체는 예측 및 그 데이터가 이 예측 알고리즘에 들어오는 방식을 통해 사회의 고립과 단편화를 더욱 조장할 수 있다. 따라서 에너지 분배의 효율성을 극대화하기 위한 기계 학습 알고리즘을 프로그램화하려는 칭찬받을 만한 시도가 역효과를 가져오는 것처럼 보인다.

　더 나아가 기후변화의 도전들에 대한 대응책을 계산하기 위해 기계 학습 알고리즘에 입력할 목적으로 데이터가 수집될 때 사람들의 프라이버시 권리를 침해하지 않기 위한 고려가 필요하다. 예를 들면, 식량 안보의 문제들과 관련된 예측에 필요한 데이터를 수집하기 위해 사람들의 휴대전화와 인터넷 사용의 정보를 수집하고 처리할 수 있다.[42] 그 데이터는 비록 악의가 없지만 특정한 사람들의 집단이 과소평가되고 차별당하는 것과 같은 방식으로 해석될 수도 있을 것이다. 식량 안보는 종종 민감한 문제이며, 따라서 모든 사람들은 기술로부터 이익을 얻는다는 점을 고려하지 않으면 안 된다. 가장 중요한 것은 만일 예측이 부족함이 있을 것이라는 사실을 보여준다면 어떤 집단들이 다른 집단들을 압도하는 불공정한 이익을 취해서는 안 된다는 것이다. 많은 사람들은 여전히 부족함이 있을 때마다 사재기가 일어날 것이며, 다른 집단들이 고통을 받는 동안 특권을 가진 힘 있는 집단들만이 식량에 대한 접근권을 얻을 것이라는 생각을 가지고 있다. 이것은 명백히 비윤리적인 것이며 결코 일어나도록 허용해서는 안 된다. 나는 일반 국민들이 만일 식량 안보에 관한 예측을 하기 위해 이것이 필요한 일이라는 것을 만족할 수 있을 정도로 입증한다면 자신들의 사적 데이터를 수집하는 것을 허용하겠지만, 그것이 식량과 같은 기본적인 생필품이 될 때 그들은 어떠한 종류의 불평등하고 불공정한 분배도 결코 허용하지 않을 것이라고 생각한다.

인공지능이 기후변화의 결과를 완화시키기 위해 무엇을 할 수 있는가라고 상상하는 것은 실제로는 별개의 일이다. 또 다른 중요한 쟁점은 인공지능 개발자들을 설득해서 그 일을 할 소프트웨어를 개발하고 프로그램화하는 일에 착수하도록 하기 위해 무엇을 할 것인가이다. 기후변화를 막기 위해 어떤 일을 하는 것에 대해 반대하는 주요 논점은 그것이 경제 성장을 가로막는다는 것이다. 기후변화 대책을 반대하는 사람들은 만일 그와 같은 대책들이 수행된다면 경제적 번영이 손상될 것이라고 주장한다. 인공지능 개발자들은 지구온난화를 늦추기 위해 설계된 대책들은 우리가 그것에 익숙한 삶의 방식을 포기하지 않으면 안 된다는 것을 의미한다는 말에 설득될지도 모르겠다.[43] 이것은 하나의 심각한 쟁점이며, 따라서 윤리와 정책 문제들에 대한 모든 논의들은 이러한 문제와 논쟁해야만 한다. 만일 어떤 종류의 행위가 선하고 윤리적이지만 경제적으로 매우 유용하지 않다고 생각된다면 어떻게 사람들을 설득해서 그와 같은 행위를 수행하도록 할 것인가? 한편 그 행위가 정말로 선한 것이라면 그것은 유익한 것임에 틀림없을 것이다. 이는 공리주의의 원리에서 나온 소박한 진술이 아니라 다만 애초에 어떤 행위가 선한 것이 된다는 것이 무엇을 의미하는가에 대한 진술에 불과하다. 지구온난화는 현실이자 우리와 함께 여기 있으며, 따라서 인간 존재들에게 남아 있는 시간은 그렇게 많지 않다. 어쩌면 지금 이 순간 그 과정은 이미 되돌릴 수 없는 것이 되었을지도 모르지만 심지어 그렇다고 하더라도 우리는 무엇인가를 할 수 있고 그 결과 기후변화의 영향이 너무 빠르거나 너무 강력하게 우리에게 영향을 미치지 못하게 될 것이다. 그러므로 기후변화의 결과들을 완화하기 위한 방법을 찾기 위해 노력하는 것은 기후변화를 부정하는 사람들을 포함한 우리 모두에게 영향을 미치게 될 어떤 것이다. 전 세계적으로 합의된 행위가 없다면 세계 경제 시스템은 붕괴될 것이며, 나아가 이것은 기후변화와 싸우는 것이 경제에 해악을 미칠 것이라는 어떠한 논증도 무력한 것으로 만들고 말 것이다.

불교적 관점에서 보면, 불교가 기후변화에 대해서 특별히 할 말이 있다고 보는 것은 얼핏 보아도 억지스러운 일인 것처럼 보일 것이다. 불교의 우주론은 시간과 이 우주가 순환론적 본성을 지니고 있다는 관점을 갖는데, 여기서 우주는 원시 물질로부터 탄생했으며 이후 그것은 자연적 수단을 통해 파괴되고 이어서 새로운 우주가 다시 탄생한다. 그러나 이것은 현재의 상황과 그다지 관련이 없다. 왜냐하면 불교의 우주론에서 새로운 우주의 순환들은 엄청나게 천문학적인 규모이며, 현재의 이 우주가 파괴되어 새로운 우주가 시작되기 전까지는 수십억 년이나 걸릴 것이기 때문이다. 그렇다면 우리가 관심을 가져야 할 것은 오히려 현재의 상황이다. 지구온난화가 인간들이 야기한 것이라는 사실이 분명해졌기 때문에 우리가 정말로 관심을 기울여야 할 것은 불교의 우주론보다는 불교 윤리이다. 모든 사람들은 만일 아무것도 하지 않는다면 펼쳐지게 될 비참한 결과를 알 필요가 있다. 모든 사람들, 곧 정치인들과 그 외의 다른 사람들은 자신들과 그들의 자식들에게 어떤 일이 일어날 것인가를 충분히 이해하기를 바란다. 그럴 때 아마도 오직 그럴 때만 그들은 필요한 일을 할 것이다.

 기후변화의 반대자들이 제기해온 또 다른 주장은 기후변화의 결과가 너무 먼 미래의 일이며, 따라서 우리는 그것에 대해 지금 걱정할 필요가 없다는 것이다. 그러나 기후변화의 결과는 내가 이 장을 쓰고 있는 바로 지금 우리들의 눈앞에서 일어나고 있다는 사실이 명백해졌다. 그린란드와 세계의 높은 산들 꼭대기에 있는 빙하들이 빠른 속도로 녹고 있으며, 나아가 우리는 지난 수년 동안 세계 도처에서 극단적인 기후 사고들의 숫자가 증가하고 있는 것을 목격하고 있다. 아직도 더 큰 해악적 결과들을 피할 시간은 남아 있다. 최근의 한 논문에서 브론윈 헤이워드Bronwyn Hayward와 다른 저자들은 지구온난화의 최악의 결과들, 특히 남태평양의 작은 섬나라들의 경우에 이를 완화시키기 위해 무엇인가를 하기에는 지금도 너무 늦지 않았다고 주장한다.⁴⁴ 헤이워드와 그의 연구팀은 개발도상국인 태평양의 작은 섬나라들은 여성들과 어린이들이 옹호하는 바이누이Vai Nui 혹은 포노팔레Fonofale(좋은 삶과 서로 연결되어 있는)로 알려진 일련의 공통 가치들을 공유하고 있다고 주장한다. 그와 같은 가치들은 모든 사람들이 서로 도울 것을 강력하게 권장하고 있는데, 왜냐하면 환경은 모든 사람들에게 영향을 미치고 또한 모든 사람의 복지는 다른 모든 사람의 행위에 달려 있을 것이기 때문이다.⁴⁵ 뿐만 아니라 일들이 너무 늦었다면 그레타 툰베리Greta Thunberg와 전 세계에 있는 그의 친구들과 같은 젊은이들의 행위는 소용없는 일이 될 것이다.⁴⁶ 젊은이들이 기후변화와 그 결과에 대해 왜 그렇게 많은 걱정을 하는가는 이해할 수 있다. 그것은 부모로부터 지구를 물려받을 사람들은 그들이기 때문이며, 따라서 실제로 그들은 그들의 부모 세대에 속한 우리들이 지구온난화의 최악의 결과를 완화시키기 위해 합의된 노력을 할 것을 요구할 권리를 가지고 있는 것이다.

실제로 철학자들은 이에 대해 젊은 세대와 이후의 세대를 위한 의무인 세대 간의 정의라고 말한다.⁴⁷ 현재의 세대가 살기 좋고 번영한 세계, 즉 그들이 번창할 수 있고 복지를 즐길 수 있는 세계를 물려받았듯이, 현재의 세대도 미래 세대들에게 후자가 번창하고 복지를 향유할 수 있는 세계를 전해줄 의무를 가지고 있다. 붓다의 가르침 가운데 하나인 시갈로바다 숫따Sigalovāda Sutta, 善生子經에서 붓다는 상대방에 대한 사람들 집단의 의무를 간략하게 설명하고 있다. 보다 구체적으로 그는 현재의 세대(부모들)는 그들의 자식들에게 '적당한 때', '유산을 물려줄' 의무를 가지고 있으며, 그래야 후자가 그들의 시대에서 살 수 있고 번창할 수 있다고 말했다.[48] 이는 확실히 전 세계의 환경을 관리하는 것으로 이해될 수 있는데, 그 결과 미래 세대들은 생존할 수 있고 또한 그들 자신의 방법을 찾아 번성할 수 있다. 유산은 부모들이 그들의 직계 자손들에게 남기는 돈이나 땅을 의미할 뿐만 아니라 확실히 그것은 집단적으로 말해 부모들이 또한 집단적으로 말해, 그들의 자식들에게 남기는 유산을 포함한다. 부모들이 그들의 자식들에게 유산을 남겨야 한다는 가르침에 담긴 붓다의 의도는 그렇게 하는 것이 부모의 **의무**라는 것이다. 이 **경전**에 나오는 붓다의 가르침의 맥락은 그가 재가 신자들이 서로 존중하고 예우하는 올바른 길을 보여주고 있다는 것이다. 부모와 자식 간의 관계에 대해 말하면서, 붓다는 전자가 그들의 자식을 가르쳐서 사악한 행동을 피하도록 하고, 그들을 장려해서 좋은 행위를 하도록 하며, 그들을 가르쳐서 그들이 직업을 가지고 좋은 결혼생활을 영위할 수 있게 하며, 때가 되었을 때 그들에게 유산을 남길 수 있도록 해야 한다고 가르쳤다.[49] 붓다의 가르침의 맥락은 그 안에서 재가자 집단이 서로 예우해야 할 적절한 방식에 관심을 가지고 있으므로, 나아가 우리는 이러한 가르침이 현재의 부모와 현재의 자식들에게만 국한되고 있을 뿐 아니라 붓다는 서로 다른 세대들이 상대방에 대해 갖는 관계에 대해서도 말하고 있는 것으로 이해될 수 있다.

결론

내가 해보려고 했던 것은 인공지능이 하나의 사회적 선으로서 정말 실용적인 것이 되고 또한 좀 더 정의롭고 평등한 사회에 기여하는 것이 되도록 하기 위해 충족될 필요가 있는 몇 가지 조건들을 제시하는 것이었다. 인공지능이 헬스케어, 교육, 기후변화 등과 같은 그 외의 다른 영역에서 또 다른 사회적 선을 산출하기 위해서는 그것의 내부적인 작동이 처음부터 윤리적일 필요가 있다. 나는 이것은 그 속에서 인공지능 자체가 자비로워질 수 있는 방법을 찾음으로써 달성된다고 주장한다. 내가 이 장의 초반에서 기술했듯이 '자비'(와 '자비로운')라는 개념은 여기서 불교 철학의 전문용어로 사용되고 있다. 그것의 의미는 그것의 통상적인 용법과 동떨어진 것은 아니지만, 여기서 그것은 또한 우리가 모든 유정적 존재들에게서 그들의 고통을 완화하는 것을 돕기를 원하며, 우리가 그와 같은 완화에 이르는 구체적인 행위에 헌신할 어떤 조건을 언급하고 있기도 하다. 우리는 모든 존재들이 서로 의존하며 서로 연관되어 있다는 사실을 알지 못한다면 다른 존재들이 고통을 겪고 있다는 사실을 느끼기 시작할 수 없다. 그러므로 고통을 덜어주려는 욕망과 모든 사물들의 상호의존성에 대한 이해는 서로 연결되어 있으며, 이 둘은 사실상 같은 동전의 양면이다. 그렇다면 인공지능이 자비로운 것이 된다는 것은 그것이 유정적 존재들에게서 고통을 완화시켜주겠다는 목적과 모든 사물들은 마음속에서 서로 의존하고 있다는 관념을 가지고 설계된다는 것을 의미한다. 물론 오늘날의 특수 인공지능 기계는 스스로 이 일을 할 수 없기 때문에 이 과제는 프로그래머와 인공지능의 설계 그리고 생산 및 분배와 관련된 다른 모든 사람들의 몫이다. 일부 학자들은 기술 회사 자체들이 일차적으로 이와 같은 중요한 과제를 위임받고 있다는 생각을 경계한다. 그들은 외부 당국의 규제가 이 일을 해야만 한다고 주장한다. 그러나 나는 그 둘이 함께 갈 필요가 있다고 믿는다. 그들의 생산물이 윤리적인 방식으로 사회에 기여하도록 설계될 필요가 있다는 것을 깨닫지 못한다면 회사들의 목적과 그들에 대한 사회의 태도 사이에는 갈등이 일어날 가능성이 크다. 이와 같은 갈등은 결국 신뢰의 침식과 그 외 다른 형태의 잠재적 변동성을 초래할 가능성이 크다. 말을 바꾸면, 프로그램을 만들고 설계하는 일과 관련된 사람들뿐만 아니라 그들에게 자신들이 달성할 것으로 기대되는 목적이 무엇인가를 말하는 사람들은 그들의 성격상 윤리적일 필요가 있다. 한편 그들은 자신들의 과제가 영향력이 매우 크다는 것을 진정으로 깨달아야만 하는데, 이는 매우 중요한 방식으로 인류에게 이익을 주거나 혹은 인류를 위험에 처하게 하는 실제적인 잠재력을 가지고 있다. 그러나 다른 한편 외부의 규제들도 중요한데, 왜냐하면 그것들은 정치 당국이 국민들의 복지에 관심이 있다는 것을 보여주고, 나아가 국민들의 대변자인 그들은 국민들이 이와 같은 기술들에 대해 갖는 관심사의 표현들이기 때문이다. 미국의 기술 회사들은 전형적으로 외부의 규제들을 경계하지만, 그들은 만일 규제들과 그 회사들 자체가 사물을 동일한 방향으로 바라본다면 그렇게 해서는 안 될 것이다. 만일 그들 양자가 인공지능 기술들은 특정한 방향으로 가지 다른 방향으로 갈 필요가 없다는 데 동의한다면, 즉 만일 양측에 폭넓은 의견일치가 이루어진다면 결국 우리가 내부적인 구속이나 혹은 외부적인 구속을 갖는지의 여부는 그렇게 중요하지 않을 것이다. 이것은 회사들이 스스로 외부의 규제들에 열려 있어야 하며, 규제자 자신들도 사회 전체의 복지를 그들의 최우선적인 목적으로 여길 필요가 있다는 것을 의미한다.

　내가 보여주려고 애썼던 것은 인공지능을 포함한 기술에 대한 담론들은 마치 그 중간에 아무것도 없는 것처럼 그것을 칭송하는 사람들과 그것을 모독하는 사람들로 나누어진다는 것이다. 나는 이처럼 양극화된 태도들은 유지할 수 없을 것이라는 점을 보여주었는데, 왜냐하면 인공지능은 더 좋은 것이 되든 혹은 더 나쁜 것이 되든, 여기서 우리와 함께 할 것이기 때문이다. 기술 자체는 우리 자신들의 일상적인 삶의 구조 속으로 너무 많이 스며들어 와 있는데, 그와 같은 삶은 비록 전적으로 불가능한 것은 아니겠지만 그것을 완전히 폐기하는 것이 매우 어려운 일이다. 많은 사람들은 인공지능이 우리의 직업을 빼앗고 수백만 명이 일자리를 잃도록 할 것이라며 두려워했다. 그러나 역사는 우리들에게 우리 인간들은 전에도 스스로 적응해왔다는 사실을 보여주었다. 그렇다. 새로운 기술에 반대하는 사람들이 있었다. 러다이트주의자들이 약 200년 전에 무엇을 했는가를 보라. 그러나 그 후 인간 존재들은 스스로 새로운 작업 조건에 적응했다. 어쨌든 범용 인공지능 기계가 충분히 발전하지 않을 동안 — 그것은 매우 긴 시간이 될 수 있다 — 인간 존재들은 언제나 오늘날의 좁은 특수 인공지능이 달성할 수 없는 영역들에서 그들 자신만의 분야를 가질 수 있다. 이는 상당히 많은 양의 적응을 요구하지만 역사는 인간 존재들이 충분히 유능하다는 것을 보여주었으며, 따라서 나는 여기서 그 반대보다는 낙관주의에 한 표를 던질 것이다. 인간들은 좁은 인공지능이 능력을 가지고 있지 못한 영역에서 그들 자신만의 분야를 발견할 것이다. 그러나 만일 범용 인공지능과 초지능 기계가 전면에 나서는 시기가 온다면, 이 문제는 완전히 바뀔 것이다. 문제는 더 이상 인공지능이 직업을 빼앗고 많은 노동자들을 대체할 것인지의 여부가 아니다. 문제는 인간 존재들이 도대체 생존할 것인가의 여부가 될 것이다. 그것은 우리가 도덕감을 오늘날의 인공지능(인공지능의 전체 목적을 처음 설정하는 사람들인 오늘날의 프로그래머들일 가능성이 높다) 안에 주입할 필요가 있는 이유이며 결과적으로 그것들은 윤리적 피조물로 성장하게 된다. 이 말은 약간 억지스러운 것처럼 들릴 수도 있지만, 나는 만일 우리가 우리의 존재 및 미래의 인공지능과 우리의 협력을 향유하려고 한다면 그것은 이루어질 수 있으며, 실제로 이루어질 필요가 있을 것이라고 믿는다.

1 러다이트주의자들의 이야기는 Val Dusek, *Philosophy of Technology: An Introduction* (Blackwell, 2016), pp. 181-183에서 찾아볼 수 있다.

2 Val Dusek, *Philosophy of Technology: An Introduction*, p. 182.

3 예를 들면, 구글의 이니셔티브(an initiative by Google)를 보라. https://ai.google/social-good/

4 예컨대 Kevin Drum, "The AI Revolution is Coming-And It Will Take Your Job Sonner than You Think," *Mother Jones*, 2017.10.26., https://www.motherjones.com/kevin-drum/2017/10/you-will-lose-your-job-to-a-robot-and-sooner-than-you-think-2/(검색일: 2019.08.23.)과 Vanessa McGrady, "New Study: Artificial Intelligence Is Coming For Your Job, Millennials," *Forbes*, 2017.06.09., https://www.forbes.com/sites/vanessamcgrady/2017/06/09/millennial-jobs/#54a49c44530c(검색일: 2019.08.23.)을 보라. 이 논문들에 대한 비평은 Jacky Liang et al., "Job Loss Due to AI-How Bad is it Going to Be?, *Skynet Today*, 2019.02.04., https://www.skynettoday.com/editorials/ai-automation-job-loss(검색일: 2019.08.23.)

5 예를 들어, Daron Acemoglu and Pascual Restrepo, "Artificial Intelligence, Automation and Work," *NBER Working Paper Series*, Working Paper 24196, available at https://www.nber.org/papers/w24196(검색일: 2019.12.05.); Ekkehardt Ernst, Rossana Merola and Daniel Samaan, "Economics of Artificial Inteligence: Implications for the Future of Work," *IZA Journal of Labor Policy* 9.4(2019), https://www.degruyter.com/downloadpdf/j/izajolp.2019.9.issue-1/zajolp-2019-0004/izajolp-2019-0004.pdf(검색일: 2019.12.05.)을 보라.

6 예를 들어, Jon Walker, "Artificial Intelligence Applications for Lending and Loan Management," *Emerj.com*, 2019.05.19., https://emerj.com/ai-sector-overviews/artificial-intelligence-applications-lending-loan-management/(검색일: 2019.08.27.)을 보라. 또한 David del Ser and David Edelstein, "AI and Big Data Have Transformed Digital Finance in China. Can They Do the Same in Sub-Saharan Africa?," *FIDA Partnership China Blog Series*, 2018.09.28., https://www.financedigitalafrica.org/blog/2018/09/ai-and-big-data-have-transformed-digital-finance-in-china-can-they-do-the-same-in-sub-saharan-africa/(검색일: 2019.08.27.)도 보라.

7 Meredith Broussard, *Artificial Unintelligence: How Computers Misunderstand the World* (Cambridge, MA: MIT Press, 2018).

8 Peter D, Hershock, *Reinventing the Wheel: A Buddhist Response to the Information Age* (Albany: State University of New York Press, 1999), p. 78. 또한 Peter D. Hershock, *Buddhism in the Public Sphere: Reorienting Global Interdependent* (New

York: Routledge, 2006), pp. 85-101도 보라.

9 컴퓨터 과학자인 존 매커시(John McMarthy)는 이 주제를 다룬 다트머스대학(Dartmouth College)의 한 컨퍼런스를 위한 발표문에서 '인공지능'이라는 말을 만든 것으로 알려졌다. 그 발표문은 1955년에 쓰였는데, 컨퍼런스는 1956년에 열렸다. "A Proposal for the Dartmouth Summer Research Project on Artificial Intelligence," http://peopel.csail.mit.edu/brooks/idocs/DartmouthProposal.pdf (검색일: 2019.09.06.)을 보라. 귄터 안더스(Günther Anders)는 영향력이 큰 저술인 *Die Antiquiertheit des Menschen; Uber die Seele im Zeitalter des zweiten industriellen Revolution* (Munich: C. H. Beck)을 1956년에 출판했다. 또한 Elke Schwartz, "Günther Anders in Silicon Valley: Artificial Inelligence and Moral Atrophy," *Thesis Eleven* 153.1(2019): 94-112와 Christian Fuchs, "Günther Anders' Undiscovered Critical Theory of Technology in the Age of Big Data Capitalism," TripleC 15.2 (2017): 582-611, http://www.triple-c.at/(검색일: 2019.09.06.)도 보라.

10 Christopher John Müller, *Prometheanism: Technology, Digital Culture and Human Obsolescene* (London: Rowman & Littlefield, 2016), p. 12.

11 Christopher John Müller, "Günther Anders, Smart Technology and the Rise of Promethean Shame," https://www.rowmaninternational.com/blog/guenther-anders-smart-technology-and-the-rise-of-promethean-shame(검색일: 2019.09.07.)

12 James Hughes, "Compassionate AI and Selfless Robots: A Buddhist Approach."

13 문학 작품들을 읽고 그것을 공감적 감정을 계발하는 데 적용하는 것에 대해서는 많은 문헌들이 있다. 규범적 측면에서 마사 누스바움(Martha Nussbaum)은 이 문제에 대해 광범위한 글을 썼다. 예컨대 *Love's Knowledge: Essays on Philosophy and Literature* (Oxford University Press, 1992); *Cultivating Humanity: A Classical Defense of Reform in Liberal Education* (Cambridge, MA: Harvard University Press. 1997); *Not for Profit: Why Democracy Needs the Humanities, Updated Edition* (Princeton, NJ: Princeton University Press, 2017)에 들어 있는 논문 모음들을 보라. 더 나아가 게리 L. 학버거와 월터 죠스트(Garry L. Hagberg and Walter Jost)가 편집한 *A Companion to the Philosophy of Literature*, edited by Garry L. Hagberg and Walter Jost (New York: Wiley Blackwell, 2010)에 나오는 읽을거리 모음들은 특히 이 문제를 다루고 있는 수많은 논문들을 포함하고 있다.

14 Gordana Dodig Crnkovic and Baran Çürüklü, "Robots: Ethical by Design," *Ethics and Information Techonology* 14.1(2012): 61-71과 Virginia Dignum et al., "Ethics by Design: Necessary or Curse?" Proceedings of the 2018 AAAI/ACM Conference on AI, Ethics, and Society, New Orleans, LA, 2018.02.02.-03, pp. 60-66, https://dl.acm.org/citation.cfm?id=3278745에서 이용 가능하다.

15 James Hughes, "Compassionate AI and Selfless Robots: A Buddhist Approach."

16 Albert Borgmann, *Technology and the Character of Contemporary Life: A Philosophical Inquiry* (Chicago, IL: The University of Chicago Press, 1984), pp. 196-210.

17 Martin Heidegger, *The Question Concerning Technology and Other Essays*, William Levitt, transl. (New York: Garland, 1977), pp. 83-84.

18 Micheal J. Rigby, "Ethical Dimensions of Using Artificial Intelligence in Health Care," *AMA Journal of Ethics* 21.2(2019): E121-124. 또한 다음을 보라. Alfredo Vellido, "Societal Issues Concerning the Application of Artificial Intelligence in Medicine," *Kidney Diseases* 5(2019): 11-17; Fei Jiang et al., "Artificial Intelligence in Healthcare: Past, Present and Future," *Stroke and Vascular Neurology* 2.4(2017): 230-243, http://dx.doi.org/10.1136/svn-2017-000101; Kun-Hsing Yu, Andrew L. Beam, and Isaac S. Kohane, "Artificial Intelligence in Healthcare," *Nature Biomedical Engineering* 2(2018): 719-731, https://doi.org/10.1038/s41551-018-0305-z.

19 Alvin Rajkomar et al., "Scalable and Accurate Deep Leaning with Electronic Healthrecords," *NPJ Digital Medicine* 1(2018): https://dx.doi.org/10.1038/s41746-018-0029-1. 또한 Varun Gulshan, Lily Peng, and Marc Coram et al., "Development and Validation of a Deep Learning Algorithm for Detection of Diabetic Retinopathy in Retinal Fundus Photographs," *JAMA [Internet]* 316.22(2016): 2402-10, https://dx.doi.org/10.1001/jama.2016.17216(검색일: 2019.09.21.)도 보라.

20 Varun Gulshan, Lily Peng, and Marc Coram et al., "Development and Validation of a Deep Learning Algorithm for Detection Retinopathy in Retinal Fundus Photographs."

21 Bernard Marr, "How is AI Used in Education-Real World Examples of Today and a Peek into the Future," *Forbes.com*, 2018.07.02., https://www.forbes.com/sites/bernardmarr/2018/07/25/how-is-ai-used-in-education-real-world-examples-of-today-and-a-peek-into-the-future/#58b501b0586e(검색일: 2019.10.04.)

22 Bernard Marr, "How is AI Used In Education."

23 Tovia Smith, "More States Opting to 'Robo-Grade' Student Essays by Computer," NPR.org, 2018.06.30., https://www.npr.org/2018/06/30/624373367/more-states-opting-to-robo-grade-student-essays-by-computer(검색일: 2020.02.17.)

24 예를 들어, "The Social Robot Teacher," https://bold.expert/the-social-robot-teacher/ (검색일: 2019.10.04.)를 보라.

25 Takuya Hashimoto, Igor M. Verner, and Hiroshi Kobayashi, "Human-Like Robot as Teacher's Representative in Science Lesson: An Elementary School Experiment,"

in J.-H Kim et al., (ed.), *Robot Intelligence Technology and Applications 2012* (Advances in Intelligence Systems and Computing, vol.208, Berlin: Springer, 2013), pp. 775-786.

26 Matthew Lynch, "Using AI to Personalize Education for Everyone," *The Tech Advocate*, 2019.04.24., https://www.thetechadovocate.org/using-at-to-personalize-education-for-everyone/(검색일: 2019.10.04.)

27 Matthew Lynch, "Using AI to Personalize Education for Everyone."

28 Matthew Lynch, "Using AI to Personalize Education for Everyone."

29 Hubert Dreyfus, "Anonymity versus Commitment: The Dangers of Education on the Internet," *Ethics and Information Technology* 1.1(March 1999): 15-20.

30 Søren Kierkegaard, "The Present Age," in R. Bretall (ed.), *A Kierkegaard Anthology* (New York: The Modern Libarary, 1946), pp. 258-269를 보라.

31 다음을 보라. Soraj Hongladarom, "Anonymity and commitment: How to Kierkegaard and Dreyfus Fare in the Era of Facebook and "Phost-Truth"? *AI & Society* 34.2(2019): 289-299; Robyn Torok, "Social Media and the Use of Discursive Markers of Online Extremism and Recruitment," in Majeed Khader (ed.), *Combating Violent Extremism and Radicalization in the Digital Era* (IGI Global, 2016), pp. 36-69; Hafizh Adi Praseya and Tsuyoshi Murata, "Modeling the Co-evolving Polarization of Opinion and News Propagation Structure in Social Media," in Luca Maria Aiello et al (eds.), *Complex Networks and Their Applications VII Volume 2 Proceedings The 7th International Conference on Complex Networks and Their Applications* COMPLEX NETWORKS 2018 (Springer, 2019), pp. 314-326.

32 Cass Sustein, *Republic.com* (Princeton, NJ: Princeton University Press, 2001).

33 https://climate.nasa.gov/effects/를 보라.

34 David Biello, "What Will Ice-Free Arctic Summer Bring?" *Scientific American*, 2012. 09.24., https://www.scientificamerican.com/article/arctic-sea-ice-loss-implications/(검색일: 2019.11.01.)

35 David Rolnick et al., "Tackling Climate Change with Machine Learning," 2019.06. 10., https://arxiv.org/abs/1906.05433v1.

36 David Rolnick et al., "Tackling Climate Change with Machine Learning," 2.

37 David Rolnick et al., "Tackling Climate Change with Machine Learning," 6.

38 David Rolnick et al., "Tackling Climate Change with Machine Learning," 6.

39 David Rolnick et al., "Tackling Climate Change with Machine Learning," 33.

40　David Rolnick et al., "Tackling Climate Change with Machine Learning," 51.

41　David Rolnick et al., "Tackling Climate Change with Machine Learning," 51.

42　David Rolnick et al., "Tackling Climate Change with Machine Learning," 40.

43　Seth D. Baum, "On the Promotion of Safe and Socially Beneficial Artificail Intelligence," *AI & Society* 32.4(2017): 543-551.

44　Bronwyn Hayward et al., "It's Not 'Too Late': Learning from Pacific Small Island Developing States in a Warming World," *WIREs Climate Change*, 2019.10.23., https://doi.org/10.1002/wcc.612(검색일: 2019.11.03.)

45　Bronwyn Hayward et al., "It's Not 'Too Late': Learning from Pacific Small Island Developing States in a Warming World."

46　Umair Irfan, "Greta Thunberg Is Leading Kids and Adults from 150 Countries in a Massive Friday Climate Strike," *Vox.com*, 2019.09.20., https://www.vox.com/2019/9/17/20864740/greta-thunberg-youth-climate-strike-fridays-future(검색일: 2019.11.03.)

47　예컨대, 다음을 보라. Avner De-Shalit, *Why Posterity Matters* (New York: Routledge, 1995); Andrew Dobson, *Fairness and Futurity: Essays on Environmental Sustainability and Social Justice* (Oxford: Oxford University Press, 1999); Axel Gosseries and Lukas H. Meyer (eds.), *Intergenerational Justice* (Oxford: Oxford University Press, 2009); Tim Mulgan, *Future People: A Moderate Consequentialist Account of our Obligations to Future Generations* (Oxford: Oxford Univeristy Press, 2006).

48　*Sigalovāda Sutta*, https://www.accesstoinsight.org/tipitaka/dn/dn.31.0.nara.html(검색일: 2019.11.03.)

49　*Sigalovāda Sutta*, https://www.accesstoinsight.org/tipitaka/dn/dn.31.0.nara.html.

역자의 말

우리가 거의 매일 24시간 동안 끼고 사는 스마트폰은 아주 단순한 형태의 인공지능이다. 그것이 얼마나 편리하고 좋은 물건인가는 새삼 되물어볼 필요도 없다. 영화도 보여주고 음악도 틀어준다. 어디 그뿐인가. 전화도 걸고 메일도 주고받는다. 많은 서류를 들고 있다가 필요할 때 언제든지 전달할 준비가 되어 있는 완벽한 비서의 역할도 한다. 글자 그대로 스마트폰은 똑똑하다. 그러나 동시에 우리는 스마트폰에 일상의 대부분을 의존함으로써 점점 더 스마트폰의 노예가 되어가고 있음을 자각한다. 아니 우리의 주인은 이미 스마트폰일지도 모르겠다는 생각을 해본다. 당장 스마트폰을 잃어버리기라도 하면 그야말로 난리가 난다. 아무것도 할 수 없기 때문이다. 우선 기억하고 있는 전화번호가 하나도 떠오르지 않는다. 모든 연락 수단이 동시에 사라진다. 그야말로 멘붕 상태에 빠지고 마는 것이다.

이 간단한 비유를 확장하면 그대로 인류와 인공지능의 미래가 될지도 모르겠다. 스마트폰보다 훨씬 더 복잡하고 유능한 인공지능 시스템인 각종 로봇은 인류의 삶을 획기적으로 개선할 수도 있지만 자기 힘을 못 이겨 인류를 파멸의 구렁텅이로 빠뜨릴 수도 있다는 경고음이 끊임없이 들린다. 스마트폰을 비롯한 각종 디지털 제품들은 한편으로는 피할 수 없는 대세지만 다른 한편으로는 무서워서 도망가고 싶은 문명의 이기가 되고 말았다는 지적도 많다. 이쯤 되면 인공지능과 로봇 윤리는 모든 인문학의 주제가 될 수밖에 없을 것이다.

이 책은 태국 쭐랄롱꼰대학의 철학 교수이자 《과학 & 기술 윤리학 센터》 소장인 소랏 헝라다롬Soraj Hongladarom이 쓴 *The Ethics of AI and Robotics A Buddhist Viewpoint*(Lexington Books, 2020)를 우리말로 옮긴 것이다. 우선 누가 보아도 거리가 먼 것처럼 보이는 불교와 인공지능의 문제를 과감하게 다루고 있다는 점에서 상당한 용기가 필요한 학문적 작업이었을 것으로 판단한다. 책을 읽기 시작하면서 저자가 이 난감한 주제를 어떻게 풀어나갈지가 무척 궁금했다. 저자인 소랏 헝라다롬은 인공지능과 로봇 윤리에 대한 최근의 논의들이 서양의 지적 전통에만 초점을 맞추고 있다는 점을 못마땅하게 생각하고, 불교적 전통에서 이 문제를 직접 다루어보겠다는 학문적 의지를 발휘한다. 그는 불교가 이 문제에 대해 흥미롭고도 새로운 실천지침을 제공할 수 있다고 주장한다. 예컨대 불교 윤리는 기술적 탁월성technical excellence과 윤리적 탁월성ethical excellence을 하나로 결합하는 방식을 통해 인공지능과 로봇 윤리를 새롭게 규정하는 접근 방법을 제안할 수 있다고 본다. '좋은' 자동차가 차의 다양한 성능 못지않게 탑승자의 안전성을 확보할 수 있어야 하듯이 '좋은' 인공지능 로봇도 기술적 탁월성과 함께 윤리적 탁월성을 갖추어야 비로소 완성된, 깨달은 존재의 지위를 부여받는다. 아직 충분한 감정을 느끼는 것은 아니지만, 미래의 범용 인공지능AGI도 인간에 근접한 의식적인 존재일 가능성이 높다는 점을 전제한다면 인간에게 요구되는 윤리적 조건은 인공지능에게도 동일하게 적용되어야 할 것이다. 그와 같은 윤리는 불교적 이상을 따라 다른 모든 존재들의 고통을 덜어주는 것을 돕는 방식을 선택해야 할 것으로 보인다. 다시 말해 범용 인공지능과 같은 인간을 닮은 어떤 존재의 윤리적 이상은 인간 존재의 윤리적 모델과 본질적으로 다를 이유가 없는 것이다. 저자의 말을 빌리면 그때 인공지능은 '기계의 깨달음machine enlightenment'을 얻게 된다. 이 책은 계·정·혜와 삼법인 및 공 사상, 사무량심, 연기 등의 교학지식을 적절하게 인용하면서 불교 윤리가 미래의 인공지능과 로봇 윤리로도 확장될 수 있음을 논증한다. 그 과정에서 우리는 저자의 불교에 대한 폭넓은 이해와 과학기술 윤리학 전반에 대한 통찰력 있는 식견을 발견할 수 있을 것이다.

우리말로 옮기는 과정은 인욕바라밀을 실천해야 하는 지루한 과정의 연속이었다. 일주일에 한 번씩 만나 같이 읽고 문장을 가다듬는 반복되는 작업을 되풀이했다. 먼저 내가 읽고 번역을 하면 김진선 박사가 컴퓨터로 받아 적는 동안 다른 사람들이 의견을 제시하고 수정·윤문하는 과정을 거쳐 한 문장씩 완성해나갔다. 담준 스님은 폭넓은 교학 지식을 통해 불교 윤리학 전공자의 섬세함을 보여주셨고, 김진선 박사와 주은혜 선생은 집중력이 흐트러진 내가 혹시라도 잘못 읽으면 어김없이 죽비를 내려 바로잡아주었다. 세 분의 신심과 우정에 감사드린다. 그런 점에서 이 책은 그야말로 우리 네 사람의 열정과 정성이 만들어낸 학문적 성과물이라고 할 수 있다. 우리는 좀 더 적절한 번역어를 찾기 위해 고심했고 오역을 피하면서 좋은 문장을 만들기 위해 많은 시행착오를 거쳐야 했다. 그러나 역시 번역은 오·반역으로부터 완전히 자유로울 수 없나 보다. 여전히 문장이 매끄럽지 않거나 의미가 선뜻 와닿지 않는 부분이 더러 눈에 띈다. 그렇다고 원문을 우리말로 통째로 번안할 수도 없는 노릇이었다. 번역의 보람을 느끼면서도 반역 및 오역의 부끄러움은 고스란히 떠안고 갈 작정이다. 독자분들의 너그러운 양해를 구하고 싶을 따름이다. 앞으로 계속 고쳐나갈 것을 약속드리는 것으로 조금이나마 아쉬움을 달래야 할 것 같다.

끝으로 작년의 『자비 결과주의』에 이어 올해 다시 이 책 『불교의 시각에서 본 AI와 로봇 윤리: 불교, 인공지능과 로봇을 말하다』를 출간해 준 도서출판 씨아이알에 온 마음을 담아 고마움을 전한다. 제발 책이 잘 팔려 역자들의 미안함을 조금이나마 덜어줄 수 있기를 바랄 뿐이다. 그저 고맙고 감사하다는 말밖에 더 드릴 말이 없다. 씨아이알의 발전과 애써주신 모든 분들께 거듭 고개 숙여 인사를 전하는 것으로 역자의 말을 대신하고 싶다.

2022년 임인년 2월

김근배(曇準), 김진선(淨明), 주은혜(無住性)를 대표하여

허남결(月印)이 적다.

참고문헌

Acemoglu, Daron and Pascual Restrepo. "Artificial Intelligence, Automotion and Work." *NBER Working Paper Series,* Working Paper 24196. https://www.nber.org/papers/w24196.pdf.

Ackermann, Evan. "Researchers Teaching Robots to Feel and React to Pain," *IEEE Spectrum,* May 26, 2016. https://spectrum.ieee.org/automaton/robotics/robotics-software/researchers-teaching-robots-to-feel-and-react-to-pain.

Ackrill, J. L. *Aristotle on "Eudaimonia."* London: Oxford University Press, 1975.

Adam Poulsen, Oliver K. Burmeister, and David Kreps, "The Ethics of Inherent Trust in Care Robots for the Elderly." In *This Changes Everything-ICT and Climate Change: What Can We Do?* (HCC13 2018. IFIP Advances in Information and Communication Technology, vol.537), edited by D. Kreps, C. Ess, L. Leenen, and K. Kimppa, Springer, Cham.

Alexander, Donovan. "5 Ways Artificial Intelligence is Changing Architecture." December 8, 2018. https://interestingengineering.com/5-ways-artificial-intelligence-is-changing-architecture.

Anders, Günther. *Die Antiquiertheit des Menschen; Über die Seele im Zeitalter des zweiten industriellen Revolution.* Munich: C. H. Beck, 1956.

Annett Zimmermann, Elena di Rosa, and Hochan Kim. "Technology Can't Fix Algorithmic Injustice," *Boston Review: A Political and Literary Forum,* January 9, 2020. http://bostonreview.net/science-nature-politics/annette-zimmermann-elena-di-rosa-hochan-kim-technology-cant-fix-algorithmic.

Aristotle. *De Anima (On the Soul),* transl. Hugh Lawson-Tancred. Penguin Classics, 1987.

Asselin, Don. *Human Nature and Eudaimonia in Aristotle.* New York: Peter Lang, 1989.

Baum, Seth D. "On the Promotion of Safe and Socially Beneficial Artificial Intelligence." *AI & Society* 32.4 (2017): 543-551.

Beqiri, Rron. "A.I. Architecture Intelligence." *Future Architecture,* May 4, 2016. http://futurearchitectureplatform.org/news/28/ai-architecture-intelligence/.

Berlin, Isaiah. "Two Concepts of Liberty" In *I. Berlin, Four Essays on Liberty,* New Edition. London: Oxford University Press, 2002.

Bernard Marr, "How is AI Used in Education-Real World Examples of Today and a Peek into the Future," *Forbes.com,* July 2, 2018. https://www.forbes.com/sites/bernardmarr/2018/07/25/how-is-ai-used-in-education-real-world-examples-of-today-and-a-peek-into-the-future/#

58b501b0586e.

Bhargava, Vikram and Tae Wan Kim. "Autonomous Vehicles and Moral Uncertainty." In *Robot Ethics 2.0*, edited by Patrick Lin, Ryan Jenkins, and Keith Abney (Oxford: Oxford University Press, 2017), 5-19.

Bhikkhu Bodhi (ed.). *A Comprehensive Manual of Abhidhamma: The Abhidhammattha Sangaha of Acariya Anuruddha*. https://www.accesstoinsight.org/lib/authors/bodhi/abhiman.html.

Biello, David. "What Will Ice-Free Arctic Summer Bring?" *Scientific American*, September 24, 2012. https://www.scientificamerican.com/article/arctic-sea-ice-loss-implications/.

Borenstein, Jason, Joseph Herkert, and Keith Miller. "Self-Driving Cars: Ethical Responsibilities of Design Engineers." *IEEE Technology and Society Magazine* 36.2 (2017): 67-75.

Borgmann, Albert. *Technology and the Character of Contemporary Life: A Philosophicla Inquiry*. Chicago: The University of Chicago Press, 1984.

Bostrom, Nick. *Superintelligence: Path, Dangers, Strategies*. Oxford University Press, 2014.

Bostrom, Rachel. "Big Data Meets Big Brother as China Moves to Rate its Citizens," *Wired*, October 21, 2017. https://www.wired.co.uk/article/chinese-government-social-credit-score-parivacy-invasion.

Borekens, Joost, Marcel Heering, and Henk Rosendal. "Assistive Social Robots in Elderly Care: A Review," http://mmi.tudelft.nl/~joostb/files/Broekens%20Heerink%20Rosendal%202009.pdf.

Broussard, Meredith. *Artifical Unintelligence: How Computers Misunderstand the World*. Cambridge, MA: MIT Press, 2018.

Butler, Joseph. "Of Personal Identity" In *Personal Indentity (2nd ed.)*, edited by John Perry. Berkeley: University of California Press, 2008.

Chalmers, David. *The Conscious Mind: In Search of a Fundamental Theory*. Oxford: Oxford University Press, 1998.

Clifford, Catherine. "Facebook CEO Mark Zuckerberg: Elon Musk's Doomsday AI Predictions Are 'Pretty Irresponsible,'" *Cnbc.com*, July 24, 2017. https://www.cnbc.com/2017/07/24/mark-zuckerberg-elon-musks-doomsday-ai-predictions-are-irresponsible.html.

Coradeschi, S. et al., "GiraffPlus: A System for Monitoring Activities and Physiological Parameters and Promoting Social Interatcion for Elderly." In *Human-Computer Systems Interaction: Backgrounds and Applications 3. Advances in Intelligence Systems and Computing, vol 300*, edited by Z. Hippe et al. (Springer, Cham).

Corr, Anders. "China's Surveillance State: Using Technology to Shape Behavior," *La Croix International*, February 1, 2019. https://international.la-croix.com/news/chinas-surveillance-state-using-technology-to-shape-behavior/9374#.

Cox, Laura. "5 Applications of Facial Recognition Technology." *Disruption*, July 13, 2017. https://disruptionhub.com/5-applications-facial-recognition-technology/

Danaher, John and Neil McArthur (eds.). *Robot Sex: Social and Ethical Implications*. Cambridge, MA: MIT Press, 2017.

Davidson Richard J. et al., "Buddha's Brain: Neuroplasticity and Meditation." *IEEE Signal Processing Magazine* 25.1 (2008): 174-176.

Davidson, Richard J. *His Holiness the Dalai Lama, Where Buddhism Meets Neuroscience: Conversations with the Dalai Lama on the Spiritual and Scientific Views of Our Minds*. Shambhala Publications, 2018.

Davidson, Richard J. *The Emotional Life of Your Brain: How Its Unique Patterns Affect the Way You Think, Feel, and Live-and How You Can Change Them*. New York: Avery, 2012.

Davidson, Richard J. *The Mind's Own Physician*. New Harbinger, 2012.

Davidson, Richard J., et al. "Alterations in Brain and Immune Function Produced by Mindfulness Meditation." *Psychosomatic Medicine* 65.4 (2003): 564-570.

De-Shalit, Avner. *Why Posterity Matters*. New York: Routledge, 1995.

del Ser, David and David Edelstein. "AI and Big Data Have Transformed Digital Finance in China. Can They Do the Same in Sub-Saharan Africa?" *FIDA Partnership China Blog Series*, September 28, 2018. https://www.financedigitalafrica.org/blog/2018/09/ai-and-big-data-have-transformed-digital-finance-in-china-can-they-do-the-same-in-sub-saharan-africa/.

Dennett, Daniel. "Conditions of Personhood." In *What Is a Person?*, ed. Michael F. Goodman (Totowa, NJ: Humana Press, 1988), 145-167.

Dignum, Virginia et al., "Ethics by Design: Necessary or Curse?" *Proceedings of the 2018 AAAI/ACM Conference on AI, Ethics, and Society*. New Orleans, LA, pp. 60-66, February 2-3, 2018. https://dl.acm.org/citation.cfm?id=3278745.

Dobson, Andrew. *Fairness and Futurity: Essays on Environmental Sustainability and Social Justice*. Oxford: Oxford University Press, 1999.

Dodig Crnkovic, Gordana and Baran Çürüklü. "Robots: Ethical by Design." *Ethics and Information Technology* 14.1 (2012): 61-71.

Dreyfus, Hubert. "Anonymity versus Commitment: The Dangers of Education on the Internet." *Ethics and Information Technology* 1.1 (March 1999): 15-20.

Drum, Kevin. "The AI Revolution is Coming-And It Will Take Your Job Sooner than You

Think," *Mother Jones*, October 26, 2017. https://www.motherjones.com/kevin-drum/2017/10/you-will-lose-your-job-to-a-robot-and-sooner-than-you-think-2/.

Dusek, Val. *Philosophy of Technology: An Introduction*. Blackwell, 2006.

Edelglass, William and Jay L. Garfield (eds.). *Buddhist Philosophy: Essential Readings*. Oxford: Oxford University Press, 2009.

Epictetus. *Discourses and Selected Writings*. London: Penguin Classics, 2008.

Ernst, Ekkehardt, Rossana Merola, and Daniel Samaan. "Economics of Artificial Intelligence: Implications for the Future of Work," *IZA Journal of Labor Policy* 9.4 (2019). https://www.degruyter.com/downloadpdf/j/izajolp.2019.9.issue-1/izajolp-2019-0004/izajolp-2019-0004.pdf.

Flanagan, Owen. *The Budhisattva's Brain: Buddhism Naturalized*. Cambridge, MA: MIT Press, 2011.

Floridi, Luciano. "What the Near Future of Artificial Intelligence Could Be." *Philosophy & Technology* 32.1 (2019): 1-15.

Floridi, Luciano. *The Fourth Revolution: How the Infosphere is Reshaping Human Reality*. Oxford: Oxford University Press, 2014.

Fuchs, Christian. "Günther Anders' Undiscovered Critical Theroy of Technology in the Age of Big Data Capitalism." *TripleC* 15.2 (2017): 582-611.

Ganeri, Jonardon. *Philosophy in Classical India*. London: Routledge, 2001.

Gethin, Rupert. *The Foundations of Buddhism*. Oxford: Oxford University Press, 1998.

Goodall, Noal J., "Can You Program Ethics into a Self-Driving Car?" *IEEE Spectrum* 53.6 (2016): 28-58.

Gosseries, Axel and Lukas H. Meyer (eds.). *Intergenerational Justice*. Oxford: Oxford University Press, 2009.

Gulshan, Varun, Lily Peng and Coram Marc et al., "Development and Validation of a Deep Learning Algorithm for Detection of Diabetic Retinopathy in Retinal Fundus Photographs," *JAMA [Internet]* 316.22 (2016): 2402-10. https://dx.doi.org/10.1001/jama.2016.17216

Gunkel, David. "The Other Question: Can and Should Robots Have Right?" *Ethics and Information Technology* 20 (2018): 87-99.

Gunkel, David. *Robot Rights*. Cambridge, MA: MIT Press, 2018.

Hagberg, Garry L. and Walter Jost. *A Companion to the Philosophy of Literature*. New York: Wiley Blackwell, 2010.

Harré, Rom. *The Singular Self*. London: Sage, 1998.

Harris, Ricki. "Elon Musk: Humanity Is a Kind of Biological Boot Loader' for AI," *Wired.com*, September 1, 2019. https://www.wired.com/story/elon-musk-humanity-biological-boot-loader-ai.

Hashimoto, Takuya, Igor M. verrner, and Hiroshi Kobayashi, "Human-Like Robot as Teacher's Representative in a Science Lesson: An Elementary School Experiment." In *Robot Intelligence Technology and Applications 2012*, edited by J.-H Kim et al., Advances in Intelligent Systems and Computing, vol.208. Berlin: Springer, 2013.

Hassbis, Demis. "AlphaGo: Using Machine Learning to Master the Ancient Game of Go." January 27, 2016. https://blog.google/technology/ai/alphago-machine-learning-game-go/.

Havens, John C. *Heartificial Intelligence: Embracing Humanity to Maximize Machines*. New York: Penguin Random House, 2016.

Hayward, Bronwyn et al., "It's Not 'Too Late': Learning from Pacific Small Island Developing States in a Warning World," *WIREs Climate Change*. October 23, 2019. https://doi.org/10/1002/wcc/612.

Heidegger, Martin. *Being and Time*, trans. John Macquarrie and Edward Robison. Oxford: Blackwell. 1962.

Heidegger, Martin. *The Question Concerning Technology and Other Essays*, trans. William Levitt. New York: Garland, 1977.

Hershock, Peter D. *Buddhism in the Public Sphere: Reorienting Global Interdependent*. New York: Routledge, 2006.

Hershock, Peter D. *Reinventing the Wheel: A Buddhist Response to the Information Age*. Albany: State University of New York Press, 1999.

Heyns, Christof. "Autonomous Weapons in Armed Conflict and the Right to a Dignified Life: An African Perspective." *South African Journal on Human Rights* 33.1 (2017): 46-71.

Hongladarom, Soraj and Charles Ess (eds.). *Information Technology Ethics: Cultural Perspectives*. IGI Global, 2007.

Hongladarom, Soraj. *A Buddhist Theory of Privacy*. Springer, 2016.

Hongladarom, Soraj. "Anonymity and commitment: How do Kierkegaard and Dreyfus Fare in the Era of Facebook and Post-Truth." *AI & Society* 34.2 (2019): 289-299.

Hongladarom, Soraj. "Big Data, Digital Traces and the Metaphysics of the Self" In *Philosophy and Computing*, edited by Thomas Powers. *Philosophical Studies Series*, vol.128. Springer, Cham, 2017.

Hongladarom, Soraj. "Growing Science in Thai Soil: Culture and Development of Scientific and Technological Capabilities in Thailand." *Science, Technology & Society* 9.1 (2004): 51-73.

Hongladarom, Soraj. "Spinoza & Buddhism on the Self," *The Oxford Philosopher*. https://theoxfordphilosopher.com/2015/07/29/spinoza-buddhism-on-the-self/.

Hongladarom, Soraj. *The Online Self: Externalism, Friendship, and Games*. Springer, 2016.

Hoofnagle, Chris et al., "How Different Are Young Adults from Older Adults When It Comes to Information Privacy Attitudes & Policies?" *SSRN*, April 14, 2010. https://ssrn.com/abstract=1589864 or http://dx.doi.org/10.2139/ssrn.1589864.

Horner, I. B. (ed.). *The Minor Anthologies of the Pali canon. Volume III: Buddhavaṃsa (Chronicle of Buddhas) and Cariyāpiṭaka (Basket of Conduct)*. London: Pali Text Society, 1975.

Hubbard, Patrick F. "Do Androids Dream: Personhood and Intelligent Artifacts." *Temple Law Review* 83 (2011): 405-474.

Hughes, James. "Compassionate AI and Selfless Robots: A Buddhist Approach." In *Robot Ethics: The Ethical and Social Implications of Robotics*, edited by Patrick Lin, Keith Abney, and Georgy A. Bekey. Cambridge, MA: MIT Press, 2012.

Irfan, Umair. "Greta Thunberg Is Leading Kids and Adults from 150 Countries in a Massive Friday Climate Strike." *Vox.com*. September 20, 2019. https://www.vox.com/2019/9/17 20864740/greta-thunberg-youth-climate-strike-fridays-future.

Jayasuriya, Laksiri. "Just War Tradition and Buddhism." *International Studies* 46.4 (2009): 423-438.

Jiang, Fei et al., "Artificial Intelligence in Healthcare: Past, Present and Future." *Stroke and Vascular Neurology* 2.4 (2017): 230-243.

Johnson, Aaron M. and Sidney Axinn. "The Morality of Autonomous Robots." *Journal of Military Ethics* 12.2 (2013): 129-141.

Kearns, Michael and Aaron Roth. *The Ethical Algorithm: The Science of Socially Aware Algorithm Design*. Oxford: Oxford University Press, 2019.

Keown, Damien. *The Nature of Buddhist Ethics*. New York: Palgrave, 1992.

Kierkegaard, Søren. "The Present Age." In *A Kierkegaard Anthology*, edited by R. Bretall. New York: The Modern Library, 1946.

Körtner, T., "Ethical Chanllenges in the Use of Social Service Robots for the Elderly People." *Zeitschrift für Gerontologie und Geriatrie* 49 (2016): 303-307.

Kuzweil, Ray. *The Singularity Is Near: When Humans Transcend Biology*. New York: Viking,

2005.

Liang, Jacky et al., "Job Loss Due to AI-How Bad is it Going to Be?" *Skynet Today*, February 4, 2019. https://www.skynettoday.com/editorials/ai-automation-job-loss.

Lin, Patrick, Ryan Jenkins, and Keith Abney. *Robot Ethics 2.0: From Autonomous Cars to Artificial Intellignece*. Oxford: Oxford University Press, 2017.

Lin, Patrick. "Why Ethics Matters for Autonomous Cars." In *Autonomes Fahren*, edited by M. Maurer, C. Gerdes, B. Lenz, and H. Winner (Berlin: Springer, 2015), 70-85.

Linder, Alex. "Xinhua Shows Off World's First Female AI News Anchor," *Shanghaiist*, February 21, 2019. https://shanghai.ist/2019/02/21/xinhua-shows-off-worlds-first-female-ai-news-anchor/.

Lucas, Louise and Emily Feng. "Inside China's Surveillance State." *Financial Times*. July 20, 2018. https://www.ft.com/content/2182eebe-8a17-11e8-bf9e-8771d5404543.

Lynch, Matthew. "Using AI to Personalize Education for Everyone." *The Tech Advocate*, April 24, 2019. https://www.thetechedovocate.org/using-ai-to-personalize-education-for-everyone.

Macdorman, Karl F. and Stephen J. Cowley. "Long-Term Relationships as a Benchmark for Robot Personhood." In *ROMAN 2006-The 15th IEEE International Symposium on Robot and Human Interative Communication* (Hatfield, 2006), 378-383.

Macklin, Ruth. "Dignity Is A Useless Concept: It Means No More Than Respect for Persons or Their Autonomy." *British Medical Journal* 327 (2003): 1419-1420.

"Maha-parinibbāna Sutta: Last Days of the Buddha," transl. Thanissaro Bhikkhu. https://www.accesstoinsight.org/tipitaka/dn/dn.16.1-6.vaji.html.

Marr, Bernard. "How Is AI Used in Education-Real World Examples of Today and a Peek into the Future," *Forbes.com*, July 2, 2018. https://www.forbes.com/sites/bernardmarr/2018/07/25/how-is-ai-used-in-education-real-world-exampels-of-today-and-a-peek-into-the-future/#58b501b0586e.

Maurer, Markus et al., (eds.). *Autonomous Driving: Technical, Legal, and Social Aspects*. Springer, 2015.

McCarthy, John. "A Proposal for the Dartmouth Summer Research Project on Artificial Intelligence." 1956. http://people.csail.mit.edu/brooks/idocs/DartmouthProposal.pdf.

McDaniel, Justin. "Thai Buddhism," *Oxford Bibliographies*. https://www.oxfordbibliographies.com/view/document/obo-9780195393521/obo-9780195393521-0110.xml.

McGrady, Vanessa. "New Study: Artificial Intelligence Is Comig For Your Job, Millennials." *Forbes*, June 9, 2017. https://www.forbes.com/site/vanessamcgrady/2017/06/09/millennial-jobs/#54a49c44530c.

Mitchell, Donald W. *Buddhism: Introducing the Buddhist Experience*. Oxford University Press, 2013.

Mitchell, Melanie. *Artificial Intelligence: A Guide for Thinking Humans*. New York: Farrar, Strauss, and Giroux, 2019.

Mittelstadt, Brent Daniel, et al., "The Ethics of Algorithms: Mapping the Debate." *Big Data & Society* (2016): 1-21.

Montgomery, Stuart. "What's in a Algorithm? The Problem of the Black Box." *Trufts Observer*, February 25. 2019. https://tuftsobserver.org/whats-in-an-algorithm-the-problem-of-the-black-box/.

Moor, James H. "Towards a Theory of Privacy in the Information Age." *Amc Sigcas Computers and Society* 27.3 (1997): 27-32.

Moore, Barrington, Jr. *Privacy: Studies in Social and Cultural History*. London: Routledge, 1984.

Mulgan, Tim. *Future People: A Moderate Consequentialist Account of our Obligations to Future Generations*. Oxford: Oxford University Press, 2006.

Müller, Christopher John. "Günther Anders, Smart Technology and the Rise of Promethean Shame." December 13, 2017. https://www.rowmaninternational.com/blog/guenther-anders-smart-technology-and-the-rise-of-promethean-shame.

Müller, Christopher John. *Prometheanism: Technology, Digital Culture and Human Obsolescence*. Lanham, MD: Rowman & Littlefield, 2016.

Myers West, Sarah. "Data Capitalism: Redefining the Logics of Surveillance and Privacy." *Business & Society* 58.1 (2019): 20-41.

Nāgārjuna. *The Fundamental Wisdom of the Middle Way*, trans. Jay Garfield. Oxford: Oxford University Press, 1995.

Ñanamoli, Bhikkhu. *The Life of the Buddha: According to the Pali Canon*. Onalaska, WA: BPS Pariyatti Editions, 1992.

Nussbaum, Martha. *Cultivating Humanity: A Classical Defense of Reform in Liberal Education*. Cambridge, MA: Harvard University Press, 1997.

Nussbaum, Martha. *Love's Knowledge: Essays on Philosophy and Literature*. Oxford: Oxford University Press, 1992.

Nussbaum, Martha. *Not for Profit: Why Democracy Needs the Humanities*. Updated Edition. Princeton, NJ: Princeton University Press, 2017.

Nyholm, Sven and Jilles Smids. "The Ethics of Accident-Algorithms for Self-Driving Cars: An

Applied Trolley Problem?" *Ethical Theory and Moral Practice* 19.5 (2016): 1275-1289.

Pecharroman, Lidia Cano. "Rights of Nature: Rivers that Can Stand in Court." *Resources* 7.1 (2018): 13. https://doi.org/10.3390/resources7010013.

Praseya, Hafizh Adi and Tsuyoshi Murata, "Modeling the Co-evolving Polarization of Opinion and News Propagation Structure in Social Media." In *Complex Networks and Their Applications VII*, edited by Luca Maria Aiello et al., (Springer, 2019), 314-326.

Prayut Prayutto, *Buddhadharma: Expanded Edition*. Printed as a Memorial in the Funeral of Mr. Thalerg Laojinda, B.E.2558 (AD2015) [in Thai].

Promta, Somparn and Kenneth Eimar Himma. "Artificial Intelligence in Buddhist Perspective." *Journal of Information, Communication and Ethics in Society* 6.2 (2008): 172-187.

Qiang, Xiao. "The Road to Digital Unfreedom: President Xi's Surveillance State." *Journal of Democracy* 30.1 (2019): 53-67.

Rajkomar, Alvin et al., "Scalable and Accurate Deep Learning with Electronic Healthrecoreds." *NPJ Digital Medicine* 1 (2018): 1.

Raya, Jones. *Personhood and Social Robotics: A Psychological Condition*. London: Routledge, 2016.

Regan, Tom and Peter Singer (eds.). *Animal Rights and Human Obligations*. Englewood Cliffs, NJ: Prentice Hall, 1976.

Regan, Tom. *Defending Animal Rights*. Urbana: University of Illinois Press, 2006.

Regan, Tom. *The Case for Animal Rights*. Berkeley: University of California Press, 2004.

Rigby, Michael J. "Ethical Dimensions of Using Artificial Intelligence in Health Care." *AMA Journal of Ethics* 21.2 (2019): 121-124.

Rolnick, David et al., "Tackling Climate Change with Machine Learning." June 10, 2019. https://arxiv.org/abs/1906.05433v1.

Rorty, Amelie Oksenberg. "A Literary Postscript: Characters, Persons, Selves, Individuals." In *The Identity of Persons*, edited by A. O. Rorty. (Berkeley: University of California Press, 1976), 301-324.

Russell, Stuart. *Human Compatible: Artificial Intelligence and the Problem of Control*. New York: Penguin Random House, 2019. Kindle.

Sapielli, Andrew. "Along an Imperfectly-Lighted Path: Practical Rationality and Normative Uncertainty." Unpulished PhD diss., Rutgers University. 2010.

Sapielli, Andrew. "Normative Uncertainty for Non-Cognitivists." *Philosophical Studies* 160 (2012): 191-207.

Sapielli, Andrew. "What to Do When You Don't Know What to Do When You Don't Know What to Do." *Nous* 47 (2014): 521-544.

Sapielli, Andrew. "What to Do When You Don't Know What to Do." In *Oxford Studies in Metaethics*, vol.4, edited by Suss-Shafer Laundau (Oxford: Oxford University Press, 2009), 5-28.

Schoeman, Ferdinand. "Privacy: Philosophical Dimensions." *American Philosophical Quarterly* 21.3 (1984) 199-213.

Schroeder, Doris. "How to Define Dignity and its Place in Human Rights-A Philosopher's View." *The Conversation*, August 9, 2017. https://theconversation.com/how-to-define-dignity-and-its-place-in-human-rights-a-philosophers-view-81785.

Schroeder, Doris. "Human Rights and Human Dignity." *Ethical Theory and Moral Practice* 15.3 (2012): 323-335.

Schwartz, Elke. "Günther Anders in Silicon Valley: Artificial Intelligence and Moral Atrophy." *Thesis Eleven* 153.1 (2019): 94-112.

Scott, Rachel M. *Nirvana for Sale? Buddhism. Wealth, and the Dhammakāya Temple in Contemporary Thailand*. Albany: State University of New York Press, 2009.

Sellars, John. *Stoicism*. Chesham: Acumen, 2006.

Sharkey, Amanda and Sharkey, Noel. "Granny and the Robots: Ethical Issues in Robot Care for the Elderly." *Ethics and Informantion Technology* 14.1. (2012): 27-40.

Siderits, Mark. *Buddhism as Philosophy: An ntroduction*. New York: Ashgate, 2007.

"Sigalovada Sutta," trans. Narada Thera. https://www.accesstoinsight.org/tipitaka/dn/dn.31.0.nara.html.

Simpson, Thomans W. and Vicent C. Miller. "Just War and Robots' Killings." *The Philosophical Quarterly* 66.263 (2016): 302-322.

Sivaraksa, Sulak. *Seeds of Peace: A Buddhist Vision for Renewing Society*. Berkeley, CA: Parallax Press, 1992.

Skilling, Peter. *Buddhism and Buddhist Literature of South-East Asia: Selected Papers*. Bangkok: Fragile Palm Leaves Foundation, 2009.

Smith, Christian. *What Is A Person?* Chicago: University of Chicago Press, 2010.

Smith, Patrick Taylor. "Just Research into Killer Robots." *Ethics and Information Technology* 21 (2019): 281-293. https://doi.org/10.1007/s10676-018-9472-6.

"Sona Sutta: About Sona" *Anguttara Nikaya 6.55*, trans. Thanissaro Bhikkhu. https://www.accesstoinsight.org/tipitaka/an/an06.055.than.html.

Sparrow, Rob. "Killer Robots." *Journal of Applied Philosophy* 24.1 (2007): 62-77.

Sparrow, Robert and Linda Sparrow. "In the Hands of Machines? The Future of Aged Care." *Mind and Machine* 16 (2006): 141-161.

Spinoza, Baruch. *Ethics*, trans. Edwin Curely. Princeton, NJ: Princeton University Press, 1986.

Stoesz, Willis. "The Buddha as Teacher." *Journal of the American Academy of Religion* 46.2 (1978): 139-158.

Strand, Clark. "Green Koans Case 36: P'ang Splits Wood." *Tricycle: The Buddhist Review*, March 10, 2011. https://tricycle.org/trikedaily/green-koans-case-36-pang-splits-wood/.

Sunstein, Cass. *Republic.com*. Princeton, NJ: Princeton University Press, 2001.

Swearer, Donald. *The Buddhist World of Southeast Asia, 2nd ed.* Albany: State University of New York Press, 2010.

Tamás, G. M. "From Subjectivity to Privacy and Back Again." *Social Research* 69 (1): 201-221.

"The Cula-Malunkyovada Sutta: The Shorter Instructions to Malunkya," transl. Thanissaro Bhikkhu. https://www.accesstoinsight.org/tipitaka/mn/mn.063.than.html.

The Dhammapada: The Buddha's Path of Wisdom, trasl. Acharya Buddharakkhita, Acarya. https://www.accesstoinsight.org/tipitaka/kn/dhp/dhp.intro.budd.html.

The IEEE Global Initiative on Ethics of Autonomous and Intelligent Systems, Ethically Aligned Design: A Vision for Prioritizing Human Well-being with Autonomous and Intelligent System, Version 2 (IEEE, 2017), available at http://standards.ieee.org/develop/indconn/ec/autonomous_systems.html.

"Three Ways Law Firms Can Use Artificial Intelligence." *Law Technology Today*, February 19, 2019. https://www.lawtechnologytoday.org/2019/02/three-ways-law-firms-can-use-artificial-intelligence/.

Torok, Robyn. "Social Media and the Use of Discursive Markers of Online Extremism and Recruitment." In *Combating Violent Extremism and Radicalization in the Digital Era*. edited by Majeed Khader. IGI Global, 2016.

Tovia Smith, "More States Opting to 'Robo-Grade' Student Essays by Compter," *NPR.org*, June 30, 2018. https://www.npr.org/2018/06/30/624373367/more-state-opting-to-robo-grade-student-essays-by-computer.

Towers-Clark, Charles. "The Cutting-Edge of AI Cancer Detection." *Forbes.com*, April 30, 2019. https://www.forbes.com/sites/charlestowersclark/2019/04/30/the-cutting-edge-of-ai-cancer-detection/

Vallor, Shannon. "Carebots and Caregivers: Sustaining the Ethical Ideal of Care in the Twenty-First Century." *Philosophy and Technology* 24.3 (2011): 251-268.

Vallor, Shannon. *Technology and the Virtues: A Philosophical Guide to a Future Worth Wanting.* Oxford: Oxford University Press, 2016.

Varela, Francisco (ed.). *Sleeping, Dreaming and Dying: An Exploration of Consciousness with the Dalai Lama.* Boston: Wisdom Books, 1997.

Varela, Francisco and Shear, Jonathan (eds.). *The View from Within: First-Person Approaches to the Study of Consciousness.* Imprint Academic, 1999.

Vellido, Alfredo. "Societal Issues Concerning the Application of Artificial Intelligence in Medicine." *Kidney Diseases* 5 (2019): 11-17.

Vuddhikaro, Somboon. "Monks and Just War," unpublished research monograph submitted to the Center for Buddhist Studies, Chulalongkorn University, B.E.2557 (2014). http://media.phra.in/d662f66468cb3cf0289d37a0ffab05dd.pdf [in Thai].

Walker, Jon. "Artificial Intelligence Applications for Lending and Loan Management." *Emerj.com.* May 19, 2019. https://emerj.com/ai-sector-overviews/artificial-intelligence-applications-lending-loan-management/.

Wallace, B. Alan (ed.). *Buddhism and Science: Breaking New Grounds.* New York: Columbia University Press, 2003.

Wallach, Wendell and Colin Allen. *Moral Machines: Teaching Robots Right from Wrong.* Oxford: Oxford University Press, 2009.

Warren, Samuel and Louis Brandeis. "The Right to Privacy." *Harvard Law Review* 4 (1890): 193-220.

Wehner, Mike. "Scientists Trained an AI to Write Poetry, and Now It's Standing Toe-to-Toe with Shakespeare." *BGR.com,* August 8, 2018. https://bgr.com/2018/08/08/poetry-ai-bot-shakespeare-human-research/.

Westerhoff, Jan. *The Golden Age of Indian Buddhist Philosophy.* Oxford University Press, 2018.

Yu, Kun-Hsing, Andrew L. Beam, and Isaac S. Kohane. "Artificial Intelligence in Healthcare." *Nature Biomedical Engineering* 2 (2018): 719-731.

Zuboff, Shashana. *The Age of Surveillance Capitalism: The Fight for a Human Future at the New Frontier of Power.* New York: PublicAffairs, 2019.

찾아보기

ㄱ

감시 자본주의　275-277, 281, 282, 283, 287, 296, 300, 302, 304, 305
건전하지 않은 행위(akusala)　217, 256
건전한 행위(kusala)　217, 218
게리 카스파로프　270
계발　14, 16, 17, 19, 131, 136, 289, 296, 343, 361, 397
고령자 돌봄 로봇: 불교적 시각, 기만, 윤리적 쟁점, 아이처럼 대하기, 반대, 프라이버시　23, 24, 117, 180, 208, 211, 240, 257, 259
고타마 싯다르타　37, 38
공 사상　21, 43, 45, 46, 48, 49, 51, 89, 179
구글　4, 5, 269, 276, 277, 282, 298, 299, 304, 329, 330, 373
권위주의　294, 295, 324, 325
귄터 안더스　351, 397
그레타 툰베리　390
기계의 깨달음: 윤리적 완성으로서, 범용 인공지능, 특수 인공지능　15, 16, 23, 26, 140, 147, 148, 150, 157, 191, 192, 196, 197, 208, 258, 259, 261, 262, 273, 361
기술　4-6, 8, 14, 19, 22, 23, 25, 130, 141, 153, 162, 164, 172, 193, 205-208, 211, 221, 222, 240, 243, 244, 254, 258, 259, 269-272, 274, 279-284, 287, 288, 297, 299, 301, 302, 314, 316, 317, 320, 341-343, 345-356, 362-367, 369, 371, 372, 374, 376, 377, 379, 382, 385, 387, 393, 394
김태완　216, 263

ㄴ

나가르주나　21, 63-67, 72
나사(NASA)　383
네드 러드　341
노엘 샤키　243
닉 보스트롬　14, 84, 142, 191

ㄷ

다섯 가지 덩어리(Khandas)　58-61, 103
달라이 라마　68
대니얼 데닛　85-91, 93, 95, 98, 100, 102
대승　62-65, 67, 155, 178, 179, 223, 256
데미언 키온　127
데이비드 궁켈　109
데이비드 롤닉　384
데이비드 차머스　104
데이터 자본주의　277, 300

찾아보기　417

도덕: 지성과, 지혜와　40, 109, 128, 129, 182, 186, 187, 191, 192
디지털 빵가루　276
디지털 잔해　276
딥블루　270
딥페이크　316, 321

ㄹ

러다이트　341
러다이트주의　342, 352, 394
레이 커즈와일　83
레이첼 보츠먼　281
레이첼 피셔　8
로라 콕스　315
로봇: 깨달음, 윤리적 진화, 사악하지만 지적인, 윤회(saṃsāra)에서, 브라만신의 네 가지 거처에서, 권리, 괴로움/고통, 십선업, 자비로운　20-22, 24, 74, 79-93, 96-98, 100-104, 109-118, 125, 126, 133, 139-144, 146-151, 153-157, 161-166, 168-182, 184,-195, 205, 206, 208-210, 212, 221, 233, 234, 239-259, 261, 301, 347, 357, 358, 360-362, 372-374
롬 하레　101
롭 스패로　234
루드비히 비트겐슈타인　100
루이스 루카스　279
루치아노 플로리디　83, 272
리처드 데이비슨　68

린다 스패로　246

ㅁ

마르틴 하이데거　342, 367
마윈　4-6
마이클 키언스　19
마크 저커버그　5
매튜 린치　375
목적의 왕국　98, 154, 228, 247, 283, 308, 309
무아론: 자아 또한 볼 것　51-55, 110
미래 시제에 대한 권리: 그리고 개인의 자유　276, 283, 285, 288, 296, 321

ㅂ

바룬 굴샨　370
바뤼흐 드 스피노자: 영원의 관점에서, 『윤리학』　25, 120, 290-300, 305, 320
바이 누이　390
버나드 마　373
버틀러 주교　94
불교: 현대 과학, 자기 통제의 기술, 자비/연민, 인간 존엄성의 개념, 다음 세대를 향한 의무, 참여, 깨달음, 윤리적 이상, '이론 없는' 이론으로서의 윤리 이론, 윤리 이론 개론, 후기 헬레니즘 이론들과의 비교, 자유와 개인, 상호의존성, 정의로운 전쟁 논증, 폭

력의 정당화, 대승, 마음챙김, 자
  연주의, 빨리, 자유와 개인에 대
  해 스피노자와의 유사성, 산스크
  리트, 테라바다, 필요악으로서의
  전쟁 9, 10, 13-15, 17-19, 21, 22,
  25, 26, 35, 36, 38, 40-43, 45-49,
  52, 54, 55, 58, 60-62, 65, 68-75, 82,
  88, 89, 91, 105, 106, 108-118, 125-
  132, 136-138, 140, 143, 145, 155,
  158, 162, 168, 177, 182, 183, 194,
  196, 218, 221-224, 226-231, 233,
  252, 253, 256, 260, 261, 286, 289,
  292-300, 312, 313, 322, 324, 325,
  334, 346, 350, 355, 388, 389
붓다 13, 21, 37-40, 47-49, 51, 54, 55,
  57, 60-65, 67, 72, 73, 106-108, 112,
  117, 126, 129, 132, 145, 147-149,
  151, 157, 159, 167, 178, 181, 183,
  184, 222, 223, 232, 256, 289, 292,
  293, 320, 390, 391
브라만신의 네 가지 거처 168
브렌트 미텔슈타트 271
브론윈 헤이워드 389
블랙박스 문제 320, 321, 335
비크람 바가바 216
비판적 사고 382, 383
빨리 106

ㅅ

사라 마이어스 웨스트 277
사회 신용 시스템 280, 281
사회적 선을 위한 인공지능 26, 343,
  366, 368
사회정의: 인공지능 145, 249, 346
산스크리트 21, 132
산티데바 127-129
상사성 360, 361
섀넌 발로 261, 265
세 가지 실천 21, 40, 42, 43, 138, 146
소크라테스: 불교와 비교된 아크라
  시아 182-184
손붐 붓디까로 223
쇠렌 키에르케고르 377
쇼사나 주보프 25, 275, 319
술락 시바락사 132
스리랑카 223
스토아학파/스토아주의 17-19, 130,
  135, 137, 138, 184
스튜어트 러셀 20
스티븐 카울리 101
시드니 악신 225

ㅇ

아론 로스 19
아론 존슨 225
아리스토텔레스: 사물의 본질, 『영혼
  에 관하여』, 『니코마코스 윤리학』
  17, 44, 49, 50, 98, 105, 106, 127,
  134, 135, 137, 138, 151
아만다 샤키 243
아멜리 로티 101
아비달마 63-65

아타락시아 130, 135, 136
알고리즘: 자비로운, 깨달은/깨친, 좋은 16, 19, 20, 25, 96, 157, 158, 177, 180, 182, 187, 194, 196, 206, 218, 220, 271-275, 278, 281, 285, 301, 313-316, 320-324, 326-328, 347, 362-365, 369, 370, 373, 376, 379, 380, 382-386
알렉스 펜틀런드 276
알버트 보르그만 366
알파고 3, 28, 157, 269-271, 321, 323
앤드류 사피엘리 216
양극화: 기술에 대한 태도에서 347, 349, 351, 352, 379, 394
어린아이처럼 대하기 243, 246
얼굴 인식 기술: 적용 279, 315-317, 319-321, 364, 365
에밀리 펭 279
에우다이모니아 134, 136, 138
에피쿠로스주의/에피쿠로스학파 130, 135, 137
에픽테투스 138
연기론 253
열 가지 유덕한 행위(십선업): 덕을 향한 열 개의 길 역시 보라 146, 168
오웬 플래너건 69
우분투 9
유교 9
윤리적 완성(탁월성 또한 볼 것) 10, 13-15, 20, 133, 139, 140, 142, 154, 162, 168, 177, 178, 191, 196, 259, 314
의식의 식민지화 350, 354, 367
이론이 없는 윤리 이론 128, 134
이사야 벌린: 소극적 자유와 적극적 자유 293
이세돌 3, 269, 270
인격: 그리고 로봇, 불교적 시각, 조건, 충분조건, 유용함 52, 62, 74, 95, 98, 99, 153, 192, 233, 306, 378
인격적 정체성: 형식주의적 비판 88, 93
인공지능: 범용 인공지능(AGI), 특수 인공지능(ASI), 문화적 태도, 평등, 윤리적 지침, 사회적 선을 위한, 기후변화에서, 교육에서, 헬스케어에서, 정의, 범용 인공지능을 위한 기계의 깨달음, 특수 인공지능을 위한 기계의 깨달음 3-10, 12-20, 22-26, 36, 46, 74, 79, 82-84, 87, 91, 109-111, 116, 117, 125, 126, 131, 133, 139-143, 148-150, 153, 156-158, 161, 164-166, 168, 169, 173-179, 185, 187, 190-194, 196, 197, 205, 206, 211, 236, 241, 249, 253, 257-259, 269-271, 306, 313, 314, 322, 326, 341-351, 355, 356, 357, 358, 360-364, 366, 368-377, 379, 380, 382, 384, 386-388, 392-395, 397
인과론 55

일론 머스크 4
임마누엘 칸트 98, 154, 162, 192-194, 217, 228, 230, 291, 308, 356

ㅈ

자비/연민: 자(mettā) 비(karuṇā), 양극화된 태도들 사이의 중도, 자비로운 로봇, 자비로운 알고리즘, 프로그램하는 방법 24-26, 150, 231, 253, 314, 315, 346, 355-357, 359, 361, 363, 365, 366, 392
자아: 불교적 분석 19, 22, 51-56, 58-61, 76, 103, 110, 111, 126, 133, 140, 141, 143, 147-149, 155, 175, 178, 185, 291-295, 299, 302, 319, 359
자유: 적극적 자유와 소극적 자유, 진정한 자유 25, 65, 176, 190, 243, 245, 273, 274, 276, 283-286, 290, 291, 293-300, 305, 322, 324, 350
자율무기시스템 23, 24
자율자동차: 불교 윤리, 트롤리 문제 24, 117, 159, 166, 207-216, 218-220, 233, 260, 261, 328, 344
자율주행차 23, 158, 159, 160
작업 봉투 209-213
제러드 빌엘비 8
제임스 휴즈 26, 178, 357
존 로크 94
존 헤븐스 8
존엄(성): 자율무기시스템, 고령자들 4, 6, 154, 197, 225-230, 237, 245-247, 249, 256-258, 283, 300, 307, 308, 314, 317, 364
중국: 얼굴 인식 기술의 사용, 사회 신용 시스템 5, 6, 8, 80, 222, 223, 269, 278-281, 283, 284, 347, 348
지라프플러스 로봇 242
지혜(paññā 또한 볼 것) 21, 23, 40-43, 60, 65, 69, 133, 137, 142, 151, 161, 182-184, 186, 187, 191, 261, 292, 293, 320

ㅊ

초지능 7, 14, 84, 142, 143, 148, 154, 155, 177, 185, 186, 191, 395

ㅋ

칼 맥도먼 101
캐스 선스타인 380
케임브리지 애널리티카 330
크리스토프 헤인즈 225
크리스티안 스미스 98

ㅌ

탁월성: 윤리적, 기술적, 윤리적이자 기술적으로 통합된 10-12, 14, 17, 22, 24, 25, 161, 163-165, 167, 170, 181, 182, 192, 193, 196, 197, 213, 231, 232, 259, 260, 262, 318, 322, 323, 344, 355, 366
태국 36, 132

테라바다　　62, 63, 67, 155, 179, 223
토대　　6-10, 17, 19, 20, 64, 106, 111, 175, 185, 191, 192, 208, 216, 225, 230-232, 274, 283, 296, 308, 309, 324, 325, 348, 349, 375
톰 레건　　109, 121
트롤리 문제　　23, 24, 127, 158, 169, 214, 260
특질　　104

ㅍ

팔정도　　131, 137, 151
패트릭 테일러 스미스　　224
페이스북　　5, 276-278, 282, 285, 287, 298, 299, 304, 329, 330, 379
평등: 인공지능　　21, 25, 131, 179, 230, 257, 258, 311, 312, 343, 346, 367-369, 372, 376, 392
프라이버시: 개인, 인공지능의 맥락에서 불교　　4, 6, 8, 24, 25, 197, 243, 245, 251, 252, 256, 259, 273-275, 301-314, 316, 321, 322, 324-328, 330, 349, 363, 365, 366, 369, 370, 375, 386
프로메테우스적 수치　　351, 352, 354, 367
플라톤　　134, 135, 137, 282
피터 허속　　350, 351

ㅎ

해탈: nibbāna　　41, 178, 226, 229, 230, 255, 256, 262, 263, 289, 292, 295, 297, 298, 323
헤라클레이토스　　19, 51
헬레니즘 윤리　　135
회의주의　　73, 130

A

akusala　　217, 256, 263
Algorithmwatch.org　　7, 8, 28
anattatā　　43
anattā　　51, 91
aniccatā　　43
anātman　　51
arahant　　18, 62
asūras　　69, 113, 228
avijjā　　154

B

B. F. 스키너　　276, 277
brahmas　　228
Brahmavihāra　　168

D

devas　　113, 228
Dhamma　　48, 264
disruptionhub.com　　315
dosa　　15
dukkha　　143, 147
dukkhatā　　43

E

Ethically Aligned Design　　8

F

Fonofale 390

I

Idappaccayatā 286
IEEE Global Initiative on Ethics of Autonomous and Intelligent Systems 8

K

karuṇā(자비/연민 또한 볼 것) 155, 177, 255, 346, 355
Kassapa-Sihanada Sutta 67
kilesa 15, 125
kusala 217, 218, 255
kusalakammapatha(열 가지 유덕한 행위(십선업) 또한 볼 것 168

L

lobha 15, 19

M

magga 67
Mahāparinibbāna Sutta 264
Mahāparinirvāṇa Sūtra 223
moha 15
muditā 177

P

paññā(지혜 또한 볼 것) 187
pretas 113, 228

pāramitas 127

S

Sabba Sutta 106
sammā diṭṭhi 151, 296
sammā kammanta 151
sammā samādhi 151
sammā sankappa 151
sammā sati 151
sammā vācā 151
sammā ājiva 151
samādhi 40
saṃkhāra 48, 59
sīla 14, 40, 63, 128, 136, 146, 221, 261, 289

T

tathāgatagarbha 256

U

upāya 61
Upāyakauśalya Sūtra 223

V

Vijñānavāda 46
viññāṇa 46, 59

ā

ālayavijñāna 233

저자 소개

소랏 헝라다롬(Soraj Hongladarom)

태국 방콕 출라롱콘대학의 철학 교수이자 과학 & 기술윤리학센터 소장이다. 그는 생명 윤리학과 컴퓨터 윤리학 및 과학과 기술이 개발도상국들의 문화 속에서 하는 역할과 같은 다양한 쟁점들에 대해 많은 저서와 논문을 출판한 바 있다. 그의 관심사는 주로 과학과 기술이 소위 제3세계 국가 국민들의 생활세계(life-world) 속으로 어떻게 통합될 수 있는가 그리고 그와 같은 관계성으로부터 어떤 종류의 윤리적 고려들을 얻을 수 있는가에 관한 것이다. 이러한 질문의 대부분은 정보공학이 태국 국민들의 생활세계 속에서 어떻게 통합되고 있는가와 특히 그와 같은 통합이 정보공학을 교육에 이용하는 데 있어서 어떻게 표현되고 있는가에 관심을 가진다. 그는 스프링거(Springer)에서 출판된 *The Online Self*와 *A Buddhist Theory of Privacy*의 저자이다. 그의 논문들은 여러 저널 가운데서도 *The Information Society, AI & Society, Philosophy in the Contemporary World, Social Epistemology* 등에 실렸다.

역자 소개

김근배(曇準) 광주 선덕사 주지, 중앙승가대학교 졸업, 동국대학교 대학원 철학박사, 조계종 아사리, 전 중앙승가대학교 비구수행관장

김진선(淨明) 동국대학교 대학원 철학박사, 동국대·춘천교육대학교·한국교통대학교 강사

주은혜(無住性) 동국대학교 대학원 박사과정

허남결(月印) 동국대학교 문과대학 및 불교학부 교수

불교의 시각에서 본 AI와 로봇 윤리

초 판 인 쇄 2022년 2월 16일
초 판 발 행 2022년 2월 23일

저　　 자 소랏 헝라다롬(Soraj Hongladarom)
역　　 자 김근배(曇準), 김진선(淨明), 주은혜(無住性), 허남결(月印)
펴 낸 이 김성배
펴 낸 곳 도서출판 씨아이알

책임편집 박영지
디 자 인 송성용, 박영지
제작책임 김문갑

등록번호 제2-3285호
등 록 일 2001년 3월 19일
주　　 소 (04626) 서울특별시 중구 필동로8길 43(예장동 1-151)
전화번호 02-2275-8603(대표)
팩스번호 02-2265-9394
홈페이지 www.circom.co.kr

I S B N 979-11-6856-033-8 (93220)
정　　 가 24,000원

ⓒ 이 책의 내용을 저작권자의 허가 없이 무단 전재하거나 복제할 경우 저작권법에 의해 처벌받을 수 있습니다.